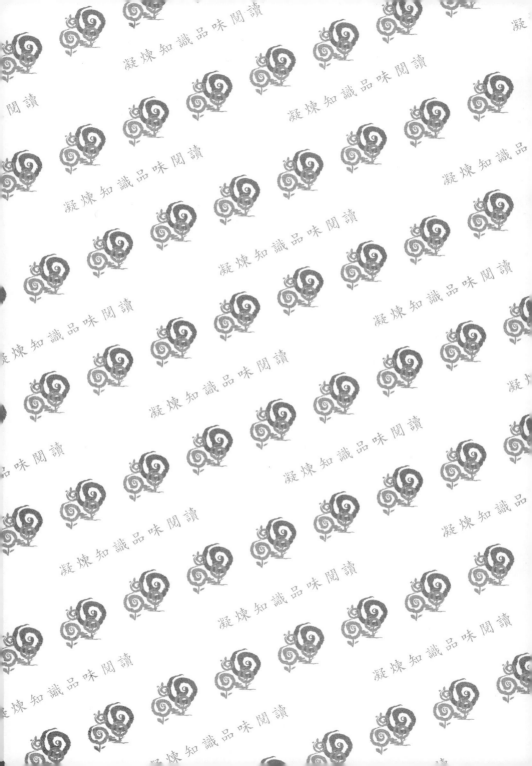

日治時期
臺灣的社會領導階層

修訂版

吳文星◎著

五南圖書出版公司 印行

修訂序

　　回顧個人投入日治時期臺灣史研究，倏忽已逾三十載，不禁驚嘆韶光易逝，歲月如梭。當時在戒嚴體制下，臺灣史領域，尤其是日治時期歷史之研究仍屬學術禁忌，除了使研究者為之却步外，學術界對相關研究成果也未給予應有的重視，以致研究者為數甚少。個人投入研究之初，幾乎是千山獨行，而不得不小心翼翼。未料，近二十年來，隨著臺灣社會民主化、本土化加速進行，臺灣史研究風氣勃興，投入斯域者踵繼不絕，迨至近年儼然已成為歷史領域研究之大國。走過孤單，躬逢盛況，委實令人感到何其有幸。

　　個人雖然有幸早一步投入日治時期臺灣史研究，然而，歷史研究首重周延豐富的資料，當時雖竭盡所能從事國內外相關資料的蒐集，惟臺灣省文獻委員會典藏的檔案《臺灣總督府公文類纂》尚未整理和開放利用，而中央圖書館臺灣分館、臺灣大學圖書館等庋藏的圖書、報章雜誌資料仍被歸為限閱資料，借閱利用十分不便，以致一時難以順利周延蒐羅所需資料。

　　本書原題《日據時期臺灣社會領導階層之研究》，原是博士論文，係屬開創性課題，指出殖民政府對社會領導階層採籠絡利用政策，影響所及，新、舊社會領導階層的遞嬗和流動十分緩慢，其主動追求具現代化意義的社會文化變遷，而抗拒殖民當局的同化政策。此一研究幸而獲得學界之矚目和肯定，並獲教育部獎助出版。出版以來，正值日治時期臺灣史研究方興未艾，本書適時提供研究同好參考和利用，因而得以在短期間內發行三刷，且不久即告售

馨。迄至目前，絕版已歷十載。近年來，隨著基本史料漸次開放利用，加以不少新資料的出土或刊佈，一些相關研究成果陸續出現，使原本孤寂蒼茫的日治時期臺灣史研究，開始呈現綠葉成蔭子滿枝的盛況。值得欣慰的是，本書的主要論述在百花齊放的臺灣史研究界仍經得起考驗，並普遍獲得研究者的支持、呼應或印證補強。儘管如此，本書若干不足之處仍有必要增補修訂，俾能提高論斷的實証性。此次，適五南圖書出版公司願意鳩資重刊本書，而日本財團法人交流協會亦將本書遴選爲2007年度翻譯出版之專書，個人深感榮幸之餘，乃爬梳新出資料，進行增補和修訂，改題爲《日治時期臺灣的社會領導階層》，維持原來的架構和論述，而引證資料更爲詳贍豐富，俾使事理論點更加詳實允當。

　　本書修訂之際，承臺灣師範大學歷史系研究生蔡秀美、謝明如協助複查資料和精校文稿，盡心盡力，費時良多；五南圖書出版公司編輯部黃惠娟、王兆仙、黃麗玟、許經緯等人全力配合，鼎力協助，費心編輯，方得以順利出版。筆者由衷感激，藉此謹申誠摯之謝忱。

　　儘管在科際整合的潮流下，歷史研究結合相關社會科學，成爲時髦且必要的特色，惟不可否認的，現階段日治時期臺灣史研究之重點，不在於引用後殖民論述率爾主觀申論，或僅憑餖飣片面的資料冒然過度闡釋，而在於嚴守史學方法之規範，周延且平衡地掌握資料，客觀實證地重建歷史圖像，以作爲進一步擴大視野進行比較探討之基礎。本書爲本人階段性的研究成果，其意義不過是整體日治時期臺灣史研究建基工作中的一塊小磚。惟願本書能有助於適切

理解近代臺灣社會領導階層之結構變遷與角色變動，至於啓造日治時期臺灣史研究的宮室之美，則有賴於後繼者繼續深耕此一領域相關課題，是爲序。

吳文星

誌於國立臺灣師範大學歷史學系

民國96年12月

初版序

　　民國68年（1979），筆者以「日據時期臺灣師範教育之研究」爲題，獲得國立臺灣師範大學歷史研究所碩士學位。當時，曾發現日治時期師範學校不僅是培養師資的機構，同時也是孕育社會領導階層的搖籃之一。此一社會領導階層的特殊教育背景實有進一步探討的價值。

　　如所周知，日治時期是臺灣社會體質激變的時期。在日本兼具同化和現代化雙重取向的殖民統治下，臺灣的社會經濟結構、思想文化，乃至風俗習慣，已逐漸脫離傳統而邁入現代社會的初步階段。在社會中居舉足輕重地位的精英分子，其結構和功能迥異於傳統，自不待言。職是之故，筆者乃以此一專題撰寫博士論文，探討殖民統治下臺灣社會領導階層的因應調適、角色變化、遞嬗大勢，以及其對社會文化變遷之作用和影響等課題。

　　本書初稿完成於民國75年（1986）7月。撰寫期間，承蒙林師明德悉心指導，張師朋園、摯友黃秀政教授不時督勵。論文口試時，復承呂師實強、李師國祁、張師玉法、陳師三井、呂士朋教授、劉枝萬教授等提示寶貴意見，筆者遂得據以增補修訂，使本書的論述更加周延和充實。77年，修訂稿獲教育部大學聯合出版委員會之獎助，並推薦正中書局出版。付梓之際，得李敏惠、黃煜琦、陳調文、楊明雪同學協助校對及編製索引，費時良多，筆者由衷感激，謹此一併深致謝忱。

　　筆者才疏學淺，疏漏舛誤諒必不少，尚祈學者先進不吝指正，是所至禱。

　　　　　　　　　　　　　　　　吳文星

　　　　　　　　　　　誌於國立臺灣師範大學歷史學系

　　　　　　　　　　　　　　　民國80年10月

目　錄

修訂序　(2)

初版序　(5)

第一章　緒　論 ……………………………………………………………… 1

第二章　日治初期社會領導階層之肆應與變動 ……………………… 11
　　第一節　社會領導階層與武裝抗日　12
　　第二節　社會領導階層之內渡與退隱　22
　　第三節　社會領導階層與殖民社會秩序之建立　43

第三章　殖民教育與新社會領導階層之塑造 ……………………… 83
　　第一節　殖民體制下之精英教育　85
　　第二節　留學教育與社會精英　104
　　第三節　接受精英教育者之家庭背景　115
　　第四節　新舊社會領導階層之遞嬗　131

第四章　社會領導階層與殖民政治 ……………………………… 165
　　第一節　殖民官僚體系中的臺人官吏　167
　　第二節　社會領導階層與臺灣總督府評議會　174
　　第三節　社會領導階層與「地方自治」　184

第五章　社會領導階層與社會文化變遷──以放足斷髮運
　　　　動為例 ……………………………………………… 209
　　第一節　纏足辮髮漸禁政策與自發性放足斷髮　210
　　第二節　社會領導階層與放足斷髮運動之推展　217
　　第三節　社會領導階層與新觀念之普及　236

　　第四節　社會領導階層與厲行放足斷髮　247

第六章　社會領導階層與同化政策──以「國語普及運動」
　　　　為中心 ··· 257

　　第一節　語言同化政策之確立與社會領導階層之因應　258
　　第二節　民間團體與「國語普及運動」之展開　271
　　第三節　社會領導階層與反「國語普及運動」之勃興　280
　　第四節　社會領導階層與「國語普及運動」之強化　295

第七章　結　論 ··· 311

參考書目 ··· 319

索　引 ·· 335

圖目錄

　　圖4-3-1　1935年「地方自治」制度組織圖　190

第一章　緒　論

　　1895年，日人根據馬關條約，不顧臺人的反抗，強行以武力接收臺灣，建立臺灣總督府，開始其長達50年的殖民統治。翌年3月，以臺灣治安不靖、交通不便、風土人情迥異於日本等為由，發布「法律第六三號」（簡稱「六三法」），採委任立法制度，授權臺灣總督得頒布具有法律效力之命令。以「六三法」作為臺灣立法制度之基礎，接著，制定有關行政、司法及軍事之法規，從而建立臺灣總督總攬行政、立法、司法及軍事大權的殖民統治體制[1]。

　　「六三法」雖附加有效期限3年之規定，惟期滿後迭作延長；1906年另以「法律第三一號」（簡稱「三一法」）加以取代，但基本上仍與「六三法」相同，採委任立法原則，授予總督律令制定權和緊急命令權，只不過對其立法權稍作限制，規定總督之命令或律令不得與日本本國的法律和勅令相牴觸，除此之外，將有效期限延長為5年。上述以「六三法」為基礎的殖民統治體制，至1920年大體維持不變，結果使臺灣成為日本明治憲法體制的政治異域，其中，委任立法制度使臺灣被摒於日本國內諸法令的法域之外，尤其是帝國議會的職權受到限制，臺人的權利和義務掌握在臺灣總督手中。而武官總督制更強化臺灣的異域性，其中，陸軍將官長期獨占臺灣

1　春山明哲・若林正丈，《日本植民地主義の政治的展開（1895-1934）──その統治體制と臺灣の民族運動──》（東京：アジア政經學會，1980），頁4-8。

總督，使日本國內陸軍政治地位的變化對臺灣總督的政治性格產生一定的影響[2]。

迨至1919年，武官總督肆行軍事高壓的「武斷統治」告一段落，而進入所謂「文化統治」時期[3]。首先，原敬內閣進行改革殖民地官制，取消以武官為總督的規定，並解除總督的軍事權。接著，提出「漸進的內地延長主義」，作為殖民統治的基調[4]。文官總督田健治郎以降，以內地延長主義政策，逐步強化同化主義的統治方針，標榜日臺融合、一視同仁等。1937年，日本製造「盧溝橋事變」後，為使臺人亦能具有日本國民之愛國心及犧牲精神，總督府進而推動「皇民化運動」，圖使臺人徹底同化成為「皇國民」。

儘管如此，並不意味著總督專制的殖民統治之本質有所改變。正如矢內原忠雄指出的：「總督的權限雖較過去削減若干，但這主要是對日本中央政府的關係為然。至於在臺灣的內部關係上，則依然實施總督專制政治。」[5]若與前期相較，總督的任用資格雖然取消以武官專任總督的規定，但並非改為純文官總督制，而是所謂「文、武總督並用制」，故1919年修訂的「臺灣總督府官制」仍規定，若總督為陸軍武官時，得兼任臺灣軍司令官。顯示並未完全排除武官出任總督的可能性。1936年9月，日本果然因應需要，再度以武官出任臺灣總督[6]。要之，實質上，臺灣總督府與朝鮮總督府始終

2　同上書，頁19-20。黃昭堂，《臺灣總督府》（東京：教育社，1981），頁225-226。

3　Chen, Edward I-te, *Japanese Colonialism in Korea and Formosa: A Comparison of Its Effects upon the Development of Nationalism*（Ph. D., Dissertation, University of Pennsylvania, 1968），p. 76.

4　春山明哲‧若林正丈，前引書，頁48-66。

5　矢內原忠雄，《矢內原忠雄全集》第2卷（東京：岩波書店，1963），頁365。

6　黃昭堂，前引書，頁213-215。

是日本的政治異域，儼然是「帝國中的帝國」（Empires within an Empire）[7]。

　　在總督專制體制下，地方行政機關深具官治主義和從屬性色彩。行政官員完全是承奉上級機關的指揮監督，以執行法律命令和管理行政事務；各級地方行政機關並無所謂自治權和自主權可言。1920年，雖有所謂「地方自治」之實施，惟自主權和自治立法權均極其有限，官治主義性格仍頗爲濃厚。同時，值得注意的是，爲了壓制反抗，加強對臺人的控制，地方行政係以警察爲中心，總督府以充足的警力在全島建立嚴密的警網，授權警察監督保甲事務、鴉片行政、戶籍事務、犯罪即決、笞刑處分、管理番人番務、管理華工等[8]；甚至連徵稅、水利和土木工程、獎勵工商、教育及救恤等，均見警察介入，造成若不藉警察之力，則任何事均行不通的現象[9]。誠如矢內原忠雄指出的：「臺灣已在典型的警察政治之下。」[10]終日治全期，警察始終以令人畏懼的權威處理和干預臺人的日常生活。

　　此一殖民統治體制與中國傳統地方政治結構形成鮮明的對比，上自總督府下迄街庄，日人建構一完整的官僚行政系統，連原屬聚落的自治、自衛組織的保甲制度亦被轉變爲基層行政的輔助機關。顯然的，公權力的控制和影響力直接深入社會的基層。

　　19世紀中葉以降，臺灣社會由於宗族制度的發展、民間信仰的整合、商業經濟的繁榮，以及傳統文教制度的興盛，逐漸發展成

7　Chen, Edward I-te, op. cit., pp. 112-113.
8　Takekoshi Yosaburo, *Japanese Rule in Formosa*, Trans. by G. Braithwaita（London, 1907），p. 147.
9　持地六三郎，《臺灣殖民政策》（東京：富山房，1912），頁80-81。
10　矢內原忠雄，《矢內原忠雄全集》第2卷，頁363。

為與中國大陸完全相同的社會，亦即是漸由粗放的移墾形態走向文治；由畛域互異的地域觀念走向民性融合；由以豪強為主轉變為以士紳為中心的社會[11]。當然，不容否認的，由於移民與臺灣特殊的環境和生態長期互動的結果，臺灣社會已產生異於中國大陸母社會的文化特質。

日治後，受到殖民政治、經濟體制的影響，臺灣社會逐漸變遷。社會學者指出此一時期臺灣漸由傳統社會轉型為過渡性殖民社會，亦即是帶有同化意味的現代化取向社會，其主要特徵為高人口成長率、俗民社會逐漸崩潰、族長權威式家庭逐漸解體、都市化、社會階層漸趨平等化、近代民間團體勃興、專業化取向等[12]。

19世紀中葉，以淡水、安平、基隆、打狗等通商口岸的開放為契機，以茶葉、蔗糖、樟腦等農產品為大宗的對外貿易勃興，因而更加促進經濟作物的發達，農村中，商人資本和高利貸資本益加活躍。影響所及，更促進以小租戶為中心的土地制度發展。臺灣設省後，首任巡撫劉銘傳進而推動土地丈量和清賦事業，雖然一般學者認為成就不大，惟無可否認的，已收到鞏固貢租賦源和倍增實徵銀額之效。此一發展之結果，逐漸產生土著性經濟勢力，然而，並未促進臺灣經濟資本主義化[13]。

日治之初，總督府著手進行土地調查，整理大租權，改革田賦制度，創設臺灣銀行，改革金融制度，統一度量衡，改善交通運輸，推行專賣制度，確立振興糖業政策等，使得總督府稅收及財源

---

11 詳閱李國祁，《清代臺灣社會的轉型》文化講座專集之119（臺北：臺灣史蹟源流研究會，1978）。

12 Chen Shao-hsing, "Social Change in Taiwan", *Studia Taiwanica* No. 1（Taipei, 1956），pp. 1-20. Chan Shau-wing ed., *Formosa*, Stanford Univ. Press, 1956, pp. 104-122.

13 涂照彥，《日本帝國主義下の臺灣》（東京：東京大學出版會，1975），頁23-28。

大增：1905年以後，臺灣的財政遂得獨立，從而完成臺灣資本主義化的「基礎工事」，開啓日本資本家企業入侵之道[14]。其後，一面繼承清季以來已相當發達的商品經濟，一面以獨占性生產形態積極推動資本主義化，而迫使臺人資本勢力退縮。同時，總督府公權力介入所有殖民經濟部門。由是而形成的臺灣殖民經濟特質，乃是商品經濟高度發達、臺人資本勢力大幅退縮、公權力強而有力地介入及殖民經濟結構的多元化等[15]。

就臺、日之間經濟關係觀之，臺灣經濟對日本深具依賴性和從屬性，臺灣成爲農產品和原料的供應地，以及日本工業產品的市場；大規模的企業和工廠完全操在日本資本家手中，臺人始終居從屬的經濟地位，欠缺獨立自主性。

由上可知，日治時期臺灣的政治、經濟及社會均產生結構性的變化，在其變遷過程中，社會中較有權力、聲望、財富的「領導階層」（elite）究竟如何因應？其結構和功能有何變動？的確是一值得探究的課題。

本文所稱的「社會領導階層」，在研究分類上係指「地方性領導階層」（local elite）或「次級領導階層」（sub-elite）。具體而言，這些人在清代係指擁有科舉功名的士紳，以及沒有科舉功名的富商、地主和儒士等，在日治時期則是指政治、經濟、教育及文化等方面地位較重要或表現傑出者。

近年來，關於臺灣社會領導階層的研究，爲數不多。1964年，藍蘭（H. J. Lamley）曾以「日治初期臺灣的士紳」（The Taiwan Literati and Early Japanese Rule）爲題，探討割讓之際士紳的抗日

---

14 同上書，頁40-50。東鄉實‧佐藤四郎共著，《臺灣植民發達史》（臺北：晃文館，1916），頁24-26。
15 涂照彥，前引書，頁493-495。

及其他因應、日治初期士紳與殖民政權的關係，以及士紳如何肆應變局等，文中固然有一些頗具啓發性的推論，惟因許多基本史料如《臺灣總督府公文類纂》、《臺灣總督府警察沿革誌》、《臺灣史料稿本》、《臺灣總督府民政事務成績提要》、《臺灣新報》、《臺灣日報》、《臺灣日日新報》等，作者或未能掌握，或未充分利用，所利用者絕大部分均是戰後出版的中文資料，其中，有不少是須經考訂始可利用的回憶文字或小品。由於資料上之缺失，以致造成其內容有不少錯誤，分析又欠深入，實甚爲可惜[16]。1980年，蔡淵洯以「清代臺灣的社會領導階層」爲題，探討清代臺灣社會領導階層的組成、類型、性質的轉變及成員的流動，以及其政治、經濟、社會功能等，指出臺灣社會領導階層的轉型，是由移墾初期以經濟型領導人物爲主，同光年間逐漸轉變成經濟型、政治型及文教型三者並重的多元領導局面。此種社會領導人物多元化的發展，對清季社會的整合、政治的穩定及經濟的發展，產生重大的影響[17]。日治時期，此一社會領導階層結構和功能有何變動？正是本文想進一步探討的主題。

　　本文旨在究明臺人社會領導階層遭逢變局所產生的變動，以及探討殖民統治體制下臺人社會領導階層結構和功能的變遷。因此，雖然在臺日人社會精英對臺灣社會各方面之變遷亦有相當的影響，惟本文暫不列入討論。同時，在社會領導階層的角色和功能方面，本文偏重於討論社會領導階層與殖民統治政策及政治之間的互動，以闡釋其對殖民統治之因應和作用，以及對社會文化變遷之影響。

---

16 Lamley, H. J., *The Taiwan Literati and Early Japanese Rule, 1895-1915*, Ph. D., Dissertation, University of Washington, 1964.（unpublished）.
17 參閱蔡淵洯，《清代臺灣的社會領導階層（1684-1895）》（國立臺灣師範大學歷史研究所碩士論文，1980）。

因此，社會領導階層在經濟方面的角色和功能暫不列入專章探討範圍，僅在相關部分略述其概。此外，本文屬大題小作性質，僅就重要的歷史變項，探討日治全期具全臺意義的變遷梗概和特色，至於階段性、區域性的研究，則有待未來進行更細緻的探討和比較。

本文除緒論和結論之外，分為五章。首先，探討社會領導階層對割讓變局的肆應，分析各種肆應態度之變化和消長，藉以明瞭日治初期社會領導階層結構變動的實況。同時，探討此一時期總督府的政策和施政對社會領導階層結構和功能之影響，期能適切地掌握社會領導階層角色的特色及其發展大勢。

教育乃是培養社會領導階層主要的管道，尤其是在近代社會，政治、軍事、經濟及文化等各部門領導階層之產生，莫不以教育為主要的決定因素。蓋在日益專業化的近代社會，教育提供專業知識和訓練，具備專業智識及技術者往往成為各行各業的領導階層。而教育部門中，高等教育常是培養領導階層的搖籃，學者習稱為「精英教育」（elite education）。日治之初，總督府即建立西式的新教育制度以取代傳統的教育，然而，其與日本國內的教育體制截然有別。影響所及，逐使臺灣社會領導階層之塑造呈現特殊性。有鑑於此，第三章探討殖民教育體制下精英教育的主要特徵，藉以明瞭社會精英的教育背景；進而分析接受精英教育者的家庭背景，討論新、舊社會領導階層的關係與遞嬗大勢，藉期明瞭社會領導階層結構的變遷。

在殖民政治體制下，臺人全然是被統治者，社會領導階層亦不例外，因此，此一時期社會領導階層最突出的政治活動，乃是從事反殖民統治體制的社會運動及民族運動，扮演政治抗議者、批判者

或反對者的角色。正因爲如此，向來討論此方面課題者爲數不少[18]。有鑑於此，本文不再專章討論反殖民統治體制的社會領導階層，而特以向爲學者所忽略的參與殖民政治之社會領導階層爲對象，探討參與殖民政治的社會領導階層之成分及特色，分析其與民族運動之關係，俾確切掌握殖民政治之發展及民族運動消長脈絡。

　　無可否認的，社會領導階層在社會文化變遷過程中居重要地位。日治時期，由於總督府當局採取同化爲依歸的統治政策，因此處心積慮欲使臺灣社會文化順著此一取向發展，惟其成敗則深受社會領導階層之影響，自不待言。本文分別以此一時期最具代表性的兩大運動——放足斷髮運動及「國語普及運動」——爲例，探討社會領導階層對該兩運動之因應態度，以及其在整個運動中所扮演的角色，兼論運動的發展和影響，藉期適切把握社會領導階層對同化政策之態度及在社會文化變遷中之作用。

---

18 關於討論1920年代社會運動和民族運動的論文如下：(1)簡炯仁，《臺灣民衆黨之研究》（國立臺灣大學政治研究所碩士論文，1977）。(2)周婉窈，《日據時代臺灣議會設置請願運動之研究（1921-1934）》（國立臺灣大學歷史學研究所碩士論文，1981）。(3)林柏維，《臺灣文化協會之研究》（私立文化大學史學研究所碩士論文，1985）。(4)羅文國，《日本殖民政策與臺灣農民運動的形成（1895-1931）》（國立政治大學歷史系碩士論文，1993）。(5)陳俐甫，《日治時期臺灣政治運動之研究》（臺北：稻鄉，1996）。(6)洪世昌，《臺灣民報與日治時期臺灣新文化運動（1920-1932）》（國立臺灣師範大學歷史系碩士論文，1997）。(7)戴振豐，《葉榮鐘與臺灣民族運動（1900-1947）》（國立政治大學歷史系碩士論文，1998）。(8)許世楷，《日本統治下の臺灣——抵抗と彈壓——》（東京：東京大學出版會，1972）。(9)向山寬夫，《日本統治下における臺灣民族運動史》（九州大學博士論文，1961）。(10)若林正丈，《臺灣抗日運動史研究》（東京：研文出版社，1983）。(11)淺田喬二，〈1920年代臺灣における抗日民族運動の展開過程——「臺灣文化協會」の活動を中心として——〉，《歷史學研究》第414號（1974年11月）。(12)Chen, Edward I-te, "Formosan Political Movements under Japanese Colonial Rule, 1914-1937". *Journal of Asian* Studies 31: 3, pp. 477-497（May 1972），餘不勝枚舉。

　　本文以歷史研究法爲主，結合社會科學中有關結構功能、精英、現代化等理論和概念，作爲討論的參考和依據。爲增益本文論證及歷史解釋的客觀性，在討論過程中，盡可能避免以孤證或特例說明共相，因此量化統計及比較方法之應用，乃本文特色之一。

　　本文所用資料，主要是臺灣總督府所留下的各種官方文獻，當時的報章雜誌、調查報告、名人錄、時人著作或回憶性文字；戰後，各地方文獻機構出版的方志、期刊，私人收藏的族譜、文稿，以及歷來相關的學術性論文、著作等。此外，並訪問耆老，以口述資料補文獻資料之不足。

第二章　日治初期社會領導階層之肆應與變動

　　有清一代，臺灣社會形態係由一移墾社會逐漸轉型為文治社會。清初，適值漢人移民拓墾初期，社會一般人重經濟而輕文教，故豪強型或經濟型領導人物為社會領導階層的主體，文教型領導人物仍無足輕重。迨清中葉以降，各地士紳階層陸續建立，士紳成為地方公務及文教事業的中心，對地方事務頗具決策權和影響力，而為維持社會和政治整合的主要憑藉，逐漸打破豪強型領導人物一枝獨秀的局面，轉變為經濟型、政治型及文教型三者並重的多元領導狀態，而與中國大陸並無二致。

　　1895年，遽遭割讓異族的變局，社會領導階層或領導武裝抵抗，或內渡中國大陸，或消極退隱，或順服新政權等，不一而足，其結構因而產生相當的變動，自不待言。1908年之際，日人中西牛郎即曾指出：

　　　明治28年（1895）5月……22日（按：應係6月2日），樺山總督與清國全權李經方，於澳底海上會見，行臺灣授受之式。於是全臺騷動鼎沸，官民忽分三派：甲則歸順帝國（指日本），為其臣民，以保生命財產者；乙則退去臺灣，以歸清國者；丙則倡臺灣之獨立，抗於帝國者。甲居

　　　大半焉，乙居少半焉，丙亦不少焉。且丙未就剿戮之先，
　　　甲乙亦多觀望成敗，向背未定。[1]

由上可略窺面對變局三種因應態度之大勢，同時，亦顯示出隨著情勢之發展，三種因應態度之間必有所消長。惟其中之變化和消長實況如何？則有待進一步探討。

　　另一方面，日人為順利建立並鞏固其殖民統治，對臺灣社會領導階層亦制定特殊的政策和制度，其對社會領導階層結構和功能之影響如何？更是一重要的課題。

　　本章擬詳加探討社會領導階層對變局採不同因應態度之原因，分析其中之變化和消長，以究明日治初期社會領導階層結構變動的實況。同時，探討總督府的政策和施政對社會領導階層結構和功能之影響，俾能較適切地掌握日治時期社會領導階層的角色及其發展大勢。

第一節　社會領導階層與武裝抗日

　　馬關議和割臺之議初定，臺灣社會領導階層本著「中華之民不服夷狄之治」的理念及保鄉衛土的責任感，以上層士紳及富豪為中心，旋即掀起悲壯的拒日保臺運動。以進士丘逢甲為首，全臺紳民數度上電反對；臺灣出身的戶部主事葉題雁、翰林院庶吉士李清琦、舉人汪春源、羅秀惠、黃宗鼎等聯名上書抗爭。割讓前夕，臺灣有力士紳、富豪復與在臺官吏策劃，成立「臺灣民主國」，作為應變手段，推巡撫唐景崧為總統，設議院，舉臺灣首富二品太僕寺卿林維源為議長，恩貢生陳儒林、拔貢生陳雲林、廩生洪文光、郊

1　中西牛郎，《泰東哲學家李公小傳》（臺北：臺灣日日新報社，1908），頁40。

商白其祥等臺北地區有力士紳和富豪出任議員，丘逢甲爲義勇統領巡守臺北地區，臺中首富候補道林朝棟率棟軍駐臺中，另設籌防局和團練局，由有力士紳主持，林維源及進士陳登元、舉人潘成清等均是團練的領導人。日軍進占臺北後，在彰化、臺南兩地，亦由上層士紳和有力富豪協助知府黎景嵩、幫辦防務總兵劉永福籌劃防務，辦理團練和保甲，武進士許肇清、舉人施仁恩、林文欽、廩生王學潛、莊士哲、林朝選（紹堂）、吳鴻藻等主持彰化籌防局，林文欽、許肇清、舉人施菼、施仁恩等領導練勇，而貢生吳德功、吳景韓、廩生周紹祖則主持聯甲局。在臺南，舉人許獻琛出任議長，貢生徐元焯、廩生謝鵬翀、監生陳鳳昌、生員林馨山等爲議員，進士許南英辦理團練，富豪郎中陳鳴鏘爲籌防局長，分五段籌防，分別由舉人林際春、林鴻藻、生員李清泉、吳敦迎（汝祥）、曾兆琦等負責。要之，戰前的籌防概由各地最具影響力的士紳和富豪出任主持。然而，迨至面對拒敵作戰時，幾無例外，文武官員紛紛棄職遁逃，而林維源、丘逢甲、林朝棟、許肇清、許南英、陳鳴鏘及許多上層士紳和有力富豪則競相避難內渡，其留臺者或隱匿不出，或轉而迎接日軍，並協助殖民政權維持秩序，在武力抗日陣營中已無足輕重，未見有繼續領導抗戰者[2]。

　　日軍登陸之初，廣勇一戰而潰降，日軍輕易進占臺北。惟其後日軍南下時，則遭遇激烈的抵抗，抗日的武力係以各地臺人組成的「義民」、「義軍」及團練等爲主力，另有黑旗軍和部分留臺湘勇

2　詳閱Lamley, H. J., *The Taiwan Literati and Early Japanese Rule*, 1895-1915, Ph.D., Dissertation, University of Washington（unpublished）, pp. 140-192. 黃昭堂，《臺灣民主國の研究──臺灣獨立運動史の一斷章》（東京：東京大學出版會，1970），頁47-168。許世楷，《日本統治下の臺灣──抵抗と彈壓──》（東京：東京大學出版會，1972），頁13-71。施家順，《臺灣民主國的自主與潰散》（屏東：現代教育出版社，1985），頁21-76。

參戰。茲將是年6月下旬至11月各地主要的抗日領袖之出身及抗日事蹟列舉如下：

傅德陞、謝天德：林朝棟部下，率棟軍與日軍戰新竹。

鍾石妹：竹北富豪，率民軍約二營與日軍戰，後歸順，任樹杞林辦務署參事。

翁景新：三角湧（今臺北縣三峽鎮）富豪，率族人抗日。

蘇　力：三角湧樟腦業者，富豪，率義軍1,200餘人抗日，失利後內渡。

王振輝：樹杞林（今新竹縣竹東鎮）地主，民團首，率義軍2,000人抗日，失利內渡，後又返臺。

黃曉潭：大嵙崁（今桃園縣大溪鎮）增貢生，墾首，時年46歲，募族中子弟及豪壯300餘人，游擊於淡水、新竹縣境，旋內渡廈門。

江國輝：大嵙崁武生員，富豪，時年52歲，與總理呂建邦、耆老廖運藩等率義民千餘人抗日，被俘遇害。

姜紹祖：北埔縣庠生，時年20歲，富豪，散家財募義軍500人，與日軍戰新竹，失敗；復集佃兵赴戰，歿於新竹。

吳湯興：苗栗生員，時年36歲，與同邑生員邱國霖、邱光忠、吳鎮洸等募義勇數營，轉戰新竹、彰化，戰歿八卦山。

徐　驤：苗栗生員，時年38歲，率義勇轉戰頭份、彰化，雲林之役戰歿。

胡嘉猷：安平鎮新埔人，原淡水縣吏，地主，率義軍阻日軍入新埔，後內渡廣東原籍。

林大春：揀東堡（今臺中縣、市內）莊豪，組國姓會，集子

弟千人與日軍戰於頭家厝莊（今臺中縣潭子鄉頭家村）。

簡成功、簡精華：係父子，成功原名大肚，別名宜、義，雲林土豪、匪首，受撫為義勇團首，所部練勇多土匪，守斗六，後歸順。精華原名嬰，率所部數千轉戰彰化、雲林，傳與王德標奔後山，不知所終。

黃榮邦：中埤莊土豪、匪首，原名丑，受撫為義勇團首，援彰化戰死。

林義成：原名苗生，為匪首受撫，率義軍援彰化、雲林、嘉義，陣亡。

陳贛番：海豐崙頭人，率民軍數百與日軍戰於彰化。

林崑岡：漚汪（今臺南縣將軍鄉）生員，時年45歲，組民團，推新營莊生員沈芳徽為盟主，自任前鋒指揮，守鄉里，父子俱戰歿，芳徽歸順臺灣總督府。

侯　庚：東石糖廍業主，時年38歲，率莊民游擊日軍，旋棄產業，內渡廈門，數年後返臺。

鄭　清：鳳山綠林豪，應劉永福之召，率700人守鳳山[3]。

由上顯示，率義軍、團練與日軍交戰者，大多係下層士紳生員或地方的地主、富豪、總理等，他們固然是社會領導階層之一員，但只是社會領導階層中的少數；而且，若與籌防時期的領導人物相較，

3　參閱思痛子，《臺海思慟錄》臺灣文獻叢刊第40種（臺北：臺灣銀行，1959）。羅惇曧等，《割臺三記》臺灣文獻叢刊第57種（臺北：臺灣銀行，1959）。洪棄生，《瀛海偕亡記》臺灣文獻叢刊第59種（臺北：臺灣銀行，1959）。連橫，《臺灣通史》（臺中：臺灣省文獻委員會，1976）。臺灣省文獻委員會編，《臺灣抗日忠烈錄》第1輯（臺北：該會，1965）。翁佳音，《臺灣武裝抗日史研究（1895-1902）》（國立臺灣大學歷史研究所碩士論文，1985），頁73-85。

他們顯然的只是次級領導人物。值得注意的，中南部的抗日領導人中，有不少原係「土豪」、「匪首」、「綠林豪」等與官府對抗或危害地方治安之人物，他們乃是應官紳召撫以共赴危難者。

　　此一時期，大多數社會領導階層已紛紛放棄直接採武力抗日之手段，亦可由各地軍資籌措不易看出端倪。當苗栗紳民舉義軍之初，向臺灣府請領餉銀，但府庫已空[4]；其後，吳湯興之軍「苦餉械不繼，新竹巨室復觀望不供應，休憩各村無所取貨」，致難以支撐下去；迫使湯興不得不使出強制手段，「命新竹富豪納一年租稅輸軍，不則軍法從事」；結果，「新竹人大譁」，湯興只好退出新竹，日軍順利進占新竹[5]。臺中知府孫傳袞先將「庫款行李運回內地（即中國大陸）」，故交卸印信之際，府庫只約餘2,000洋銀；當時集議籌防諸紳已表示：「府庫一空，洋銀無幾，內地如無接濟，難以維持。」[6]加以「富室或西渡，或觀望不前」[7]。致主持籌防局諸紳雖於籌款之事「尚踴躍從事，然杯水車薪，大有岌岌不敷之勢，而布置不能少疏也。」[8]無怪乎，當總督府官員向來自彰化請領護照的福州人葛竹軒探詢臺中情形時，葛氏表示：「富紳內渡，無復鬥心；彰化餉匱，亦不足恃。」[9]臺南地區亦不例外，因苦於糧餉支絀，故邀集紳商成立籌防局，推富豪陳鳴鏘為局長，負責募集軍需，儘管居核心的委員本身即是富豪，但捐輸者寥寥[10]。隨後，出現

4　吳德功，〈讓臺記〉，羅惇曧等，《割臺三記》，頁46。
5　洪棄生，前引書，頁7-8。
6　吳德功，前引文，頁42-47。
7　洪棄生，前引書，頁8。
8　思痛子，前引書，頁12。
9　吳德功，前引文，頁49。
10　洪棄生，前引書，頁18。陳衍，《臺灣通紀》臺灣文獻叢刊第120種（臺北：臺灣銀行，1961）第2冊，頁254。

官府強制紳富捐輸，益發促使富戶競相逃亡。例如，安平縣令「疊索紳富軍需，甚至舉人張紹芬、生員蔡佩蘭皆因軍需押縣，辦理糧臺陳鳴鏘被押，自繳萬兩始解脫。自此富商多逃廈門，人心驚惶，風聲鶴唳，草木皆兵。」[11]

論者認爲上述下層士紳及地主、富豪等次級領導人物之所以奮不顧身領導抗日戰爭，其心境及動機不外：㈠由於若拋棄臺灣的田園盧舍，返回大陸亦無家可歸，因此乃以破釜沈舟之決心，不管有無勝算或一再挫敗，亦奮戰到底。壯烈犧牲的吳湯興、江國輝、姜紹祖、徐驤、林崑岡等心境之寫照，正如徐驤所嘆云者：「此地不守，臺灣亡矣，吾不願生還中原也。」[12]至於胡嘉猷、蘇力、簡成功等人，雖然最後或內渡，或歸順，惟其原先仍屢挫屢戰，並非一戰即逃亡或歸降。㈡就諸人的經歷觀之，異於丘逢甲、林維源、林朝棟等上層紳商，而均是小地區草根性強烈的領導人物，其活動範圍較狹窄，見聞亦較少。因此對其所屬的地區懷抱強烈的鄉土感情，乃爲保衛其家鄉而戰。㈢臺灣爲中國海外邊陲，加以歸清後長期被當作特殊地區，故亂事頻生，影響所及，各地自衛武力發達，使臺人具有強烈的武力自救意識。㈣爲維護傳統的風俗習慣，亦即是基於文化民族主義意識而戰[13]。

另有論者探討何以臺北地區社會領導階層不戰而歸順，而桃竹苗地區的社會領導階層卻頑強地抵抗？認爲㈠桃竹苗地區以客家居民爲主，向具尚武風氣。㈡前者富豪多係商人，後者富豪多係地

---

11 吳德功，前引文，頁70-71。另謝雪漁，〈乙末抗日雜記〉，《臺北文物》第9卷第4期（1960年3月），頁79。略謂：「（臺南）富豪不堪其擾，次第附火輪帆船，相率渡海歸鄉，捐款難得，各項軍費無出。」

12 洪棄生，前引書，頁18。

13 許世楷，前引書，頁69-71。

主，兩者的「鄉土愛」截然有別。㈢日軍登陸後，濫殺無辜，殘虐
而悖人道，臺人因恐怖和亟思報復而認為非抵抗不可。土豪簡精華
先是犒迎日軍，日軍卻姦淫其一族婦女60餘人，乃憤而受撫抗日。
黃榮邦、林義成等亦均是目睹日軍之殘虐而投效抗日。㈣桃竹苗離
歐美商僑聚集的臺北較遠，故該地區的社會領導階層較不受外人左
右，產生自力抗日念頭後，即全心抵抗[14]。由上，可略窺守土效死的
社會領導階層心境之梗概。

　　日人於1895年11月18日宣稱平定全島，並於翌年3月廢軍政，改
行民政。惟實際上，直至1902年，各地仍不斷地有武力抗日事件發
生。此一期間，總督府設於各地的辨務署（「辨」為日文用字，相
當於中文的「辦」，因係機關名，故沿用之）、兵營及派出所等遭
受抗日軍圍攻者計有55處，達94件[15]。就主要的抗日領導人觀之，
士紳甚少，僅宜蘭武生員許紹文、生員林李成、林維新三人；而是
以豪強型的地主、事業主及綠林豪等占絕大多數，其中，為地主或
茶、樟腦、糖等製造業者的，北部有鄭文流、陳秋菊、詹振、胡阿
錦、蘇力、陳豬英等，中部有詹阿瑞、陳文晃等，南部有胡細漢、
陳向義、黃臭、魏開、張添壽、翁輝煌、林天福等；為礦業主的有
林李成及基隆徐祿、王秋逢；綠林豪則北部有簡大獅、林成祖等，
中部有簡義（成功）、柯鐵、陳水仙、蔡知、簡大吐、賴福來等，
南部有陳發、方大戇、鄭吉生等[16]。要之，其大多數雖略有資產而在
地方上有若干勢力，惟均非素具社會聲望和代表性的人物。然而，

14 黃昭堂，前引書，頁210-211。
15 翁佳音，前引論文，頁92-93。
16 參閱臺灣史料保存會，《日本統治下の民族運動》上卷（東京：風林書房，
　　1969），頁279-630。臺灣憲兵隊，《臺灣憲兵隊史》（臺北：該隊，1932），頁
　　46-489。翁佳音，前引論文，頁99-110。

值得注意的,其舉事抗日後每有不少「良民」響應而加入,得居民庇護,甚至獲富豪捐輸銀餉,亦有街、庄長助其徵收「保庄費」[17]。因此,每能造成相當聲勢,並使日軍疲於奔命而徒然無功。

其主因概有以下三點:

(一)日治初期的失政,招致民怨

1896年11月《臺灣新報》轉載《福報》所批評之「臺灣統治四弊」,略謂:

> 其一、去年(1895)召募之軍夫多係無賴之徒,假軍隊之威,動輒出之於無恥之舉。其二、軍隊概係少壯者,每恃戰勝之氣慨,凌辱臺人,而官府卻絲毫未予抑制。其三、憲兵及警察對民間之投訴,未察其真偽,往往聽信虛妄之訴,即率加逮捕和刑求,……其甚者拘留數月仍未加審問,而至於衰死獄中。其四、臺人因不諳日本法律而觸犯禁令,惟日本官吏不予從寬處理,每拘泥於日本律令,嚴加判刑。以上四弊均足以招致民怨,此乃去年11月以迄今年5月土匪作亂之根本原因所在。[18]

洪棄生亦指出:「初,日軍之至,各地平民懼甚,……及肆爲淫暴殺戮,民轉藐之,相指訴不以人類目。軍政施則憲兵可殺人,民政施則警察可殺人。……吏復腴脂剜肉,民無所控愬,弱者吞聲,強

---

17 詳閱許世楷,前引書,頁115-117。臺灣史料保存會,《日本統治下的民族運動》上卷,頁484。佐佐島春男,《臺灣統治關係議會獅子吼錄》(臺北:臺灣自由言論社,1928),頁154-155。
18 〈他山之石〉,《臺灣新報》第68號,明治29年11月22日,2版。

者走險，舊與日為仇者，或為之俑。」[19]蓋日人以戰勝者或殖民統治者姿態對待臺人，加以語言不通，風俗習慣不同，對臺人每多誤解、侮辱或粗暴，受害者遂起而反抗。例如，最初抱持旁觀態度的林李成、林維新及與日合作的陳秋菊，均因迫於日軍或警察逮捕之危險，乃投身抗日運動。當時即有總督府官員表示：「目前良民每被迫而成為土匪，這可說是我日本人所製造出來的土匪。」[20]總督府鎮壓「土匪」之際，每進行殘酷的「無差別報復性的討伐」，濫殺無辜，益驅使一般民眾支持和參加抗日運動。當時，臺灣高等法院院長高野孟矩即指出：「雖然土匪號稱數百或數千人，惟若精查其實際，大多係良民因父母、兄弟、妻子遭殺害而懷恨；加以房舍及財產悉被燒盡，而無棲身之所，故投入土匪群中，其約占十分之七、八，真正是窮兇極惡之輩的強盜不過十分之二、三。」[21]

（二）殖民政權制定新的經濟管理措施，剝奪臺人的既得利益和工作機會

1895年9月，公布「砂金採取規則」，規定對開採者課徵執照稅，一反清代自由開採舊法，因此引起宜蘭地區業者不滿，起而殺害負責監督盜採的日人官吏；同時，設在瑞芳的砂金署，亦因「亂匪」而不得不關閉[22]。翌年9月，總督府進而發布「臺灣礦業規則」，明定只有日人才有採礦權，臺人在國籍未定之前未具開

---

19 洪棄生，前引書，頁23。
20 《後藤關係文書》，〈臺灣の土匪〉第6件，轉引自許世楷，前引書，頁81。
21 苫地治三郎，《高野孟矩》（東京：研學會，1897），頁252-253。洪棄生，前引書，頁26。亦云：柯鐵「所聚皆亡命徒。有無父者、無兄者、無子侄者，皆兵所殺也；有無家宅耕業者、無牲畜者、無菽粟者，皆兵所焚所掠者也。眾至山，無有厭恨，以報仇為快，恨倭不大至。」
22 井出季和太，《臺灣治績志》（臺北：臺灣日日新報社，1937），頁166。許世楷，前引書，頁81。

採資格，致使「基隆地區原有的萬餘採金工人，基隆和臺北兩地六、七千名煤礦工人，均變成失業者；清代的礦區主或業主均喪失權利。……不滿且窮於衣食之餘，相繼變成土匪，於是礦區均成匪區。」[23]同樣的，1895年10月，總督府公布「樟腦製造取締規則」，翌年3月，進而發布「樟腦規則」，致使臺人樟腦業者和工人權益受損。此外，總督府對製茶和糖業的新措施，亦嚴重打擊業者和工人。因此，心懷不滿的業者往往率領工人起來反抗，前述礦業主和製造業者為抗日領導人者為數不少，原因即在於此[24]。

（三）當時不少臺人仍存復歸中國之念頭

此一時期，抗日檄文仍多以回歸清朝體制相號召，襲用清之年號和官名，林李成、林維新、許紹文、胡嘉猷、陳秋菊、劉德杓等士紳或清舊吏如此，連綠林豪舉事者亦然[25]。日人指出，當時武裝抗日分子政治信念常具「恢復舊政」色彩[26]。內渡泉、漳、廈門的富豪仍不時輸銀給武裝抗日者[27]。1896-1897年之交，日本政府因對抗日運動苦無良策，一時有放棄或讓售臺灣之意。當時避居福建晉江的舉人施菼聞訊，乃向時居廈門的林維源遊說，林氏應允捐資400萬兩，另計畫向全臺富豪募捐數百萬兩，籌得1,000餘萬兩，請英國居間斡旋，由清廷出面購回臺灣，然因李鴻章反對而作罷[28]。由上顯示，內渡臺人尤殷望臺灣復歸中國。

---

23 《後藤關係文書》，〈臺灣の土匪〉第14-16件，轉引自許世楷，前引書，頁90。
24 詳閱翁佳音，前引論文，頁149-153。
25 同前論文，頁138-141。
26 臺灣總督府法務部，《臺灣匪亂小史》（臺北：臺南新報支局，1920），頁2。
27 臺灣總督府臺灣史料編纂委員會，《臺灣史料稿本》第7卷，明治29年3月，頁440。
28 洪棄生，前引書，頁39-40。據云：李氏認為臺灣「得之不能守，形勢緊要不比遼東。」故反對購回臺灣。

　　儘管如此，由於總督府對社會領導階層採籠絡和利用政策，因此社會領導階層非但鮮見領導武裝抗日，透過保良局及基層行政組織，其反成為總督府鎮壓武裝抗日之助力。洪棄生指出，總督府當局「頗重視臺灣人街長庄長，以招徠土匪，稍稍收效矣。」[29]另一方面，總督府初期徒事鎮壓政策雖然成效不彰，惟1898年初，兒玉源太郎繼任總督後，對武裝抗日有了新的認識和策略，其在施政方針中即明白地表示：「土匪之害亦即政治的阻害，然而在稱之為土匪者之中，實有種類之不同，宜加以辨明處理，不得一概視之為土匪，否則恐反而有導致政策錯誤之虞。」[30]隨後，對武裝抗日兼採鎮壓和綏撫策略，頒布「匪徒刑罰令」，利用壯丁團協助，對抗日分子實施「大討伐」和屠殺；另一方面，制定所謂「土匪招降策」，誘降安撫抗日分子。迨至1902年，武裝抗日勢力遂悉數瓦解[31]。

第二節　社會領導階層之內渡與退隱

　　最初，當全臺紳民上電抗爭，反對割臺時，清廷即表示根據馬關條約第5條規定，中、日兩國換文之後兩年內，臺人得自由決定去留。因此，割讓之後不願居臺者可變賣家產返回大陸，「勿得因一時過慣，致罹後患」[1]。其後，雖然臺灣官紳積極籌組「臺灣民主國」，以阻日本接收，惟人心惶惶，故在日軍登陸之前，臺

29　洪棄生，前引書，頁40。
30　井出季和太，前引書，頁298。
31　詳閱許世楷，前引書，頁98-118、132-152。
1　吳德功，前引文，頁34。

北已有爲數甚多的富豪、士紳攜帶細軟家當，逃亡中國大陸；在中國大陸生活有所指望者亦不例外。因此，淡水河中，裝載避難者行李之船隻連帆相望；不得不留在臺灣者，爲減輕戰亂所帶來的損失，於是將財貨埋在地下。居民對此一驚天動地大變局之反應，形形色色，未見本諸統一的意志和思考而採共同步調。臺北因富豪走避，致街上沉寂，商店半數關閉[2]。

　　如前所述，日軍登陸後，林維源、唐景崧、陳季同等官紳相繼遁逃，而潰兵四出，劫藩庫，焚撫署，亂民亦趁火打劫。雖有紳商集議迎接日軍入城，惟「民之移家者，擔簽躡屩，扶老攜幼，累重載舟，紛紛蔽海而浮。」[3]至8、9月間，內渡人數已多達2,000餘人[4]。其時，中、南部地區的士紳、富豪亦競相內渡。據生員謝汝銓表示，內渡紳富概均在中國大陸故鄉有親族或有財產者，至1895年10月，具有功名的士紳約十分之一內渡[5]。待局勢略定，陸續有再度返臺者，例如，臺中首富林家之林輯堂於翌年1月率家人返臺[6]。不過，就一般趨勢觀之，此一時期臺人尤其是中、上階層之動向，乃是內渡者多於返臺者。

2　The Foreign Office Records, FO 46/458, p.132, Report to N. R. O'Conor from L. C. Hopkins, Tamsui, May 19, 1895.

3　洪棄生，前引書，頁5。

4　臺灣史料保存會，《日本統治下の民族運動》上卷，頁163。另據《臺灣日日新報》第14號，明治31年5月21日，〈答客問艋津前後商況〉一文，謂1896年艋舺內渡避難人數已多達萬人。

5　謝雪漁（汝銓），〈乙未抗日雜記〉，《臺北文物》第9卷第1期（1960年3月），頁74。

6　《臺灣史料稿本》第7卷，明治29年1月，頁269。另臺灣史料保存會，《日本統治下の民族運動》上卷，頁164，1895年9月9日，淡水支廳長大久保利武報告中表示：北部地區內渡者「因聞日來我軍（指日軍）勢如破竹南進，故返臺者日漸增加，且一般情況亦漸歸安堵。由是觀之，中國人的通性本就是欠缺愛國觀念，因此，對國變籍移，他們非但絲毫不在意，只繫念於敏捷營商以蓄積財貨。……」。

　　迨至1896年12月，據生員陳洛估計，以農、工爲業者幾乎悉數
留臺，返回祖籍者不過百分之一、二；至於富商、大賈，留臺者十
有八、九，內渡大陸者不過十之一、二；唯「貴族及紳士之家」，
留在臺地者十居其五，返歸中國者亦有五成。以農、工爲業者由於
大多安土重遷，復因其大多貧賤而無遷徙之力，加以臺地農工之利
遠大於中國大陸，故除鄉間一、二豪農因鑑於「土匪」未靖，而返
回中國大陸外，絕大多數必定留臺。商賈則因：

　　㈠臺地物產豐饒，獲利甚多。

　　㈡臺商已安其室家，平日鮮少遠出辦事，一旦遷居別處，將人
　　　地兩疏。

　　㈢目前賦稅甚輕，商賈咸感便利。

　　㈣若欲遷移中國大陸，賒賬尚無法悉數催收，加以田園售價甚
　　　低。

職是之故，除了在中國大陸有田園房舍、父母妻子者不得已返歸祖
籍外，大多數仍留在臺灣。

　　士紳半數返歸中國大陸之因如下：

　　㈠世家望族累世蒙清帝恩蔭封贈，而紳士則曾身任官職，久受
　　　清廷恩寵，值此「鼎革」，不忘舊恩，此等人家返歸中國者
　　　甚多。

　　㈡上層紳士因進士出身而官尊職貴，既蒙清帝隆恩，理應回歸
　　　中國。

　　㈢清時，舉人、進士出身之臺人均可補知縣以上之官，而有秀
　　　才之名者又皆希望成舉人、進士；目前，則降爲平民，其有
　　　爲官廳延聘者，亦不過是基層吏員及閒散之職，因此有志於
　　　宦途者大多返回中國。

㈣依中國舊例，紳士不得出任原籍地之官吏，其獲清廷任用及各官延聘者，均係幕僚賓朋，頗受禮遇，故此等人家大多返回中國。

㈤清時，臺地紳士、紳商除在臺有房舍田園外，在中國大陸的祖籍亦有建業住家，父母墳墓亦在中國大陸的祖籍，此等人家亦大多返歸中國。

㈥臺地紳士其著名者多係師儒，清時每設立高等學塾，其弟子皆得業之士，目前這些弟子均已休業，此後，全島將永無高等漢文學塾，因此掌教士紳大多返歸中國。

㈦從前臺地各府、縣均設有書院及培元局，其經費由紳士、紳商義捐，其田園由紳士收租以充院費，而由官長監督。每一府、縣之秀才、童生均在該院會試，其膺上等者每月給予賞金，以資學費。惟去年（1895）以來，書院長久關閉，致貧儒無所仰庇。

㈧清時，紳士世家每廣廈高堂，侍從婢僕甚多，其家法內外嚴肅，與官衙無異，欲會謁的親戚朋友亦須通達其意，然後始可入門升堂；惟去年以來，警察憲兵任意穿堂入室，致使婦女驚惶，因此而歸避中國者為數不少。

㈨清時，紳士、紳商具鄉望者，均係剛正侃直之人，因此，鄉里奸詐者及下流之輩每受紳士之指斥而頗受壓抑；現奸詐及下流之輩應聘投入基層衙門者為數甚多，每思嫁禍紳士、紳商之家，以洩宿怨，因而此等紳士之家返歸中國者甚多[7]。

7　〈明年5月の期限に臺地の士民去留如何に對するの意見〉，《臺灣史料稿本》第11卷，明治29年12月18日，頁657-665。

　　以上之觀察和分析可說頗為深刻和周詳。此外，當時日人官吏及軍警每以殖民統治者姿態對待臺人，對具社會聲望和地位的紳士、紳商非但未給予適當的尊重，反而加以凌辱，亦是紳士競相走避的原因之一。例如，軍隊占用臺北艋舺紳商洪合益（貢生洪騰雲主持）和李勝發價值萬金的宏壯宅第作為營舍，久不歸還；新竹林、鄭兩家價值各十餘萬圓的壯麗房屋亦被占充官舍[8]。進士陳登元初亦留臺迎接日軍，合臺北有力紳商15人籌設保良局，並出任芝蘭保良分局主理，後因不堪受臺北縣知事村上義雄之凌辱，憤而去職內渡[9]。1896年10月，彰化支廳長的報告中表示，據境內紳士、耆老反映，堡長、總理等協助日軍徵集人夫，雖不捨晝夜奔走辦理，不但毫無俸賞，若未能達成任務，動輒遭受譴責，甚至往往不免於鞭打之辱，與清時堡長、總理頗受官府禮遇實有天壤之別。加以日軍和警察對嫌犯鞭打拷掠無算，往往不辨良痞，肆行殺戮，因而造成紳士之輩紛紛離臺。由是建議總督府宜統一法律權，以保護人民之生命[10]。

　　由上顯示，內渡者以士紳、富豪等社會中、上階層為主，尤其是士紳，內渡比率竟多達二分之一，誠是一值得注意的現象。其確實人數究竟如何？由於資料闕如，一時仍不得其詳。概言之，貢生、舉人、進士等上層士紳絕大多數內渡，當時在中國大陸任職者紛紛要在臺親眷內渡，例如，時任韶州知府的臺南進士陳望曾命其弟僱船奉母攜眷內渡[11]。在臺之進士除宜蘭楊士芳留臺外，餘悉數

8　同上書，頁664。

9　楊雲萍，〈陳登元的事蹟及其遺作〉，《臺北縣文獻叢輯》第2集（1956年4月），頁441-442。

10　臺灣總督府臺灣史料編纂委員會，《臺灣史料稿本》第11卷，明治29年10月11日，頁121-123。

11　臺南市政府，《臺南市志》卷7，人物志（臺南：該府，1979），頁343。

返回中國大陸,其中較著者有臺北陳登元、臺中丘逢甲、彰化蔡德芳、許肇清、臺南蕭逢源、許南英、施士洁等[12]。據初步統計,同治年間臺人考取科名者,計有進士7人、舉人32人、貢生71人;光緒年間,計有進士13人、舉人50人、貢生134人[13]。然而,1896年12月,臺北地區僅餘舉人1人、貢生8人未內渡[14]。翌年1月,科舉人才鼎盛的臺南地區只餘舉人2人、貢生13人[15]。其他地區情況相似,茲不備舉。要之,上層士紳較日治之前銳減迨無疑義。

　　如前所述,不少生員有志於科舉,因而內渡;內渡後,限期向祖籍地方官辦理歸籍手續,例如,1897年春,向泉州府呈報者已達160餘人[16],是年適逢鄉試之年,5月8日又是臺人定籍的期限,因此自年初開始,有志於科名的士紳即紛紛返歸中國大陸,準備應考,例如,臺北大稻埕廩生陳廷樞、陳植棋、生員何世琨、陳祚年、陳作淦等即決定定籍之前內渡[17]。影響所及,益使內渡士紳人數增加。清廷則特准臺籍生員在各地寄籍應試[18]。許多殷富士紳為保全其在臺的田園財產,不便放棄日籍而內渡,但又不甘喪失追求科舉功名之機會,於是將姓名寄回中國申報歸籍,而人仍留在臺灣經營產業,至考前始內渡赴考,日人輿論譏之為「一身兩用」,評謂:「誠有

---

12 參閱《臺灣省通志稿》、《臺南市志》等之人物志。陳漢光,《臺灣詩錄》(臺中:臺灣省文獻委員會,1984);臺灣總督府,《臺灣揚文會策議》(臺北:該府,1901)等。

13 莊金德編,《清代臺灣教育史料彙編》第2冊(臺中:臺灣省文獻委員會,1973),頁467-691。

14 〈臺北縣直轄管內居住學士名簿〉,《臺灣新報》第84號,明治29年12月12日,1版。

15 〈臺南各區舉人貢生廩生訓導秀才姓名開列于左〉,《臺灣新報》第114號,明治30年1月24日,1版。

16 〈臺紳流離〉,《臺灣新報》第185號,明治30年4月24日,1版。

17 〈臺紳歸清〉,《臺灣新報》第187號,明治30年4月27日,1版。

18 《臺灣史料稿本》第12卷,明治30年5月8日,頁531,轉載廣州《博聞報》。

志功名，固未可厚非，然天下間名利恐無此便宜也。」[19]據報導，是年福建鄉試臺人應考者計有200餘人，僅約過去的四分之一[20]。由上，可略窺日治初期一般紳士的心態和動向。

　　就總督府的態度觀之，首任總督樺山資紀揭示的施政方針中關於臺人的處理問題，指出若採「放逐主義」將臺人盡逐出島外，或採「同化主義」強制臺人放足斷髮，均將徒致紛擾，而難收實效；唯有暫採「放任主義」而漸進於同化，不干涉臺人舊有的風俗習慣和特別立法[21]。同時，對各地士紳、富豪等社會領導階層採安撫和籠絡政策，以爭取其支持和合作。因此，總督府雖然採聽任臺人自由決定去留政策，但對士紳、富豪等社會領導階層是否留臺則十分注意。1897年初，臺人定籍之期將屆，日人輿論頗為樂觀地表示：

　　　　由於臺人商業自由不受限制，居住自由不受妨害，不被強迫斷髮，因此上流階層決定是否歸化時必定有所感念。大稻埕的茶商大多是泉州、福州、廈門等地的豪商，其在故鄉均有妻眷財產，在臺灣不過是買小妾，購置大廈，無怪乎多數不想歸化。然而，地方的土著出國時身無一物，渡海而來，今勤儉致富，成為體面的豪農，此等人將不會輕易拋棄其產業。蓋其縱然變賣產業歸國，其本身在故鄉亦無聲望和知己，感覺全然有如移居外國一般，因此無疑的其將歸化為日本人。[22]

---

19 〈一身兩用〉，《臺灣新報》第285號，明治30年8月21日，1版。
20 〈舊臺士子〉，《臺灣新報》第312號，明治30年9月22日，1版。
21 臺灣史料保存會，《日本統治下的民族運動》上卷，頁648-649。
22 〈社說：土人の去就如何〉，《臺灣新報》第110號，明治30年1月20日，2版。

　　不久，因傳聞內渡避亂的臺人漸興返臺之念，日人輿論由是強調這是受總督府寬大政策和臺人的鄉土感情影響所致。從而推斷定籍之際將不至於十中有九離去，並進一步建議總督府將內渡廈門的臺人招撫返臺[23]。隨後，復指出內渡者在臺人中雖占少數，惟概係社會領導階層；由是建議總督府宜盡可能保護其在臺財產並給予方便，略謂：

　　　由於臺灣全島頒大赦令，不少內渡唐山者動返臺之念頭，
　　　可是不知如何辦理歸臺手續，或因受種種謠傳影響，而猶
　　　豫不決，在廈門碼頭躊躇者為數不少。然而，吾人聽聞，
　　　此少數逃避者中，其財產、學問、勢力等方面概屬本島錚
　　　錚者流。果真如此，縱然其為少數，可推知定籍與否對其
　　　財產和收益方面有相當的影響。若其錯過五月八日未返
　　　臺，我政府仍宜採寬大政策，不沒收其個人產業。[24]

　　總督府乃特以二年為期准許臺人各將產業隨意轉移。此一時期，由《臺灣新報》的報導中，可看出不少內渡士紳及富豪紛紛遣其族人或親攜眷屬返臺，其主要目的似即在於保全或處理在臺產業。例如1897年初，回廈門的林維源遣送鶴壽、嵩壽等四子及三族人返臺，而回泉州的林朝棟則遣其四子子佩（資鏘）返臺[25]。定籍期限過後不久，臺南陳望曾之族人、基隆江呈輝之弟呈棟及家眷等亦先後歸臺[26]。旋因廈門地區黑死病流行，內渡士紳相繼攜眷返臺，例

23 〈社說：去就如何〉，《臺灣新報》第129號，明治30年2月16日，2版。
24 〈社說：民產沒收〉，《臺灣新報》第149號，明治30年3月11日，2版。
25 〈紳士歸臺〉，《臺灣新報》第185號，明治30年4月24日，1版。
26 〈士族歸臺〉，《臺灣新報》第230號，明治30年6月16日，1版。

如艋舺生員陳時英、陳作淦、陳時夏、張揚清、白汝捷等均是[27]。日人輿論稱揚諸士紳歸來故園是明智之舉，亦是合情合理之舉[28]。

　　據資料顯示，繼1895年日軍登陸後肆行武力接收而掀起臺人內渡潮之後，1897年5月定籍期限屆滿前後，再度掀起一次臺人內渡潮。如前所述，此時日人對臺人──尤其是社會領導階層──是否留臺十分注意，將之視爲兩年來總督府施政的一項考驗，因此輿論經常報導臺人去留的動靜，檢討總督府的施政對臺人去留的可能影響，以及建議講求辦法以促使內渡的臺人中、上階層歸臺等。總督府除發布相關的法令和宣告外，並命令縣知事和官吏密切注意和調查臺人的動靜。調查報告表示，除臺南城內居民之外，其他地區大部分居民極其平靜，好似定籍一事與本身無關，而各安其業。儘管不法之徒造謠生事，然而有識階級察知總督府當局的施政方針非過去舊政府所能比，因此放棄離去之念頭。臺北縣內渡者大多係來臺打工者，或在中國有家族或財產者，在臺有不動產或父祖墳墓者甚少離去，內渡者總計369戶、1,574人；臺中縣內渡者概係在中國有祖墳和財產者，並非對總督府施政有異議者，總人數301人。臺南縣民因恐鴉片令實施後煙價會上漲，加以鼠疫流行，以及謠傳定籍後總督府將禁革臺人風俗習慣、實施徵兵、徵收重稅、斷絕與中國之交通等，影響所及，內渡者多達4,500餘人，其中，大部分是臺南城內外的居民，內渡者大多是中等以上居民，下等階層因無儲蓄，無法成行；內渡者變賣房地產之際，貪得暴利之徒從中推波助瀾，致售價僅平常的十分之一。澎湖內渡者概係在大陸有親友者，計81人離去。全島內渡者合計6,400餘人，此一數目僅指有向官廳申報者，

27　〈舊士歸臺〉，《臺灣新報》第394號，明治31年1月5日，1版。
28　〈臺士歸來〉，《臺灣新報》第395號，明治31年1月7日，1版。

不包括私自內渡者。總督府強調離去原因絲毫不具任何政治意義，純係因懷念故國及惑於街巷之謠言所致[29]。儘管如此，下等階層恐非內渡者的主體，尤其是臺南地區明顯的中等以上階層又離去不少。要之，經過兩次內渡潮，臺灣社會舊領導階層離去者為數可觀，自不待言；謂其是臺灣社會領導階層結構變動最主要的因素，洵非過言。

　　此一時期，社會領導階層除了內渡以直接逃避異族政權的統治和社會的混亂之外，另一值得注意的現象乃是退隱，有的係一時隱居以避亂，有的則是長期的退隱以消極地抵制或排斥異族政權。就人數觀之，為數不少。就退隱者與殖民政權之關係觀之，可大別為兩類：其一、是未受到總督府頒授紳章或未參與其所提倡的任何活動者，其極端者全然隱逸，其餘的多數過著消極的半退隱生活，或垂帷授徒，或懸壺維生，或寄情詩酒而與同好相唱和。以現臺北市地區為例，據載，生員陳鶯升「日唯究心濂洛關閩之書，以之反躬切己。」[30]生員陳寶田「閉戶勤習書法、繪畫，安貧自樂，有商歌露肘之風。」[31]名士張國瑜則一反其熱心公益、慷慨濟貧之素習，竟消極鬱鬱而歿[32]。生員趙文徽隱居芝蘭山中一年有餘，無以為生；日人再三徵聘，均堅辭不受，甚至其子迫於衣食任職警署，亦受其怒責而辭職；後設帳授徒，勵氣節以諷當世；懷易水之烈，乃書其所居為「劍樓」；慕文文山、謝疊山之為人，故自號「一山」[33]。生員郭

29 〈歸國彙報〉，《臺灣新報》第199號，明治30年5月11日，1版；〈臺民去就調查臺北縣下〉，《臺灣新報》第227號，明治30年6月12日，2版。臺灣總督府臺灣史料編纂委員會，《臺灣史料稿本》第12卷，明治30年5月8日，頁525-529。臺灣史料保存會，《日本統治下の民族運動》上卷，頁666-668。
30 臺北市文獻委員會編，《臺北市志》卷9，人物志（臺北：該會，1988），頁106。
31 同上書，頁126。
32 同上書，頁63。
33 同上書，頁99。

鏡蓉一度落髮爲僧，日以詩酒自娛，後復歸儒而隱居於士林[34]。名士陳丙寅則隱居江頭亂山中，年餘不出市井一步，連雅堂稱之爲「高士」[35]。過著半退隱生活者，較著名的塾師有舉人高選鋒、貢生楊克彰、生員王承烈（采甫）、林斗文、陳麗生、陳祚年、何承恩、周壽金、張壽其、黃福元、陳時夏、吳蔭培，以及名士林永興、杜天賜（仰山）、謝五美（尊五）、林纘（述三）、陳遺福（錫九）、林沁修、蔡宜甫、吳如玉、李志淵、林禮雄等[36]；懸壺爲業的儒醫有生員張藏英、張清燕、黃福元等[37]。

其他地區情況相似，例如，丘逢甲表弟生員謝道隆（頌臣）雖於民主國成立之際積極參贊戎機，惟事敗後則盡散其徒眾，以醫自給，佯狂遁世，日與詩酒爲伍，有《小東山詩存》一書傳世[38]。鹿港生員洪一枝（1867-1919）和新竹生員王松（1866-1930）更是隱逸人物的典型。洪一枝於日治後易名繻，字棄生，不久，絕意仕進，未再赴考，閉門述作，不騖外事，危言危行，挖揚風雅，不爲威屈，不爲利誘，以遺民終其身；先後著有《寄鶴齋詩集》、《寄鶴齋古文集》、《寄鶴齋駢文集》、《寄鶴齋詩話》、《八洲遊記》、《八洲詩草》、《中東戰紀》、《瀛海偕亡記》等書，內容充滿悲憤，流露反抗精神，且多記述日人之虐政[39]。王松字友竹，日軍登陸之初，攜眷內渡泉州原籍，中途遇盜，被洗劫一空；旋返

34 王松，《臺陽詩話》臺灣文獻叢刊第34種（臺北：臺灣銀行，1959），頁34。
35 《臺北市志》卷9，人物志，頁104。
36 參閱《臺北市志》卷9，人物志；臺北市文獻委員會，《臺北市耆老會談專集》（臺北：臺北市文獻委員會，1980）。
37 《臺北市志》卷9，人物志，頁124、127、263。
38 王松，《臺陽詩話》，頁36。陳炎正編，《豐原市志初稿》（臺中：豐原市公所，1983），頁164。
39 洪炎秋，〈弁言〉，編入洪棄生，前引書，頁1。連橫，《臺灣詩乘》（臺中：臺灣省文獻委員會，1975），頁256。

回新竹，號寄生，又號滄海遺民，名其所居爲「如此江山樓」，隱
居不出，日以詩酒自娛，不與世涉；著有《臺陽詩話》、《滄海遺
民賸稿》（一名《如此江山樓詩存》）、《友竹行窩遺稿》等書，
多感慨明志之言，讀其詩可略窺士紳退隱之心境。例如，〈避亂〉
一詩中略謂：「不求聞達祇山林，荒盡田園又廢吟；避俗恨無千日
酒，著書枉用一生心；百年文物悲塗地，幾姓江山兆採金！畏域愁
城朝夕困，那禁霜雪鬢邊侵！」〈書憤〉一詩中，略謂：「生逢割
地亦徒憂，烽火連天尚不休；家有兩姑難作婦，國無一士覓封侯！
安危於我何輕重，得失勞人問去留；大局不禁長太息，華夷從此是
春秋。」於〈書感〉一詩中，嘆云：「一去王嬙難復返，三呼宗澤
有遺哀！可憐春燕巢林木，桃李如今半廢材！」[40]要之，在哀傷絕望
的「遺民」心境下，退隱是保持其忠貞和氣節的途徑之一。

　　退隱的士紳既常藉詩以明志，藉酒以寄情，影響所及，一些常
聚會以詩酒相慰藉的同好遂結成詩社。日治不久，即有由鹿港和苑
裡的退隱士紳所組成「鹿苑吟社」之出現，以詩酒相唱和[41]。王松對
該社社員頗爲推崇，列舉社員許劍漁（夢青）、施梅樵（天鶴）、
陳槐庭（懷澄）等人之佳句以品評[42]。無可否認的，透過詩社的聚
會，士紳的悲愴悒悶之情懷更可傾訴和共鳴，因此繼「鹿苑吟社」
之後，1900年代初期遂掀起詩社勃興之風氣，退隱士紳耽於吟唱固
不必論，連活躍於殖民政權下的士紳文人亦有不少人熱中於此道。
要之，若推究日治後詩風興盛超越往昔之要因，無疑的，乃肇因於

---

40 王松，《滄海遺民賸稿》臺灣文獻叢刊第50種（臺北：臺灣銀行，1959），頁
　　7-13、17、22-23、57-70。
41 賴鶴洲，〈臺灣古代詩文社〉（六），《臺北文物》第9卷第4期（1960年12月），
　　頁138-141。
42 王松，《臺陽詩話》，頁11-12。

退隱士紳為數可觀，紛紛藉山水詩酒以抒情懷，有以致之。誠如嘉
義賴雨若（壺仙）作〈有感〉一詩指出的：「臺灣割後竟如何，漢
學儒生落拓多；八股文章無用處，大都個個變詩魔。」[43]

　　其二、值得注意的，乃是形式上接受總督的尊崇或參與其所
提倡的若干藝文活動，實質上則始終拒絕任何基層殖民行政職務或
協助推動各項殖民措施者。此類士紳的社會聲望、地位及影響力等
大多原就大於前述第一類退隱士紳，因此總督府對之極力籠絡和尊
崇，企圖利用其聲望和影響力以順利貫徹各項殖民政策和措施。儘
管如此，其既已抱持退隱之志，並不因形式上與殖民政權建立關
係，而影響其實質的退隱程度。易言之，就退隱程度觀之，實與前
類退隱士紳無所殊異，其極端者全然隱逸，其餘的多數亦過著消極
的半退隱生活。若以現臺北市地區為例，據初步統計，當時獲總督
府頒授紳章以表尊崇的士紳計有71人，其中，屬於退隱者竟多達28
人[44]，茲將其概況表列如下：

43 林文龍，《臺灣詩錄拾遺》（臺中：臺灣省文獻委員會，1979），頁208。
44 獲頒紳章並出任保良局主理、參事、街庄長、區長、保正、壯丁團長、官廳囑託或
　通譯、公學校教師等職務之士紳如下：李景盛、張希袞、陳曰伊、陳自新、林世
　經、仇聯青、葉為圭、林望周、謝旭如、周鏞鳴、黃覺民、柯大琨、黃傳經、陳春
　輝、林斗文、陳步青、李秉鈞、黃克明、翁林煌、粘舜音、張揚清、黃茂清、陳
　洛、賴成籌、郭章龍、李光煥、陳開元、陳春光、林希張、洪以南、邱龍圖、何慶
　熙、李種松、陳應麟、陳景唐、李樹華、李聲元、陳受益、魏炳文、陳時英、洪文
　光、黃韓五等，計42人，另趙益山為華利洋行主事，詳閱鷹取田一郎，《臺灣列紳
　傳》（臺北：臺灣總督府，1916），頁1-64。另據《臺灣日報》第142號，明治30
　年11月11日，讀者投書：杜陵〈臺人の公職採用に就いて〉一文，指出是年臺北地
　區（含今臺北縣、基隆市、桃園縣）獲頒紳章的秀才70餘人、廩生9人（陳植祺除
　外）、貢生8人、舉人1人。其中，舉人陳慶勳因年老失明，不久去世。至於其他舉
　人潘成清、李應辰、江呈輝均已內渡，武舉人王廷理、陳邦超、周冰如、杜逢春及
　興直堡陳某等5、6人，或內渡，或去世，故文、武舉人已不存一人。茲附上，以供
　參考。

表2-2-1　日治初期臺北地區獲頒紳章士紳退隱概況表

項別 姓名	科名	年齡	家世	資產 (圓)	主要活動	備註
陳雲林	貢生	53	豪農		恣情花竹，優遊自娛，參加揚文會。	兄貢生儒林內渡
陳宗藩	貢生	79	豪農	15萬	耆宿，參加揚文會。	
吳經蘭	貢生	79	地主豪農	12萬	閉門不出，鄉人以遺老視之。	1899歿
黃建勳	貢生	48				1900歿
張豁然	貢生	60			1896年9月任士商公會議長。	1899歿
蔡成金	貢生	50			設私塾訓蒙，不預他事，曾參加揚文會；晚年勉強出任保正，旋歿。	1906歿
陳福照	廩生	41	商	2千	閉門深巷，唯以訓蒙為天職，屢拒日人之徵用。	
陳作淦	廩生	46		1萬	垂帷授徒，閒居養志，詩書自娛，參加揚文會。	
鄭漢卿	廩生	41			學德俱高，杜門讀書，拒不應聘為公學校教師。	1909歿
黃　經	廩生	47	富商		學德俱高。	1897歿
賴維邦	廩生	57			設塾維生，四方來學者甚多，安貧樂道，參加揚文會。	1914歿
陳進卿	生員	31			於自宅招徒授經，志操清廉。	
陳鵷升	生員	47			屢辭招聘，唯設帳授徒，參加揚文會。	
陳廷植	生員	28	富農	5千	靜修自守，曾參加揚文會，迨至1913年因難拒日人之請，始任公學校漢文老師。	父貢生儒林
楊鳴謙	生員	39	富商		設筵講經終其身，參加揚文會。	1907歿

陳春華	生員	34			持身謙恭，不銜姓名。	1898歿
顏一瓢	生員	56			士商公會會員，垂帷授徒，飲酒賦詩，怡然自娛，參加揚文會。	1905歿
林濟清	生員	49	富商		初為士商公會會員，後閉門讀書，不問世事之治亂。	1910歿
張丙丁	生員	28	中醫		兼設塾授徒。	1913歿
鄧岸登	生員	52				1901歿
劉廷達	生員	50	富農	4千		1899歿
高元勳	生員	40			讀書之餘，寄情於丘壑間。	
賴國泰	生員	53			以設塾訓蒙維生，參加揚文會。	
邱　仁	生員	46			家無儋石之蓄，以訓蒙維生，安貧樂道，參加揚文會。	
張時昌	生員	32			痛割讓致科舉之途絕，以詩文法帖自遣。	1897歿
王樹青	生員	41				1899歿
陳景崍	生員	36				1897歿
李春枝	生員	65	中醫		有列仙傳中人及桃源洞裡人之稱。	1904歿
備　註	1.年齡係指1895之年齡。 2.揚文會成立於1900年3月。					

資料來源：鷹取田一郎，《臺灣列紳傳》（臺北：臺灣總督府，1916）；臺灣總督府，《臺灣揚文會策議》（臺北：該府，1901）；臺北市文獻委員會編，《臺北市志》卷9，人物志（臺北：該會，1988）；《臺灣新報》明治29-30年。

　　由上，一則顯示日治之初原係社會中堅的士紳走上退隱之途者極為普遍，一則顯示具退隱取向的士紳絕大多數係中、老年者，蓋其往往較年輕的士紳懷抱更強烈的「遺民」意識。例如，林濟清嘗訓誡子姪，略謂：「功名，乃一己之榮枯；忠義，關係君國之隆

替，汝等默識在心，萬勿有失也。」[45]而陳福照則以「無國之民尙有宦情耶？」慨然拒辭日人之徵用；並書「志士不忘在溝壑，遯世不見知而不悔」之字幅，懸於書齋中以自惕勵[46]。吳經蘭更是每以「吳經蘭死已多時矣」爲詞，而拒見訪客[47]。職是之故，地方民眾亦往往視其爲「遺老」或「遺儒」，而尊崇之。復次，儘管表中有關士紳之資產的資料不全，惟已大致顯示多數退隱的士紳均具有小康以上的家境，其經濟條件足以讓其過著閉門讀書、優遊自適的生活；同時，雖然在殖民政權下科舉之途已絕，可是漢文仍是臺灣社會日常生活不可或缺的語文工具，因此，大多數退隱的士紳乃成爲教課親族及鄉里子弟研習漢文的塾師，當然其中亦有抱持維護中華文化之崇高理想而開筵設教者，而無恆產的士紳並可賴以維生。此外，雖然「臺灣揚文會」係總督府所倡設的團體，然而因其標榜「期尙學藝之品味，謀補文運之進益」之宗旨，「集合臺灣科舉俊秀之學士，徵求其平生所撰議論性文章，作爲治臺資料，並藉以振興文運而馴致風化。」[48]一時之間幾乎網羅全臺有科舉功名之士紳，無怪乎上述退隱士紳中仍有半數以上參加該會；連前述極端排斥異族政權的趙文徽及以「棄生」明志的洪一枝亦列名該會，因此，有學者推斷會員的入會恐非出於自願[49]。然而是否如此，限於資料不得而

---

45 《臺北市志》卷9，人物志，頁97。

46 同上書，頁69。

47 同上書，頁107。

48 臺灣總督府臺灣史料編纂委員會，《臺灣史料稿本》第17卷，明治33年3月15日，頁108。

49 Lamley, H. J., op. cit., pp. 373-374.另據《臺北市志》卷9，人物志，頁99，強調總督府「倡揚文會以籠絡士民，一時縉紳宿望入其彀者頗有其人，文徽獨慨然不與。」顯然係纂修者未詳查有關資料，致有此錯誤的論述。附帶一提，該人物志中傳主基本資料錯誤者不勝枚舉，實宜重新詳作訂正，以符方志提供「信而可徵」資料的基本要求。

知。姑不論士紳是否自願入會，由於揚文會成立後並未產生實質的
作用，故抱持退隱取向的士紳即使一時參加該會，似乎並不意味其
已放棄原來的態度。

　　其他各地獲頒紳章之士紳的態度亦與臺北地區相似，抱持退
隱取向者為數頗為可觀。大體而言，年齡越大者、資產越多者，此
一取向往往越強烈和顯著，並未因殖民政權極力籠絡和尊崇，而一
如清時積極地扮演協辦地方行政事務的社會領袖之角色；例如，新
竹巨富增生鄭如蘭「全擲世務，閑居於北廓園，優遊自適，以送餘
世。」1911年歿，享年77歲[50]。嘉義耆儒貢生賴世觀「幸有負廓二
頃之田，祖宗所遺黃金亦幾乎二萬；閒居養志，寄傲南牕。」[51]鹿港
舉人莊士勳擁有田園數十頃，因此「霞舉風塵表而不求仕，曉窗讀
書，柱笏但看山耳。」後應霧峰林家之聘，十餘年間「客於林氏園
館，養老於花竹泉石之間。」[52]臺中首富舉人林文欽（允卿）雖亦接
受紳章，惟屢拒辭總督府之徵辟，居家侍奉其母，課教子侄，故世
以「貞士」稱之[53]。餘不備舉。

　　此外，有些士紳或富豪初雖一度參與殖民行政，協助重建地
方秩序，或接受日人委聘辦事，惟不久即辭退歸隱，此亦是不容忽
視的現象。例如，貢生翁林煌於《臺灣日日新報》創刊之初出任主
筆和編輯，對殖民行政措施多所獻替，然而，「未幾而全辭詞壇，
嘉遯隱於市」[54]。新竹豪農黃鍊石以30歲壯年出任庄長4年有餘，
即「克盡厥職而退，今惟閑居賦詩，或涉園成趣，悠悠自適以為

50　鷹取田一郎，《臺灣列紳傳》，頁126。
51　同上書，頁233。
52　同上書，頁207。
53　林獻堂，〈林文欽事略〉，王世慶等編著，《霧峰林家之調查與研究》（臺北：林
　　本源基金會，1991），頁123-124。
54　鷹取田一郎，《臺灣列紳傳》，頁21。

樂。」[55]新竹富豪貢生鄭如礦鑑於「乙未之亂，諸巨室去住維艱。不識時者咸隱匿不出，而各小夫欲乘隙為亂。」於是1897年接受日人之聘，出任參事，參與地方事務之籌畫，保護善良，迨社會秩序稍定，即「閉戶讀書，不干世事。」[56]新竹生員劉梅溪（景平）未及內渡，日人延聘其纂修廳志，勉強依從，其後竟鬱鬱而歿。其所作〈春燕〉一詩中顯露出無限懊喪悔恨的心境，略謂：「幾經世態閱炎涼，故壘何曾一日忘？……入幕依人無限恨，呢喃幾欲訴東皇。」[57]臺南舉人王藍石擔任街長3年，力辭，退為訓蒙之師，不問政事；日人譽之為「志操高潔，古情可掬。」[58]臺南名士郭彝受聘與蔡國琳、陳修五、葉芷生等士紳共同纂修縣志，修竣後，即矢志不仕倭政，寧甘淡泊，一度靠賣畫為生[59]。由上已充分顯示，不少社會領導階層接受日人的委聘乃是情非得已，或基於傳統士大夫的社會責任感而忍辱負重。事實上，在文化民族主義意識下，內渡往往是多數士紳最優先的考慮；因種種因素影響以致一時未能內渡者，歸隱守節則成為其主要的選擇，無怪乎許多士紳先後走上歸隱之途。鄭如礦作〈送友回籍〉一詩中感傷地吟詠：「梓里烽煙後，親朋散四方。羨君歸故國，愧我困蠻鄉。」[60]正是上述心境寫照。

　　考身為社會中堅的士紳競相退隱之因，除受前述「遺民」心態和文化民族主義意識之影響外，據藍蘭（H. J. Lamley）指出，尚有以下數點：㈠由於一般民意不齒與日合作者，因而增強了士紳對新

---

55 同上書，頁147。
56 同上書，頁174。王松，《臺陽詩話》，頁15。
57 王松，《臺陽詩話》，頁39。
58 《臺南市志》卷7，人物志，頁360。《臺灣列紳傳》，頁293。
59 《臺南市志》卷7，人物志，頁354。
60 王松，《臺陽詩話》，頁15。

政權的排斥。㈡許多絕望的士紳接受算命者所稱在異族統治下富貴榮華一場空的看法。㈢由於士紳在清代所抱持的舊標準和價值被剝奪，致使其認為替日人工作無甚意義和鮮有前途[61]。加以，在中國歷史上當異族入主時，士紳本就有退隱的傳統；在臺灣，退隱的士紳其行為每受到讚揚，鮮少受到責備，甚至有許多退隱者因其藝文活動而贏得更高的聲譽，影響所及，情勢稍定後，不少士紳仍繼續過著退隱生活[62]。

　　概言之，日治最初二、三年間，臺灣社會領導階層呈現強烈的內渡或退隱取向，其中，士紳階層此一取向尤其顯著。另一方面，總督府則對社會領導階層採籠絡和利用政策，使之留臺並協辦殖民行政和事務，設法誘使內渡者返臺，促使退隱者改變消極的態度。因此，有些內渡者陸續返臺，有些退隱者再度扮演地方領袖的角色。儘管如此，臺灣社會舊領導階層仍呈現遞減之勢，其中，士紳階層此一傾向尤其顯著。此由1900年成立的「臺灣揚文會」會員數可略窺其概。該會網羅當時全臺大部分士紳。由表2-2-2可知，會員中有進士1人、舉人8人、貢生41人、生員764人、童生31人，合計845人。如前所述，同光年間，臺灣計有文進士20人、舉人82人、貢生205人。兩相比較，清楚地顯示上層士紳因大量內渡和退隱而銳減；下層士紳雖一時無法確切地看出其減少狀況，然而由前文的論述已足可推斷一直在遞減中，致流失數似亦相當可觀。就地區觀之，在揚文會會員中，臺北縣有貢生9人、生員79人；臺南市有舉人4人、貢生1人、生員104人。然而，據1896年12月調查，臺北縣仍有舉人1人、貢生8人、生員97人[63]；而臺南市則仍有舉人2人、貢生5

61 Lamley, H. J., op. cit., p. 256.
62 Ibid., p. 260.
63 〈臺北縣直轄管內居住學士名簿〉，《臺灣新報》第84號，明治29年12月12日，1版。

人、生員138人[64]。由上顯示臺北、臺南兩地的上層士紳數均未見回升，下層士紳反見顯著的減少；無疑的，此乃係士紳階層具有強烈的內渡和退隱取向有以致之。

表2-2-2　揚文會會員概況表

人數 項別	支會別	臺　北	臺　中	臺　南	宜　蘭	澎　湖	合　計
舉　人		1	1	5	2	-	9
貢　生		17	6	11	4	3	41
生　員		127	229	360	20	28	764
童　生		-	-	-	20	11	31
合　計		145	236	376	46	42	845
備　註							

備　註
1.臺北支會會員中，臺北貢生9人、生員79人，桃園舉人1人、貢生2人、生員18人，新竹貢生6人、生員30人。
2.臺中支會會員包括居今苗栗、臺中、彰化、南投、雲林等地者。
3.臺南支會會員包括居今嘉義、臺南、高雄等地者，其中，臺南市舉人4人、貢生1人、生員104人。
4.宜蘭支會舉人項中含進士楊士芳1人。
5.生員項中含廩生、秀才、增生、附生等。

資料來源：臺灣總督府，《臺灣揚文會策議》（臺北：該府，1901）。

　　日治之初，由於原來的社會領導階層競相內渡或退隱，奸宄小人乘機而起，正如前述陳洛所指出的：「現奸詐及下流之輩應聘投入基層衙門者為數甚多。」因而造成社會領導階層結構的質變。影響所及，臺灣社會遂一時失序，當時日人輿論對臺北的社會曾作如下的檢討和批評：

64 〈臺南各區舉人貢生廩生訓導秀才姓名開列於左〉，《臺灣新報》第114號，明治30年1月24日，1版。

臺北承軍政時代之餘弊，諸事混亂，士商均貪求一攫千金之暴利，貪求無厭，誹謗構陷，而至於姦曲橫暴無所底止，風氣惡劣至無法比喻。此一情況不只限於內地人（指日本人），連本島人方面亦是冒險僥倖的奸宄之徒乘一朝得意，窘斃向來之富豪，橫奪其財富，甚至企圖危害其生命，一時之間，真偽莫辨，而所謂薰蕕不分、玉石同架之弊，則惑亂臺北之天地。是以有心之士銷聲匿跡，足不出戶，以避免惹禍上身。臺北社會姦佞小人跋扈囂張，風規頹廢，呈現出秩序混亂、舉世混濁之現象。臺灣有「百鬼夜行」之批評，實係此一時期的產物。[65]

　　總督府對此一現象亦有所留意，並致力於情況的改善和秩序的重建。其基本的政策概如上述，對舊社會領導階層採籠絡和利用政策，亦即是希望利用舊社會領導階層以建立殖民社會秩序。據日人表示，1900年以降，「一度昂首闊步於臺北天地的市井無賴之徒漸次絕跡，滿懷狐疑隱避於社會一隅的舊富豪名流則漸次出現社會的表面，霑享新政之餘澤。」由是而開啟臺灣社會「改造」之端[66]。然而，必須注意的，雖然此時社會領導階層的結構係延續清季的基礎，但已與清季有相當的差異，蓋絕大多數居社會領導階層中堅地位的上層士紳已內渡中國或走上退隱之途，而下層士紳步上是途者亦為數不少，固然不能否認在臺退隱的社會領袖仍有其社會聲望，

65 〈社說：臺北の社會〉，《臺灣日日新報》第551號，明治33年3月6日，2版。
66 同上註。

惟事實上其社會地位已大不如昔，而影響力已大爲減弱。至於此一
略具延續性的社會領導階層的特色和角色如何？有待進一步探討和
分析。

第三節　社會領導階層與殖民社會秩序之建立

一、社會領導階層與各地之順服

　　當日軍登陸後，由於主持臺灣民主國的官紳相繼遁逃，臺灣民
主國旋即瓦解，臺北城陷入無政府狀態，因而潰兵四出劫掠，亂民
趁火打劫，致街衢混亂，積屍遍地，街民閉隘閘以爲守。目睹此一
亂局，於是貢生李秉鈞、陳儒林、廩生劉廷玉、富商李春生、吳聯
元、陳舜臣、白隆發（其祥）等紳商、富豪乃集議善策，最後決議
請日軍入城，以驅逐暴徒，保全居民的生命財產。同時，臺北的外
僑亦有同樣的主張。旋先派辜顯榮隻身赴基隆，繼又委英商湯姆遜
（G. M. T. Thomson）、德商奧利（R. N. Ohly）及美記者戴維遜
（J. W. Davidson）等人爲代表，往請日軍入城[1]。因此，6月7日，日
軍兵不血刃進入臺北城，隨即布告安民；城內居民旋即豎起白旗，
有些白旗上畫了紅日，算是日本國旗，艋舺街市內亦掛出許多寫著
歡迎標語的大旗[2]。17日，日人舉行「臺灣始政大典」，應邀參加的
有各國駐臺領事、高級館員及外僑24人，臺北地區紳商代表83人，

1　Davidson, James W., *The Island of Formosa, Past and Present*（New York, Book World, 1903）, pp. 306-307.吳德功，前引文，頁40。黃昭堂，前引書，頁76。王國璠編著，
　　《臺灣抗日史》（臺北：臺北市文獻委員會，1981），頁256-257。喜安幸夫，《臺
　　灣島抗日秘史》（東京：原書房，1979），頁34。

2　Davidson, James W., op. cit., p. 312.

其中，貢生5人、監生2人、生員（含廩生）32人、塾師1人、富商31人、中醫師3人、豪農（地主）4人、不詳身分者5人[3]。由上顯示，留臺紳商及富豪為解除臺北無政府狀態下的混亂和不安，乃採順服態度，期藉日軍之力恢復社會秩序和安寧，確保身家安全和財富。

其後，雖然日軍南下時，遭遇各地「義民」、「義軍」及團練等激烈的抵抗；惟當抗日軍戰敗後，每見當地社會領導階層出面代表居民迎接日軍，並協助日軍重建地方秩序。6月29日，桃園的紳、商代表熱烈地歡迎北白川宮能久親王[4]。如前所述，新竹地區諸巨室初即對抗日義軍之捐輸持觀望態度，加以一般民眾所在意者唯身家安全，有些民眾準備了黑、白兩種旗子，白旗書「大日本善良民」，黑旗書「歡迎義勇軍」，設置步哨，當日軍來時急舉白旗，而義軍至則改舉黑旗，終日如此反覆不停[5]。易言之，不少紳民對抗日軍事抱持旁觀態度。迨吳湯興、徐驤等戰敗，「新竹紳士鄭、林等率眾迎請日軍入城安民」，由於日軍「人少（僅2,000餘人），不足分派駐紮，城內紳富乃僱勇協守。」蓋當時謠傳若新楚軍入新

---

3 貢生：李秉鈞、李種玉、周鳴鏘、陳雲林、陳宗藩；監生：蘇爾民、林望周；生員：劉得三、林知義、陳進卿、陳廷植、陳鵷升、陳曰伊、陳福照、陳作淦、陳自新、林世經、葉為圭、陳景峽、鄭漢卿、柯大琨、黃經、楊鳴謙、陳春輝、黃傳經、陳春華、陳授時、粘舜音、黃茂清、張揚清、顏一瓢、陳洛、陳濟清、林斗文、陳維菁、郭章龍、謝旭如、陳步青、黃克明；塾師：劉維周；富商：李春生、辜顯榮、王慶忠、陳江流、洪輔臣、吳文秀、陳采臣、歐陽長庚、吳昌才、王慶壽、陳志誠、許梓桑、王萬生、吳春奇、吳鴻奇、陳鳳儀、李三明、蔡達卿、洪禮文、林卿雲、黃應麟、白其祥、蔡天培、張達源、李志清、黃敬堂、李萬居、蘇樹森、陳文遠、吳聯元、陳舜臣；中醫：黃玉階、陳直卿、陳迪卿；豪農（地主）：林瑞會、黃以讓、呂九、王景順；餘5人姓名不詳。據鷹取田一郎，《臺灣列紳傳》；臺北市文獻委員會編，《臺北市志》；王國璠，前引書，頁262。
4 臺灣教育會，《北白川宮能久親王御事蹟》（臺北：該會，1937），頁31-32。
5 篁村，〈日軍侵竹邑前後〉，《臺北文物》第10卷第2期（1961年9月），頁110。

竹，將盡殺居民，致居民反生惶恐，故協助日軍守城[6]。苗栗地區紳耆因恐被處死而被迫協助抗日軍事，日軍斥候未遭遇任何抵抗即進入後壠，居民因恐受到抗日軍的懲罰，故望日軍迅速進占該地[7]。

中部地區情況亦相若。當知府黎景嵩主持下，籌防兵力和餉械兩皆不足，而戰役又敗績迭傳時，於是紳民聚集府署，向黎氏建議：「民主已遁，接濟全無，公如有把握可以持久，吾輩當死守以報；否則，護送公往臺南乘輪內渡，接倭入城，中路生民當可免於屠戮，此我紳民不得已之為也。公其何以教之？」[8]其後，八卦山之役吳湯興等與日軍激戰失敗後，彰化各堡紳董隨即出面向日軍輸誠，並力圖保全地方，富豪楊吉臣設保良局以招安善人，而各堡紳董亦設局保民。鹿港則辜顯榮先行前往聯絡紳富放棄抵抗[9]，當日軍至時，廩生莊士哲「率先表誠于營門，徵餉募丁，頗盡力。」[10]由是鹿港居民遂不太恐懼日軍之入據。臺中生員林耀亭之父為莊總理，當日軍至時，曾率莊民迎接日軍，致力於維持地方治安[11]。嘉義貢生賴世觀初雖未接受民眾之請求出面向日軍說項，但當嘉義抗日軍事失敗後，賴氏旋去見日軍指揮官，因此嘉義遂免於被日軍縱火燒城之劫[12]。

至於臺南，情況亦與臺北相似。當劉永福潛逃後，臺南城內一片混亂，敗軍潰散，竄擾民眾，盜匪群起，搶劫屢見不鮮。因此，

6　吳德功，前引文，頁48。
7　Davidson, James W., op. cit., pp. 333-334.
8　思痛子，前引書，頁13-14。
9　吳德功，前引文，頁61。臺灣總督府臺灣史料編纂委員會，《臺灣史料稿本》第7卷，明治29年3月，頁263。
10　鷹取田一郎，《臺灣列紳傳》，頁204。
11　陳清池，《林耀亭翁の面影》（臺中：耀亭翁遺德刊行會，1938），頁11-19。
12　賴鶴洲，〈臺灣古代詩文社〉（三），《臺北文物》第9卷第1期（1960年3月），頁131。

廩生許廷光與主持團練的生員蔡夢熊、蔡夢蘭等議請英國領事代為函請日軍入城；隨後，牽牧師宋忠堅（Rev. Duncan Ferguson）、廩生楊鵬博、紳民陳修五、吳道源、張伸民等17人至日營，請求日軍入城維持秩序[13]。

由上顯示，順服於日軍並非只是社會領導階層的因應態度，許多民眾及外僑亦均表現同樣的態度，蓋在無政府狀態下，盜匪乘機而起，居民的生命財產遭受嚴重的威脅，加以戰爭的殺戮和破壞，尤使民眾恐懼萬分，因此在求和及迎接日軍的過程中，民眾往往與社會領導階層密切結合，態度和行動均一致，以求確保身家性命，並迅速恢復秩序和安定。值得注意的，各地出面向日軍表示順從的大多是留臺的士紳，雖然其均是貢生以下的士紳，惟顯示地方的領導權仍掌握在士紳手中。不過，無可否認的，由於原居主要領導地位的上層士紳已相繼內渡或退隱，因此每產生由次級領導人的下層士紳接替領導權的現象。

概言之，在臺擁有資產的紳商富豪一時脫產內渡不易，自然不希望地方糜爛而遭池魚之殃，由是對無勝算的武裝抗日抱持保留的態度，無怪乎對抗日之捐輸「觀望不前」，並隨著情勢之演變，轉而採順服的態度。例如，地主貢生陳儒林、陳雲林及郊商白其祥等均係臺灣民主國議員，白氏甚至係副議長；然而，日軍登陸後，諸人態度驟變，轉而主張迎日軍入臺北城以維持秩序。另如臺中清水

---

13 參閱顏興，〈臺灣民主國前前後後〉，《臺南文化》第2卷第3期（1952年9月），頁16。朱鋒，〈臺灣民主國在臺南二三事〉（下），《臺南文化》第3卷第1期（1953年6月），頁29-33。謝雪漁，〈乙未抗日雜記〉，《臺北文物》第9卷第1期（1960年3月），頁75-77；王國璠，前引書，頁325。鷹取田一郎，《臺灣列紳傳》，頁287、292、294。

富豪蔡占鰲率領聯甲勇400人準備抗日，迨見竹、苗等地抗日戰役迭遭挫敗，懼怕受牽連，乃拒絕讓退守的吳鵬年軍隊屯駐清水[14]。內渡富豪亦非放棄在臺之產業，其內渡之前多已預作安排，而留臺族人多與日人建立良好關係，例如板橋林維源雖內渡，仍託李經方於交割之際向日官員說項，表示願為日本良民，而希日當局勿沒收其產業[15]；並留信約束家人勿反抗或傷害日軍[16]。日軍至板橋時，乃由其家中管事林克成出面向日軍輸誠，而獲頒「良民證」，並獲准收割稻米時使用租館中的舊式槍械，以維持秩序[17]。至於霧峰林家，由於「朝棟臨去，戒弟朝選（紹堂）毋生事，故林族始終不助清兵餉。」迨日軍至霧峰，雖首擾林家，朝選終究隱忍未發[18]。1896年11月，朝選更因協助日軍「盡力於掃蕩土匪，且指揮隘勇擊破匪賊，平時幾乎將全部房舍提供軍隊住宿，並供給糧食及其他必需品，貢獻卓著。」而獲頒單光旭日章及敘勳六等[19]。餘不備舉。

　　由前節所述可知，富商、大賈由於資產在臺且臺地商利甚厚，因此留臺者十有八、九。其所在意者，實以身家利益之維護為主，故旋即接受新政權而確保其社會和經濟地位。李春生對其在變局中調適之心境，嘗謂：「某於變亂中，能守安遇樂天之操，去者贐之以義，來者接之以道。」[20]明顯的，係本之於現實主義而決定向背。

---

14 洪棄生，前引書，頁12。

15 李鶴田，《哀臺灣箋釋》臺灣文獻叢刊第100種（臺北：臺灣銀行，1961），頁44。

16 陳信德譯，〈臺灣抗戰日方資料〉，《中日戰爭文獻彙編》六（臺北：鼎文書局，1973），頁460。

17 陳漢光，《臺灣抗日史》（臺北：守堅藏書室，1948），頁111-112、115-116。盛清沂，〈光緒乙未臺北縣大事記〉，《臺北縣文獻叢輯》第2輯（臺北：臺北縣文獻委員會，1956年4月），頁451。

18 洪棄生，前引書，頁31。

19 臺灣總督府臺灣史料編纂委員會，《臺灣史料稿本》第11卷，明治29年11月27日，頁501-502。

20 中西牛郎，前引書，頁40。

雖然士紳的去留或進退之考慮未必盡然異於商賈和富豪，惟無可否認的，士紳的態度除了受身家利益之影響外，實較乎一般人更受社會責任感及意識形態之左右，因此對其處境每充滿「棄地遺民」之無奈和順服異族政權之迫不得已。例如，一時避亂鄉間、旋被任命為參事的富豪貢生吳德功於〈臺亂有感〉一詩中嘆道：「中朝將相唯和解，寰海編氓敢怨恫！錦繡江山成決裂，何堪回首問蒼穹！」另於〈乙未八月有感〉一詩中詠道：「正朔於今更鳳曆，蓬瀛從此判鴻溝。心傷禾黍頻增感，變起滄桑孰解憂！太息中朝和議定，難將覆水挽回收。」[21]貢生賴世觀於〈有感〉一詩中嘆云：「世道已衰微，風俗自今非。鬱鬱向誰訴，斯民嘆靡依。避秦復無地，惆悵焉所歸。徒倚西城下，孤蹤弔落暉。」[22]在此一心境下，不少士紳儘管一時為了使地方免於靡爛，而出面率鄉民迎接日軍或接受日人任命擔任基層行政職務，待社會秩序恢復後，往往走上退隱之途。

　　傳統的華夷觀念及儒家文化的道德觀，使士紳認為無條件臣事異族是一大恥辱和違背忠貞倫理，由洪棄生痛斥宜蘭舉人李望洋迎日軍之行中，可略窺時人對主動順服日人之士紳的評價標準。洪氏略謂：

初，日本之取臺，惟宜蘭最恭順。……城中有土著老舉人候選縣李望洋，約各鋪戶日日候迎日軍。臺灣之迎日軍者，無甲乙科人，亦無士籍。甲科若施士洁、若許南英，均裹助劉永福餉事，時事去則己亦去；鹿港蔡德芳雖不與事，亦望風去。惟李望洋刊無廉隅，不去亦不隱。當全臺

21 林文龍編，前引書，頁179。
22 同上書，頁207。

　　未有剪髮時，首先剪髮變服，躬迎日軍。宜蘭人目笑之，
　　則曰：「吾以老頭皮易蘭城生命也」。然望洋之媚敵，時
　　時遭侮辱，益為蘭人所輕。[23]

本諸上述意識形態和價值觀，士紳縱然因留臺而不得不順服異族政
權，惟究其實質似消極應付者多，而積極合作者少，此未嘗不是日
治之初奸宄之徒有機可乘而紊亂社會的要因之一。

　　無可否認的，隨著主、客觀情勢的演變，士紳對異族政權的態
度又有所變化，例如1897年之際，不少士紳紛紛內渡參加秋季的鄉
試，未中舉者逐漸對科舉功名死心，轉而參與殖民地方事務或更消
極地退隱。洪棄生的〈秋試行役感詠〉一詩中即反映出上述心情，
略謂：「我身在海角，引領望天池。雲程阻風信，得失未應知。寸
心已先往，大夢猶奔馳。飛電空中下，一刀割亂絲。得意不須喜，
失意何庸悲？翻悔昨日情，此心如醉癡。」[24]又如1897、1898年之
際，列強競相強租中國港灣和島嶼，畫分在中國的勢力範圍，中國
面臨被瓜分的亡國危機；影響所及，「臺灣黠者、識時務者多已歸
心日本，鄙故國，惟愚民感念舊恩寬大不置。」[25]毋庸諱言的，此一
轉變實有助於殖民社會新秩序之建立。

二、社會領導階層與「保良局」之興廢

　　清季臺灣承官府之命，有保良局之設；其制，在府縣之下常設
保良總局，在各堡設保良分局，有事隨時開閉。保良總局經費每月
由官府撥給百元，惟分局經費則由堡內富豪和殷商攤捐，或從堡內

---

23 洪棄生，前引書，頁22。
24 同上書，頁51。
25 同上書，頁41-42。

居民的收穫物中徵收一年的局費。局員由堡長選用足以信賴者，給
予相當之津貼[26]。

　　日治之初，日軍為鎮壓武裝抗日，由於語言不通、情意不達
及士兵良莠不齊，或誤虐良民、騷擾婦女或搶奪財物，甚至胡亂闖
進紳商宅第；加以部分臺人乘亂而藉日人之手以報宿怨，或為遂貪
欲，而誣告讒訴以陷害他人[27]。臺北地區之紳商目睹此惡弊，幾經商
議，認為宜仿清制設保良局，乃於1895年7月中旬，由李春生領銜，
大稻埕、艋舺、大龍峒、芝蘭（士林）、擺接（今古亭、板橋、樹
林、鶯歌、三峽、永和、中和、土城等地）、新庄、三重埔、和尚
洲（蘆洲）、錫口（松山）、桃仔園等堡紳商代表連署，向臺北縣
知事申請設立保良局，由縣內各堡推公平正直的紳士巨商一、二人
會同辦事，藉以「溝通上下之情，使上無滯政、下無遁情，並防止
謠言之傳播，以求安堵良民。」[28]旋獲總督府的同意，而於8月5日暫
租大稻埕建昌街泉興茶館開局試辦；8日，舉行開局儀式，推舉廩生
劉廷玉為保良總局正主理、廩生葉為圭為副主理、李春生為會辦，
會員有進士陳登元、舉人潘成清、貢生李樹華、李種玉、監生林望
周、廩生黃謙光、生員陳受益、魏炳文、富商王慶壽、潘光松、張
夢星、陳景南等12人，他們並代表臺灣紳民向日本天皇申呈願為日
本帝國百姓之意[29]。

　　同時，制定「保良局章程」12款，明揭該局專以申冤、劈誣、
救良、拯善等為目的。規定該局先試辦兩個月，經費由各紳富攤

26　〈彰化支廳管內狀況報告〉，臺灣總督府臺灣史料編纂委員會，《臺灣史料稿本》
　　第11卷，明治29年10月11日，頁119-120。
27　井出季和太，《臺灣治績志》，頁237。
28　臺灣史料保存會，《日本統治下的民族運動》上卷，頁116。
29　伊藤博文編，《臺灣資料》（東京：秘書類纂刊行會，1936），頁469-474。

捐；期滿後，總督府若欲續辦，經費則由總督府負擔。辦公時間為
每日早上10至12時，採紳董合議制處理問題。在各街市鄉村設立
分局，由總局紳董推舉該地公正人士主持，其經費由該地紳富捐資
襄辦，或由房租酌抽補助。章程中，明文約束在局紳董不得公報私
怨；不得干預民間詞訟，其重大而事關身家性命者，宜轉報總局在
總督府授權下詳查。值得注意的，明定：「凡各色兵丁（指日軍）
有在街衢鄉村因言語不通、情意不達，或誤虐良民，或擅入閨門，
或淫姦婦女，或攘取財物者，准由該地分局投訴總局，查實稟求政
府伸詳究辦。」「各街衢鄉村遇有匪徒搶奪銀物，或聚黨煽亂，准
由分局投訴總局，代為稟明派兵拏獲，或該地良民拏獲，再請派兵
押送。」「在局紳董請各給門牌、護照，禁止兵丁、軍屬非因公事
勿得亂入其家，斯奉公事者無私家之患。」[30]由上顯示，臺北地區的
社會領導階層正試圖重建傳統的制度，作為官、民之間的媒介，一
方面負責維持社會秩序，另一方面代表民眾與官府交涉，保護良民
免於受日軍無端侵擾或加害；同時，透過官府核給門牌、護照之認
定，重建其在清代社會之特權和地位，要求日人給予應有的尊重。
藍蘭認為該章程致力於在日人統治下重建士紳的特權和地位，其異
於清代者，乃是該特權和地位擴及於具影響力和富有的居民，而未
若清代僅限於給擁有功名的士紳[31]。

　　保良總局成立後，各堡旋即踵繼設立分局，至8月底，分局已
多達20餘處；迨至10月初試辦期限屆滿前夕，復增為30餘處；其
分布並不限於臺北地區，宜蘭、桃園、新竹、臺中、彰化、鹿港、
北斗、嘉義、臺南等地亦有保良局之設。總督府陸軍憲兵部長萩原

---

30 同上書，頁470-471。
31 Lamley, H. J., op. cit., p. 227.

貞固的報告指出：「各分局均由該地豪族主持，在混亂之際，此舉雖尚未明顯地發揮使良民喜而匪類恐之功，惟對於綏撫人民，尤其是數次協助本部偵報及捕獲匪徒，誠已功績不少，實應頒發獎金鼓勵。」[32]因此，10月2日總督府乃頒發獎金250圓給保良總局，以資獎勵[33]。

　　試辦期限屆滿時，李春生代表向總督府民政局長水野遵提出報告，表示若將來分局遍布各地，全臺紳士踵繼而起，振興地方正前途無限。由於其法善、費省且易致民力，而收上下聲氣相通之功，不僅頗有利於新政的普及，而且是將來進而整頓行政不可或缺的工具。其有待加強者唯在於立法以防其弊，並使各分局無跋扈越權之虞。今雖然各紳士議請繼續辦理，惟總督府卻僅准許延長一個月，畢竟不是長久之計。由是建議總督府審慎考慮其存廢問題。對於上述建議，臺北縣知事認為，由於北部民心稍定，需要保良局協助的時機已過，而且辦理之經費困難，加以在施政上雖有若干利益，亦難免有所弊害，實宜乘各保良局基礎未固之時，斷然加以廢除。不過，民政局的意見與之相左，認為若因今日有利即予以承認，而恐怕將來之弊害則加以廢除，實有損總督府的威信。對其弊害問題乃在於應如何監督。至於經費問題，若該局果能發揮疏通官意民情及誘導啟發臺人之功能，則經費絕不算多。現若突然加以廢除，對目前亟須探知民間機密之工作，將失去許多方便，相反的，將徒然浪費許多偵察費。因此，決定要求該局修訂若干章程，並只對總局每月發給350圓充當維持費，讓其繼續存在，至於分局之存廢，聽任各地自行決定[34]。

---

32 臺灣史料保存會，《日本統治下の民族運動》上卷，頁168。
33 同上註。伊藤博文，前引書，頁303-307。
34 臺灣史料保存會，《日本統治下の民族運動》上卷，頁168-169。

　　翌年4月，廢軍政，改行民政，總督府相繼在各地成立行政機關，迫使各地保良局陸續廢除。迨至5月26日，臺北保良總局亦呈報民政局表示：「目前由於施行民政及各地復歸安寧，因此各地保良分局業務稀少，非僅無設局之需，且苦於經費困難，最近已相繼關閉。」其時，臺北縣知事認為保良局已無存在的必要，乃限令臺北保良總局及各地分局自6月10日起悉數裁撤。儘管保良總局向民政局表示，雖然該局向來為了管理分局及處理地方事務而花費經費，惟各分局關閉後實有特別保留之必要。可是，此時民政局之態度已與臺北縣知事一致，因此否決了保良總局的要求。6月10日起，保良局悉數關閉[35]。

　　就總督府的態度觀之，總督府自始即將保良局當作協助綏撫人民、偵伺反抗的輔助機關。因此當日軍南下時，每聽任或慫恿各地有力紳商成立保良局，例如，在新竹由原六品清吏馬玉華出任保良局長[36]；占領彰化後，即慫恿富豪楊吉臣及各堡紳董設立保良局以招撫良民[37]；占領南部地區後，總督府亦鼓勵該地紳商開設保良分局[38]；日軍攻陷嘉義不久，即尋求地方士紳籌設保良局；占領臺南後，甚至函請進士許南英出任保良局長[39]。要之，總督府認為在戰亂後草創之際及對臺人民情習慣未熟悉之時，保良局使官民均感便

35 〈臺北保良總局及各分局を閉鎖す〉，臺灣總督府臺灣史料編纂委員會，《臺灣史料稿本》第9卷，明治29年6月10日，頁109-115。另臺灣史料保存會，《日本統治下の民族運動》上卷，頁169，謂臺北保良總局自認為無繼續存在之必要，乃向當局申請廢除，而臺北縣知事亦認為無繼續存在之必要，逐參酌民政局之意向，命其自6月10日起關閉。衡諸相關資料，上述說法與史實不符，故本文不採。
36 鷹取田一郎，《臺灣列紳傳》，頁124。
37 吳德功，前引書，頁61。
38 伊藤博文編，前引書，頁227。
39 許南英，《窺園留草》臺灣文獻叢刊第147種（臺北：臺灣銀行，1962），頁82-83。

益[40]。然而，因其對總督府的殖民行政推展有所妨礙，故當其作為過渡性工具之目的完成後，總督府隨即斷然加以關閉。儘管如此，日人時論已指出：「保良局對臺灣民政之影響頗為深遠，現其餘勢仍滾滾未盡，一時暫未能論斷其功過。……其後編臺灣民政史，對於保良局乃是宜十分注意之要事。」[41]

就臺灣社會領導階層觀之，保良局之設最初雖以維持社會秩序、保護良民為主要目的，惟因當時殖民基層行政機關尚未建立，故該局之功能漸不僅侷限於協助總督府維護治安及保護善良，此由前述有關該局存廢問題的論述中已可略窺端倪。蓋該局成立不久，總督府已感其「越權」而致有礙殖民行政，故急於在實施民政後迫其悉數關閉。相反的，主持該局之紳董由於身居官、民媒介之重要角色，加以在章程中確認其特權和地位，影響所及，不僅其身家利益較有保障，在官、民之間遂具有相當程度的影響力，亦因此傾向於繼續保留該局。正因為如此，保良局廢除後，李春生等有力紳商乃另組「士商公會」，以接替保良局，並「職掌其事務」；當時，艋舺和大稻埕各成立一「士商公會」，各設會長1名、副會長4名，輪班值日，前者推原保良局長富商蔡達卿為會長，後者由原保良總局副主理葉為圭出任會長，時論稱該公會「係大加蚋堡務署的自治行政機關，在各庄正所在地設公會，協議部落中的公共經濟或公共

---

40 臺灣總督府，《臺灣總督府民政事務成績提要》明治29年分（臺北，1897），頁18。

41 〈新政剳記（上）〉，《臺灣新報》第99號，明治30年1月7日，3版。另井出季和太，前引書，頁238，略謂：保良局設立以來譭譽參半，惟其對協助掃蕩「匪徒」頗為盡力。

事務。」[42]由上顯示，「士商公會」不僅延續保良局之地位，而且明顯地擴張其功能，成為具有地方公共團體性質之機構。

關於士商公會之實際運作。茲舉二例以見其概：1896年10月，臺北海山堡的雞罩山、文山堡的十六份寮及大加蚋堡的三張犁等地，有許多土賊出沒，於是艋舺及大稻埕士商公會乃聯合向臺北縣知事提出書面請求，希臺北當局早日加以剿滅[43]。當時，臺北地區鼠疫流行，於是艋舺士商公會乃到處張貼布告，勸居民注意街道衛生，以預防傳染，若染患是疫則必須盡速向警察或公會報告，「毋得隱匿，致干查究，倘敢故違，嚴懲不貸。」[44]由於該會對地方公共事務無所不與，對居民有實質的裨益，因此旋有臺人投書《臺灣新報》，深慶得人，該函內容如下：

> 近聞，臺北艋舺設立士商公會，有蔡達卿君並列位諸君同辦公會事務，可欣可頌。因諸君素稱賢士，品學兼優，才質俱全，慎於克己，厚以待人，事情洞澈，存心端正，不特嚴氏知諸君之深仁厚德，即臺北人士皆知諸君之深仁厚德。今奉日本政府官憲大人委辦公會事務，為利益地方起見，實合眾望，而政府用才亦自有真也。右附七言詩二則：
>
> 學問深純意氣平，秉公論事益蒼生；知君可佐於家國，選錄登庸實有名。

---

42 〈公會〉，《臺灣新報》第18號，明治29年9月9日，2版；〈士商公會〉，《臺灣新報》第19號，明治29年9月13日，2版；〈創立公會〉，《臺灣新報》第22號，明治29年9月19日，1版。

43 〈士商公會の申請〉，《臺灣新報》第44號，明治29年10月24日，3版。

44 〈公會懇諭〉，《臺灣新報》第53號，明治29年11月5日，1版。

　　鷺臺重望譽堪登，鳳閣高才德可稱；四海聞風興舉首，事
情取扱眾皆憑。

淡水嚴氏呈[45]

　　日人基層行政人員對士商公會亦持肯定的評價，例如，大加蚋
堡務署主理七里恭三郎接受記者訪問時，表示：「現艋舺、大稻埕
之士商公會，有如內地（指日本）商業俱樂部，此制係舉凡人民有
所請求，先向士商公會提出，然後由士商公會照會堡務署。此乃原
爲了下民的福利而設，固不必論；毋寧可說只是政府之便益。例如
此次發布的鴉片令，先將該營業規則交給士商公會，由該會會長負
責宣達。士商公會設立之結果，頗爲適當，吾甚感欣喜。然而，有
一利必有一弊，乃是不可避免的。聽聞有關該會經費之徵收一事，
人民正不斷叫苦。……要之，堡務署設置以來，設士商公會，以謀
求市內之統御，建立保甲制度，以開啓各庄防匪之道，績效漸舉，
使上意下達，下意上達，吾甚感欣喜。」[46]

　　儘管士商公會獲官民一致的肯定，然而不久即面臨經費徵收
困難問題，蓋因該會係民間團體，其經費端賴自力設法。據報導，
艋舺及大稻埕士商公會每月需經費數百圓，均是向街市中的商店徵
收，「事經積久，獻納者頗有厭色，甚至眾商戶語言憤激，輒以士
商公會毫無所用，徒耗民財爲詞」，拒再捐獻。1897年3月底，艋舺
士商公會會長蔡達卿迫不得已只好向堡務署表示欲解散該會，不過
未獲同意[47]。迨至5月10日，蔡氏以經費困難，宣布解散該會[48]。可

45 〈寄會〉，《臺灣新報》第55號，明治29年11月7日，1版。
46 〈下級行政談〉，《臺灣新報》第159號，明治30年3月24日，2版。
47 〈公會鮮終〉，《臺灣新報》第163號，明治30年3月28日，1版。
48 〈公會鮮終〉，《臺灣新報》第199號，明治30年5月11日，1版。

是，14日，艋舺諸紳商李秉鈞、陳洛、洪以南、吳昌才、李孫蒲、白其祥、陳鳳儀、林振德等集會商議後，認為「匪變未靖」，故決議仍繼續保留該會[49]。直至10月街庄基層行政制度正式實施後，大稻埕、艋舺士商公會始奉命停辦，葉為圭、蔡達卿兩會長則被任命為辦務署參事[50]。

　　除了臺北地區有「士商公會」之設外，其他地區亦陸續有「士商公會」之成立，例如，1897年6月淡水地區紳商吳清水等人倡組「滬尾士商公會」[51]；10月17日臺南地區紳商羅蔚邨、吳盤石等數十人發起「臺南士商公會」，以「謀求實業之發達，並戒除各人不良之行為」為目的[52]；而宜蘭亦設有「紳商士庶公會所」，假天后宮為所址，「上自衙門公事，下至民間私事，每日本城各區長俱到所理事。」[53]由上顯示，儘管臺北地區的「士商公會」配合基層行政制度的實施而停辦，但不少地方的「士商公會」在基層行政制度實施初期仍發揮其官民媒介之角色。即使到了1898年基層行政漸次上軌道後，總督府決定全面廢除「士商公會」，仍有人投書報社，強調該會有助於施政且不必政府編列經費支應，故建議總督府當局「宜整頓不宜解散」[54]。要而言之，「保良局」、「士商公會」及「紳商士庶公會所」等機構，乃是順服新政權的臺灣社會領導階層自發性倡組的過渡性機構；當時，社會秩序尚未恢復，殖民基層行政制度尚未建立，故總督府加以利用，使之成為施政和對付反抗的

49 〈公會再辦〉，《臺灣新報》第206號，明治30年5月19日，1版。
50 〈士商公會の廢止〉，《臺灣新報》第322號，明治30年10月5日，2版。
51 〈滬尾士商公會〉，《臺灣新報》第302號，明治30年9月10日，3版。
52 〈臺南士商公會〉，《臺灣新報》第339號，明治30年10月24日，3版。
53 〈創設公所〉，《臺灣新報》第359號，明治30年11月18日，1版。
54 臺南逸人，〈士商公會宜整頓不宜解散議〉，《臺灣日日新報》第92號，明治31年8月21日，6版。

輔助工具，此種權宜措施對其後任用臺人擔任參事、街庄長等基層行政吏員實有相當影響。對臺灣社會領導階層而言，透過這些機構的運作，無疑的延續了清季士紳的社會特權和地位；不過，值得注意的，此時紳權已擴及於未有功名但具影響力和財富的大地主和豪商，社會領導階層的結構和功能在漸變之中。

三、殖民基層行政體制下的社會領導階層

　　日治之初，總督府並未立即建立殖民基層行政組織，而是權宜利用清代舊制。1895年6月28日，參酌清代舊制，設3縣1廳12支廳，支廳長抵任後，旋即召集轄區內原為堡長、總理、街長、庄正、紳士、耆老、澳甲、地保、頭人、社長等地方有力人士，向其布達政令，查詢舊法慣行及街庄社狀況，命其調查戶口、協助徵集人夫及告發「匪類」等[55]。臺北縣另制定「事務處理人臨時規則」，將各堡分成數區，每區設事務處理人及事務處理輔助人各1人，以臺人擔任，分擔過去總理的職務，負責傳布政令，推行衛生措施、調查戶口、整理地租及諸稅、在人民請願書上簽字、管理市街堡庄之公產、勸獎農工商及建設學校等業務[56]。

　　然而，此一沿襲舊制和應急措施顯然未能滿足殖民統治之需，並且產生不少缺失。1896年8月，臺北縣知事橋口文藏建議設置堡務署時，即指出：

　　　　本縣轄區內，計有8堡，下分406庄12街，目前設事務處理

55　〈地方行政の概況〉，《臺灣史料稿本》第7卷，明治29年3月，頁273-274、277；
　　〈彰化支廳管內狀況報告〉，《臺灣史料稿本》第11卷，明治29年10月11日，頁
　　116-123。臺灣史料保存會，《日本統治下の民族運動》上卷，頁165。
56　臺灣史料保存會，《日本統治下の民族運動》上卷，頁165-166。

人42人，然而，事務處理人概非縣民的精英，大多欠缺才
識，甚至有匪行無賴之輩擔任該職，因此，儒學紳士等不
齒此輩，恥與之同伍，往往忌諱出任該職位。此乃自清代
已存在多年的習慣使然，並非本縣選用非人所致；何況事
務處理人直隸於縣廳，其之於知事尊卑懸殊，終究不足以
作為宣達上意、疏通下情之機關。今當軍政解除、民政更
張之際，宜改弦易轍，籌畫完備的基層機關。[57]

是時，日人輿論亦有類似的批評和建議，略謂：

> 目前，未設立基層行政機關，在3縣12支廳下，僅賴昔日
> 之總理、鄉保或軍政時期任用的事務處理人，以疏通上下
> 之意見，欠缺命令傳達之管道；加以交通不便，臺民如何
> 能感懷我威德？又如何能疏通上下之意？聞當局計畫大幅
> 變革地方行政，……並任用街庄社總代以取代目前的總
> 理、鄉保，以求遂行民政之目的和普及政令。……此建立
> 地方行政機構實為當務之急。[58]

　　9月起，臺北縣先後試辦大加蚋、文山堡務署。其制為署中設
主理、副主理各1人，主理由日人擔任，副主理則遴選臺人中具有
才學德望者擔任；下設書記、事務等若干人，遴選有財產、德識及
名望之臺人為庄正並兼任該職；並設堡參事會，公選地方富豪或讀
書人代表堡民出任之，監督堡政、議決重要堡務及監督堡庄之徵收

---

57 同上書，頁170。
58 〈社說：臺灣地方行政〉，《臺灣新報》第15號，明治29年8月28日，2版。

和決算等[59]。大加蚋堡參事會係以艋舺及大稻埕士商公會幹事及庄正組成，每月集會3次，由主理會長宣布政令，進而協議各項公共事務[60]。由上顯示，民間團體「士商公會」的主要成員已被日人延攬參與試辦中的殖民基層行政，開啓臺灣社會領導階層被納入殖民基層行政之先例。

是年12月，總督乃木希典對地方行政的訓示中，明白地表示：「目前，當務之急乃是在地方廳之下進而設置基層行政機關，採用具德望之土人（指臺人）擔任吏員，以疏通上下之情意，且謀求行政之普及發達。今調查工作已漸就緒，計畫亦將完成，經費已送第十屆帝國議會審查，打算明（1897）年4月漸次付諸實施。」[61]隨後，民政局長水野遵亦宣稱總督府將廣開賢路，遴選有才能的臺人擔任街、庄、堡長，並擢用才德超群的臺人擔任總督府或縣廳公衙之職務[62]。

1897年5月，總督府修訂地方機關組織規程，改全臺爲6縣3廳，縣、廳之下設86個辨務署，辨務署之下設街、庄、社等，作爲其行政事務的輔助機關[63]。在此一以街、庄、社爲基層行政機關的殖民地方制度中，街、庄、社長之任免由辨務署長呈報縣知事、廳長核可，係由臺灣社會領導階層擔任的職位，無固定俸給，只發給每月15圓以下的事務費，其職務爲承辨務署長之命令，協助執行傳達政令、報告轄區內各種狀況及戶口異動、轉呈人民請願書、徵收租稅、收支公費、鼓勵兒童入學、勸獎農工商業、修繕道路橋樑、注

59 臺灣史料保存會，《日本統治下的民族運動》上卷，頁170-171。
60 〈堡參事會〉，《臺灣新報》第18號，明治29年9月9日，2版。
61 〈地方行政に關し總督訓示を發す〉，《臺灣史料稿本》第11卷，明治29年12月2日，頁585-586。
62 〈觀風雜記：民政局長の演說〉，《臺灣新報》第120號，明治30年2月2日，3版。
63 井出季和太，前引書，頁271-272。

意公共衛生、救濟貧民等行政事務[64]。同時，縣（廳）、辨務署各置名譽職的參事5人以內，縣參事係由總督遴選該縣內有學識名望之臺人，呈報內閣總理核可，享奏任官待遇，爲知事有關地方行政事務之顧問，或承知事之命處理事務。辨務署參事由知事就署內有學識名望之臺人任命之，爲署長之顧問或在其指揮下辦事。縣（廳）參事每月津貼50圓以內，辨務署參事每月津貼20圓以內[65]。

值得一提的，在總督府制定殖民基層行政組織的同時，爲了分別賢愚良否，開啓優遇具學識資望的臺人之途徑。1896年10月，總督府發布「臺灣紳章條規」，據之頒授紳章給具有科舉功名、有學問、資產或名望之臺人[66]。日人輿論雖亦認爲「縉紳爲地方之中堅，以學識德望爲鄉里所依賴，宜加以禮遇，以助文明化育。」但建議宜待臺人定籍之後始付諸實施[67]。翌年4月，首次頒授，計有336人獲得紳章[68]。據報導，一般民衆反應甚佳，蓋因過去總督府採用爲通譯或偵探之臺人，狐假虎威、欺凌民衆者爲數不少，造成一般民衆對總督府的施政抱懷疑態度；紳章的授與除了證明紳士之資格外，並表示總督府崇文尙德之意，結果，接受紳章者感到光榮，民衆則頌揚此一美舉，始信總督府過去採用通譯、偵探係一時因應需要的權

---

64 〈街庄社長事務費國庫支辨廢止の件に付訓令す〉，臺灣總督府臺灣史料編纂委員會，《臺灣史料稿本》第14卷，明治31年3月6日，頁261-263。小濱淨鑛，《臺灣の地方制度》（出版社不詳，1934），頁3。臺灣史料保存會，《日本統治下の民族運動》上卷，頁172-173。

65 〈勅令第152號　臺灣總督府地方官官制〉，《臺灣總督府府報》號外，明治30年6月10日，頁5-6。〈勅令第108號　臺灣總督府地方官官制〉，《臺灣總督府府報》第317號，明治31年6月30日，頁89-91。

66 〈臺灣紳章條規を定む〉，《臺灣史料稿本》第11卷，明治29年10月23日，頁242-247。

67 〈社說：紳章論〉，《臺灣新報》第44號，明治29年10月24日，2版。

68 《臺灣史料稿本》第12卷，明治30年5月，頁614。

宜之舉，並非重視此輩[69]。

　　影響所及，地方基層行政機構成立之初，輿論紛紛建議宜延攬
士紳，以孚眾望。《臺灣新報》社論主張宜優先遴選有功名的士紳
為參事公會會員[70]。東海散人作「臺灣用人要務四則」，具體地檢討
日治以來用人的缺失，並建議崇用士紳及慎選基層，略謂：

　　一、縣廳宜擇人參贊也：臺地紳士自遭兵燹以來，每懼不
　　測之禍，間有溫厚朴誠之士，或則寄身泉石以不談時事為
　　高，即如寒素儒生、稍知自愛者均自甘家食，冀免動輒得
　　咎，此往日之人才所以有雲散風流之感也。管見以為縣廳
　　用人宜選擇有才學、有聲望之紳士，相助為理，斯君子道
　　長，小人道消，是在當軸留意焉。
　　二、村長宜擇人任用也：臺島各街設有街長，各庄設有村
　　長，當日倉卒用人，忠勤廉潔者固多，油滑狡詐者諒亦有
　　之。管見以為宜仿尚書三載考績之例，凡夫忠勤廉潔之輩
　　仍假以事權，至油滑狡詐者黜之勿用，是亦除暴安良之一
　　道也。[71]

　　關於初期實際任用情形，據1897年底《臺灣日報》讀者投書表
示，臺北地區（含今桃園、基隆）獲頒紳章的貢生有數人被擢用為
參事，不少生員被任命為街、庄長，進而提出期望：「若此，則人

69 同上書，頁614-616。〈紳章授與に付ての感情〉，《臺灣新報》第216號，明治30
　年5月30日，2版。
70 〈社說：參事公會〉，《臺灣新報》第208號，明治30年5月21日，2版。
71 東海散人，〈臺灣用人要務四則〉，《臺灣新報》第246號，明治30年7月7日，1
　版。

才可不遺漏，又何憂臺人民情不能上達。可惜向來只是舉而不用，犯偏於一派朋黨之弊。既往不咎，切望將來幡然斷絕姑息養奸之風。今見當局大振紀綱，吾人井底之蛙豈敢好作詭言，……區區芻蕘之言，希當局採擇。」[72]據另一報導指出：

> 據最近調查，全島縣參事計15人，臺北縣3人、新竹縣5人、臺南縣2人、宜蘭廳3人、澎湖廳2人，其他縣、廳尚未設置。辦務署參事計97人，其中，臺北縣31人、臺中縣28人、嘉義縣28人、臺南縣7人、宜蘭廳3人。街庄社長計669人，臺北縣201人、臺中縣214人、嘉義縣214人、宜蘭廳40人，其他地區尚未設置。以上人員均係各地有力人士、頗具地方聲望者，一掃清代賣官弊風乙事，已頗得臺人的信賴；況且人選均甚為適當，均係擁有資產、學識、聲望者，作為下情上達的機關，殆無遺憾，受每個民眾歡迎的新制實施結果可以說頗為良好。[73]

上述日人輿論似有過度強調新基層行政制度之完美，惟毋庸諱言的，鑑於據臺以來對地方基層採沿襲舊制及權宜應急措施不當，致造成奸宄小人橫行鄉里，才德之士紛紛內渡或退隱，臺灣社會因而出現失常現象，總督府正謀求改善。因此，翌年（1898）3月，新總督兒玉源太郎及民政長官後藤新平履任之初，隨即宣布將刷新臺政，宣稱本諸懷柔政策，盡可能不破壞臺灣社會自然的組織，辦務

72 杜陵，〈臺人の公職採用に就いて〉，《臺灣日報》第142號，明治30年11月11日，1版。
73 〈縣、廳及辦務署參事並街庄社長人員〉，《臺灣日報》第179號，明治30年12月26日，2版。

署以下倣行自治之制，並恢復保甲制度；基層行政機關除首長外，盡可能任用有才識資望的臺人，以疏通上下之情，並可節省經費[74]。旋以全臺辦務署所設之街、庄、區長過多，命重新區劃裁併，減去大半；各街、庄、區長津貼亦決議向民間殷富之戶徵收充用[75]。6月，廢6縣3廳，改設3縣3廳，並將已設之辦務署65個裁減爲44個，裁汰冗員多達1,080人[76]。8月，公布「保甲條例」，利用中國傳統的地方自衛組織——保甲制度——作爲警察的輔助機關。其制大抵以10戶爲甲，10甲爲保；甲有甲長，保置保正，由保甲中的戶長推選，經地方官認可後出任，任期2年，係無給的名譽職，未另設事務所而在自宅處理保甲事務。保甲之任務爲調查戶口、監視出入者、警戒風水火災、搜查「土匪」、戒除吸食鴉片、預防傳染病、修橋鋪路、義務勞動、預防蟲害獸疫等。爲使保甲制度發揮作用，規約中訂有「刑罰連座責任」及「保甲規約連座責任」等規定。同時，爲鎮壓「匪徒」及防範天災，由保甲中17-40歲的男子組成「壯丁團」，推選團長、副團長出任領導。「壯丁團」成立後，成爲協助總督府鎮壓武裝抗日的重要工具，1903年之際，團員數多達13萬餘人。保甲及壯丁團經費均由保甲內各戶負擔，保正、甲長、團長、副團長等均係義務職，總督府因此節省巨額的行政經費[77]。

　　除此之外，1900年初，總督府邀請全臺士紳集會臺北。會名初擬有尙賢會、頤賢會、揚文會、蘭臺會、漱芳會等5個，經兒玉總督選取，採「揚文會」爲會名，標榜其旨爲「期尙學藝之品位，謀

---

74 〈臺政刷新の方針〉，《臺灣新報》第450號，明治31年3月15日，2版。〈新總督局長の治臺方針〉，《臺灣新報》第451號，明治31年3月16日，2版。
75 〈區長裁汰〉，《臺灣新報》第453號，明治31年3月18日，1版。
76 井出季和太，前引書，頁302。
77 Chen Ching-chih,"The Japanese Adaptation of the Pao-chia System in Taiwan, 1895-1954," *Journal of Asian Studies*, XXXIV, No.2（1975, 2），pp. 395-406.

補文運之進益」、「集合臺灣科舉俊秀之學士，徵求其平生所撰議論性文章，作爲治臺資料，並藉以振興文運而馴致同化。」旋擬訂計畫，命各縣、廳調查具有廩生以上功名之臺人，其結果分別是臺北縣37人、臺中縣42人、臺南縣60人、宜蘭廳12人，合計151人。總督府一一發出邀請函，並附上修保廟宇、旌表節孝、救濟賑恤等三議題，請受邀者各抒管見，臨會提出。訂於3月15日假大稻埕淡水館（即前登瀛書院）召開是會，會後招待與會者參觀臺北各重要官廳、學校、醫院等機關和設施。屆期，有72人（臺北26人、臺中15人、臺南20人、宜蘭11人）出席。會中，兒玉總督勉勵文人學士宜敦風勵學，發揮其所長，以同贊文明之化。民政長官後藤新平則表示該會係藉期士紳「溫故知新」而開，希望與會士紳相尙「新學」，並協助總督府普及「新學」於民衆[78]。會後，部分官紳集議，改設該會爲永久性團體，設總會於臺北，並在臺北、臺中、臺南、宜蘭、澎湖等地設置5支會；推舉總督爲總會會長，支會則公推會員1人爲支會長；總會每3年召開大會一次，支會則每年秋季集會一次，會前，由總會長出題對策，會員於集會時繳卷[79]。關於入會資格，由於李秉鈞、蔡國琳等建議擴及於精熟漢學的公學校及國語學校畢業生[80]，結果，規約中明訂除了具有功名者之外，任何人經審查委員審核通過即可申請入會[81]。

　　不久，各辦務署特命各地街庄長詳細調查境內具有進士、舉

78　〈科舉俊秀の學士を會合し揚文會發會式を舉行す〉，《臺灣史料稿本》第17卷，明治33年3月15日，頁108-125。臺灣總督府，《臺灣揚文會策議》（臺北，1901）頁1上—3下。吳德功，〈觀光日記〉，《臺灣遊記》臺灣文獻叢刊第89種（臺灣銀行，1960），頁19-25。
79　〈臺灣揚文會規約〉，《臺灣揚文會策議》附錄，頁1上下。
80　〈揚文會餘聞數件〉《臺灣日日新報》第561號，明治33年3月17日，2版。
81　〈臺灣揚文會規約〉，《臺灣揚文會策議》附錄，頁1上。

人、貢生、生員及監生等功名者，並將其姓名、年齡、住址等造冊呈報[82]。由上顯示，總督府欲確實掌握臺人士紳的狀況。據資料顯示，揚文會支會在各地成立後，幾乎網羅全臺有科舉功名的士紳，其會員狀況分別是臺北支會145人、臺中支會236人、臺南支會376人、宜蘭支會46人、澎湖支會42人，合計845人（詳見表2-2-2）[83]。

雖然揚文會舉行後，許多士紳均以列名該會爲榮，並得鄉里之讚揚[84]；支會成立亦幾乎網羅全臺有科舉功名的士紳。但是除了首次大會後總督府將與會士紳對修保廟宇等三議題之策議彙輯《臺灣揚文會策議》出版外，即未見再舉行任何集會和活動。學者認爲該會意味著總督府一度試圖用來區別紳民，但在士紳及新一代知識分子間只不過如曇花一現，對總督府並未產生實質的價值[85]。

透過上述種種措施和制度，總督府漸將臺人社會精英悉數納入基層行政和治安組織中，建構臺灣社會新領導階層，亦即是日人所稱的「上流社會」。其構成分子，據總督府表示：「本島上流社會係指縣、廳及辦務署參事、官衙任職者、區街庄長、保甲局長、保正、壯丁團長、甲長、牌長、教師、具秀才以上功名者、得有紳章者及讀書人等。」1901年之際，其人數分別是參事112人、官衙任職者1,404人、區街庄長628人、保甲局長與保正3,259人、壯丁團團長3,127人、甲長與牌長36,321人、教師1,441人、具秀才以上功名者808人、得有紳章者239人、讀書人1,835人，合計49,174人[86]。

82 〈維持名教〉，《臺灣日日新報》第587號，明治33年4月19日，3版。
83 按：會員名簿中，臺北、宜蘭等支會會員累計錯誤，分別載為111人、45人，本文加以更正。
84 文瀾，〈從「揚文會」談到「新學研究會」〉，《臺北文物》第8卷第4期（1960年2月），頁40。
85 Lamley, H. J., op. cit., p. 374.
86 臺灣總督府，《臺灣總督府民政事務成績提要》第7編，明治34年分（臺北：該府，1904），頁90-91。

　　在上述新社會領導階層中，明顯的，擔任參事及區街長者實爲社會的中堅。概言之，參事及區街庄長係臺人社會精英所能擔任最高的職位，並無固定任期，通常只是隨行政區劃之變更而作裁併，或當事人辭職或死亡時方才更換新人，一旦出缺，每有不少人爭取遞補，例如臺南縣參事蔡夢熊於1900年7月去世，當地方當局遴選繼任者時，據報載：「該地紳商聞謀爭此席者，實繁有徒。」[87]由此一則顯示總督府藉名位以籠絡臺人社會精英之政策已收到相當的效果，一則顯示臺人社會精英在基層行政之地位和角色極其固定。茲進一步列表分析1901年11月總督府廢縣、辦務署改置廳之前出任參事者，藉以略窺此一時期臺灣社會領導階層結構的主要特徵。

　　由表2-3-1、2-3-2顯示如下意義：

　　其一、縣、廳參事28人中，有科名的士紳22人，約占80%，其中，進士1人、舉人2人、貢生8人、生員8人、監生3人；辦務署參事92人中，有科名的士紳51人，占55%，其中，舉人1人、貢生6人、生員41人、監生3人，顯示當時各地較具聲望和影響力的士紳大多已在延攬之列，惟縣、廳參事中有科名者比例遠高於辦務署參事。由於上層士紳已競相內渡或退隱，因而呈現以下層士紳爲主體之現象。

　　其二、大多是各地富豪或望族代表，縣、廳參事中，資產悉數在1萬圓以上，甚至有達百萬圓者；辦務署參事中，雖有7人資產未及1萬圓，惟其餘之資產與縣、廳參事無甚殊異。當時，若有資產1萬圓以上，在地方已是屈指可數的富豪之流；另據一項調查顯示，1901年之際，全臺資產50萬圓以上者有板橋林本源家、新竹鄭如

---

87 〈選補參事〉，《臺灣日日新報》第715號，明治33年9月16日，3版。

蘭、臺中林烈堂、吳鸞旂、林季商等[88]。此一調查雖並不精確，惟已反映出當時臺人資產超過50萬圓者爲數甚少。準此觀之，參事中，李春生、李祖訓、鄭如蘭、陳朝綱、吳鸞旂、陳培甲、林紹堂、蔡夢熊、葉瑞西、鄭拱辰、蔡蓮舫、吳克明、藍高川等均堪稱臺人中的巨富。事實上，地方首富正是總督府延攬擔任此一名譽職以示尊崇的主要對象，1901年以前一度擔任辦務署參事的巨富尚有宜蘭藍新（12萬圓）、苗栗黃運添（30萬圓）、魏葆貞（20萬圓）、臺中曾君定（15萬圓）、彰化施範其（16萬圓）等人[89]。改制爲20廳之後，表2-3-3、2-3-4中諸人大多數轉任廳參事，而新增聘之各參事中更多係擁資數十萬圓的地方首富，例如臺北李景盛（李春生子）、宜蘭藍新、新竹姜振乾（20萬圓）、李文樵（15萬圓）、苗栗黃南球（40萬圓）、臺中呂汝玉（10萬圓）、楊瑤卿（15萬圓）、林烈堂（70萬圓）、嘉義林耆（良田千餘甲）、徐德新（16萬圓）、陳柱鼇（15萬圓）、鹽水港林廷瑞（12萬圓）、臺南吳子周（10萬圓）、林震川（10萬圓）、陳啓貞（陳中和子、120萬圓）、彰化辜顯榮（百萬圓）、吳汝祥（10萬圓）等均是。其餘巨富型人物雖未出任參事，惟均獲總督府頒授紳章或任命其擔任街庄長、區長、聯合保甲局長、保正總代、壯丁團團長等地方領導職位，例如臺北吳昌才（10萬圓）、歐陽長庚（15萬圓）、李孫蒲（20餘萬圓）、林振德（20萬圓）、新竹鄭神寶（30萬圓，鄭如蘭次子）、姜紹猷（30萬圓）、黃維生（25萬圓）、臺中林季商（50萬圓）、林獻堂（60萬圓）、林紀堂（40萬圓）、林萬選（28萬圓）、陳添丁（10萬圓）、楊澄若（36萬圓）、張鏡心（20萬圓）、廖乾三（10萬

88　〈臺灣の素封家〉，《臺灣慣習記事》第1卷第12號（1901年12月），頁64。
89　參閱《臺灣列紳傳》。

圓）、林崧生（10萬圓）、賴清標（25萬圓）、彰化施來（15萬
圓）、南投李昌期（11萬圓）、黃春帆（10萬圓）、李春盛（12萬
圓）、嘉義黃靖卿（11萬圓）、廖承丕（10萬圓）、沈芳徽（10萬
圓）、臺南葉宗祺（19萬圓）、鄭品（15萬圓）、高雄陳中和（120
萬圓）、王雪農（10萬圓）、王山東（14萬圓）、屏東李仲義（50
萬圓）、李南（18萬圓）、林坤（15萬圓）、阮達夫（20萬圓）、
龔陽（12萬圓）、藍高全（12萬圓）等均屬之[90]。而就其家世背景觀
之，多數富豪均是累世墾殖或營商，財富不斷累積而成為地方豪族
者，士紳亦多兩、三代均有功名而具地方紳望者，雖然日治後這些
家族的原大家長或代表人可能已內渡或退隱，惟其家族中則另有人
代之而起，而成為日治初期總督府安撫籠絡的對象。結果，其家族
的社會聲望和地位遂得以延續。葉榮鍾曾指出：「日人據臺以後，
一貫的綏靖政策就是拉攏各地方的領導人物。他們用廳參事或區長
的頭銜為餌來籠絡地方有聲望、有實力的士紳。」[91]而近人研究清
代社會領導階層時，亦指出康雍乾嘉四朝崛起的所謂權力家族76家
中，有63家至日治初期依然高踞社會領導地位[92]。要之，財富與家世
實為總督府拉攏的主要考慮，因此地方富豪或門望甚高者成為社會
領導階層的主要特徵。

　　其三、就年齡觀之，縣、廳參事的平均年齡54歲，其中，50-59
歲者8人、60歲以上者10人，明顯的，以年高德劭者為主要遴選對
象。辦務署參事的平均年齡為43歲，其中，以40-49歲者最多，有36
人；30-39歲者其次，有23人；甚至有20-29歲者6人。辦務署參事的

---

90 參閱《臺灣列紳傳》、《臺灣總督府文官職員錄》明治35-43年度。
91 葉榮鍾，《臺灣人物群像》（臺北：帕米爾書店，1985），頁84-85。
92 蔡淵契，《清代臺灣的社會領導階層（1684-1895）》（國立臺灣師範大學歷史研究
　　所碩士論文，1980），頁201。

顧問層次低於縣、廳參事，因此平均年齡較爲年輕。至於僅20餘歲即獲選辨務署參事及30餘歲即獲選縣、廳參事者，概係地方巨富或協助殖民政權有功者，總督府以參事職位作爲籠絡和酬庸之具。

其四、縣、廳參事無論有無功名，多數在清季已是地方領導人物；至於辨務署參事固然不少人在清季亦是地方領袖之一，惟多數概因財富或門望，以及日治之初協助總督府有功而獲得擢用者；易言之，清季其在社會領導階層中並非居重要地位，日治後，其社會地位顯然呈上升流動，而躍居社會領導階層中的中堅地位，此乃社會領導階層結構値得注意的變動。

上述特徵從街庄長、保正、壯丁團團長等之成分觀之亦然。在此一社會領導階層結構中，士紳的主導地位漸被富豪及與總督府合作者所取代。此由「紳士」涵義之擴張可略窺其概。清代，「紳士」概指由正、異途取得功名者，而未具功名的大地主及豪商則稱之爲富豪，應邀見地方官時，紳士得穿戴官服官帽，並乘坐官轎，惟富豪則只能便服常帽及乘坐一般轎輿，兩者地位之懸殊判然有別[93]。日治初年，「紳士」一詞漸擴大爲意指對社會領導人物的尊稱，而由總督府頒授紳章的對象不限於有功名之士，更明白地顯示「紳士」已是泛指具學識資望者。實際上，至1915年，得有紳章者1,030人中，具功名者不足400人，多數均是富商、地主或新興實業家。學者指出，紳章的頒授最初雖在於協助建立社會秩序，惟其後則用以誘使臺人富豪參與殖民經濟的開發。其結果，紳章的分配遂尤其有利於勃興的富豪集團，同時，反映出士紳集團的影響力和人數之衰微[94]。此種富豪集團漸居主導地位的現象，在城市地區尤其

93　〈臺灣舊制度考〉，《臺灣總督府民政事務成績提要》第2編，明治29年分，頁66-67。
94　Lamley, H. J., op. cit., p. 358.

顯著，1900年之際，日人時論論及「臺北的社會」時，即已指出：
「近來，從前年（1898）起，社會漸次澄清，去年（1899），正
邪混淆一度達到極點，惟最後邪曲終歸失敗，過去蹂躪臺北的無賴
終於退出社會，……由是開啟臺北社會改造之端，而本島新事業勃
興，同時，有力的實業家及各方面新人物進入社會，與社會舊有的
有力之士相競爭。」[95]

　　傳統中國，政府的行政活動只到縣為止，縣以下可說是以士紳
為中心的地方自治，社會領導階層對於地方事務具有相當大的決策
和影響力，是維持社會和政治整合的主要憑藉，同時也是官民之間
的橋樑。然而，日治初年，正式建立以街、庄作為基層行政機關，
而以保甲作為街、庄的輔助機關，擔任參事、街庄長、保正、甲長
的臺灣社會領導階層固然仍扮演官民之間的橋樑角色，惟其已被納
入殖民地方官僚行政體系中，其職務概係協辦或執行上級行政單位
所交辦的業務；加以其職位不具正式官吏資格，地位低於日人官
吏，且一無升遷機會，可說只是遂行殖民行政任務的輔助工具。影
響所及，社會領導階層在傳統社會的影響力和功能逐漸被破壞。然
而，毋庸諱言的，擔任基層行政吏員的社會領導階層處理地方公共
事務時，由於有強而有力的殖民公權力為其後盾，因此，每能較乎
傳統時代更有效地動員和利用社會資源。以上乃是日治初期社會領
導階層功能的重大變遷。

表2-3-1 1897-1901年縣、廳參事概況表

項別 姓名	任職 縣廳	任職 時間	科名	任職 年齡	家世	資產 （圓）	經歷	授紳章 時間	備註
李春生	臺北	1897	無	61	大茶商	百萬	寶順、和記洋行買辦，協築鐵路有功，授五品同知	1897	1896敘勳六等、授單光旭日章
王慶忠	臺北	1897	無	43	前代以農致富轉商	11萬	臺北府建城董事，授五品同知	1897	1925.3.28歿
李秉鈞	臺北	1897	歲貢生	52	父由農改營商	3萬	候選知縣、公學校教師、臺灣日日新報編輯	1897	1904.8.23歿
陳汝厚	新竹	1897	監生	55	地主	富豪	捐授五品同知、中港街總理	1897	1898改任臺北縣參事、1907.2.9歿
李祖訓	臺北	1898	歲貢生	50	士紳名門	20萬	儒學訓導	1899	1897任新竹辦務署參事、1903.10.25因病辭
鄭如蘭	新竹	1897	增貢生	64	紳富望族	百萬	候選主事、賞戴花翎加道銜	1899	1898退職、1906任新竹廳參事，1913.1歿，高福接任
陳朝綱	新竹	1897	例貢生	68	地主捐功名而顯	20萬	授四品同知、辦理撫墾局、鐵道局	1897	1898退職

劉緝光	新竹	1897	例貢生	46	累代富農	7萬、租2千斛	苗栗清賦委員、捐授五品同知、賞授五品軍功、1896任苗栗堡長	1897	1899改任臺中縣參事
吳朝宗	新竹	1897	國傳所	38		富豪	堡長	1897	
林振芳	臺中	1898	例貢生	67	一家200餘口同居	7萬、租萬石	授五品同知、主持團練保甲局、揀東上堡總理	1897	1897敘勳六等 1905歿
吳鸞旂	臺中	1898	生員	38	母霧峰林甲寅之女	90萬	候補知縣、刑部主事	1897	1897敘勳六等
蕭貞吉	臺中	1898	貢生	68		富豪	1895安民總局長、武東堡堡長	1897	
陳培甲	臺中	1898	生員	44	地主	20萬	1895馬芝堡堡長	1897	
林紹堂	臺中	1898	監生	40	霧峰巨室、鴉片代銷業	富豪	候補知縣、縣丞	1897	1896敘勳六等、1899依願免職
蔡國琳	臺南	1897	舉人	55	祖父生員 父廩生、糖商		國史館校尉，文石、蓬壺書院教諭	1897	1909歿
蔡夢熊	臺南	1897	廩生	30	父舉貢生、官至戶部主事	20萬	主持團練	1897	1897授勳六等、1900歿
許廷光	臺南	1898	廩生	38	祖父生員 父恩貢生	1萬	總督府囑託、臺南教育會員、赤十字社員	1897	1921任總督府評議會員

葉瑞西	臺南	1898	增生	57	累世富豪茶糖商	15萬	捐內閣中書、新竹儒學正堂	1897	同年改任臺南縣參事
李廷光	臺南	1898	無	48	累世地方豪族	8萬	前堆副理	1899	
王朝文	嘉義	1898	廩生	61	王得祿後裔、製糖業	6萬	主持鄉勇團練、太保莊保良局長	1897	
陳上達	嘉義	1898	武生員	58	樟腦商	1萬	主持地方團練	1898	
李望洋	宜蘭	1897	舉人	68		數萬	甘肅知縣、知州、仰山書院山長	1897	
楊士芳	宜蘭	1897	進士	72	累世農戶	4萬	浙江知縣、仰山書院山長	1897	
江錦章	宜蘭	1897	無	47	父為豪農總理	4萬	五品軍功、東勢六堡總理、勇營左哨長	1897	
李及西	宜蘭	1899	監生	70		10餘萬	授五品同知、協辦清賦局	1897	
陳掄元	宜蘭	1899	武生員	60	父、伯力穡成富	租萬石	開登瀛堂書院、1896主持圓山救民局	1901	
蔡汝璧	澎湖	1897	貢生	54		數萬	教諭	1897	
謝　贊	澎湖	1897	童生	58			因功敘五品	1897	1906歿
備　註	(1)臺東縣無參事。 (2)經歷係指出任參事前之經歷。								

資料來源：臺灣總督府臺灣史料編纂委員會，《臺灣史料稿本》第13-19卷，明治30-34年。上田元胤編，《臺灣士商名鑑》（臺北：にひふか社，1901）。臺南新報社編，《南部臺灣紳士錄》（臺南：該社，1907）。鷹取田一郎，《臺灣列紳傳》（臺北：臺灣總督府，1916）。臺灣省文獻委員會編，《臺灣省通志》（臺北：眾文圖書，1980），以及各縣、市志人物志。臺灣總督府，《臺灣總督府公文類纂》第3-23卷（明治30-34年），有關縣廳參事之任用與紳章頒授之檔案。

表2-3-2　1900年末辨務署參事概況表

項別 性別	任職署別	任職時間	科名	任職年齡	家世	資產（圓）	經歷	授紳章時間	備註
葉為圭	臺北	1897	廩生	44	三代營商成富	富豪	塾師、保良總局副主理、大稻埕士商公會長	1897	1903任臺北廳參事
蔡達卿	臺北	1897	無	44	商	富豪	保良局主理、艋舺士商公會長	1897	1903歿
洪以南	臺北	1897	生員	27	紳商家庭	5萬、年納稅600	詩人、書法家	1897	1907任臺北廳參事
何慶熙	臺北	1897	舉人	41	累世豪農	年納稅200		1897	兼任街長
李樹華	臺北	1898	附貢生	63		5千	安平縣、鳳山縣教諭	1897	1919.2.10歿
陳國治	大料崁	1897	無	35	累世地方富戶	5萬	地主、塾師、保良分局副主理	1899	1900兼任街長
陳嘉猷	大料崁	1897	生員	40	累世地方富戶	3萬6千	主持團練、保良分局主理	1897	1901任桃園廳參事
王式璋	大料崁	1899	監生	37	累世耕讀	2萬	任職撫墾總局、憲兵署通譯	1900	1901任桃園廳參事
黃祖壽	景尾	1897	生員	46			授七品軍功、授同知銜、團練局長、保良分局主理	1897	1901任深坑廳參事
游世清	景尾	1899	無	39	祖父以農興家	1萬5千	授五品軍功、保甲局長	1899	1901任深坑廳參事、1919.12.7歿
高敦仁	景尾	1899	無	51			1896任庄長	1907	

吳輔卿	滬尾	1897	無	43	地方名族	2萬	五品軍功、塾師、協辦團練防局及驗契局	1897	1902任臺北廳參事
嚴清華	滬尾	1897	無	53	牧師、商	8千	授六品軍功、日治初協助安撫有功	1897	1909歿
周師濂	滬尾	1897	監生	33	地方富商	3萬		1900	
余騰芳	滬尾	1898	無	65	莊中豪族	8千	地主、茶業主、保良分局主理	1897	
蔡天培	基隆	1897	無	41	商	2千	1896任副堡長	1898	1901任基隆廳參事
黃　發	基隆	1900	無	60	商	富豪	1896任街長	1898	
鄭拱辰	新竹	1898	無	40	進士鄭用錫後裔、父如蘭	百萬	1895任保良分局主理	1908	1911復任新竹廳參事
林鵬霄	新竹	1897	歲貢生	49	累世豪族	3萬	授五品軍功、儒學正堂、塾師、日治初協助收籍有功	1897	1904歿
彭殿華	新竹	1898	無	57	累世地方富豪	8萬、年納稅1,600	五品同知	1897	1901任新竹廳參事
葉文暉	新竹	1899	生員	39	紳商家庭	富豪	街長	1899	
范慶霖	新竹	1897	生員	40	地方名門父為貢生	3千	塾師、儒學訓導、囑託、公學校教師	1897	1901任新竹廳參事
林汝言	臺中	1897	增生	35	中醫、製麻會社主、鴉片代銷業		辦清賦事宜、主持聯甲總局、1895任總理	1902	

林佐璫	臺中	1897	生員	38	父林振芳兄亦生員	3萬5千	與父兄迎日軍、偵報徵餉最盡力	1897	兼任庄長
賴向榮	臺中								
林燕卿	臺中	1898	無	45	地主	10萬	候補知縣、主持縣清賦局、堡長	1902	
蔡蓮舫	臺中	1897	廩生	23	地主	30萬	1896任堡大總理、保良局長、堡長	1897	1901任臺中廳參事
吳德功	彰化	1897	歲貢生	49	地方名族、磚瓦製造業、石材販賣業	2萬5千	書院教席、主修彰化縣志、文廟、義倉董事、育嬰堂總辦	1897	1901任彰化廳參事、1924歿
楊吉臣	彰化	1897	無	47	地方望族、鴉片代銷業	4萬	五品軍功、1895任保良局長	1897	1896敘勳六等授瑞寶章
林潮清	彰化	1897	廩生	41	地主	富豪		1902	
施範其	彰化	1899	無	26	米商、鴉片代銷業	16萬	1897任廈門臺灣公會首任會長	1902	1901任彰化廳參事
莊士哲	彰化	1898	廩生	48	度量衡器販賣業	8千		1902	1902任區長
湯日生	苗栗	1897	佾生	44	累世富農		塾師、隘丁長	1899	
黃文龍	苗栗	1897	生員	56				1897	1900任庄長、1903歿
魏葆貞	苗栗	1898	生員	42		20萬		1902	

吳銘元	南投	1897	生員	40	鴉片代銷業、陶器所董事	富豪	塾師、庄長	1902	1901任南投廳參事
洪聯魁	南投	1898	廩生	46	地主	2萬5千	塾師	1902	1900任庄長、1912歿
曾長茹	南投	1898	無	59	糖廍主	富豪	庄總理	1902	1901任南投廳參事、1907歿
陳長江	南投	1897	無	54	兼營農商	2萬5千	庄總理	1915	1901任南投廳參事
潘踏比里	南投	1897	無	72	化番酋長		六品軍功、迎日軍助平埔里社	1897	1901任南投廳參事
林慶岐	北斗	1897	生員	43	地方望族、兄慶賢為生員		儒學訓導、1895任堡長及總理	1897	1901任彰化廳參事、1912歿
陳紹年	北斗	1897	廩生	45	地主		儒學訓導、保甲局長、日治初協助鎮撫有功敘勳六等	1897	1902任庄長、南投廳參事、1915歿
洪光車	北斗	1897	無	65	地主	富豪	總理	1902	兼任街長
賴繩武	北斗	1897	生員	52	地主			1897	1898任庄長
蕭占其	北斗	1897	無	36	地主	5萬		1902	1904歿
蔡然源	北港	1897	廩生	30		1萬餘	堡長	1897	1900歿
蔡子珊	北港	1897	廩生	40				1898	1901歿

林國棟	北港	1898	生員	38	兼營農商		堡長	1897	1901任斗六廳參事、1912歿
張雲梯	北港	1898	生員	46	累世豪農 父生員	1萬		1897	兼公學校教師1906歿
詹汝彰	北港	1898	生員	74					
吳克明	斗六	1897	生員	27	祖父官百總、父為雲林大總理	17萬	1896任堡長	1897	1901任斗六廳參事
李　昌	斗六	1900	無	46	累世豪農兼營糖廍	1萬	總理、聯甲局長、授六品軍功、街長	1902	1901任斗六廳參事
張大猷	斗六								1902.5 26歿
林月汀	斗六	1900	無	31	雜貨商	6萬	授五品軍功、防營正哨長、把總、街長	1902	1901任斗六廳參事
吳盤石	臺南	1897	無	37	祖父縣學教諭 父都司官	5萬	鴉片商、都司、授四品軍功	1897	
商朝鳳	臺南	1897	增生	47	魚塭主		塾師	1897	1901任臺南廳參事、1911歿
藍步青	臺南	1897			煙草雜貨商				
林靜觀	鳳山	1898	生員	39		6千	主持團練及聯庄保甲	1899	1902任廳事務囑託
盧德嘉	鳳山	1898	生員	44		富豪	鳳儀書院董事兼教授	1899	1899歿

林機章	鳳山	1899	無	46	中醫、米糖商	1萬5千	保良局長、辨務署雇員	1899	1901任鳳山廳參事
施磐聲	嘉義	1897	生員	43	竹紙製造場主	2萬	保正	1897	
蔡獻其	嘉義	1897	無	38			塾師		
張元榮	嘉義	1897	歲貢生	42	父因軍功賞五品銜、望族	5千		1897	1901任嘉義廳參事
黃有章	嘉義	1897	監生	48	製糖業父為邑總理	2萬		1902	1901任嘉義廳參事
王　福	恆春	1898	生員	40	雜貨商	5萬		1899	1903任區長
翁煌南	鹽水港	1897	增生	43	累世豪農糖廍主	3萬	授五品軍功、縣儒學正堂	1898	1901任鹽水港廳參事
楊式金	鹽水港	1897	歲貢生	55	中藥商糖廍主	1萬		1898	1913歿
劉神嶽	鹽水港	1897	生員	34	製糖業兄廩生	10萬		1898	1901任鹽水港廳參事
郭黃恭	蔴豆	1897	生員	62		5千	塾師	1898	1900歿
毛榮生	蔴豆	1897	武生員	54		7千	1896任堡事務處理人	1898	1901歿
陳人英	蔴豆	1898	廩生	40	累世官佃	6千	主持採訪局、籌防局	1898	1901任鹽水港廳參事
黃玉振	蔴豆	1898	無	53	糖廍主	富豪	堡總理、保正	1903	1906歿

蘇有志	大目降	1897	無	35	雜貨糖米商	富豪		1897	1901任臺南廳參事、1915涉噍吧哖事件處死
李學禮	大目降	1897					保正		1901任臺南廳參事
張朝光	大目降	1897							
蘇定邦	大目降	1897	武生員	56	累世農戶油糖商	富豪	1986任街主事及堡事務處理人	1897	1898歿
陳鴻鳴	大目降	1897	生員	22	糖廊主	6萬	1896任堡長	1897	
周純臣	蕃薯藔	1897	生員	40	地主	5千	塾師	1915	1901任蕃薯藔廳參事
江以忠	蕃薯藔	1897	無	53	累世富農 父為總理	5萬	授五品軍功、庄總理、塾師	1897	1901任蕃薯藔廳參事
莊 塗	蕃薯藔	1897	無	35	油製造業、雜貨商	1萬2千	1896任庄總理	1897	1901任蕃薯藔廳參事
陳忠修	蕃薯藔	1897					庄長		1901任蕃薯藔廳參事
蘇雲梯	阿猴	1898	廩生	36	兼營農商糖商	4萬	1896任庄長	1899	1901任阿猴廳參事
邱鳳祥	阿猴	1898	生員	37	累世豪農	田百甲2萬	莊副總理、庄長	1911	1901任阿猴廳參事

藍高川	阿猴	1898	無	27	累世富豪糖商	18萬	鹽務支館負責人、鴉片代理商	1899	1901任阿猴廳參事
曾榮祥	阿猴								
林知高	東港	1898	無	34	綢緞商	1萬5千	庄長	1899	1906歿
洪占春	東港	1898	生員	32			塾師	1903	
黃添福	東港	1898	無	31	累世富豪	5萬		1899	1901任阿猴廳參事
李紹宗	宜蘭	1897	恩貢生	34	地方閥閱	6萬	儒學教諭、候補五品同知	1897	
莊雲卿	宜蘭	1897							
江錦章	羅東	1897	無	47	父為豪農總理	4萬	授五品軍功、東勢六堡總理、勇營左哨長	1897	1901任宜蘭廳參事
張淑南	羅東	1897	廩生	43			塾師	1897	1902轉任庄長
備　註	(1)舊地名大嵙崁、景尾、滬尾、大目降、蕃薯藔、阿猴等分別係今大溪、景美、淡水、新化、旗山、屏東等。 (2)就職時間係指該員初任參事時間，其初任未必是表上的辨務署。								

資料來源：上田元胤編，《臺灣士商名鑑》（臺北：にひふか社，1901）。臺灣總督府，《臺灣總督府職員錄》（臺北：臺灣日日新報社，1898）。臺南新報社編，《南部臺灣紳士錄》（臺南：該社，1907）。鷹取田一郎，《臺灣列紳傳》（臺北，臺灣總督府，1916）。《臺灣省通志》及各縣、市志人物志。臺灣總督府，《臺灣總督府公文類纂》第3-23卷（明治30-34年），有關縣廳參事之任用與紳章頒授之檔案。

第三章　殖民教育與新社會領導階層之塑造

　　近代西方社會精英變遷最顯著的特徵乃是教育背景日益重要，受過高等教育成為政、經領導階層普遍具有的條件。易言之，「學校漸取代家庭成為躋身高階層的管道。」[1]明治維新初年，日本的決策者對西方社會以教育作為社會精英的決定性因素，有深刻的體認，因此，積極模仿西方，建立「啞鈴」狀的雙軌教育制度，一方面造就具備指導政經所需的技術和管理能力之社會精英，一方面則透過普及的初等教育使國民具有基本的識字能力、經濟知能及政治服從性[2]。此一教育制度至中日甲午戰爭前夕已粗具規模，高等教育已成為其政、經領導階層主要的搖籃[3]。

　　在傳統中國，教育成就與領導階層之間早已存在極其密切的關係，科舉功名固然是成為領導階層的主要憑藉，然而，教育是科舉的準備，士紳家庭為維護其特權和地位，必須重視子弟的教育，地主或商人積聚相當的財富之後，莫不鼓勵子弟向學應舉，以求轉變

1　Dahrendorf, Ralf. *Class and Class Conflict in Industrial Society*（Stanford University Press, 1959）, p. 46; Dahrendorf, Ralf. "Recent Changes in the Class Structure of European Societies," in Stephen R. Graubard, ed., *A New Europe*?（Boston, 1964）, p. 306.

2　Iran P., Hall, *Mori Arinori*（Cambridge, Mass., Harvard University Press, 1973）, p. 411.

3　詳閱唐澤富太郎，《日本の近代化と教育》（東京：第一法規出版株式會社，1976），頁215-237。

其身分和地位，連下階層家庭子弟亦盡可能追求良好教育。要之，社會各階層普遍相信科舉是政府掄才合理的方式，教育則是上昇流動適當的途徑。所不同於今日者，在於教育結構和內容，亦即是傳統教育欠缺系統而完整的體制和培養各種專業人才的課程及教材。臺灣雖地處海外邊陲，然當清中葉逐漸由移墾社會發展成為文治社會後，上述追求科舉功名及重視教育的社會價值取向，與中國大陸並無二致[4]。

　　日治以後，科舉之途已絕，書院因之關閉，原兼具啓蒙和科舉準備教育性質的書房，雖然並未隨之一朝廢棄，惟在殖民教育政策和制度的影響下，非但日漸沒落，而且教育內容與功能漸變，其續存者多數終不免變成殖民初等教育的輔助機關，在社會領導階層的塑造過程中遂流於無足輕重之地位[5]。另一方面，本諸殖民教育政策，日人旋在臺灣建立西式的新教育制度以取代傳統的教育，然而，其與日本國內的教育體制截然有別，自不待言。影響所及，遂使臺灣社會領導階層的塑造呈現特殊性，異於傳統中國社會，亦不同於日本國內社會。此誠然是值得進一步探究的重要課題。

　　本章旨在探討殖民教育體制下精英教育的主要特徵，藉以明瞭社會精英的教育背景；進而分析接受精英教育者的家庭背景，以及新、舊社會領導階層的關係與遞嬗大勢，俾適切地掌握近代臺灣社會的變遷。

4　詳閱李國祁，〈清代臺灣社會的轉型〉一文；蔡淵絜，前引論文。
5　詳閱拙文，〈日據時代臺灣書房之研究〉，《思與言》第16卷第3期（1978年9月），頁62-89。

第一節　殖民體制下之精英教育

一、殖民教育制度與精英教育

綜觀日治全期，總督府的教育政策乃是以漸進原則，採逐步強化的同化主義方針，而差別待遇及隔離政策之運用實爲其主要特徵。1919年臺灣教育令頒布之前，乃所謂臺灣教育的試驗時期[1]，總督府迄未建立完整的學制系統，僅在順應現實需要隨機應變的「無方針主義」下[2]，建立以初等教育機關公學校爲主的新式教育，而以中、上階層子弟爲勸誘入學的主要對象，並不急於普及於一般平民子弟。因此，1900年，學務課長木村匡站在統一主義的立場，曾主張臺灣的初等教育應實施與日本國內一致的義務教育。然而，不爲總督兒玉源太郎及民政長官後藤新平所採納，木村旋因之去職[3]。1903-1910年，持地六三郎擔任學務課長期間，木村再度提出義務教育之議[4]，然而，持地仍以時機尚未成熟，加以反對[5]。

持地曾明白表示，臺灣「普通教育之目標在於教育中、上階層子弟，因此，臺灣的普通教育雖然稱爲『普通教育』，事實上，應該稱之爲『精英教育』（elite education），今日雖然（臺灣）學齡兒童的就學率未超過10%，不過，關於教育設施我們必須考慮我們

1　臺灣教育會，《臺灣教育沿革誌》（臺北：該會，1939），頁2。
2　「無方針主義」一詞，是1903年11月6日臺灣總督府民政長官後藤新平於學事諮詢會的演說中提出的。見大園市藏，《臺灣始政四十年史》（臺北：日本植民地批判社，1935），頁482-487。
3　吉野秀公，《臺灣教育史》（臺北：著者，1927），頁130。
4　木村匡，〈臺灣の普通教育〉，《臺灣教育會雜誌》第28號（1904年7月25日），頁1-13。
5　持地六三郎，〈臺灣における現行教育制度〉，《臺灣教育會雜誌》第31號（1904年10月25日），頁1-7。

想要收穫的是什麼。」[6]1908年之際，曾是總督府首任學務部長的伊澤修二檢討臺灣教育的成效，亦強調「雖然內地（指日本）實施義務教育制度，惟臺灣則無此必要，盡可能教育上流或中流以上家庭之子弟，乃是殖民政策之良策。」[7]總督府當局及一些日本殖民學者考察列強殖民地的情況之後，更加深信上述初等教育為主並緩慢擴張的政策是明智之舉，蓋受過英國教育的印度失業知識分子普遍具有反英思想，使總督府當局不得不引以為鑑[8]。持地認為雖然印度的叛亂有其更基本的原因，惟受過英國教育的知識分子與反英的政治活動之間實具有密切的關係[9]。竹越與三郎亦指出由美國統治菲律賓顯示教育殖民地人民是危險的，蓋受過教育的土著已日漸與統治當局有所摩擦[10]。

據資料顯示，在上述教育政策下，公學校擴充甚緩，入學率長期均甚低，直至1915年度仍不及10%（只占9.6%），加以在學中異動甚大，中途退學者，1911年度以前平均高達三分之一，其後雖逐年下降，至1918年度仍占八分之一[11]。若累計1899-1918年度的公學校畢業生，計有53,401人，只占1919年臺人總數3,538,681人的1.5%[12]。無怪乎持地稱臺灣的初等教育為精英教育。據基督長老教

6 持地六三郎，《臺灣植民政策》（東京：富山房，1912），頁299。

7 臺灣總督府臺北師範學校，《臺北師範學校創立三十周年紀念誌》（臺北：該校，1926），頁406。

8 持地六三郎，前引書，頁292-300；小森德治，《明石元二郎》（臺北：臺灣日日新報社，1928），頁131-133。

9 持地六三郎，前引書，頁301-304。

10 Tsurumi, E. Patricia. *Japanese Colonial Education in Taiwan*, 1895-1945（Harvard University Press, 1977），pp. 46-47.

11 Ibid., p. 63, p. 244.

12 臺灣省行政長官公署統計室編，《臺灣省五十一年來統計提要》（臺北：該署，1946），頁76、1233。

會傳教士甘為霖（William Campbell）觀察，當時公學校畢業生即可在殖民政府中找到雇員及通譯的工作[13]。

此一時期，中等以上教育設施極不完備，僅先後設立修業3-4年的國語學校（按：「國語」即日語之意，因係機關名稱，故襲用原名，下同），以培養初等教育師資及公私業務人才；修業5年的醫學校，以造就醫事人才；修業半年至2年的農事試驗場及糖業講習所，以及修業3年的工業講習所等，作為職業教育機關，以訓練低級技術人員。其中，醫學校及國語學校為當時臺灣人的最高學府，惟只有醫學校勉強稱得上高等教育機關。論者指出總督府僅有限度地擴充公學校，並盡可能防止臺人產生接受較高的教育、較優越的社會地位及較好的就業機會等需求，只希望公學校畢業生仍追隨其父兄務農和經商，或成為新工業的半技術工人，只有少數較為優秀的方鼓勵其投考國語學校師範部或醫學校，教師及醫師遂成為少數臺人得以合法尋求上昇流動的兩個主要安全瓣[14]。

第一次世界大戰後，日本為因應民族自決之時代思潮、日本帝國主義之昂揚及民主運動之盛行，以及臺人民族自覺所造成的新威脅等內外危機，不得不「改革」臺灣統治方針，以強化對殖民地的控制。因此，1919年總督府明揭同化主義施政方針，根據差別原則，頒布「臺灣教育令」，確立臺灣人的教育制度。在公學校之上的教育機關計有4年制高等普通學校1所、3年制女子高等普通學校2所、5年制師範學校2所、3年制工業、商業及農林學校各1所、6年制（預科3年、本科3年）農林及商業專門學校各1所、8年制（預科4年、本科4年）醫學專門學校1所等。由上顯示，教育制度著重中等

---

13 Campbell, William, *Sketches from Formosa*（London, 1915），pp. 317-318.
14 Tsurumi, op. cit., pp. 45-47.

職業教育。同時，雖然大致建立臺灣人的教育體制，教育機會仍頗受限制，修業年限及程度均低於日本的同級學校[15]。其中，就較重要的師範教育及高等教育而言，時人已明加批判，指出師範學校只相當日本國內師範學校三、四年級程度，專門學校只相當日本國內甲種實業學校程度，而醫學專門學校亦較日本國內醫專程度低[16]。論者指出，此一特殊的教育制度並不準備讓學生接受專科或大學教育，而在於期將臺灣人納入工、商部門急速成長的殖民經濟中，使技術勞工不必再完全仰給於日本[17]。

　　上述教育制度當然無法滿足臺人長期以來的教育要求，甚至連日本開明之士亦覺不當而紛加指責。故總督府旋標榜「內地延長主義」，強調將以普及教育提高臺灣文化爲首務[18]。1922年，復頒布新「臺灣教育令」，明訂中等以上教育機關（師範學校除外）取消臺、日人的差別待遇及隔離教育，開放共學。此後，臺灣中等以上教育機關比照日本國內制度設立，於是除在各地紛紛增設中學校、高等女學校、職業學校及職業補習學校等之外，另創立7年制高等學校（大學預備教育機關）1所，原各實業專門學校改制爲3年制高等農林、商業及工業學校，以及4年制醫學專門學校，專收中學畢業生，並於1928年設立臺北帝國大學。表面上，從此臺人可以接受與日人程度相同的中等以上教育，惟實際上只是爲迅速成長的在臺日人子弟提供更多的教育機會，臺人子弟並未能享受公平的教育機

15 弘谷多喜夫、廣川淑子，〈日本統治下の臺灣‧朝鮮における植民地教育政策の比較史的研究〉，《北海道大學教育學部紀要》第22號（1973年11月），頁27。
16 黃呈聰，〈臺灣教育改造論〉，《臺灣青年》第3卷第2號（1921年8月）漢文之部，頁5；王敏川，〈臺灣教育問題管見〉，《臺灣青年》第3卷第5號（1921年11月）漢文之部，頁32-33。
17 Tsurumi, op. cit., p. 88.
18 井出季和太，《臺灣治績志》（臺北：臺灣日日新報社，1937），頁626。

會，故能進入較高教育機關的人數反而日減。矢內原忠雄曾客觀地
批評共學徒具虛名，略謂：

> 這些結果，當然是高等教育機關大部分爲日人學生所占
> 有，名爲教育制度之同化，其實等於是削奪臺灣人接受高
> 等專門教育。1922年以前，係藉降低臺灣人之教育程度，
> 使日本人取得領導者與支配者之地位；現在則制度上名爲
> 平等，臺灣人亦可接受高等教育，實際上，卻是多方限
> 制，使更能確保日本人之支配地位。[19]

即使是1937年日本全面對華發動侵略戰爭後，在臺推動「皇民
化教育」，實施義務教育，將師範學校改制爲專科程度，惟差別待
遇依舊，中等以上教育機會始終未公平開放。職是之故，臺人的中
等以上學校入學競爭長期均十分激烈。正因爲如此，1929年之際，
連《臺灣日日新報》亦對臺人子弟升入中學不易感到不滿。該報指
出當時日本國內的農村社會之中堅分子至少是中學畢業，而事實
上，若未具備中等教育程度，已無法躋身社會中堅之行列。然而，
臺人中學生卻僅約2,000人，只占臺人總數的0.05%；相對的，僅約
20萬的在臺日人中，卻有2,400餘名中學生，占1.2%，臺、日人的中
學就學率相差達24倍之多。由於絕大多數臺人子弟在臺升學無望，
因此赴日升學人數逐年激增，惟因所費不貲，且成績未必理想，故
要求設立私立中學之聲不斷。該報認爲隨著時代變遷，臺灣亦與日
本國內一樣，社會的中堅分子必須具備中等教育程度；尤其是臺灣
社會宜大力改革的舊習甚多，扮演領導角色的中堅分子更應具備相

---

19 矢內原忠雄，《矢內原忠雄全集》第2卷（東京：岩波書店，1963），頁347。

當的教養，故對希望接受中等教育的臺人須給予適當的誘導，以培養其成爲臺灣社會穩健的中堅分子。由是建議總督府宜考慮准許設立私立中學或創設官公立特殊中學[20]。

據1943年度《臺灣學事一覽》統計，迄至1942年度，中學畢業生計有臺人男8,430人、女8,834人（內含原住民男、女各4人），日人男10,631人、女20,289人。職業學校畢業生（不含2-3年制職業補習學校）計有臺人男6,061人（內含原住民21人）、日人男5,675人。1943年臺人總數爲600餘萬人，足見受過中等教育之臺人所占比例之微不足道。據此，當時的中等教育已足可稱之爲臺灣人的「精英教育」。至於1919年以前作爲臺人子弟僅有的兩所最高學府——醫學校和國語學校，隨著學制的改革而改爲醫學專門學校和師範學校，以及1919年以後增設的各種高等教育機關，臺人子弟入學更是不易，而爲最優秀臺人子弟主要的教育機關，亦是日治時期臺灣社會領導階層的搖籃。

二、主要的精英教育機關及其學生素質

如前所述，1919年以前，國語學校及醫學校是當時兩所臺人的最高學府，若累計兩校的畢業生數，僅得2,151人（前者1,665人、後者486人），只占1919年臺人總數的0.06%。時人曾將該兩校比作英國的劍橋和牛津大學，並謂：

　　若論從來本島人確實以此兩校爲中心，如各地方現在爲社會中堅的人物，有支配社會的勢力，大概都是由這兩校出

---

20 〈社說：本島中學生の現狀御下問——社會中堅分子の養成が必要〉，《臺灣日日新報》第10478號，昭和4年6月20日，2版。

身的。醫學校是把持臺灣醫事衛生的方面，國語學校是把
持臺灣教育的方面，也有官界和實業界的人很多，至於在
社會上，文化的啟發也是以這兩校的卒業生為指導者，這
是大家所知道的，不必我喋喋。（按：引自原文）[21]

事實上，該兩校出身者亦深以「社會中堅」自豪，例如，1914年國
語學校師範部畢業的張耀堂回顧云：

若作回顧，母校臺北師範（按：即原國語學校，1919年改
制易名）乃臺灣學界之先驅。奠定今日我臺灣文化之基礎
並繼續發揚光大者，正是我臺北師範校友。有的是活躍於
實業界之新秀，博得上下一致信賴，例如許丙、楊潤波、
郭廷俊、陳振能等即是。有的成為地方領導者，膺任庄
長，例如林永生、劉軟綢、林蘭芽、潘光楷、許三全等即
是。有的成為初等教育界之燈塔，尤其是在人格方面並不
比日本人遜色，例如馬陵坑公學校長周良、大洲公學校長
甘阿炎、屈尺分校主任廖錫恩、楣子寮公學校長陳廷鏞、
新城公學校長溫阿青、豐原女子公學校長陳蔡喜、大茅埔
公學校長朱阿貴等即是。有的成為地方官吏，例如新竹的
劉明朝、高雄的劉茂雲等即是。有的成為法界之權威，例
如陳增福、蔡式穀、鄭松筠等即是。……有的擔任中學教
師，例如劉克明、張福興、徐向榮及敝人等即是。[22]

---

21 黃呈聰，〈關於臺北師範休校事件的一考察〉，《臺灣民報》第2卷第26號（1924年
　12月11日），頁4。
22 臺灣總督府臺北師範學校編，《臺北師範學校創立三十周年紀念誌》，頁243-244。

1917年醫學校畢業的李騰嶽在〈臺灣初期醫學教育的回顧〉一文中
亦云：

> 本校在當時是本省的最高學府，而其畢業生無論在官公立
> 醫院就職，或從事自己開業，均受社會人士的尊重與成
> 功，所以有子女的家庭，男的都希望去學醫，女的希望
> 嫁與新畢業的醫師。這時候可說是本省醫學者的黃金時
> 代。[23]

1914年醫學校畢業的杜聰明亦表示，日治時期醫學教育出身的醫師
都頗有成就，積聚相當的財富，或被推選為信用組合長（信用合作
社理事主席），或被選為州市街協議會議員，甚至被遴選為總督府
評議會員，例如其本人、張蟲生及黃媽典等即是。此外，不少人積
極投身於1920年代以降的政治社會運動[24]。總之，正如學者研究指
出，醫學校畢業生不只是當醫師；同時，又是新知識分子，不久亦
成為臺灣人的政治領導階層[25]。

由於國語學校及醫學校係臺人的最高學府，同時，亦是出路
最佳的教育機關，因此儘管創校之初均遭遇招生困難問題，醫學
校頭兩年的錄取率均是百分之百，國語學校亦是如此；然而，至
1903-1904年，錄取率均降至約五分之一[26]。其後，醫學校錄取率驟

---

23 李騰嶽，《李騰嶽鷺村翁文存》（臺北：自印，1981），頁230。

24 杜聰明，《回憶錄》（臺北：龍文，1989），頁110。

25 弘谷多喜夫，前引文，頁25。

26 參閱拙著，《日據時期臺灣師範教育之研究》（臺北：國立臺灣師範大學歷史研
　究所，1983），頁92-94。1903年國語學校考生計240人，師範乙科錄取33人、國語
　部20人；翌年，考生增為261人，師範部乙科錄取15人、國語部37人，錄取率均約
　20%。

降，平均約10%，師範部乙科其次，約在15%-20%之間，國語部較易，然而平均錄取率亦不過28%（見表3-1-1）。總之，在中等以上教育機會極其不足下，迅即發生「入學難」之現象，1907年入學之師範部乙科及國語部學生84人中，已有公學校6年畢業又經一、二年補習教育方考上者8人[27]。因此，能考取國語學校師範部乙科或國語科及醫學校者，均可說是臺人子弟中的秀異分子。

表3-1-1　1899-1918年度國語學校及醫學校臺籍學生入學狀況比較表

項別 年度	國語學校公學師範部乙科			醫學校			國語學校國語部		
	報考數	入學數	入學率	報考數	入學數	入學率	報考數	入學數	入學率
1899				90	90	100.00			
1900				46	46	100.00			
1901				65	45	69.2			
1902				92	57	62.0			
1903		33		157	34	21.7		20	
1904				131	29	22.1			
1905				194	35	18.0			
1906				277	35	12.6			
1907				305	41	13.4			
1908				399	33	8.3			
1909				475	40	8.4			
1910	489	85	17.4	512	51	10.0	101	45	44.6
1911	524	85	16.2	442	44	10.0	128	40	31.3
1912	621	125	20.1	399	46	11.5	123	40	32.5
1913	726	160	22.0	356	45	12.6	138	40	29.0
1914	791	156	19.7	439	41	9.3	151	40	26.5

---

27 《國語學校明治44年3月卒業各部生徒學籍簿》第9卷。

1915	857	164	19.1	558	45	8.1	142	40	28.2
1916	928	170	18.3	627	50	8.0	154	40	26.0
1917	1,149	167	14.5	617	53	8.6	205	39	19.0
1918	1,185	170	14.3	619	78	12.6	261	40	15.3

資料來源：臺灣總督府醫學校，《臺灣總督府醫學校一覽》大正12年度（臺北，該校），頁165；臺灣總督府學務課，《臺灣總督府學事年報》大正7-8年度（臺北，該課）；《臺灣教育會雜誌》第84、97、109、120、133號。

　　就教師及醫師的培養而言，總督府自始即較重視醫學教育，例如修業年限長達5年：醫學生與師範生相同，享受公費待遇，每日伙食費20錢、津貼5錢，其中伙食費即較師範生多2錢；若至離學校6日里以上地區參觀（即「修學旅行」），則每日另給1.5圓以下之特別津貼，而師範生除補助實支之下等交通費外，每日僅給住宿費及津貼80錢[28]。1905年以後，醫學校雖開始有自費生之設，惟公費生待遇仍隨時應需要作調整。總之，醫學教育較受重視的結果，對習醫風氣之形成頗有促進之功。其次，在招生人數方面，醫學生有一定的限額，長期保持四、五十人左右，而師範生則隨著公學校師資之需求，招生人數迭有增加。無可否認的，醫學教育顯然較師範教育更講究精英主義，因此儘管醫學校的考生並不多於師範部乙科，其錄取率則遠低於師範部乙科。復次，醫師賺錢較易，收入較豐，尤其不是身為公務員的教師所堪比擬。1908年之際，一個開業醫師每月收入少則二、三百圓，多則有達500圓者[29]。據筆者訪問，當時社會一般人對醫師收入無不羨慕異常，有意讓子弟升學之父兄紛勸其

28　《臺灣總督府府報》第708號，明治33年3月9日，府令第24號；另《臺灣教育沿革誌》，頁923。
29　伊澤修二，〈臺灣教育に對する今昔の感〉，臺灣總督府臺北師範學校，《臺北師範學校創立三十周年紀念誌》，頁407。

子弟習醫。此外，矢內原忠雄認爲1919年以前醫學校爲臺灣唯一的專科學校，而臺人中不乏具有開業能力的資產家，加以醫師係自由業，毋須賴政府機關及資本家之聘雇，尤其是官界及實業界的出路完全爲日人所壟斷，乃是驅使臺人知識分子競相習醫之主因[30]。受上述諸因素影響，習醫漸成爲社會最熱門的風氣。1920年代以後，臺人師範生中途退學或義務期滿後改習醫學者即爲數不少。

1919年，國語學校改制後稱爲臺北師範學校，另於1919年及1923年先後增設臺南及臺中師範學校；1927年，另設臺北第二師範學校，原臺北師範易名臺北第一師範學校。對臺人子弟而言，此一時期雖然中學增設不少，可是中學畢業後能進入高等教育機關者爲數甚少，而且縱使中學或專科以上學校畢業，亦不易謀得適當的職業，師範生則不但工作較有保障，待遇亦佳，因此師範學校的入學競爭漸趨白熱化。據表3-1-2顯示，1923年公學師範部臺籍生入學率已低於10%，最低時僅2.3%，平均爲5.1%；而日籍生平均入學率爲24.2%，臺、日人入學難易懸殊，判若雲泥，至爲明顯。若與中學校入學狀況相較，臺人師範生入學率不及臺人中學生的三分之一，日人小學、公學師範生入學率不及日人中學生的二分之一。由此可知，臺人師範生素質遠較中學生爲優，固不必論，連日人師範生亦較中學生優秀。據筆者初步探討結果，師範學校仍始終是扮演領導階層搖籃之角色[31]。

1919年以後，隨著學制之改革，醫學校改制爲醫專，1936年併入臺北帝國大學，更是臺人精英分子所競趨的目標。迄至1945年提出論文經審查通過而獲臺北帝國大學博士學位的臺籍人士，計有98

---

30 矢內原忠雄，《矢內原忠雄全集》第2卷，頁291。
31 參閱拙著，《日據時期臺灣師範教育之研究》，頁210-214。

表3-1-2　1922-1940年度臺灣師範學校及中學校學生入學狀況比較表

年度	師範學校 小學師範部普通科 (日)			公學師範部普通科 (臺)			三年制講習科 (日)			三年制講習科 (臺)			中學校 (臺)			中學校 (日)		
項別	報考數	入學數	入學率	報考數	入學數	入學率	報考數	入學數	入學率	報考數	入學數	入學率	報考數	入學數	入學率	報考數	入學數	入學率
1922	195	49	25.1	2,276	393	17.2	-	-	-	262	23	8.8	1,611	331	20.5	1,124	539	48.0
1923	208	48	23.1	2,528	251	9.9	153	36	23.5	471	26	5.5	1,788	375	21.0	979	469	47.9
1924	296	47	15.9	2,384	121	5.1	153	26	17.0	604	84	14.1	2,933	427	14.6	1,135	492	43.3
1925	224	39	17.4	2,306	91	4.0	148	27	18.2	478	63	13.2	2,741	409	14.9	1,084	490	45.2
1926	275	40	14.6	2,077	91	4.4	150	27	18.0	392	63	16.1	3,128	409	13.1	1,182	555	47.0
1927	248	38	15.3	1,798	95	5.3	153	24	15.7	396	49	12.4	3,188	414	13.0	1,359	654	48.1
1928	228	34	14.9	1,957	57	2.9	230	42	18.3	338	48	14.2	3,103	410	13.2	1,287	639	49.7
1929	154	29	18.8	1,642	38	2.3	258	52	20.2	342	51	14.9	2,804	442	15.8	1,355	608	44.9
1930	150	40	26.7	1,498	43	2.9	350	62	17.7	350	56	16.0	2,542	443	17.0	1,355	677	49.9
1931	158	39	24.7	1,693	54	3.2	332	65	19.6	409	68	16.6	2,377	432	18.2	1,387	691	51.1
1932	118	40	33.9	1,671	50	3.0	352	69	19.6	487	56	11.5	2,283	440	19.3	1,353	694	52.4
1933	138	35	25.4	1,503	43	2.9	309	66	21.4	475	68	14.3	2,562	470	18.4	1,395	667	47.8
1934	144	40	27.8	1,353	44	3.3	319	74	23.2	359	62	17.3	2,879	501	17.4	1,658	755	45.5
1935	174	40	23.0	1,225	46	3.8	308	74	24.0	279	44	15.8	3,337	617	18.5	1,798	848	47.2
1936	153	53	22.9	1,288	33	2.6	327	72	22.0	336	55	16.4	3,556	648	18.2	1,744	864	49.5
1937	134	40	30.0	1,324	33	2.5	327	87	26.6	314	44	14.0	4,956	636	12.8	1,921	1,264	65.8
1938	108	40	37.0	923	31	3.4	232	89	38.4	253	30	11.9	4,925	617	12.5	2,214	1,136	51.3
1939	67	40	59.7	776	37	4.8	153	83	54.3	214	24	11.2	3,945	677	17.2	1,772	1,184	66.6
1940	81	40	50.0	933	42	4.5	131	78	60.0	276	25	9.1	4,553	725	15.9	1,949	1,204	61.8
合計	3,253	753	23.2	31,155	1,593	5.1	4,352	1,053	24.2	6,685	902	13.5	59,211	9,413	15.9	28,020	14,430	51.5

備註：1938年有私立中學校之設，本表未予計入。

資料來源：臺灣總督府檔案課，《臺灣總督府事務年報》大正11—昭和12年度；臺灣總督府文教局，《臺灣學事一覽》昭和7-15年（臺北：該局）。

人，除徐水泉、徐慶鍾爲農學博士外，其餘的均是醫學博士[32]。若略作統計，1896-1942年度，醫學校畢業生計有臺人1,659人、日人599人，師範學校畢業生計有臺人7,314人、日人6,765人（詳見表3-1-3）。

表3-1-3　1896-1942年度醫學校及師範學校畢業生狀況表

項別＼校別＼年度	醫學校			師範學校			項別＼校別＼年度	醫學校			師範學校		
	臺	日	小計	臺	日	小計		臺	日	小計	臺	日	小計
1896					45	45	1920	48		48	234	45	279
1897					71	71	1921	35		35	485	85	570
1898					55	55	1922	40	10	50	548	84	632
1899				20	64	84	1923	34	18	52	601	105	706
1900				8	75	83	1924	35	23	58	610	104	714
1901	3		3	27	10	37	1925	60	24	84	402	114	516
1902	1		1	146	12	158	1926	54	34	88	128	138	266

32 據國立臺灣大學編，《原帝國大學醫學博士學位受領者名簿》（1945，未刊）及其他有關資料，查得獲得醫學博士學位者計有盧萬德、陳景崧、羅福嶽（以上1942年獲得）、黃文苑（1943年獲得）、莊金座、林清安、翁嘉器、李朝欽、張溫流、徐傍興、張克繩、楊東波、洪孔達、沈孝猷（以上1944年獲得）、陳石鍊、翁廷俊、林天祐、李達莊、王耀東、謝伯潛、游高岩、陳天機、何開洽、邱雲賜、葉炳輝、詹湧泉、許燦煌、林金龍、鍾有成、彭明聰、李鎮源、林茂、廖月兒、王毓麟、陳嘉得、傅濬岳、賴博文、張俊發、鄭培禮、黃登雲、吳家鑄、郭金塔、劉傳來、謝水居、林千種、王經授、楊李拱屏、鄭宜秋、謝振聲、李永樂、詹益恭、蔡國銘、劉阿樓、許金六、許南陽、林敬邦、方錫玉、廖貴盛、邱林淵、張天縱、張時聰、蔡惠郎、黃文賢、黃共睦、徐淵智、邱水生、蕭雲嶽、余錦泉、張山鐘、王清木、汪啓源、楊維新、傅雄飛、石孜理、劉聰慧、何禮棟、歐陽澄濱、邱仕榮、郭宗煥、張秋𪟝、李枝盈、葉作舟、邱雲鵠、李浚德、陳萬居、王意誠、林炳坤、簡德旺、鄭傳對、林躍蛟、陳桂子、洪挑、歐陽兆和、黃克東、黃謙禮（以上1945年提出論文，1946年獲得）等95人；葉貓貓獲中央研究所醫學博士；另徐水泉、徐慶鍾於1945年提出論文，1946年獲農學博士。

年						年						
1903	10	10	68	19	87	1927	46	28	74	356	126	482
1904	9	9	66	19	85	1928	128	45	173	279	157	436
1905	23	23	92	41	133	1929	118	19	137	155	288	443
1906	27	27	8	26	34	1930	166	46	212	130	163	293
1907	23	23	54	27	81	1931	21	44	65	124	227	351
1908	24	24	65	24	89	1932	27	40	67	130	267	397
1909	29	29	66	25	91	1933	42	31	73	106	91	197
1910	32	32	85	45	130	1934	42	28	70	118	239	357
1911	34	34	79	44	123	1935	37	23	60	100	253	353
1912	38	38	89	107	196	1936	35	39	74	80	276	356
1913	31	31	140	79	219	1937	37	35	72	96	263	359
1914	48	48	141	80	221	1938	38	33	71	67	246	313
1915	32	32	151	85	236	1939	24	18	42	89	450	539
1916	41	41	142	68	210	1940	19	17	36	148	503	651
1917	41	41	183	82	265	1941	17	18	35	242	555	797
1918	38	38	159	70	229	1942	21	26	47	55	736	791
1919	51	51	242	77	319	合計	1,659	599	2,258	7,314	6,765	14,079
備註	(1)醫學校含臺灣總督府醫學校、醫學專門學校、臺北醫學專門學校及臺北帝國大學附屬醫學專門部等。 (2)師範學校含國語學校、北師、中師及南師等，國語學校畢業生中，臺籍包括國語部、鐵道電信科及農業科等畢業生533人，日籍則專指小、公學師範部及講習科畢業生。											

資料來源：臺灣總督府民政部總務局學務課編、臺灣總督府文教局，《臺灣總督府學事年報》明治36—昭和12年度（臺北，該課、該局）；臺灣總督府總務局編，《臺灣總督府第41-46統計書》昭和12-17年度（臺北，該局）。

　　除了上述兩種產生於特殊教育背景下的社會領導階層搖籃外，1920年代以後，尚有臺北高等學校、臺北帝國大學及農林、商業、工業等專門學校，亦是當時社會領導階層的重要搖籃。臺北高等學

校設於1922年，先設尋常科，修業年限4年；1925年，增設高等科，分文、理兩科，修業年限3年。學生畢業後可升入臺北帝國大學或日本國內各大學。該校主要係因應在臺日人子弟升學之需求而設[33]，故臺、日籍生人數頗為懸殊，臺籍生必須極其優秀始有希望入學。若累計1928-1945年的畢業生數，共有臺籍生591人、日籍生2,035人，其中，臺籍生的升學狀況由表3-1-4顯示，習醫者為數最多，計有358人，占60.6%；1936年臺大醫學部設立前，絕大多數赴日習醫，計79人，在臺習醫者僅11人；其後，則升入臺大醫學部者呈激增之勢，所占比率往往超過50%。習法者居次，計有85人，其中有三分之二赴日習法；讀農科者大多數進臺大；讀經濟科者因臺大無該科，故悉數赴日。由上充分反映出當時臺灣社會精英競趨於醫、法二途。此外，值得一提的，赴日升學者絕大多數進東京、京都、長崎、九州、東北、名古屋等一流的帝國大學，亦足見其素質之優秀。

1928年，為安插臺北高等學校首屆畢業生，乃有臺北帝國大學之創立，初設文政及理農兩部，1936年，增設醫學部，迨至1942年，理農學部析分為理學部及農學部，更於翌年增設工學部。至於其他各專門學校之沿革，大致如下：1919年，根據「臺灣教育令」，總督府創立專收臺人的臺灣總督府農林專門學校及臺南商業專門學校，以及專收日人的臺北高等商業學校各一所。1922年，修改學制並實施共學後，農林專門學校改稱為高等農林學校，內分農學和林學兩科，1928年併入臺北帝國大學，成為該校附屬農林專門部，1939年，增設農藝化學科，迨至1942年，復獨立為臺中高等農林學校，翌年，改稱為臺中農林專門學校。其次，1926年，停辦

---

33 臺灣教育會，《臺灣教育沿革誌》，頁952。

表3-1-4　1928-1945年度臺北高等學校臺籍畢業生升學狀況表

項別 年度	畢業人數	文科 臺大	文科 日大	法科 臺大	法科 日大	醫科 臺大	醫科 日大	理科 臺大	理科 日大	農科 臺大	農科 日大	工科 臺大	工科 日大	經濟 臺大	經濟 日大	商科 臺大	商科 日大	其他	合計 臺大	合計 日大
1928	4									3			1						3	1
1929	22	2	2	1	4		7			2			1		2				6	16
1930	25	3	2	2	5		7			2			1		1				9	16
1931	29	1	3	2	4		10		1	4		1	3		1				7	22
1932	25		3	2	6		9	1	1	3					2				6	19
1933	38	2	2	3	8		16			2			3		2				7	31
1934	37	1	1	5	3		11	1	2	3			5		5				10	27
1935	32		1	5	1		19	2		5									12	20
1936	30		1	3	3	13	5	2		2			2						20	10
1937	35			2	4	17	7	1		2			3		1				20	15
1938	39		2	5	5	8	18	1					3		2				9	30
1939	41		1	4	4	27	4	1	1				1		3				28	13
1940	26			1	1	11	9	1					1		3				12	14
1941	26			4	1	13	8						2		2				13	13
1942	67			1	3	32	19		1	1	1		7		2		1		33	34
1943	36		1	3	2	22	3	2	1	2			2		2				26	10
1944	24					19	1		1									1	20	3
1945	55					30	1	3		13		1						2	49	4
合計	591	9	16	27	58	204	154	12	4	24	3	14	30		32		1	3	290	298

備註：(1)1942年度含3月畢業者31人、9月畢業者36人。(2)1945年度含9月畢業者27人、10月畢業者28人。

資料來源：臺北高等學校，《臺北高等學校畢業生名單》(1947，未刊)。吳文星編，《臺北高等學校同學會名錄》(臺北：臺北高校同學會，1984)。

臺南商業專門學校，另設臺南高等商業學校，惟1929年該校併入臺
北高等商業學校，旋於翌年停辦，從此遂僅存臺北高等商業學校，
1936年，增設一年制貿易專修科，1941年，又增設東亞經濟專修
科，迨至1944年，改稱為臺北經濟專門學校。復次，1931年，有
臺南高等工業學校之創立，初設機械工程科、電氣工科及應用化學
科，1940年，增設土木、建築、電氣化學三科，1942年，改稱為臺
南工業專門學校。

　　據表3-1-5、表3-1-6的統計顯示，上述各校臺、日籍畢業生人數
相差懸殊，臺籍生平均不及日籍生的四分之一，由此充分反映共學
始終徒具虛名。就各校人數觀之，農林專校99人、商業專校425人、
工業專校162人、臺北帝國大學161人，不僅人數不足觀，而且係以
專科程度者居多數，顯示臺籍生必須極其優秀者方足以擠進高等教
育的窄門。就所習學科觀之，呈現極度失衡現象，以習醫者占絕大
多數，醫學校及臺北帝國大學醫學部畢業生合計多達1,740人，占受
過高等教育者總數的69%，無怪乎1946年李騰嶽在〈第1屆醫師節獻
詞〉中表示：「吾臺雖受日治51年之壓迫，卻能於近世醫學造就相
當建設，而醫師之技術素質及數量亦略差強人意。」[34]

---

34 李騰嶽，前引書，頁215。

表3-1-5　1930-1943年度臺北帝國大學畢業生狀況表

項別 / 年度	文政學部 哲學科 臺	哲學科 日	史學科 臺	史學科 日	文學科 臺	文學科 日	政學科 臺	政學科 日	小計 臺	小計 日	小計 計	理農學部 生物科 臺	生物科 日	化學科 臺	化學科 日	農學科 臺	農學科 日	農化科 臺	農化科 日	小計 臺	小計 日	小計 計	醫學部 臺	醫學部 日	醫學部 計	合計 臺	合計 日	合計 計
1930	2	1				1		12	2	14	14				5	3	15	3	8	3	29	32				5	41	46
1931	1	1		6	1	7		17	2	31	34				6	2	10	2	6		17	17		2	2	5	48	53
1932	2	1	1	3	3	3	1	24	3	31	31	1		1	4	8	17	5	8	33	35	35				9	57	66
1933		1		2		6	1	19	2	22	22		1	3	1	14	9	9	4	31	36	36				8	50	58
1934				3	3	4		18	3	14	18	2	4	4	3	11	4	1	5	21	22	22				5	35	40
1935				1	1	3	1	19	4	15	19	1		1	3	5	4	1	4	16	21	21				9	35	44
1936			2	2	4	5	2	8	4	15	19	1	1		2	3	2	2	5	10	12	12				10	21	31
1937	1			3	4	4		8	3	11	15			2	1	1	2	6	3	10	13	13	1		10	4	24	28
1938		1		1	4	4		9	5	14	19		2		2	1	4	4	2	10	19	19				10	24	34
1939				1	1	1	1	19	4	18	20		3		1	2	6	2	5	12	16	16				10	24	24
1940	1			1	4	4		16	4	19	23					9	5	1	4	14	15	15	22	23		25	53	78
1941			3	1	5	5		16	4	23	23	4	2	2	2	1	21	2	12	21	23	23	10	18	37	27	51	78
1942	3	4	4	3	3	3	1	29	5	30	30	3	3	2	1	9	6	1	6	41	42	42	12	39		29	82	82
1943	1	3	3	4	5	5		30	5	31	31			4	9		14	1	12	38	39	39	19	25		24	87	111
合計	12	2	31	7	54	36	180	45	277	322		2	26	8	47	17	144	10	86	37	303	340	79	97	176	161	677	838

資料來源：臺北帝國大學編，《臺北帝國大學一覽》（臺北：該校，昭和18年分）；臺灣總督府總務局編，《臺灣總督府第34-46統計書》昭和5-17年度（臺北，該局）。

備註：1943年度生物科項下採動物學科及地質學科之畢業人數，農學科項下採農學、農業土木及農業經濟等科之畢業人數。

表3-1-6　1921-1942年度各實業專門學校畢業生狀況表

項別／校別 年度別	農林專校			商業專校			工業專校		
	臺	日	小計	臺	日	小計	臺	日	小計
1921				14	22	36			
1922				11	37	48			
1923				5	43	48			
1924	9	11	20	30	49	79			
1925	23	19	42	21	48	69			
1926	35	23	58	30	56	86			
1927	4	42	46	6	71	77			
1928	2	29	31	38	87	125			
1929	1	34	35	18	104	122			
1930	2	22	24	12	116	128			
1931	0	27	27	3	62	65			
1932	1	36	37	9	57	66			
1933	3	41	44	6	52	58	32	29	61
1934	1	44	45	5	73	78	25	51	76
1935	3	35	38	6	70	76	15	50	65
1936	4	31	35	20	76	96	16	46	62
1937	2	42	44	14	81	95	9	54	63
1938	3	43	46	19	76	95	10	52	62
1939	2	42	44	20	82	102	8	54	62
1940	2	53	55	18	91	109	9	64	73
1941	1	69	70	55	108	163	9	66	75
1942	1	73	74	65	146	211	29	144	173
合計	99	716	815	425	1,607	2,032	162	610	772
備註	(1)臺籍生含原住民。 (2)日籍生中不含其他外國人。								

資料來源：臺灣總督府文教局編，《臺灣總督府學事年報》大正10—昭和12年度（臺北，該局）；臺灣總督府總務局編，《臺灣總督府第41-46統計書》昭和12-17年度（臺北，該局）。

　　若累計表3-1-1至3-1-6，受過高等教育（不含師範學校及畢業生繼續升學的臺北高校）的臺籍人數共2,508人，若不除去部分死亡人數，只占1943年臺人總數6,133,867人的0.04%，即使加上一直占重要地位的師範畢業生（含國語學校國語部、鐵道電信科及農業科等畢業生）7,314人，共計9,822人，亦只占0.16%，與1919年相較，實未見顯著的成長。近代歐美國家常以高等教育為「精英教育」，而且受過高等教育者常占10%以上[35]，足見在殖民統治下臺人的高等教育機會何等不足，受過高等教育者在整個人口中實極其微少，顯然的，總督府的教育乃是將臺人同化在社會金字塔的中下層及底層。

第二節　留學教育與社會精英

　　由於殖民統治下臺灣的教育長期欠缺完備的制度及充分且公平的教育機會，加上時代潮流之刺激，故日治時期留學教育呈日漸蓬勃之勢，非但足以補臺灣教育之不足，其中受過高等教育的留學生更是臺灣社會領導階層的主要成員。就留學地區而言，略可分為日本、中國大陸及歐美等三部分，當時留日因在語言、交通及其他因素等方面均較為方便，留學生數遂遠較赴其他地區留學者可觀，影響也較大。

　　日治不久即有臺人赴日留學，1895年12月，臺北大稻埕牧師周耀彩之子周福全赴日就讀明治學院普通科[1]。翌年春，臺北富商李春生東遊日本，亦攜孫兒延齡、延禧、延昆及親友子弟李解紛、李源

35 張朋園，前引論文，頁47。

1　臺灣總督府醫學校，《臺灣總督府醫學校生徒學籍簿》明治34年度；另見大園市藏，《臺灣人物誌》（臺北：谷澤書局，1916），頁143。

頭、陳培炳等6人同行，至日入學[2]。其後，踵繼者不斷，1902年之際，東京地區已有臺灣留學生30餘人[3]。據總督府的統計資料（見表3-2-1）顯示，1907年以降，臺灣留學生已呈急劇增加的傾向，是年留學生數63人，較前一年幾乎增加一倍，1912年增為264人；自第一次世界大戰結束前後起，更是加速增加，尤其是1927年以後，更呈激增之勢，至1942年度，遂多達7,091人。惟實際之數恐較上述官方統計高出許多，據總督府另一項調查指出，1908年在東京府管轄內的臺灣留學生有60人，其後逐年增加，1915年，留學生總數已有300餘人，1922年，總數激增至2,400餘人[4]。單是1922年已較表3-2-1之統計數字多出二倍有餘。另據學者研究指出，日治最後10年，總督府實無法正確掌握臺灣留日學生數，當時臺灣因人口激增，經濟條件的改善，富豪階層較過去大為增加，因此有能力赴日留學者較諸過去增加數千之多，也因此最後10年實際的留學生數可能較官方統計數多出數千人[5]。

臺灣留日學生就讀的學校包括小學、中學、職業學校、特殊學校及大專等。雖然1900年即有楊世英、李傳謨兩人進農科大學[6]，惟大體而言，1918年度以前，留學生中以接受初等及中等教育的占絕大多數，大專以上的留學生平均只占八分之一。該年度開始，大專以上的留學生比率躍升為五分之一。其後，所占比率逐年上升，1934年度達於高峰，接受高等教育者竟占半數以上，足見臺人對接

2　李春生，《東遊六十四日隨筆》（福州：美華書局，1896），頁1。
3　〈論臺人遊學內地之要〉，《臺灣協會會報》第48號（1902年9月），頁68。
4　臺灣總督府警務局，《臺灣社會運動史》（原《臺灣總督府警察沿革誌》第2篇）（東京：原書房重刊，1973），頁24。
5　Tsurumi, op. cit., p. 127.
6　渡部宗助，〈アジア留學生と日本の大學・高等教育——植民地・臺灣からの留學生の場合〉，《月刊アジアの友》第124號（1974年8月），頁9。

受高等教育的要求與日俱增，同時，亦反映出由於臺灣的專科以上
學校有限，加以教育機會未能公平開放，許多優秀的學生完成中等
教育之後即無法再升學，而在日本則無上述缺失和限制，升學反較
容易，故有志之士乃競相赴日接受高等教育。

表3-2-1　1906-1942年度專科以上留日學生統計表

年度 \ 項別	留學生總數	專科以上學生數				
		高校	專科	大學	小計	百分比
1906	36		13		13	36.1
1907	63		7		7	11.1
1908	60		8		8	13.3
1909	96		13		13	13.5
1910	132		15		15	11.4
1911	176		18		18	10.2
1912	264		35		35	13.3
1913	315		39		39	12.4
1914	325		45		45	13.8
1915	327		50		50	15.3
1916	415		55		55	13.3
1917	482		86		86	17.8
1918	493		102		102	20.7
1919	564		119		119	21.1
1920	649		139		139	21.4
1921	757		173		173	22.9
1922	747	179	4		183	24.5
1923	862	73	165		238	27.6
1924	850	77	145		222	26.1
1925	828	114	123	29	266	32.1
1926	886	75	153	71	299	33.7

1927	1,240	147	260	121	528	42.6
1928	1,405	153	296	121	570	40.6
1929	1,449	179	251	103	533	36.8
1930	1,317	170	246	132	548	41.7
1931	1,501	155	296	148	599	39.9
1932	1,627	124	330	184	638	39.2
1933	1,520	105	310	193	608	40.0
1934	1,977	161	636	197	994	50.3
1935	2,185	139	691	217	1,047	47.9
1936	2,357	149	747	205	1,101	46.7
1937	2,812	154	880	211	1,245	44.3
1938	4,123	145	1,250	313	1,708	41.4
1939	5,407	177	1,554	337	2,068	38.2
1940	6,015	201	1,798	310	2,309	38.4
1941	6,676	249	1,992	303	2,544	38.1
1942	7,091	258	1,939	330	2,527	35.6
備　註	(1)1921年度以前，僅有高校以上學生總數，1922-1924年度，專科與大學學生數併計。 (2)高校項中含高等學校（大學預備教育）及大學預科。					

資料來源：臺灣總督府民政部總務局學務課編、臺灣總督府文教局，《臺灣總督府學事年報》明治39─昭和12年度（臺北，該課、該局）；臺灣總督府文教局，《臺灣學事一覽》昭和13-18年度（臺北，該局）。

　　就所修習的科系而言，據表3-2-2顯示，修習醫、法、商及經濟等科的學生占多數，尤以習醫者為最，平均占五分之二以上；其次，法科約占五分之一；再其次，商科及經濟科合計亦約占五分之一。由上反映留日仍以習醫風氣最為熾盛，在殖民統治下，自由業是當時的天之驕子，尤其是醫師，最不受總督府的干涉。加以醫師賺錢較易，收入豐厚。當時社會一般人對醫師收入無不羨慕異常，有意讓子弟升學之父兄紛勸其子弟習醫。此外，當時赴日投考醫專

表3-2-2　1923-1937年度專科以上留日學生科系統計表

年度	學生數	文科		法科		醫科		理科		農科		工科		商科		經濟		音樂		美術		宗教		家政		社會		體育	
項別		N	%	N	%	N	%	N	%	N	%	N	%	N	%	N	%	N	%	N	%	N	%	N	%	N	%	N	%
1923	165	6	3.6	30	18.3	55	33.4	3	1.8	1	0.6	8	4.8	14	8.5	40	24.2	2	1.2	4	2.4	2	1.2						
1924	145	5	3.4	23	15.9	59	40.7			1	0.7	7	4.8	14	9.7	29	20.0	1	0.7	4	2.7	2	1.4						
1925	150	5	3.3	27	18.0	55	36.7	1	1.7	1	0.7	14	9.3	17	11.3	22	14.7	1	0.7	6	4.0	2	1.4						
1926	224	11	4.9	52	23.2	82	36.6	2	0.9			17	7.6	20	8.9	29	12.9	2	0.9	6	2.7	2	0.9	1	0.5				
1927	372	17	4.6	89	23.9	137	36.9	4	1.1	1	0.5	21	5.6	29	7.8	54	14.5	2	0.5	6	1.6			2	0.5				
1928	417	18	4.3	101	24.2	161	38.6	5	1.2	5	1.2	29	7.0	26	6.3	58	13.9	2	0.5	4	1.0	4	1.0	1	0.2	2	0.6		
1929	354	18	5.1	81	22.9	144	40.7	4	1.1	6	1.7	22	6.2	24	6.7	42	11.9	1	0.3	5	1.4	3	0.8	3	0.8				
1930	378	24	6.3	79	20.9	136	36.0	5	1.3	9	2.4	23	6.1	32	8.5	59	15.6	2	0.5	7	1.9	2	0.5	2	0.5				
1931	444	20	4.5	83	18.7	229	51.6	4	0.9	14	3.2	19	4.4	31	7.0	31	7.0			7	1.6	4	0.9	2	0.5				
1932	514	14	2.7	113	22.0	261	50.8	6	1.2	15	2.9	14	2.7	31	6.0	48	9.3	5	1.0	5	1.0	1	0.2						
1933	503	18	3.6	123	24.5	243	48.2	4	0.8	12	2.4	11	2.2	26	5.2	51	10.1	4	0.2	6	1.2	6	1.2	3	0.6				
1934	833	31	3.7	237	28.5	348	41.8	8	1.0	31	3.7	24	2.9	57	6.8	72	8.6	3	0.4	5	0.7	5	0.6	10	1.2	1	0.1		
1935	908	40	4.4	241	26.5	420	46.2	8	0.9	15	1.7	22	2.4	60	6.6	72	7.9	7	0.8	6	0.7	6	0.7	9	1.0	3	0.3		
1936	952	27	2.8	204	21.4	507	53.3	11	1.2	16	1.7	18	1.9	71	7.5	66	6.9	3	0.3	6	0.6	6	0.6	13	1.4			3	0.3
1937	1,091	29	2.7	196	18.0	619	56.7	9	0.8	33	3.0	12	1.1	83	7.6	70	6.4	4	0.4	10	0.9	8	0.7	15	1.4			3	0.3

資料來源：臺灣總督府文教局編，《臺灣總督府學事年報》大正12─昭和12年度（臺北：該局）。

反較在臺容易錄取，故富家子弟無不趨之若鶩。赴日習醫者絕大部分就讀醫專，尤以東京醫專及日大醫專兩校人數最多，據表3-2-3統計，東京地區1921-1928年間大專畢業的留日學生共343人，其中習醫者多達144人，而醫專畢業者有130人[7]。雖然如此，習醫者由於人數最多，故成績亦最突出，據初步統計，日治時期獲得博士學位的留日學生至少有116人，其中，除葉清耀是法學博士（明治大學，1932）之外，其餘的均是醫學博士[8]。

---

7 據資料顯示，留日學生大多集中在東京及京都兩地，尤其是東京地區留學生通常都占十分之七到十分之九（《臺灣總督府學事年報》大正11—昭和12年度）。

8 獲得醫學博士的留日學生先後有杜聰明（京大，1922）、吳場（東大，1927）、洪長庚（東大，1928）、廖溫仁（京大，1928）、廖煥章（京大，1928）、陳新彬（東大，1929）、劉清井（東大，1929）、王祖檀（東大，1929）、施江南（京大，1930）、郭東周（慶應，1930）、林澄清（東大，1931）、戴神庇（慶應，1932）、賴尚和（京大，1932）、黃文陶（京大，1932）、張乃賡（京大，1933）、郭松根（京大，1934）、邱賢添（京大，1934）、黃演焜（京大，1934）、高敬遠（岡山，1934）、傅元煊（京大，1934）、陳宗惠（慈惠，1934）、呂阿昌（京大，1935）、陳茂堤（慶應，1935）、徐永壽（東大，1936）、孟天成（滿洲醫大，1936）、陳彩龍（慶應，1936）、黃朝清（慈惠，1936）、巫永昌（名大，1937）、陳增全（京大，1937）、黃逢時（京大，1937）、吳行全（名大，1937）、林全忠（京大，1937）、林水源（東大，1937）、邱德金（東大，1937）、陳嘉音（名大，1937）、陳紹禎（東大，1937）、張進通（九州，1938）、高天成（東大，1938）、賴其祿（京大，1938）、邱雲福（九州，1938）、梁宰（九州，1938）、陳鳩水（京大，1938）、林長庚（慶應，1938）、周百鍊（長崎醫大，1938）、林松生（千葉，1938）、王人喆（京大，1939）、許世賢（九州，1939）、林茂生（名大，1939）、許武森（名大，1939）、蔡錫琴（慶應，1940）、韓石泉（熊本，1940）、江塗龍（滿洲醫大，1940）、簡仁南（滿洲醫大，1940）、李騰嶽（京大，1940）、蔡國蘭（京大，1940）、黃文（京大，1941）、張紹濂（岡山，1941）、李克承（長崎醫大，1941）、陳景彬（岡山，1941）、蔡錫書（名大，1941）、石天之樞（岡山，1941）、葉山松榮（京大，1941）、謝指南（大阪，1941）、劉慶蘭（大阪，1941）、黃演燎（大阪，1942）、董恒雄（京大，1942）、吳景徽（京大，1942）、許滄樵（東大，1942）、吳景謨（名大，1943）、李祐吉（熊本，1943）、魏炳炎（東大，1943）、林田健男（東大，1943）、黃乾泰（岡山，1943）、武井光三（名大，1943）、程丁茂（千葉，1943）、鄭燈

表3-2-3　1921-1928年東京地區留日大專畢業生狀況表

校別＼年別	東京帝大學	早稻田大學	明治大學	慶應大學	東京商大學	日本大學	中央大學	東京高師	東京高工	青山學院	東京美術學校	東京音樂大學	法政大學	駒澤大學	東京農大專	日本醫專	東京女醫專	日本齒醫專	東京藥專	慈惠醫專	女子齒醫專
1921		4		1	1	1		1		1					1						
1922		2	5	1			1														
1923		3	4	11	2		1	1			1		1		1						
1924		8	10	2	1	1		1	2						1						
1925	1	4	5	3	5	2	2	1	1	1	1				5			1	2		
1926	1	5	5	3	2	3		1	1	1			7	2	1	3	1				
1927	5	5	5	4	3	4	6	1	3	1	4	1	1		32	2	2	1	2		
1928	4	11	7	1	5	14	11		3				17		1	1	2	3			
合計	11	37	52	14	17	21	24	4	11	3	5	5	2	2	1	1	53	56	5	9	3
備註	(1)1921年青山學院項下為明治學院畢業者。 (2)1926年日本大學項下含齒科畢業生2人。 (3)1928年東京帝大項下含醫科畢業生1人，日本大學項下含齒科畢業生8人。																				

資料來源：《臺灣青年》第2卷第5號，1921年6月25日；《臺灣》第3卷第2號，1922年5月11日；《臺灣民報》第1號，1923年4月15日；第2卷第7號，1924年4月21日；第3卷第12號，1925年4月21日，1926年4月4日：第99號，1926年4月4日；第151號，1927年4月3日；第205號，1928年4月22日。

　　修習法、商及經濟等科的學生亦頗爲踴躍，固然與日本政府對留學生的選科並不加干涉或限制有關，實際上乃是反映時代的影響及當時社會的需求。通常法科畢業生最佳出路是進入司法界或政界，是以參加日本國家司法科或行政科高等考試似乎是他們首要的目標，迄至1930年爲止，司法科高考及格者計有28人，其中，呂阿墉、陳茂源、黃炎生、杜新春、吳文中等分別在東京各地方法院擔任司法官，其餘的擔任律師；行政科高考及格者有7人，分別出任日本及臺灣的官吏[9]。據稱，日治時期，通過司法及行政科高等考試者

蓝（名大，1943）、林阿安（東大，1943）、王金茂（慶應，1946）、吳友慕（慶應，1946）、林阿能（東大，1944）、梁炳元（滿洲，1944）、魏火曜（東大，1944）、陳藍田（新潟，1944）、池田和弘（長崎，1944）、林天賜（京大，1944）、黃金江（慈惠，1945）、徐千田（九州，1945）、廖貴英（九州，1945）、林啓宗（九州，1945）、齋藤桂三（九州，1945）、張武（名大，1945）、鄭澤生（熊本，1945）、謝振仁（名大，1945）、董大成（九州，1945）、傅祖德（京大，1945）、廣内瑞夫（東大，1945）、吳壽典（千葉，1945）、林博彥（熊本，1945）、鄭翼宗（慈惠，1945）、永村鴻（九州，1945）、郭文檀（名大，1945）、徐俊貴（熊本，1945）、王金茂（慶應，1946）、鄭錦城（九州，1946）、蘇坤波（東北，1946）、許強（九州，1946）、黃登洲（新潟，1946）、蘇丁受（九州，1946）、吳基福（日本醫大，1946）、林天定（東大，1946）、陳汝傑（慶應，1946）、陳神傳（東大，1946）、梁川清（滿洲醫大，1946）、重光政彥（熊本，1946）、王洛（國立公共衛生學院）、莊桃（名大）等。以上係據井關九郎監修，《學位大系博士錄》（東京，1939）；能勢岩吉，《日本博士錄》（東京：教育行政研究所，1956）；章子惠，《臺灣時人誌》（臺北：國光出版社，1947）；〈臺灣醫學會雜誌〉第37-43卷（1938-1944）。
9　司法科高考及格者：1918年有葉清耀（明大），1922年有鄭松筠（明大），1923年蔡式穀（明大）、陳增福（明大）、賴雨若（中大），1928年有呂阿墉（東大）、陳茂源（東大）、王清佐（中大）、蔡先於（明大）、周淵源（國語學校）、黃炎生（京大）、杜新春（京大），1929年有吳文中（中大）、施炳訓（立命館大）、白福順（中大）、饒維岳（京大）、黃演渥（東北大）、張風謨（中大），1930年有陳金能（中大）、王清風（中大）、沈榮（日大）、楊必得（京大）、李瑞漢（京大）、林連宗（京大）、吳鴻麒（日大）、陳慶華（早稻田）、歐清石（早稻田）、陳有輝（日大）。行政科高考及格者：1923年有劉明朝（東大），1924年有劉茂雲（商大），1926年有朱昭陽（東大），1927年有周耀星（商大），1928年

約100人[10]。商科及經濟科畢業生或創業，或爲各企業機關所羅致。
值得注意的，上述學有專長的留學生不少人投入1920年代以降的臺
灣政治、社會運動，成爲反殖民統治運動的中堅[11]。

　　此外，留日學生或創辦報紙，或倡導新文學、美術、音樂及舞
蹈等運動，在近代臺灣文化啓蒙運動中扮演著先驅者或核心分子之
角色[12]。

　　至於留日大專畢業生總數，由於資料缺乏，不得其確數。據黃
朝琴估計，至1939年約有5萬人[13]。另一資料指出，留日臺人自各帝
國大學畢業者約1,000人，自各國立及私立大學畢業者約2萬人、自
各專科學校畢業者約4萬人，合計約有6萬餘人[14]。要之，留日受過高
等教育的社會精英，其數反而遠超過臺灣的殖民精英教育設施所培
養的，足見殖民教育體制何等無法滿足臺灣社會精英的教育要求。

　　其次，關於留學歐美狀況，第一位赴美留學者係周再賜，於
1915年赴美進修神學[15]。從此，逐漸開啓留學歐美之風氣。據一項
資料表示，日治時期臺人留美者約60人、留學英、法、德等歐洲國
家者約30人[16]。另據1941年調查的《臺灣歐美同學會名簿》及有關
資料略作統計，共有74人，其中獲得博士學位者9人、碩士學位者
5人，已在中國及日本獲得學士以上學位而再留學歐美者19人。留

　　有黃添祿（慶應）、林德欽（九州大）、劉萬（京大）。見《臺灣民報》第294、
　　295、296、319、339號。
10 楊杏庭，《臺灣青年白皮書》（1950年8月20日，未刊手稿），頁18。
11 臺灣總督府警務局，前引書，頁23-582。
12 參閱陳三郎，《日據時期臺灣的留學生》（私立東海大學歷史研究所碩士論文，
　　1981），頁221-227。
13 同上論文，頁262-263。
14 楊杏庭，前引手稿，頁18。
15 〈本島青年模範者〉，《臺灣日日新報》第6499號，大正7年7月26日，6版。
16 楊杏庭，前引手稿，頁18。

學國分別是美國31人、英國19人（含香港7人）、法國11人、德國8人、加拿大1人及不詳者4人。所修習科系以醫學最多，有16人，商業及經濟學其次，有15人，其餘的分別是工科及神學各6人，美術5人、化學4人、文哲學及政治各2人、史學、法學、社會學、教育學、軍事及航海學各1人，不詳者12人。就其職業觀之，或為開業醫，或擔任大學教職，或為實業的經營者，未見有成為殖民政府官吏者[17]。

　　至於返回中國大陸留學者，最初由於總督府頗多限制，故為數不多。1920年代以降，日漸倡成風氣，有志之士多繞道日本，或冒險偷渡而去，絕大多數集中在廈門、廣州、上海、北京、南京等

---

17 留學歐美者之姓名，留學國及所修習之科系等如下：陳安國（德，工）、陳炳煌（美，商）、陳棋煌（美，商）、陳炘（美，經）、陳約瑟（不詳）、顏水龍（法，美術）、顏春安（美，化）、吳錫源（美，經）、郭媽西（美，神）、郭松根（法，醫）、黃朝琴（美，政）、黃聯鑣（法，史）、高敬遠（德，醫）、許武略（法，不詳）、王受祿（德，醫）、李萬居（法，社會）、林德翰（美，醫）、張鴻圖（香港，商）、蔡阿信（美，醫）、王通明（即王祖檀，德，醫）、羅萬俥（美，政）、李晏（法，醫）、李延禧（美，商）、李延澤（美，經）、李超然（德，工化）、李昆玉（美，經）、林茂生（美，哲）、林柏壽（英，經）、林攀龍（英，法）、林鼎禮（英，經）、廖溫魁（美，哲）、廖溫義（美，化）、劉振芳（美，神）、陳順龍（香港，醫）、蔡愛智（美，神）、蔡愛禮（英，港大醫）、劉子安（英，神）、劉啟祥（法，美術）、劉快治（美，教、社）、劉明電（英，經）、劉青和（德，化）、劉青黎（美，化）、劉禎祥（德，醫）、蔡竹青（美，經）、蔡炳煌（美，不詳）、蔡兩三（美，不詳）、周再賜（美，神）、陳清汾（法，美術）、杜聰明（美，醫）、楊仲鯨（美，鑛）、楊三郎（法，美術）、楊長庚（不詳）、陳其鴻（不詳）、吳開禮（英，不詳）、吳國智（英，航海）、林俊德（不詳）、劉聰慧（美，醫）、黃國書（德，軍）、鍾啟明（美）、林為恭（英，港大）、陳啟川（英，港大商）、游彌堅（法，政經）、顏春輝（加，醫）、李文宜（英，工）、李延祺（美，不詳）、鍾培盛（法，工）、蘇薌雨（美，教）、劉清風（美，醫）、林克恭（英，美術）、陳櫟淋（英，不詳）、郭雙龍（英，港大經）、李延綿（香港拔萃）、張文成（英，港大工）、黃彰輝（英，神）等。詳閱臺灣歐美同學會，《臺灣歐美同學會名簿》（臺北：該會，1941）。

地之學校，惟人數及就讀之學校一時因資料缺乏，不得其詳。據調查，留學中國大陸的臺灣留學生1920年底不過19人，1923年增為273人。因受到文化協會的影響，而產生民族自覺，於是返回祖國中國[18]。迨至1928年，增為344人[19]。由此可推知其數亦必不少。此外，從若干零星記載亦可略窺其發展梗概，例如1922年北京有32人，1923年廈門有195人，1922年上海已有臺人二、三百人，其中，半數為學生，至1924年單是務本英語專科學校即有50餘人[20]，1925年黃埔軍校有50餘人[21]。當時大多數留學祖國者均投入激進的反日民族運動陣營，他們分別組織北京臺灣青年會、上海臺灣青年會、臺灣自治協會、平社、臺韓同志會、上海臺灣學生聯合會、閩南臺灣學生聯合會、中臺同志會、廣東臺灣學生聯合會、廣東臺灣革命青年團等團體，策動或聲援島內的政治和社會運動，使總督府當局甚感困擾[22]。

綜上可知，日治時期，以留日為主流，留學教育曾塑造了為數相當可觀的高級知識分子，其人數竟超過臺灣島內殖民精英教育機關所培養的6倍以上。影響所及，日治後期，留學返臺的社會精英漸取代只接受臺灣殖民教育的社會精英，而成為社會領導階層的主體（詳見第四節）。就教育資格觀之，固然習醫者為數最多，惟修習其他各專業學門者所在多有，他們成為帶動社會發展所需的各種專業人才，由是而彌補了臺灣殖民教育之偏頗和不足。此外，儘管學成之後有不少人或前往中國大陸，或留在日本、美國等留學國就

---

18 《臺灣社會運動史》（原《臺灣總督府警察沿革誌》第2編、中卷），頁174。
19 謝春木，《臺灣人は斯く觀る》（臺北：臺灣新民報社，1930），頁152。
20 臺灣總督府警務局，前引書，頁74、90、94。〈臺人來滬者漸多〉，《臺灣民報》第6號，大正12年8月15日，頁11。
21 張秀哲，《勿忘臺灣落花夢》（臺北，1947），頁17。
22 臺灣總督府警務局，前引書，頁68-136、813-874。

業，然而無可否認的，他們對臺灣社會仍有著直接或間接的影響。

第三節　接受精英教育者之家庭背景

　　精英教育所塑造的人才之數量及素質概如上述，值得吾人進一步探討的，乃是接受精英教育者的出身背景，蓋其與此一時期臺灣社會階層結構的變遷實有極其密切的關係。由前章可知，日治初期總督府對士紳及富豪等臺灣社會的中、上階層，係採安撫籠絡的綏靖政策，因此，儘管隨著殖民統治體制逐步建立，結束了士紳在清代所享有的特權和地位，並逐漸破壞士紳的社會影響力和功能；尤有進者，整個士紳集團喪失許多在清代所享有的共同目標和利益。然而，另一方面，在綏靖政策的引誘下，許多士紳及富豪旋與總督府妥協、合作，參與地方行政事務，例如應聘擔任雇員、事務員、教師、保正、街庄長或參事等職務，取得鴉片或官鹽的專賣權，參加官方發起的宴饗或社團，受佩紳章等，不一而足。總之，由於總督府的綏靖政策收到相當效果，大多數士紳和富豪均力求適應變局，在殖民政權下扮演新的角色。易言之，大部分的舊社會領導階層家族遂得以延續其地方「權力家族」之地位，甚至於更為提高其地位。

　　就教育而言，如前所述，儘管日治初期總督府的教育制度頗不完備，然而在行政上卻極力爭取各地社會領導階層之支持。早在國語傳習所時代（1896-1898年），即利用地方有力人士協助募集學生[1]。一方面順應臺灣社會的實際需要，對傳統的書房採溫和的漸禁政策，准許士紳在「關於書房義塾規程」的管理下，繼續開辦書

1　弘谷多喜夫，前引文，頁21。

房[2]。另一方面，利用社會領導階層之力成立公學校，並在公學校設漢文科，延聘地方受尊敬的書房教師及學者擔任教席[3]。若據《臺灣列紳傳》略作統計，公學校成立初期至少有68名士紳應聘爲公學校或國語學校漢文教師[4]。同時，總督府極力鼓吹士紳接受新教育，例如，1900年3月邀請廩生以上士紳至臺北參加「揚文會」，會中民政長官後藤新平於演說中一再強調新教育的好處，要求士紳破除排斥「新學」的心理，停止支持書房，將最聰明的子弟送到公學校及醫學校就讀[5]。要而言之，此即是以中、上階層子弟爲勸誘對象的教育政策。

　　上述政策究竟收效如何？亦即是當時臺灣社會領導階層對於新教育究竟抱持何種態度？據載，最初上階層家庭常稱公學校爲「番仔學校」，認爲課程中除漢文之外，餘均屬「番仔書」，不願其子弟習夷狄之學，故多選擇入書房。至於中、下階層家庭，則以公學校無津貼爲由，亦多不願入學[6]。然而因科舉之途已絕，加以書房本身固守傳統，設備諸多缺失，課程未必適合新社會需要，因此，不久士紳不得不接受勸誘，順從新教育潮流，執教或讓子弟就讀公學校。1904年以降，公學校入學人數已超過書房，而且逐年增加[7]。公學校雖然長期擴充甚緩，不能應學齡兒童入學之需求，惟公學校的

2 參閱拙文，〈日據時代臺灣書房之研究〉，《思與言》第16卷第3期（1978年9月），頁63-71。

3 Lamley, H.J., op. cit., pp. 429-435。

4 參閱鷹取田一郎，《臺灣列紳傳》（臺北，臺灣總督府，1916）。

5 井出季和太，前引書，頁352-355；另見臺灣總督府醫學校，《臺灣總督府醫學校一覽》明治35年度，附錄。

6 臺灣教育會編，《臺灣教育沿革誌》（臺北，該會，1939），頁238。

7 參閱拙文，〈日據時代臺灣書房之研究〉，頁62-89。

開辦及維持常是地方富豪慷慨捐贈的[8]；同時，絕大部分學生來自富裕家庭[9]。由上顯示，總督府以中、上階層子弟爲勸誘對象的政策獲致相當的成果。

　　茲進一步分析日治時期兩所最主要的精英教育機關國語學校及醫學校的學生家庭背景。由表3-3-1顯示，1905-1908年國語部入學的學生69人中，家產（含田地、山林等不動產及現金、存款等動產）在1,000圓以上者占四分之三，其中超過1萬圓的又占總數的三分之一。1905-1909年師範部入學的學生200人中，家產1,000圓以上者占五分之四，其中超過1萬圓的又占總數的五分之一。而1918-1922年入學的學生428人中，幾乎全部家產都在1,000圓以上，其中以1～5萬圓的最多，占總數的五分之二。據筆者訪問，1900年代若有家產1,000圓即可稱爲小康，有1萬圓以上者已是屈指可數的地方富豪之流；又據日人的調查顯示，1906年之際，臺北艋舺和大稻埕之富豪，資產1萬圓以上者僅190人，10萬圓以上者僅16人[10]；1910年代後期纂修的《臺北廳志》載該廳境內資產1萬圓以上的富豪（一稱資產家）僅274人[11]。本諸此一標準，清楚地顯示無論是國語部或師範部乙科的臺籍生，絕大多數出身中、上階層家庭，甚至不乏富豪子弟。時人更有謂國語部學生家境優於師範部，例如張耀堂回憶云：「當時國語部盡是富豪子弟，而我師範部則是比較不富裕的，正如資產階級對無產階級一般，總之，經常惡言相向。」[12]至於家長職業，都是以地主及自耕農居多數，通常都占40-50%，其次

8　吉野秀公，前引書，頁236。
9　Tsurumi, op. cit., p. 46.
10　〈艋舺と大稻埕〉，《臺灣日日新報》第2566號，明治39年11月17日，2版。
11　《臺北廳志》（臺北，1919），頁727。
12　臺灣總督府臺北師範學校編，《臺北師範學校創立三十周年紀念誌》（臺北：該校，1926），頁242。

表3-3-1　國語學校（北師）臺籍生家產統計表

單位：圓

入學年度 部別 項別	學生數	1千以下		1-5千		5千-1萬		1-5萬		5-10萬		10-100萬		100萬以上	
		N	%	N	%	N	%	N	%	N	%	N	%	N	%
國語部 1905-1908	69	16	23.2	22	31.9	7	10.1	16	23.2	5	7.3	3	4.3	-	-
師範部乙科 1905-1909	200	41	20.5	96	48.0	25	12.5	32	16.0	3	1.5	3	1.5	-	-
師範部乙科 1918-1922	428	7	1.6	89	20.8	94	22.0	185	43.2	37	8.6	14	3.3	2	0.5
備註	據《臺灣省五十一年來統計提要》，1938年，每甲水田平均地價為3,405圓，旱田為1,513圓。茲以該年為基數推算，得1907年每甲水田平均地價約為900圓，旱田約為400圓，1920年每甲水田平均地價約2,000圓，旱田約為900圓，若明細簿中學生家產僅載水、旱田面積者，本表即分別以1907、1920年之平均地價換算為貨幣單位，以便統計。														

資料來源：臺灣總督府國語學校，《國語學校（臺北師範）各部生徒明細簿》第1-5、15-18卷，1905-1909、1918-922（未刊本）。

為商人。概言之，師範生此種家庭背景長期未有多少改變，故迨至日治末期雖然家境富裕程度似稍不如1920年代以前，惟仍舊以中、上階層家庭子弟為主體，不過此時薪資階級子弟似有增加的傾向[13]。

　　至於醫學校學生，最初因受傳統醫生社會地位不高之影響，有志於習醫者並不踴躍，學生甚少來自中流以上家庭者[14]。1898年之際，20名學生中，家長職業分別是醫生4人、藥舖3人、讀書人5人、傳教士2人、商人6人；且因學生程度懸殊，學習困難，故紛紛退

13 參閱拙著，《日據時期臺灣師範教育之研究》（臺北：國立臺灣師範大學歷史研究所，1983），頁108。
14 〈臺北醫院に於ける土人醫師養成の狀況（一）〉，《臺灣新報》第440號，明治31年3月3日，4版。

學，只餘8人[15]。據表3-3-2、表3-3-3顯示，農、商子弟經常都占二
分之一以上，其中值得注意的，早期中醫師弟子至少占十分之一，
蓋未取得「醫生」執照的係被歸爲藥材商，尚未計算在內，此一現
象反映西醫傳入之初並未受到中醫極端的排斥。另據學籍資料，
1924-1929年畢業生138人中，家長爲地主（貸地業）者22人，批發
及雜貨商24人，製造業3人，三者合計占35.5%，以上大致可肯定係
家道較殷富者，其餘一時難就記載判斷其經濟狀況或社會地位。惟
據筆者訪問，絕大多數學生家庭背景實與國語學校無異，易言之，
亦即是大多數均來自中、上階層家庭。

表3-3-2　1900-1910年度醫學校學生家長職業統計表

年度＼職別	農	商	中醫	教	工	漁	傳教士	公	製造業	雜業	無	合計
1900	14	34	10	4	1	1	3				28	95
1901	22	21	3	1			1	1			16	65
1902	19	20	8	3				1		3	17	71
1903	16	12	5	1	1					1	9	45
1904	6	11	1	1			1	1		1	8	32
1905	10	11	1	1	2			1		3	9	38
1906	11	17	2	2				1	1	1	4	39
1907	9	9	7	1			4	1		2	9	42
1908	10	14	5	1			1			2	4	37
1909	17	12	4	3			1			2		39
1910	21	10	6		1		1	3	2	7		51

---

15 〈臺北醫院に於ける土人醫師養成の狀況（三）〉，《臺灣新報》第442號，明治31
年3月5日，5版。

合計	155	171	52	17	8	1	12	9	3	22	104	554
百分比	28.0	30.9	9.4	3.1	1.4	0.2	2.2	1.6	0.5	4.0	18.7	100.0

資料來源：臺灣總督府醫學校，《臺灣總督府醫學校一覽》明治32-42年度（臺北，該校）。

表3-3-3　1914-1920年度醫學校學生家長職業統計表

職別＼年度	農	商	中醫	教	工	漁	傳教士	公	製造業	雜業	無	西醫	貸地業	雇傭	合計
1914	22	8	2	1	1			4		2					40
1915	9	7	2		2			2		12	6	1			41
1916	13	7	1	3	1	1		1	2	8	4				41
1917	14	9	2	2				2	3	9		1			42
1918	13	23	4	1	4					1					46
1919	12	9			5							2	8	1	38
1920	12	9	2		2			1		1	6		7	1	41
合計	95	72	14	7	15	1		10	5	33	16	4	15	2	289
百分比	32.9	24.9	4.8	2.4	5.2	0.3		3.5	1.7	11.4	5.5	1.5	5.2	0.7	100.0

資料來源：臺灣總督府醫學校，《臺灣總督府醫學校一覽》大正3-9年度（臺北，該校）。

　　留學生由於所需的學費、生活費等相當可觀，若非公費或私人資助留學者，通常都是富豪子弟方能如願以償，日治時期留學生家庭背景實以後者占絕大多數。1920年代初期，黃呈聰呼籲總督府根本改革臺灣的教育，即曾指出：「若似臺灣之教育，要經過一定學問者，尚須負笈遠遊，學資要加數倍，非資產家，則不能矣。多數有向學心之臺灣青年，欲留學不能，徒於故鄉長嘆而已。」[16]1908年

16 黃呈聰，〈臺灣教育改造論〉，《臺灣青年》第3卷第2號（1921年8月）漢文之部，頁6。

赴日留學的楊肇嘉回憶云：「當時在東京的臺灣留學生爲數尚少，而且差不多都是富家子弟。」[17]事實正是如此，日治之初，在總督府當局及民間團體臺灣協會的慫恿和協助下，富家望族即有遣送子弟直接接受日本國內的教育之傾向，如前所述，1896年臺北富商李春生即親攜子弟6人首開留日風氣。翌年春，彰化富豪楊吉臣之子世英隨民政局長水野遵至日留學[18]。1900年，南部首富高雄和興公司老板陳中和，託其橫濱分公司負責人周端立攜其子弟啓貞（18歲）、啓亨（18歲）、啓瀛（17歲）、啓南（13歲）、有禮（17歲）、瑞泰（15歲）、清源（14歲）、龍門（16歲）等8人，至日留學，在臺灣協會的協助下，商請慶應義塾特爲他們開一班級，予以特別指導[19]。1904年，陳中和族人啓裕（15歲）就讀早稻田小學校尋常科，越一年（1905），另一姪啓山（17歲）入橫濱市立第四小學校一年級[20]。至於陳中和其餘諸子啓峰、啓川、啓琛、啓清、啓安、啓輝等，莫不先後赴日，完成高等教育[21]。

　　據總督府的調查指出，自1901年前後起，臺灣上流階級即紛遣子弟留學日本，人數與年俱增[22]。故除上述李、陳兩大家族子弟外，據有關資料顯示，1905-1906年，中部實業界巨擘臺中街長增生林汝言先後遣送長子澄波、次子澄瑩等，至日留學[23]。1909年之際，東

17 楊肇嘉，《楊肇嘉回憶錄》（一）（臺北，三民書局，1968），頁48。
18 〈民政局長〉，《臺灣新報》第145號，明治30年3月6日，2版。
19 〈新留學生來る〉，《臺灣協會會報》第25號（1900年10月），頁59-60；另見渡部宗助，〈アジア留學生と日本の大學・高等教育──植民地・臺灣からの留學生の場合〉，頁24，轉引自《教育時論》第558號。
20 〈留學生消息〉，《臺灣協會會報》第97號（1906年10月），頁32-33。
21 宮崎健三《陳中和翁傳》（臺北：臺灣日日新報社，1931），頁163-169；參閱興南新聞社編，《臺灣人士鑑》（臺北：該社，1943）。
22 臺灣總督府警務局，《臺灣社會運動史》（原《臺灣總督府警察沿革誌》第2篇，中卷），頁23。
23 〈留學生消息〉，《臺灣協會會報》第97號，頁31-32。

京的留學生中，名重一方的士紳及富豪子弟尚有霧峰林家族人林仲衡、林氏雙隨二人，清水豪族楊家族人楊緒洲、楊緒恭、楊肇嘉等三人，嘉義貢生賴世觀之子賴雨若，臺中望族呂汝玉之子呂季園，淡水秀才洪以南之子洪長庚，新竹富商張嘉盛之子張福興等，不勝枚舉[24]。霧峰林獻堂先於1906年資助甘得中赴日留學[25]，1910年親攜攀龍（10歲）、猶龍（9歲）二子至日入學，又二年，復攜雲龍、陸龍二子至日，其族人亦紛紛遣送子女至日求學，故1920年前後，在日本求學的林家子弟人數已達數十人[26]。至於板橋林家，亦不例外，早期即有林松壽就讀學習院中學部[27]，林熊祥畢業於學習院高等科，林熊光畢業於東京帝大經濟科、林履信畢業於東京帝大文科[28]。以上僅列舉犖犖大者，其餘不及一一備舉。即使在1919年臺灣教育令頒布後，富豪子弟逕赴日本或其他地區求學之風氣仍只見增強而未嘗稍減。總督府表示，由於當時的學校除了高等普通學校及女子高等普通學校（按：即中學）較日本國內的男、女中學程度低之外，專科學校只有臺灣總督府醫學專門學校，其可收容的學生有限，故臺灣較重視子弟教育的富豪乃將達到入學年齡的子弟送到日本[29]。學者研究指出，當時臺灣人的上流階層所要求的是一流的中等及高等教育，而非職業教育，然而，總督府所建立的教育制度只忠實地反映日本的初等教育及初級職業教育，欠缺培養年輕人使成為國家的

---

24 〈內地留學の本島人〉，《臺灣教育會雜誌》第85號（1909年4月）日文部，頁42-47。

25 〈留學生消息〉，《臺灣協會會報》第96號（1906年9月），頁45-46。

26 林獻堂先生紀念集編輯委員會，《林獻堂先生紀念集》（臺北：文海出版社影印，1974），頁27-28、95。

27 大園市藏，《臺灣人物誌》（臺北，谷澤書局，1916），頁73。

28 參閱臺灣新民報調查部，《臺灣人士鑑》（臺北：該社，1934）。

29 臺灣總督府警務局，前引書，頁24。

政、經領導階層之中、高等教育機關，因此臺灣的富豪遂不願其子弟就讀殖民地的中、小學，而直接遣送子弟到日本讀小學、中學、專科或大學等[30]。總之，無庸置疑的，絕大多數留學生的家境較諸在島內求學者實有過之而無不及。

概言之，雖然日治之初社會領導階層對殖民政權有不同的因應態度，然而其後絕大多數對殖民新教育的態度似無甚差異。接受殖民政權者紛紛送子弟就讀島內最高學府或遠赴日本留學，自不待言；抗日或退隱者，甚或內渡者，亦多並未排斥或拒絕接受日本的教育，例如，新竹北埔姜紹祖募勇抗日而成仁，其獨子姜振驤其後畢業於國語學校國語部；除經營家中產業外，並應總督府之任命出任庄協議會員、州會議員及總督府評議會員[31]。屏東六堆副總理蕭光明領導抗日失敗後，一度內渡，待情勢稍定始返臺，日人尊為「地方第一流紳士」，子生員贊堯獲授紳章，孫信棟、恩鄉旋考入國語學校師範部及國語部就讀，畢業後，轉赴日本留學，信棟入學東京高等工業機械科，恩鄉入學日本醫學專校；恩鄉學成返臺，歷任庄長、信用組合長、總督府評議會員等職位[32]。退隱者中，例如，臺北萬華生員王承烈（采甫）據載日治後「息影家園，課子姪為娛。」[33]然而，其子祖派、祖檀、祖熺先後畢業於臺灣總督府醫學校，祖檀進而留日，獲東京帝大醫學博士[34]。景美名士林永興據稱日

30 Tsurumi, op. cit., p. 90.
31 興南新聞社編，《臺灣人士鑑》，頁119。
32 鍾壬壽編，《六堆客家鄉土誌》（屏東：常青，1973），頁182。鷹取田一郎，《臺灣列紳傳》，頁335。興南新聞社編，《臺灣人士鑑》，頁197。拙著，《日據時期臺灣師範教育之研究》，頁215。
33 《臺北市志》卷9，人物志，頁103。
34 林進發，《臺灣人物評》（臺北：赤陽社，1929），頁58-59。《臺灣景福校友會通訊錄》（臺北：該會，1981），頁16、37、47。

治之初「以母病不及內遷，終日居家，數年不涉市井。有謀起義抗
敵者，陰贊之。及敗，竟遭牽連，羈獄六月餘，地方紳耆力保，始
獲釋。」[35]惟其二子鳳池、佛國分別是總督府醫學校及國語學校師
範部早期的畢業生之一，佛國任教數年，轉任《臺灣日日新報》記
者、漢文部總編輯等，並獲官選爲臺北州協議會員[36]。又如前述臺中
霧峰舉人林文欽屢拒總督府之徵辟，而贏得「貞士」之美稱。其子
獻堂於1920年代成爲「臺灣民族運動的領導者」[37]，然而，日治之
初亦應日人之任命擔任區長、參事等職位，並親攜諸子赴日求學。
嘉義貢生賴世觀雖於日治不久即「閒居養志，寄傲南牎」，惟其子
雨若於1899年已自公學校畢業，旋應聘擔任法院雇員、通譯；不久
通過日本普通文官考試，成爲第一個取得日本官吏資格的臺人；其
後，東渡日本留學，1911年畢業於明治大學高等研究科；返臺後，
擔任律師，並獲官選爲州協議會員[38]。另如臺南舉人王藍石固然力辭
街長，退爲訓蒙之師，不問世事，惟其子傳新亦是早期國語學校畢
業生之一[39]。生員翁章其據載富有民族思想，親撰「好國民」一文，
課教子俊明，「以正確其民族意識，嚴種族之辨，並督習啓蒙詩文
諸書，習書畫，陶冶心志，藉此以抵制日本奴化教育。」[40]但待俊明
年稍長，則將之送入公學校，並命其積極準備升學，終於如願以償
考上當時入學競爭最激烈的總督府醫學校[41]。生員韓斗華內渡再返臺

35　《臺北市志》卷9，人物志，頁108。
36　張燦堂撰序文，林佛國編，《長林山房吟草》（臺北：林佩貞，1984），頁3-4。
37　葉榮鐘，《臺灣人物群像》（臺北：帕米爾，1985），頁1。
38　鷹取田一郎，《臺灣列紳傳》，頁236。林進發，前引書，頁66。
39　臺灣總督府國語學校，《國語學校大正2年卒業各部生徒學籍簿》第11卷（未刊
　　本）。
40　黃敦涵編著，《翁俊明烈士編年傳記》（臺北：正中書局，1977），頁9。
41　同上書，頁22-23。

後，賴垂帷授徒維生，其子石泉、石福先後畢業於總督府醫學校，其後，石泉進而留日，獲熊本醫科大學博士[42]。餘不勝枚舉。

至於內渡者送其子弟接受日本教育的亦為數不少，前述板橋林家諸子弟即是一著例。又如臺北貢生楊克彰據稱內渡後固辭日人之聘，甚至抱病潛回臺灣，接其母返福建同安[43]；惟其諸子仲佐、維垣、潤波等俱活躍於殖民政權下，而列名名人錄，潤波於1899年國語學校師範部首次招收臺籍生時即入學，畢業後任教數年，轉任法院通譯，其後，投身實業界，成為大貿易商及造酒業者，並獲官選為市協議會員；楊氏第三代子孫則多半留日接受高等教育[44]。另如有「臺灣民族運動的鋪路人」之稱的蔡惠如，雖然於1915年變賣家產數百甲而攜眷內渡[45]，可是其三子炳曜、敦曜、珍曜卻從小即在日本求學[46]。

由上顯示，抗日、退隱或內渡者的後代因旋即接受殖民政權的精英教育，因此，非但足以維持其家族原有的社會和經濟地位於不墜，並以之為基礎，進而躍居殖民政權下社會領導階層的中堅地位，較其上一代更具社會聲望和影響力，並與初即接受殖民政權者的下一代具備相同的發展條件，甚至有過之而無不及，此亦是了解舊社會領導階層因應異族統治的過程中不可忽視的現象。

42 韓石泉，《六十回憶錄》（臺南：高長印書局，1956），頁1-10。臺灣新民報調查部編，《臺灣人士鑑》，頁30。
43 《臺北市志》卷9，人物志，頁95。
44 臺灣新民報調查部編，前引書，頁178-180。章子惠，《臺灣時人誌》，頁221-222。
45 葉榮鐘，前引書，頁81。
46 陳澤編，《臺灣先賢先烈專輯》第3輯（臺中：臺灣省文獻委員會，1978），頁139。

　　此外，值得一提的，當時基督教徒，尤其是基督長老教會教徒，對日本新教育的因應和接受遠非一般臺人所能及，例如早期醫學校學生即有不少是傳教士子弟（見表3-3-2）；據初步統計，1902-1906年46名醫學校畢業生中至少有10名是教徒子弟，幾乎占四分之一[47]。1900年，臺人教徒只有9,285人，1910年，亦不過21,777人[48]，在臺人總人口中不及百分之一，可說是微不足道，因此上述醫學校教徒畢業生所占的比率實頗值重視。其次，如前所述，臺人留學海外亦以教徒子弟首開其端。考其原因，固有多端，其中教徒子弟較一般臺人先接受西式的新教育，實為其主因。基督長老教會傳入臺灣之初，即藉醫術及教育為布教之媒介，除先後設立神學校及小學之外，復應需要，北部教會於1884年設立淡水女學堂，南部教會則分別於1885年及1887年，創設長老教中學堂及長老教女子學堂，專收教徒子弟，灌輸宗教課程及西方的新知識[49]。因此教徒風氣漸開，對世界大勢較有認識，也因此日治初期教徒對殖民政府所建立的新教育，不像一般臺人對之充滿疑忌或排斥。時人杜聰明回憶指出，當時教徒子弟率先入日本學校，甚至負笈留學日本、香港、歐美及中國大陸等地。略謂：

---

47 據臺灣總督府醫學校，《臺灣總督府醫學校生徒學籍簿》明治32-34年度（未刊）、《臺灣醫界》、《醫望》等資料，教徒子弟及其畢業年度如下：蔡章勝（1902）、蔡章德（1902）、周福全（1904）、林玉書（1905）、周貴卯（1905）、廖煥章（1906）、吳克己（1906）、趙篤生（1906）、蔡章意（1906）、王恩典（1906）等10人。

48 臺灣省行政長官公署統計室編，《臺灣省五十一年來統計提要》（臺北：該署，1946），頁1314。

49 李汝和主修，張炳楠監修，《臺灣省通志》（臺北：臺灣省文獻會，1971）卷2，宗教篇，頁138下—139上。

在日治初期，臺灣人不敢讀日本書，恐日人捕捉臺灣青年去做兵，但是基督教徒的父兄，多少知道世界的大勢，率先送其子弟入國語傳習所，當時自臺灣往日本者，是比今天去美國更困難，但是許多基督教徒青年立志奮發為第一批留學生，往日本讀書，譬如李延禧、周再賜、林茂生、劉青雲、楊長鯨等是也。[50]

　　其次，西洋傳教士的鼓勵和協助亦有莫大的影響，例如，1897年經牧師甘爲霖與日人交涉，選派臺南訓盲學校畢業生郭主恩（17歲）、蔡溪（17歲）、陳春（18歲）等3人，以舉辦慈善音樂會方式募得數百圓，作爲赴日留學之學費[51]。醫學校成立之初，招生十分困難，總督府即曾託請馬偕牧師等協助招募[52]。影響所及，無怪乎1920年代前期，日人今村義夫指出，過去留日學生大半是長老教中學出身者[53]。若略作統計，前述74名留學歐美者中，教徒至少有34人，占五分之二，所占比率之高實足驚人[54]。

　　若就個案觀之，日治時期不少教徒家庭的子女均受過良好的教育，成爲當時社會的中堅分子。例如，前引杜聰明文中所提及的李

---

50 杜聰明，《杜聰明言論集》第2輯（臺北：杜聰明還曆紀念獎學基金管理委員會，1964），頁51-52。

51 〈臺灣盲生郭主恩〉，《臺灣協會會報》第8號（1899年5月），頁59-61。〈臺灣盲兒〉，《臺灣日報》第67號，明治30年8月13日，1版。

52 李騰嶽，《李騰嶽鷺村翁文存》（臺北：自印，1981），頁230。

53 今村義夫，《今村義夫遺稿集》（臺南：今村義夫遺稿集刊行會，1926），頁422。

54 經查有關資料，可斷定係教徒者如下：顏春安、吳錫源、郭媽西、郭松根、高敬遠、王受祿、蔡阿信、李延禧、李延澤、李延綿、李超然、李昆玉、林茂生、廖溫魁、廖溫義、劉振芳、蔡愛智、蔡愛禮、劉子安、劉快治、劉聰慧、劉青和、劉清風、劉青黎、周再賜、林克恭、杜聰明、張鴻圖、鍾啓明、顏春輝、黃朝琴、黃國書、陳約瑟、林德翰、張文成、黃彰輝。

延禧係臺北富商李景盛之次子，1896年隨祖父李春生赴日留學，畢
業於明治學院後，轉赴美遊學，返臺後，創設新高銀行，1922年繼
其父擔任總經理，並曾任總督府評議會員[55]。周再賜係臺北大稻埕
牧師周耀彩之次子，1915年自日本同志社神學校畢業後，轉赴美留
學，1921年獲美國芝加哥大學博士學位，返日擔任前橋共愛高等女
學校校長。其兄周福全早在1895年12月即赴日就讀明治學院普通
科，兩年後返臺，1904年畢業於總督府醫學校[56]。林茂生係前清秀
才屏東林燕臣牧師的長子，早年即赴日求學，1916年畢業於東京帝
國大學哲學科，為臺人第一位文學士，1929年獲美國哥倫比亞大學
博士，歷任長老教中學教務主任、臺南商業專門學校教授及臺南高
等工業學校英德語科主任等[57]。另如嘉義人陳老英，隨洋教士習醫後
開業，生有二子四女，次子陳宗惠獲慈惠醫科大學博士，孫嘉音、
嘉得分別獲愛知醫科大學及臺北帝大醫學博士，一門出三博士，三
代皆為名醫。臺南人高長，生有五子，長子金聲畢業於臺南神學
院，任教於長老教中學，次子及三子隨洋教士習醫後開業，四子再
祝及五子再福先後畢業於總督府醫學校。又金聲育有六子，其中五
子皆成名醫，長子天成獲東京帝大醫學博士、次子永寧畢業於日本
大學醫科、三子太平及六子聘明均畢業於昭和醫專、四子上榮畢業
於東京醫專。臺南人劉瑞山、劉錫五兄弟，為虔誠的教徒，經營雜
貨致富，瑞山有四子，長子青雲畢業於慶應大學、次子子安畢業於
東京高等工業學校及倫敦聖經學院、三子子祥畢業於慶應大學經濟
學部、四子青和畢業於德國Tecivsche大學化學系；錫五育有二子五

55 興南新聞社編，《臺灣人士鑑》，頁434。
56 周福全資料係據臺灣總督府醫學校，《臺灣總督府醫學校生徒學籍簿》明治34年度（未刊本）所載。
57 興南新聞社，前引書，頁464。

女，長子清風獲美國印第安那大學醫學博士、次子青黎獲美國威斯康辛大學化學博士、長女謹治畢業於東京大妻高等技藝學校、次女快治畢業於美國威斯康辛大學、三女宇治畢業於東京齒科醫專、四女秀津畢業於嶺南大學、五女聰慧獲臺北帝大醫學博士。臺南善化人顏振聲，隨洋教士習醫後在臺南開業，生有六子，長子春芳畢業於明治大學法科、次子春安獲美國伊利諾大學化學碩士、三子春和畢業於明治大學法科、四子春輝畢業於北京協和醫學院及加拿大多倫多大學公共衛生研究所、五子春霖及六子春聯皆是留日醫師。臺南人蔡得一，隨教士習醫後在臺南開業，長子愛仁畢業於中國公學商科、次子愛義畢業於大阪醫科大學、三子愛禮畢業於香港大學醫學院、四子愛知畢業於美國芝加哥大學神學院。嘉義人蔡超，隨洋教士習醫。長子陽明畢業於名古屋醫科大學、次子陽輝獲慶應大學醫學博士、三子陽昆畢業於慶應大學醫科並留學英國獲倫敦大學醫學博士[58]。此外，如屏東傳教士彭士藏，其子清約、清靠、清良等三人先後畢業於總督府醫學校，孫輩則均受過高等教育，其中有十餘人是醫師[59]。鹿港教徒施瑞呈，係地主，其子江東、江西、江南等三人亦先後畢業於總督府醫學校，其中，江南後獲京都帝大醫學博士[60]。餘例尚多，不及一一備舉。由上反映教徒子弟頗富進取心及競爭能力，透過新教育，教徒家庭遂產生極其活潑的上升社會流動。

---

58 杜聰明，《杜聰明言論集》第2輯，頁152-154。
59 杜聰明，〈景福會第21屆聯合同學會致辭〉，《臺灣醫學會雜誌》第69卷第7期（1970年7月），頁47-49。
60 臺灣總督府醫學校編，《臺灣總督府醫學校生徒學籍簿》大正1-13年度；另見興南新聞社，前引書，頁181。

綜上可知，無論在臺接受教育或是留學海外，中、上階層子弟，尤其是富豪及士紳子弟，可說是新教育的重心，此一現象一則顯示總督府以中、上階層子弟為對象的教育政策確實收到相當效果。誠如藍蘭的研究所指出：「當經過若干時間後，士紳接受此一時期的教育變革之傾向，表現在他們的子弟接受學校教育上。全島許多士紳子弟紛紛進入官立學校。有時，富紳子弟亦前往日本升學。送子弟入學接受近代日式教育的，並不限於與殖民政權妥協或適應近代潮流的士紳，甚至連不滿新政權而退隱的士紳有時亦讓子弟入官立或公立學校接受教育。……迨至1920年代，名人錄上顯示許多醫師、律師、教師，甚至（在日本的）記者、官吏，都是地方士紳的子弟。」[61]一則顯示富豪士紳重視子弟教育之傳統的延續，正如鶴見氏（Tsurumi）所說的，若回顧清代臺灣教育所扮演的角色，以及教育在中國歷史上傳統的功能，則臺人旋即接受日本較高的教育作為改善他們生活狀況的手段，實不足為奇[62]。正由於富豪士紳繼續重視子弟教育，因此社會地位益形鞏固，甚至更加提高。

安德森（Anderson）比較研究18個國家的大學生出身背景，指出各國的大學生大多數均來自非勞工家庭，白領階級子弟接受大學教育的可能性大約是勞工子弟的5-500倍[63]。根據多數學者的研究結果，大致可以確定儘管第二次世界大戰後中產階級子弟接受教育的有利條件逐漸被打破，接受高等教育的勞工子弟在整個人口中仍然占極小的比率[64]，總之，教育機會平等只是一種規範和理想，中、上階層接受高

61 Lamley, H.J., op. cit., p. 437.
62 Tsurumi, op. cit., p. 77.
63 Anderson, C.A. "The Social Status of University Students in Relation to Type of Economy: an International Comparison" in *Transactions of the Third World Congress of Sociology*, Vol. 5（London, 1956）, pp. 255, 259.
64 Putnam, Robert D. *The Comparative Study of Political Elites*（New Jersey, 1976）, p. 29.

等教育的機會實遠大於下階層。由是觀之，日治時期臺灣社會的中、上階層子弟為新教育尤其是中等以上教育的主要構成員，並非殖民地的特殊現象，只是在殖民政府的刻意引導下顯得更加凸出罷了。

第四節　新舊社會領導階層之遞嬗

一、新舊社會領導階層之取代大勢

隨著時間的推移和社會的變遷，新領導階層將逐漸取代舊領導階層，乃是無可避免的必然現象。其間，新、舊領導階層的取代大勢可從其教育背景之變遷略窺其概。茲根據日治前、中、後期編輯出版的名人錄分析如下：

據大園市藏編《臺灣人物誌》被列入當時臺灣社會領導階層的臺人共達302人，其學歷狀況如表3-4-1。

由表3-4-1可知，1910年代舊教育出身的社會領導階層仍占半數，其影響力不可忽視。而新教育出身的社會領導階層則以醫學校畢業者為數最多，約占新人的二分之一，蓋醫師為當時社會的高級新知識分子，據時人回憶表示：「當時社會尚屬幼稚時期，視醫學校畢業生儼若通儒。」[1]加以收入豐厚，由是建立相當重要的社會地位和聲望。至於其他的新教育出身者，大多係富豪，或成功的工商業經營者，或傑出的區長、街庄長等。總之，大多是繼承其父兄原有的地位或基礎，教育資格與其扮演的角色並未密切相關，因此所有國語學校師範部畢業者均非以傑出的教育工作者而列名，至於公學校及中學畢業者，只不過是受普通教育，更談不上專業訓練。考

---

1 韓石泉，《六十回憶錄》（臺南：高長印書局，1956），頁23。

其成爲社會領導階層的原因，係由於當時這些殖民地「精英教育」出身者的家庭背景及本身能力較爲優越所致。

表3-4-1　1910年代社會領導階層學歷狀況統計表

項　別 學歷別	人　數	百分比	備　註
漢學	146	48.3	含有科舉功名者及僅通四書五經者。
公學校	33	10.9	含國語傳習所、公學校速成科。
中學	6	2.0	含神學校及留日中學程度者。
師範	19	6.3	含國語學校各部，其中國語部及電信科畢業者6人，若加上再留學深造者1人，則共20人，占6.6%。
醫學校	70	23.2	專指總督府醫學校畢業者。
留學	3	1.0	專指大專程度以上的留學生。
不詳	25	8.3	
合計	302	100.0	

資料來源：大園市藏編，《臺灣人物誌》（臺北：古澤書店，1916）。

　　1920年代以降，由於教育制度較前完備，留學風氣亦相當熾盛，專業教育出身者漸多，因專業成就而成爲各階層代表人物者亦日漸增加。據1930年代前期所編的數種名人錄，被列爲各階層代表人物者共計1,071人，其學歷狀況如表3-4-2。

表3-4-2　1930年代前期社會領導階層學歷狀況統計表

項別 學歷別	人數	百分比	備　註
漢學	256	23.9	含有科舉功名者及僅通四書五經者。
公學校	110	10.2	含公學校速成科、補習科及高等科。
中學	74	6.9	含普通中學、職業學校及農事試驗場、工業講習所等。內含留日中學程度者16人。

師範	170	15.9	含國語學校各部，其中國語部畢業者73人。若加上再留學深造者32人，則共有202人，占18.9%。
專科	3	0.3	專指臺灣的農林、工業及商業專門學校。
醫學校	150	14.0	專指臺灣的總督府醫學校、醫專等。若加上再留學深造者32人，則共有182人，占17.0%。
留學	179	16.7	專指大專程度以上的留學生。
不詳	129	12.1	
合計	1,071	100.0	

資料來源：林進發編，《臺灣人物評》（臺北：赤陽社，1929）；大園市藏編，《現代臺灣史》（臺北：日本植民地批判社，1934）；臺灣新民報社調查部，《臺灣人士鑑》（臺北：該社，1934）。

　　由表3-4-2可知，舊教育出身的社會領導階層仍約占四分之一，足見新、舊社會領導階層的取代過程十分緩慢。新教育出身的社會領導階層中，以師範及醫學校畢業者，以及專科程度以上的留學生占多數，前兩者合計占三分之一，後者占六分之一，三者合計已約占總數的二分之一。如前所述，師範及醫學校長期係臺灣的最高學府，故匯集臺人子弟的精英分子。而這些精英分子在本身條件及家庭背景兩皆優越的情況下，其中許多人不只是一般的專業人員，甚至成為其專業以外其他部門的佼佼者，誠是此一時期值得注意的特殊現象。至於專科程度以上的留學生逐漸在社會領導階層中占重要地位，乃是1920年代以降留學教育蓬勃發展的結果，同時也是殖民地本身高等教育不足所造成的特殊現象。

　　若進一步分析179名留學出身者所修習之專長，分別是習醫者64人、習法政者53人、習經濟者20人、習藝術者12人、習文哲學者6人、習師範者4人，以及習農、工者各1人、不詳者17人等。明顯的仍以習醫者最多，若加上臺灣的醫學校出身者，計有207人，占新社會領導階層的四分之一，顯然的，醫師的社會地位始終最受尊崇，

儼然是當時臺灣社會領導階層的中堅。此時社會領導階層的教育資格與其所扮演角色的相關度雖較前期提高，惟整體而言，仍然偏低。易言之，多數社會領導階層仍未與其專業訓練充分結合。

　　迨至日治末期，據表3-4-3顯示，舊教育出身的社會領導階層只占4.1%，已是無足輕重了。然而，新教育出身的社會領導階層中，公學校及中學畢業者非但未見減少，反而增加了，1930年代前期兩者合計占17.1%，此時則提高為28%，尤其是中學畢業者比率提高一倍有餘。考其原因，與1922年以後中學畢業生不斷增加，而高等教育卻未隨之作適當擴充有關，因此造成許多優秀的中學畢業生喪失專業精英教育的機會。幸而此時臺灣社會專業化程度仍頗為幼稚，故對他們成為社會領導階層仍未有重大的影響。質言之，家庭背景依舊是成為社會領導階層的決定性因素。

表3-4-3　1940年代前期社會領導階層學歷狀況統計表

學歷別＼項別	人　數	百分比	備　註
漢學	64	4.1	
公學校	201	12.9	
中學	235	15.1	內含留日中學程度者42人。
師範	219	14.1	內含國語部畢業者64人。若加上再留學深造者40人，則共有259人，占16.6%。
專科	23	1.5	內含臺北帝大畢業者7人。
醫學校	251	16.1	若加上再留學深造者27人，則共有278人，占17.9%。
留學	377	24.2	
不詳	187	12.0	
合計	1,557	100.0	

資料來源：興南新聞社編，《臺灣人士鑑》（臺北：該社，1943）。

　　其次，師範及醫學校畢業者所占的比率未見降低，足證兩校始終是社會領導階層的主要搖籃。至於臺灣其他高等教育機關畢業者，人數仍然不多。可是專科程度以上的留學生所占的比率卻大為提高，由1930年代前期的16.7%提高為24.2%。顯示日治後期留學生在臺灣社會所扮演的角色日益重要，而漸成為社會領導階層的主體，此乃殖民地本身教育制度不完備所造成的必然結果。若分析377名留學出身者所修習之專長，分別是習醫者157名、習法政者104名、習經濟者63名、習文哲學者10名、習藝術者8名、習工科者9名、習農科者6名、習理科及師範者各1名，以及不詳者18名，仍以習醫者最多，習法政者其次。

　　就高等教育出身者的比率觀之，1930年代前期占31%，此時則提高為41.8%，顯示社會領導階層的素質日漸提高。

　　要而言之，日治時期臺灣社會新、舊領導階層的遞嬗是一個緩慢的過程，1920年代以後，新教育出身的知識分子始在社會各部門普遍扮演重要的角色。其次，由於殖民地本身高等教育設施極為不足，遂唯有賴留學教育以為挹注，也因此受過高等教育的留學生日漸成為社會領導階層的重心。再者，由於殖民政策導致教育機會的偏頗，受教育者鮮有充分選擇的機會，加上受時代潮流及社會價值觀念等之影響，新社會領導階層的教育資格遂呈現集中的現象，而以習醫學、師範、法政及經濟者占多數，尤其是醫師長期擁有最受尊崇的社會地位。此外，初等及中等教育出身者長期占相當的比率，同時，受過師範及高等教育專業訓練者，絕大多數並未扮演與其教育資格密切相關的角色，而是表現出「通才」的性質，顯示當時臺灣社會的專業化程度仍頗為幼稚。

二、新舊社會領導階層之關係

　　如前所述，日治初期總督府對士紳、富豪等地方有力之士採安撫籠絡的綏靖政策，利用其擔任顧問性質的參事及街庄區長等基層行政吏員；同時，給予公營事業的若干特權作為酬勞，例如樟腦製造權、鹽、煙草及鴉片批售權等即是。藉此特權，他們由是鞏固其經濟基礎，更提高其社會勢力和聲望，而成為所謂「特種臺灣人」[2]。另一方面，自1897年起，總督府即建立紳章制度，藉以分別賢愚良否，優遇具學識資望的臺人；迄至1915年底，獲授紳章者計有1,030人。上述「特種臺灣人」概係獲授紳章者。要之，獲授紳章者雖非社會領導階層的全部，惟無疑的多數係日治前期社會領導階層的中堅分子。

　　1920年代以降新社會精英漸次崛起，由前述教育背景觀之，可知大多出身社會中、上階層家庭。若進而探討獲授紳章者1,030人之昆仲子孫在新社會精英中的狀況時，據表3-4-4初步統計結果，至少有249人其昆仲子孫為1920年代以降的社會精英，約占總數的四分之一。就兩代的教育背景觀之，上一代具有功名者105人，國語傳習所、公學校、中學校或國語學校畢業者12人，其餘的概係僅習漢文者；而下一代社會精英429人中，留學者167人（其中，習醫者29人）、國語學校及師範學校85人、臺醫校（含醫專）35人、臺大3人、中學校及職業學校23人、公學校（含國傳所）39人、漢學45人，顯示上一代無論有無功名，其下一代大多係當時「精英教育」出身者，亦即具備專業知識和訓練之人才，尤其是留學出身者占五

2　柴山愛藏，〈特種本島人の過去と現在〉，《筆の跡を顧みて》（臺北：讀賣新聞臺灣支局，1931），頁34-35。

分之二，僅習舊學及殖民初等教育者為數不多。另就專長觀之，以習師範和醫學出身者最為突出，兩者合占三分之一以上。易言之，下一代大多具備較優越的教育資格和專業訓練，較上一代更具發展的條件和潛力。

　　其次，新、舊兩代在殖民政治體制中之地位和角色無甚殊異，絕大多數僅能擔任街庄區長、助役、書記等基層行政吏員，或無議決權和立法權的各級「議員」，並不因下一代的教育資格改變而有所轉變，此蓋係總督府始終未完全開放參政權給臺人社會精英所致。同時，值得注意的，1920年以前，上述基層行政職位並無任期規定，因此一旦被選任後鮮少更換，即使更易，亦往往只是改任命其子姪或族人接替；1920年地方制度改革後，雖有任期規定，仍然是徒具虛文，一家一族常任街庄長及各級協議會員者比比皆是，此由表中即明顯地可以看出。其結果，固然限制了社會領導階層家族的政途發展，惟亦無異於保障其在地方的政治特權和利益。影響所及，其後一旦轉趨沒落的社會領導階層乃向總督府要求設法優遇和保全，據時論反映，略謂：「本島人中地方名望家有不少以身久居公職，即舊時之廳參事、區長等，財產耗盡者，其末路殊為可憫。望政府當局派員調查，其子孫有可用者，使之就職；若子孫不肖，老後生計難艱，則給予拂下地（按：係放領公地），或指名為阿片賣捌（按：係銷售鴉片權）、煙酒鹽之仲賣（即批發），以酬其多年貢獻島治及為地方效勞之功績也。」[3]尤有甚者，造成地方政治參與的壟斷和地方派系的形成。戰後初期，許多地方公職人員和民意代表多係日治時期長期擔任殖民基層行政吏員或各級協議會員者之本人或其家族成員，正是此一傳統的延續。街庄區長由一人一家久

3　〈無腔笛〉，《臺灣日日新報》第12649號，昭和10年6月18日，8版。

任的結果，1920年代初期即已出現地方派系之對立，每屆街庄長期滿改選（按：係官選）之期，即出現激烈的傾軋和鬥爭。例如1924年10月，高雄州東港街街長黃景謨一派與由某地主領導的一派明爭暗鬥，後者聯合同派街協議會員企圖以連袂辭職迫使日地方當局更易街長[4]。日人時論評謂：「東港街（長）若是為公而獲罪於眾人，則當局再予以連任並無不當，若為私不正而致公憤，則當局為街之安寧及街政之肅清，實不宜再選任。」[5]由於街庄長為當時臺人所能出任的職位最高的基層行政官吏，故社會精英有意者不少，1910年代末期，日人已指出當局對區長、保正等雖無負擔其薪資、津貼之問題，但臺人為取得該職位，彼此間競爭甚為激烈。迨至1930年代初年，日人時論指出：「本島街庄長每遇一缺，恒有多士爭之，而輒不得。」[6]臺人輿論和社會運動團體一再要求實施完全的地方自治，民選街庄長和協議會員。《臺灣民報》社論批評道：「現在的臺灣地方自治，街庄長及協議會員純然是官選的，所以所選的多是善跑官場的人，以致出現庄長與住民的意見及利害相反，遂有惹起排斥街庄長的運動，這也是當然之事。」[7]儘管如此，總督府始終未改變其官選街庄長及使之久任政策，遂任令地方派系越演越烈，致而「每一街庄長任期將到，輒有野心家暗中策動，惡用一班無常識之人，布散謠言，抑人揚己，而他一派或仍以此惡手段報之，卒至兩敗俱傷。」[8]要之，論及戰後地方派系之濫觴，追根溯源，與日治時期總督府的基層行政用人政策實有密切的關係。

4　〈東港街民之軋轢〉，《臺灣日日新報》第8761號，大正13年10月4日，4版。
5　〈無腔笛〉，《臺灣日日新報》第8763號，大正13年10月6日，4版。
6　〈時評〉，《臺灣日日新報》第11291號，昭和6年9月17日，8版。
7　〈社說：街庄長的改選，當局宜要重民意〉，《臺灣民報》第226號，昭和3年9月16日，頁2。
8　〈時評〉，《臺灣日日新報》第11231號，昭和6年7月19日，8版。

　　復次，表3-4-4顯示，上一代已漸由地主或資產家轉變爲中、小資本的產業和金融業經營者，下一代則延續此一基礎，發展成爲地方上重要的實業家和資本家，其經濟勢力較上一代更爲擴張，每身兼數種實業的經營者，惟實業型態深具家族性色彩。論者認爲此一時期臺人大資本家固然大多處於日人資本家的從屬地位，惟中、小資本的實業家則構成一有力的階級。至於地主資產家之所以轉變爲資本家階級，概係透過大租權公債，接受總督府或有力人士勸說，以及受資本家企業勃興之刺激[9]。易言之，此乃殖民資本主義經濟發展有以致之。

　　綜括而言，在殖民現代社會發展過程中，新、舊社會領導階層具相當的延續性，整個社會並未呈現活潑的流動現象。舊社會領導階層子弟乃是此一時期精英教育的主要接受者，因此遂以具備專業知識和訓練的新角色繼承或取代其父兄的社會地位。同時，受殖民政經體制和政策的影響及限制，兩代之間的政治和經濟地位深具延續性，惟下一代在經濟方面的發展似較上一代多元且更具勢力，因此其社會聲望和影響力每較乎上一代更爲提高，由是其家族的勢力更爲擴張。

9　《矢內原忠雄全集》第2卷，頁284-285、290。

表3-4-4　新舊社會領導階層關係表

地區	項別 姓名	學經歷	關係 稱謂	姓名	學歷	經歷	備註
臺北	余騰芳	堡長、保良分局主理、參事	文成子	余達時	國語校國語部	辜顯榮大和行經理，經營煤礦公司、庄長、庄協	
	余文成	騰芳弟、生員、公學教					
	劉維周	漢學、臺日漢文主筆	次子	劉阿禎	工業學校	實業經營、市協	
	吳昌才	保甲局副局長、區長、府評議會員、臺北製糖公司監事	長子	吳永榮	國語校師範部、日大政治科	鴉片代售、煙草批發業、實業家	
			次子	吳永吉	臺北二中	商行主、信用組合書記	
			姪	吳永富	漢學	實業家、信用組合專務理事	
			永富子	吳錫源	華盛頓大學經濟系	實業家	
	吳輔卿	六品軍功、參事、街長	長子	吳傳宗	漢學	資產家、信用組合理事	
	呂允生	保甲局長、區長、庄長、信用組合長	子	呂朝東	國語校師範部	公學教、分校主任	
	周師濂	富商、參事	子	周啓章	臺北師範肄東京遊學	汽車公司社長	
	張希袞	生員、保良分局主理、街長、公學教	長子	張友金	中大中學部	實業家、廈門臺灣公會議員	
	張建生	保良分局主理、庄長、區長	子	張迺仁	國語校師範部	公學教	
			弟建圳子	張迺喜	國語校師範部	公學教、助役、信用組合理事	
	張德明	漢學、庄長、區長、公學教	長子 次子	張耀堂 張福堂	東京高師 臺醫校	北二師教、文學家 開業醫、信用組合長、庄協、庄長、茶業公司董事長	
	曹　田	保正、庄長、區長	子	曹清富	公學校	庄助役	

李春生	漢學、保良總局會辦、英商買辦、茶商、參事	三子	李添盛	漢學	大地主	子延澤留美加大
李景盛	春生長子、生員、參事、新高銀行總經理	景盛長子	李延齡	漢學、東京遊學	貿易商、大地主、市協、州協	子超然留德
		景盛次子	李延禧	留美	新高銀行常務董事、總經理、府評議會員	
		景盛五子	李延旭		實業家	
		高盛三子	李延綿	香港拔萃書院	大地主、實業經營	
李萬居	庄長、區長、臺北茶商公會副會長、新高銀行董事	次子	李炎海	國語校國語部	茶商、信用組合理事、組合長、街協	
李種玉	貢生、保良總局董事、保甲局長、國語學校教授	次子	李金柯	國語校師範部	公學教、大和行東京分店主任、信用組合監事、實業家	
李聲元	生員、保良分局主理、庄長	長子	李讚生	京大法科	公學校教師、郡守、州勸業課長、教育課長、肥料公司常董	
		次子	李瑞生		信用組合書記	
		三子	李鐘生		信用組合專務理事	
林明德	漢學、遊學日本、郵便局長、庄長、街長、州協	長子	林世南	臺灣商工	煙草鴉片批發商、新莊信用組合長、街協、州會議員	
		次子	林世淙	早大法科		
楊錫侯	漢學、參事、街長、區長	長子	楊敦謨	臺醫校	開業醫、公醫、庄協	
歐陽長庚	保甲局副局長、保正總代	長子	歐陽光輝	國語校國語部	雜貨及木材商、信用組合副組合長、市協	
洪以南	富豪騰雲子、生員、參事、區長、街長、州協	長子	洪長庚	大阪醫大、東大醫博	開業醫	次子我鈞大阪醫大畢
洪文光	以南兄、廩生、總督府囑託	以南弟	洪浦南	漢學	糖果商、市協	
莊廷燦	貢生、區長、參事	兄如川子	莊錫茲	漢學	造酒公司理事、商行老板、漁業公司董事	
		曾孫	莊樹春		礦業主	
蘇樹森	富商、四品軍功	三子	蘇宗魁	國語校國語部	信用組合常理、街協、茶商	

蘇爾民	樹森長子、監生、保良分局副主理、參事	長子	蘇清淇		清和礦業社長、街協	
許梓桑	區長、庄長、富豪	婿	何　鵬		市協、教化聯合會委員、同會常任幹事、實業經營	
王作霖	生員、保良分局主理、公學教	子	王名純	國語校國語部	公學教、實業經營、庄協	
郭華瑞	豪農、區長	弟	郭華溪	漢學	資產家、信用組合理事、庄協	
		弟	郭華讓	國語校國語部	公學教、實業經營、庄長、庄協、信用組合長	
郭春秧	大茶商、茶商公會長	六子	郭雙龍	港大經濟系	茶商、實業經營	
		姪	郭博容	廈門玉屏中學	茶商	
陳　洛	貢生、西學堂畢、書院講習、艋舺鹽務支館經理、參事	子	陳邦鞴	東京海城中學	富豪	
陳能記	牧師、保良分局主理、壯丁團長	子	陳復禮	公學校	信用組合理事、組合長、煤礦公司長、市會議員、庄長	
		復禮長子孫	陳北海陳拱北	日大法學部慶應醫大	臺灣新民報社員開業醫	
		孫	陳約翰	京都同志社大學	信用組合理事、汽車會社代表人	
陳春光	貢生、參事、庄長	弟宅仁子	陳茂松	公學校	區長、庄長、信用組合長	
陳景唐	生員、塾師、保良分局主理	子	陳恩培	臺醫校	開業醫	
陳授時	生員、國語傳習所教師	次子	陳曜東	漢學	製衣商	
陳步青	生員、公學教、國語校教	子	陳　坤	國語校師範部	公學教	
陳種玉	漢學、保良分局會辦、庄長、保甲局副局長、區長、信用組合長	姪	陳佛齊	漢學	庄長、州協議會員、昭和新報記者	
		長子	陳材洲	公學校	信用組合理事	
		次子	陳江浦	公學校	台日漢文記者、庄協	
		三子	陳材登	公學校	台日記者、州水產會議員	

	陳文遠	富豪、庄長	長子	陳定國	國語校國語部	街長、信用組合長、大地主、州協	子紹馨東北帝大法文學部畢
			次子	陳定涼	中學肄	街協、養豬組合理事	
	顏正春	富豪、區長、庄長	孫	顏現樹		庄協、礦業主	
	黃則水	豪農、保正	姪	黃奕成	國語校師範部	公學教、助役、庄協	
			姪	黃奕守	國語校師範部	公學教、農會理事長	
			姪	黃奕濱	臺北師範	公學教、出張所主任	
	黃祖壽	生員、七品頂戴、同知、保良分局主理、參事	姪	黃德隆		豪農、庄協、信用組合理事、組合長	
	黃玉階	中醫、區長、監獄教誨師	弟	黃瑤琨	臺醫校	開業醫、公醫	
桃園	余亦皋	貢生、參事、州學務委員	子	余錫崇	國語校師範部	公學教	
	吳榮棣	生員、公學教	長子	吳鴻森	臺醫專	醫師、青年團團長、州會議員、實業家、信用組合理事	
			次子	吳鴻麒	北師、日大法科	公學教、律師、臺北律師會副會長	
			三子	吳鴻麟	臺醫專	開業醫、甘泉公司監事	
			八子	吳鴻煎	日齒醫專	齒科醫師	
	呂鷹揚	廩生、國語傳習所畢、參事、街長、公學教	長子	呂鼎鑄（鐵洲）	京都市立繪畫專校	街協、畫家	
	呂家聲	國語夜學校、區長、庄長	長子	呂廷結	日大法科、高等研究科	大地主、信用組合理事、產業組合理事、庄協	
	林瑞仁	漢學、庄長、公學教、區長、父振威為林本源租館家長	大弟	林呈禎	漢學	庄長、信用組合長、漁業組合長	
			呈禎長子	林金磚		保正	
			呈禎次子	林煥清	東京商大	臺灣新民報發行人兼庶務部長	
			三弟	林呈祿	明大法科、高等研究科	湖南省立政治研究所教授、臺灣新民報董事、編輯局長、府評議會員	

			呈祿長子	林益謙	東大法科	總督府書記官、郡守、財務局金融課長	
江次德 江健臣	漢學、富豪 次德次子、公學教、區長、街長、信用組合長、庄協		三子	江宗超	國語校師範部	公學教、助役、街協、實業經營	
簡朗山	漢學、保良分局副主理、庄長、街長、州協、府評議會員		長子	簡長春	公學校	助役、實業家、青年團團長、信用組合理事	
簡阿牛	製腦業主、富豪、州協、府評議會員		三子	簡水慶	臺灣商工、廈門英華書院	信用組合理事、街協、商工會副會長	
簡　璧	廩生、地主、庄長		長子	簡　江	國語校國語部	公學教、信用組合理事、實業經營、街協	
葉連三	漢學、公學教、區長、州勸業委員		四弟	葉泉清	國語校師範部	公學教、庄長、水利組合長、庄協、信用組合長	
鄧逢熙	貢生、庄長、參事		子 孫	鄧旭東 鄧謙賢	生員 公學校	國語學校（北師）教師 實業家、壯丁團團長、庄協	子雨賢北師畢
陳嘉猷	生員、保良分局主理、參事、公學教		長子	陳炳俊	國語校師範部	礦業主、信用組合長、州協、輕鐵會社董事	子人瑞明大商科
陳斐然	豪農、塾師、保正、實業經營		長子	陳義方	國語校國語部	庄會計役、信用組合長、實業經營	
黃純青	漢學、區長、庄長、信用組合長、州協、府評議會員		長子 次子 三子 四子	黃逢平 黃及時 黃得時 黃當時	公學校 東京商大 臺大文學士 醫學士	製酒公司董事長、實業家、庄長、市會議員 三菱天津支店長 文學家、臺灣文藝協會理事、新聞社論委員 醫師	
黃全發	豪農、保正、區長、信用組合長、街協、保甲聯合會長		弟子	黃全興 黃恭士	桃園農校 實業補校	街協 製茶業、庄協、茶業組合長	

新竹	何樹滋	漢學、庄長、區長	三子	何金城	公學校	公學教、保正總代、青年會會長、庄長	
	何永立	漢學、庄長、區長、州勸業委員	三子	何乾欽	臺醫專	開業醫、市協、市會議員	
			五子	何乾亮	公學校補習科、教檢合格	公學教、庄長、信用組合長、茶業組合長	
	何騰龍	豪農	孫	何建家	工業講習所	信用組合書記、庄協	
	何騰鳳	生員、豪農、保正	孫	何友家	中央研究所農業部	庄協、實業經營	
	姜滿堂	豪農 新竹製腦大股東、資產家、父殿魁	長子	鄧瑞坤	漢學	保正、庄協、信用組合監事	子煥蔚臺大農專畢
			次子	姜瑞昌	國語校師範部	公學教、庄長、信用組合長、水利組合長、州協、州會議員	
			三子	姜瑞金	國語校國語部	經商	
	張玉甫	貢生、聯合保甲局長、保正	長子	張春華	漢學	庄長、信用組合理事	
			次子	張育華	北師	公學校教師	
	張鼎華	生員、保正、庄協、信用組合監事	長子	張桂榮	早大		
			次子	張炳榮	早大		
	傅樹勳	生員、富豪	子	傅元熾	臺醫專	開業醫、庄協、公醫	
	彭殿華	富豪、同知、參事	四子	彭清政	國語校國語部	實業家、街長、信用組合理事	
	沈賜記	富商、保正、區長、庄長、庄協	長子	沈炳英	國語校國語部	實業經營、信用組合理事	
			次子	沈白增	臺北工業	壯丁團長、商工會長、實業經營	
			三子	沈珮錄	日大醫科	開業醫	
	徐景雲	豪農、監生、貢生、參事					
	徐榮鑑	景雲三子、豪農、庄協、信用組合理事	榮鑑子	徐元綺	日大法學部	大地主、庄協	
			榮鑑子	徐元標	淡水中學	庄協、青年會長	
	李廷賢	廩生、區長、塾師	子	李瑞麟	國語校國語部	公學教、經營糖業	

李祖訓	歲貢、參事	三子	李良臣		實業經營、資產家	
林清文	國語校國語部、實業家、庄長	長子 次子	林為恭 林為寬	廈大肄 臺灣商工	實業家、壯丁團長	
林鵬霄	貢生、詩人、參事、監獄教誨師	子 四子	林鍾英 林坤五	公學校 公學校	詩人、實業家 富商、實業家、信用組合監事	
溫士銓	漢學、區長	子	溫安禎	公學校補習科	信用組合長、水利組合理事、庄長	
高　福	豪農、參事	次子	高阿榮	臺醫專	公醫、開業醫、信用組合長	
曾乾秀	豪農、甲長	五子	曾新全	臺北中學會	煤礦主、實業經營、庄協	
潘澄漢 潘成元 潘成鑑	生員、富豪 澄漢長子、富豪、生員 澄漢次子、富豪、保正、區長、庄長、庄協、州協	長子 次子	潘欽龍 潘錦准	臺中一中 日大法科	助役、信用組合監事、庄長、庄協副議長 庄協、米穀組合主事	
蔡緝光	富豪、保正、庄協	長子	蔡昆松		製材業主、庄協、信用組合長	
藍華峯	生員、中醫、庄協	四子	藍金輝		開業醫	
鄭如蘭 鄭拱辰 鄭神寶	貢生、參事 如蘭長子、漢學、保良局長、參事、州協、府評議會員 如蘭次子、有田園數千頃、保正、保甲聯合會長、州協、府評議會員	長子 次子 肇基長子 肇基次子	鄭肇基 鄭大明 鄭鴻源 鄭薇郎	漢學 同志社大學經濟科 東大法科 慈惠醫大	州協、華南銀行監察人、實業家。 信用組合監事、保甲聯合會長、商工協會理事、市會議員 州會議員、保甲協會副會長、實業家 醫師	
陳雲如	漢學、國傳所甲科、庄長、區長、庄協	弟 次女 三女	陳揚鏡 陳　璧 陳　進	漢學 東京女醫專 東京女子美校	庄書記、庄長、信用組合長、庄協 開業醫 東洋畫家、高女教師、臺展審查員	

陳信齋	生員、保甲局副局長、街長、區長、街協	長子	陳和安	臺醫專	開業醫	
陳維藻	增生、參事、區長、庄協	子	陳炎芳	臺醫專	開業醫	
陳紹熙	貢生	四子	陳薰南	國語校師範部	公學教、實業經營、臺灣新民報廣告部長	
陳汝厚	監生、參事	次子	陳調元	國語校師範部	公學教、信用組合長、庄協、州協、州帽席同業組合長	
陳羹梅	汝厚三子、漢學、公學校、區長、州協、信用、農業、漁業組合長、庄長、州會議員	羹梅次子	陳永珍	早大政經科	臺灣新民報新竹支局長	
陳　瑚	漢學、國傳所、塾師、臺灣新聞記者、帽席公司總辦、庄長、區長、帽席同業組合長、庄協	子	陳國輝	臺醫專	開業醫	
黃鼎三	富豪、州勸業委會	姪	黃振繩	國語校師範部	公學教	
			黃用端	臺醫校	開業醫	
黃維生	漢學、日語速成科、富豪、聯合壯丁團團長、參事、實業家、州協、府評議會員	弟	黃興生		水利組合評議員、庄協、信用組合理事	
		長子	黃焜發	國語校國語部	實業家、保正、庄協、州協	
		次子	黃文發	北師、早大政經科	公學教、實業家	
		參子	黃明發	京大	實業家	
		肆子	黃煥發	早大	茶業公司總經理	
		姪	黃耀發	東京農大	農會總幹事	
		姪	黃瑞發	淡水中學	青年團長、信用組合專務理事、庄協	
		姪	黃滄發	北師	公學教、信用組合專務理事	

	黃南球	例貢、富豪、田園千餘甲、實業家、參事	三子	黃運才		實業家	
	黃運添	南球次子、富豪、參事、交通業主	四子	黃運寶	國語校國語部	實業家	
			五子	黃運和	國語校國語部	實業家、街協	
			六子	黃運元	國語校國語部	青年會會長、文協中央委員、民眾黨常委、助役	
			七子	黃運煌	公學校	庄協、實業家、保正	
			長孫	黃達森		庄長	
	范獻廷	豪農、庄長、區長、庄協	孫	范增林	臺醫專	開業醫	
	范慶霖	生員、訓導、總理、保良局長、參事、公學教	子	范寶勳	國語校國語部	法院通譯、實業家、市協、州協	子炳耀京大法科畢
臺中	吳德功	貢生、詩人、參事	弟	吳汝翰	漢學	資產家、詩人	
			汝瀚子	吳上花	漢學	街協、信用組合理事	
			姪	吳石麟	臺北工業	文協中央委員、組織部長、市會議員、信用組合常理	
			弟汝俊子	吳蘅秋	早大	彰化街協、市參事會員、市會議員、信用組合理事	
	呂汝玉	廩生、富豪、參事	四子	呂望沂	漢學	實業家	
			七子	呂樵湖	漢學	實業家、地主	
			八子	呂季園	明大	新高、商工銀行高級職員、庄長、州協、實業家、信用組合理事	
			九子	呂柏齡	東京山口高校	實業家、庄協、信用組合理事	
	呂鶴巢	汝玉弟、生員、庄長	贋年長子	呂琯星	漢學	詩人、塾師	
			孫	呂盤石	早大商科	實業家	
			孫	呂靈石	明大法科	社會運動家、臺灣新民報印刷部長	

張泉源	富豪、保正、保甲聯合會長、區長	長子	張國珍	國語校師範部	公學教、漢藥業組合長、州漢藥講習會長	
		次子	張曉峯	漢學	中醫師、庄協、信用組合理事	
張晏臣	富豪、區長	三子	張鱻生	臺醫校	信用組合理事、開業醫、市協、州會議員、府評議會員	
杜　清	實業經營、參事、信用組合長、帽席同業聯合會副會長、街協	長子	杜香國	國語校國語部	公學教、實業經營、信用組合理事、商工會長	
李聲洲	庄長、區長	長子	李功垂	國語校國語部	公學教、助役、信用組合理事、組合長、庄協、庄長	
李崇禮	國語校國語部、法院通譯、製糖公司董事、彰銀監事、信用組合長、街長、州協、府評議會員	長子三子	李君曜李君晰	日大醫科京大經濟科	開業醫實業家、市會副會長、信用組合理事	
林文欽	漢學、富豪	文欽次子	林階堂	漢學	庄長、實業家、興南新聞顧問	
林獻堂	文欽長子、漢學、區長、參事、州協、府評議會員、貴族院勅選議員、實業家	長子	林攀龍	東大政治科、遊學英、法	一新會委員長、名士、擅文、哲學	
		次子	林猶龍	東京商大	信用組合長、澱粉工業組合長、庄長	
		三子	林雲龍	法政大政治科	記者、庄長、臺灣新民報董事、興南新聞董事兼業務局長	
		階堂長子次子	林涎生林夒龍	法學士日大政治學部	記者、庄長、實業家	
林季商	朝棟三子、號祖密、樟腦製造業	次兄	林仲衡	中大法專科	臺灣新聞董事、信用組合理事、詩人、庄協	1913年退日籍

林烈堂	文鳳長子、漢學、富豪、參事、市、州協議會員、實業家、臺灣商工銀行董事	長子 弟	林垂拱 林澄堂	漢學、公學校 漢學	庄長、信用組合長、實業家 庄長	
林紹堂	文明次子、監生、候補知縣、縣丞、鴉片代銷業	長子 幼春長子	林幼春 林培英	漢學 上海大、廈大文學系、早大政經科	詩人、區長、庄協、信用組合長、臺灣民報社長、社會運動家 信用組合理事	
林輯堂	文察三子、生員	長子	林資彬	日本遊學	詩人、庄協、實業家、臺灣新民報、興南新聞董事	
林紀堂	文典子、廩生、州協	四子	林鶴年	東洋音樂專校	東洋音樂專校教授	
林汝言	增生、保正總理、參事、區長、製麻會社主	長子 次子 子 七子 澄坡長子	林澄坡 林澄瑩 林澄清 林澄秋 林挺生	東京高工機械科 新潟醫專 東京帝大醫學博士 東京農科大學 	製糖公司高級職員、實業經營者、市協、州會議員、信用組合長 開業醫 開業醫、臺中市醫師會理事 省立臺中農校校長、臺中市政府建設局長、臺中市長 法官	
林耀亭	生員、參事、區長、保甲聯合會長、市協	長子 次子	林啓賢 林湯盤	公學校 明大法專科	區書記、信成株式會社長 信用組合專務理事、組合長、臺灣新民報顧問、市會議員	
林振芳	例貢生、堡長、保良局長、富豪、參事					
林柏璋	振芳次子、生員、區長					
林佐璋	振芳三子、生員、參事、庄長	長子	林少超	漢學	庄協、信用組合理事	子金鎣開業醫

林萬選	生員維修子、富豪、庄長、區長	弟	林全福	公學校	區書記、區長、庄長、信用、產業組合理事	長子桂森日大法科畢、次子伯壽、三子之助帝國美校畢
		長子	林碧梧	公學校	文協中常委、信用組合長、實業家、庄協	長子瑞嘉早大理工科、次子瑞寶東京醫專畢
林慶岐	生員、堡長、保良局長、參事	嗣子	林伯叟	東京專修大經濟科	庄長、實業經營	
林慶賢	生員、堡長、保良局長、庄長、區長	三子	林伯餘	臺醫校	開業醫、州協、實業協會長	
		四子	林伯楷	臺北工業土木科	實業經營、街協、商事會社長	
楊瑤卿	富豪、參事	次子	楊錦標	漢學、公學校	信用組合理事、組合長	
楊澄若	富豪、輕便鐵路公司董事	五子	楊天賦	日大政經科	實業家、信用組合理事、街協、州會議員	
		三子	楊肇嘉	早大政經科	街長、社會運動家、實業家	
楊吉臣	保良局長、街長、參事、區長、府評議會員					
楊偉修	吉臣長子、彰銀董事、實業經營	長子	楊景山	早大政經科	臺灣新民報支局長、興南新聞販賣部長	
楊炳煌	庄長、區長	長子	楊珠浦	臺醫專	開業醫、信用組合理事、庄協、自治聯盟評議員	
朱　麗	國傳所甲科、副街長、街長、區長、庄長、實業家	次子	朱江淮	京大電氣科	臺電工程師、營業部長	
張彩臣	富豪、保正、參事	長子	張進益	公學校	實業經營	
王卿敏	庄長、實業家、生員		王基良	慶應商工部	米穀組合總代、自動車會社取締役	

張錦上	庄長、區長、庄協	次子	張復禮	國語校師範部	公學教	
王鄉敏	生員、富豪、區長、實業經營	長子	王基良	慶應義塾	公學教、實業家、商工協會會長、街協、信用組合長	
		次子	王基安	日醫專	開業醫、公醫	
蔡蓮舫	生員、堡長、保良局長、參事、區長、市協	子	蔡伯汾	東大政治科	日本司法省判事、法官、律師	
蔡時瑤	附生、富豪、區長	三子	蔡敏庭	漢學	區長、信用組合長、製冰廠長、街協、輕便鐵路公司董事	
		敏庭子	蔡槐墀	法政大	活躍於南京	
蔡敏南	生員、富豪、區長	子	蔡惠如	漢學	實業家、區長、詩人、1915年變賣家產內渡	
蔡敦波	漢學、保正、壯丁團長、信用組合理事、貿易商、街協	長子	蔡金爐	漢學、公學校	信用組合監事、街協、商工會理事	
蕭紹賡	庄長、區長	長子	蕭敦仁	國語校國語部	區長、生產販賣及信用組合長、庄長、州協、州會議員	長子早大、三子東京醫專、四子日本醫大
蕭載福	富豪、庄長、信用組合長	長子	蕭汝鍊	農業試驗場甲科	實業家、助役、庄協、庄長、自動車公司長	
賴清標	富豪、庄長、區長	長子 次子	賴　秀 賴　萬	漢學 國語校國語部	區長、學務委員 區長、通譯、庄長	
廖乾三	區長	子	廖進照	文化學院	實業家	
莊士哲	廩生、參事、區長	長子 次子	莊　嵩 莊垂裕	臺中師範 國語校國語部	公學教、詩人、詩社長 實業家	
莊士勳	士哲弟、舉人、塾師	三子	莊垂勝	明治大政經科	社會運動家、詩文家	

	辜顯榮	富豪、保良局長、全臺官鹽賣捌組合長、彰化銀行董事、參事、臺灣日日新報董事、實業家、府評議會員、貴族院敕選議員	三子	辜斌甫		實業家	
			四子	辜岳甫		實業家	
			五子	辜振甫	臺大政學科	實業家	
			六子	辜偉甫	臺大農林專門部	實業家	
			長婿	丁瑞彬	明大法科專門部	實業家	
			次婿	陳棧治	北京法政大經濟系	實業家、州米穀組合長	
	施　來	漢學、鹽田二百餘甲、雜貨商、街長、區長	長子	施議祥	漢學	製鹽會社長、煙草批發所主任	
	施受業	漢學、富豪、保正、保甲聯合會長、信用組合長、街協	長子	施文坡	公學校實業科	線香製造業、街協、保甲聯合會長、信用組合常務理事	
	陳紹年	廩生、堡長、保良局長、庄長、參事	子	陳芳輝	漢學	區長、釀酒業主	
	陳有光	例貢、富豪、總理、保良局長、保正	三子	陳作忠	日大法科	信用組合長、庄協	
	陳汝甘	有光次子、漢學、參事、庄長、區長	汝甘子	陳捷鰲	漢學	保甲聯合會長、庄長、庄協	
			姪	陳慶雲	漢學	信用組合長、庄協	
	陳培甲	生員、豪農、參事、區長	子	陳天送	國語校師範部	公學教、信用組合專務理事	
	黃汝舟	庄長、區長、富豪	長子	黃茂林	漢學	資產家、信用組合監事、街協	
			次子	黃厚卿	公學校	地主、區總代、街協	
	黃耀南	武舉人、庄長	長子	黃褒忠	公學校	實業經營、信用組合理事、庄長	長子大�東京農業大學
			次子	黃獅保	秋田礦山專校	府礦務課技手、助役、信用組合理事	
南投	吳銘元	生員、參事、庄長、鴉片代銷業	子	吳繩武	國語校師範部	公學教、保甲聯合會長、貸地業	
			次子	吳紀東	臺中一中	公學教、實業經營、街協	

曾長茹	參事、庄長	子	曾國琛		區長	
李昌期	生員、富豪、聯甲局長、保良局長、區長、庄協	長子	李峯竹	公學校	庄會計役、資產家、米廠主	
		么子	李潢演	明大法科	助役、合名會社代表社員	
李春盛	國傳所、公學教、保正、庄協、信用組合長、州協	三子	李國禎	早大法科	興南新聞社員、州農會副會長	
		四子	李國樑	淡中		
		五子	李國藩	中央大		
		六子	李國民	東京齒醫專	齒科醫	
		弟	李春哮	國語校國語部	實業經營	長子祐吉 熊本醫大
林紹仁	富豪、保正、庄長	弟紹輝子	林朝崧	青山學院中學部	保正、街協、信用組合監事、實業經營	
林逢春	富豪、區長	長子	林其忠	漢學	區長、信用組合長、街協、食鹽批發商	
		次子	林其祥	國語傳習所甲科	街協、信用組合長、實業家、助役、州協	
林月汀	富豪、參事、街長、區長、庄長、州協	次子	林朝槐	慶大政治科	庄長、信用組合理事、水利組合理事、州會議員	
洪聯魁	廩生、參事、區長	長子	洪得中	漢學	保正、庄協	
		次子	洪火鍊	公學校	碾米業、街、州協、州會議員、信用組合理事、組合長	
		火鍊長子	洪遜欣	東大法科	司法官	
		火鍊次子	洪樵榕	東京高師研究科		
		火鍊三子	洪柳生	早大		
洪玉麟	武生員、保良局長、庄長、街長、參事	五子	洪元煌	漢學、公學校	庄協、信用組合監事、理事、保甲聯合會長、自治聯盟理事、州會議員	子錫恩
阮仰山	塾師、公學教、保正、實業經營	長子	阮沛	國語校師範部	公學教、信用組合理事、街協、青年團長	

	羅金水	豪商、保正	長子	羅萬俥	明大法科 美實大政碩	臺灣新民報董事兼營業局長、興南新聞董事	
	陳連金	庄長、區長	子	陳金龍	國語校師範部	公學校教師、庄長、信用組合長	
	陳上達	武生員、參事、腦棧（唻記瑞祥公司）	長子 次子 弟	陳神傳 陳神偕 陳紹禎	臺醫校 臺醫校 臺醫校 東大醫博	開業醫 開業醫 庄協、開業醫	
	陳紹唐	上達兄、武生員、富豪、腦棧（仁沙同源公司）	長子 三子	陳神佑 陳神俊	臺醫專 昭和醫專	開業醫、信用組合理事、庄協 開業醫	
	黃錫三	生員、公學教、庄協	五子	黃仲圖	南師、東洋大	公學教、浙江大學、陸軍大學教授、軍委會政治部部附	
嘉義	劉焜煌	廩生、豪農、庄長、區長	子 四子	劉清井 劉啓祥	臺醫專、東大醫博 日文化學院洋畫科	開業醫 畫家	
	劉神嶽	焜煌弟、生員、參事、實業家	甥 次子	劉明哲 劉明朝	早大政經科 東大政治科	區長、庄長、實業家、信用組合理事、州協、臺灣新民報監事 州勸業課長、總督府殖產課長、山林課長、稅關長、產業組合聯合會理事	
	吳克明	雲林大總理朝宗子、生員、堡長、參事	長子 次子 三子	吳景箕 吳景徽 吳景謨	東大 京大醫博 名大醫博	哲學家 開業醫 開業醫	
	吳　札	豪農、保正	四子 孫	吳　哄 吳金錠	國語傳習所	產業造林組合長、保正、區長、庄長、庄協事業組合書記、部落振興會長	
	徐德新 徐杰夫	貢生、庄長、參事 生員、詩人、德新長子、參事、區長、嘉銀頭取、州協	子	徐乃庚	國語校國語部	市會議員、昭和新報社長、州會議員	

廖承丕	漢學、富豪、保正、區長、街協、地主、信用組合長	弟	廖煥章	京大醫博	開業醫	承丕餘子女春葉、玉梅等亦均受高等教育 煥章長子一雄醫博、次子英雄化博
		長子	廖溫仁	京大醫博	開業醫	
		次子	廖溫魁	芝加哥大學哲學博士	金陵大學教授	
		三子	廖溫義	俄亥俄大工學博士	金陵大學、浙江大學教授	
		四子	廖溫正	京都同志社中學	實業家	
		五子	廖溫進	明大商科		
張元榮	歲貢、參事	長子	張鼎駒	臺南師範	公學教	
		三子	張鼎驤	國語校師範部	公學教、實業經營	
		四子	張錦燦	臺醫校	開業醫	
廖維峻	生員、參事	長子	廖重光	國語校師範部	公學教、庄長、街長	
張演澄	豪農、聯合保甲局長、區長、實業家	子	張進文	漢學	區長、庄長、信用組合長、實業家	
曾席珍	富商、參事、街協、州協	長子	曾人僭	國語校國語部	庄長、實業經營、信用組合理事、組合長、州會議員	
		次子	曾人楷	臺醫專	開業醫、校醫	
林玉崑	街長、參事、區長、街協	子	楊名聲	國語校師範部	公學教、煙草批發商、實業家、街長	
林 璣	富商、庄長、參事、區長、州協	子	林永振	漢學、公學校	製糖業者、信用組合長、庄協	
林維朝	生員、保良局長、街長、參事、公學教、區長、州協、實業家	長子	林蘭芽	國語校國語部	製糖業者、助役、庄長、州會議員、信用組合理事	
		次子	林開泰	臺醫專	開業醫	
林占春	保正、街長、區長	長子	林天樞	國語校師範部	公學教、庄書記、庄長、州協	
林純卿	漢學、詩人、庄長、庄協	子	林旭屏	東大法科	市助役、郡守、州水產、總務課長	
林 聰	豪農、保正、庄長、區長、庄協	子	林頂立	明大政經科	至中國從事情報工作	

王朝文	豪族、王得祿後裔、廩生、同知、保良局長、參事、嘉義銀行總經理	子	王少侃	國語校師範部	公學教、庄長	
		子	王順記		區長	
		順記子	王國財	臺醫校	開業醫、實業家、信用組合長、庄長、庄協、州協	
		順記四子	王國柱	慈惠醫大	開業醫、信用組合長、庄協	
		孫	王讚福	公學校	公學教、保正、保甲聯合會長、庄協、信用組合專務理事	
翁清江	豪農、區長、庄長	長子	翁新臺	鎌倉中學	庄長、信用組合長	
翁煌南	增生、富豪、參事	子	翁應麟	國語校師範部	公學教	
翁元吉	富豪、庄長	孫	翁鐘五	日醫專	開業醫、信用組合理事、街協	
		孫	翁榮茂	東洋音樂學校	音樂家	
莊以薀	中醫、保正、庄長、區長	子	莊清標	北師、日警官校、中央大	臺南州巡查部長、警部補	
蔡然彬	豪農	長子	蔡西安	公學校	實業家、街協	
蔡然標	廩生、豪農、公學教、區長、街協	長子	蔡幼庭	國語校師範部	公學教、實業家、信用組合長	
		三子	蔡少庭	東京大成中學	實業經營	
		姪	蔡培普	臺醫校	開業醫	
賴世英	歲貢生、豪紳、保良局佐理	次子	賴尚文	國傳所甲科	街助役、實業家	
		四子	賴惠川		詩人	
		五子	賴尚遜	臺醫專	開業醫	
		七子	賴尚和	臺醫專、京大醫博	開業醫	
		孫	賴其祿	京大醫博	開業醫	
賴世觀	貢生、保正	長子	賴雨若	中大法科、明大高等研究科	法院書記、律師、詩人、州協	
		四子	賴子清		臺灣日日新報記者、主筆、詩人	

地區							
	鄭芳春	生員、富豪、街長、區長、參事	長子	鄭沙棠	國語校師範部	公學教、區長、街長、州協、信用組合長、府評議會員	
	陳　六	豪農、區長、庄協	弟	陳香陣	漢學	信用組合長、庄協、保甲聯合會長	
	陳向義	豪商、聯合保甲局長	長子 次子	陳木籐 陳按察	 公學校	區長 區長、庄長、實業家、信用組合長	
	陳景秋	生員、中醫、保正	次子	陳安恭	公學校	通譯、地方理事官、信用組合長	
	黃有章	富豪、參事、街長、製糖業	長子 次子	黃錫材 黃毓才	生員 早大		
	黃階侯	富豪、街長、保正、區長	弟 鴻藻子	黃鴻藻 黃啓顯	舉人 法政大、燕京大碩士	 廈大教授	
	黃紹謨	生員、縣雇員、公學教	次子	黃登洲	醫學士	開業醫	
臺南	方展玉	國傳所、保正、保甲聯合會長、街協	長子	方輝龍	臺醫校	開業醫	
	李清廉	區長	弟	李清結	公學校	區長、庄協	
	楊秋澄	西醫、區長、庄長、州協、信用組合長	長子 弟	楊金龍 楊金虎	漢學 臺醫專、日醫專	保正、區長 開業醫、興業組合理事、臺灣新民報顧問	
	楊鴻恩	生員、豪農、庄長	長子 次子 子	楊亦安 楊仲鯨 楊清溪	 美卡羅來納大學礦冶系 立川飛行學校	庄協 實業家 駕駛飛機返臺表演失事	
	王藍石	舉人、街長、塾師	子	王傳新	國語校師範部	廈門電燈會社	
	江以忠	富豪、塾師、總理、參事、製糖業	三子	江　都	公學校	巡查、實業經營、信用組合理事、庄協	
	鄭　品	富豪、庄長、區長	子 子	鄭　向 鄭　漢	東京大成中學 東京專修商業	米穀公司主 米穀公司主、保正、街協	

葉宗祺	富商、庄長、區長、街協、市協	長子 次子 三子 姪 姪	葉鴻成 葉鴻池 葉鴻洲 葉鴻獻 葉鴻麟	慶大 慶大 慶大 臺醫專 慶大政治科	 開業醫、市協 實業家、廈門運送業組合長	
葉舜圭	富商	長子 姪	葉藍田 葉書田	公學校 國語校師範部	區書記、區長 實業家	
謝羣我	武生員、富商、區長、州協、三郊組合長	弟 弟 石秋子 友我長子 友我次子 友我三子 姪	謝友我 謝石秋 謝國城 謝國治 謝國源 謝國文 謝汝川	生員 生員 早大政經科 早大政經科 東京豐山中學 早大政經科 慶大經濟部	詩文家 實業家、臺南新報漢文主筆 時事新報、讀賣新聞記者 貸地業 詩人、社會運動家 實業家、市會議員、信用組合理事	
趙鍾麒	廩生、法院通譯	長子 次子	趙雅福 趙雅佑	漢學 國語校師範部	臺南新報漢文記者、以成社副社長、三六九小報發行人兼主編 公學教	
陳人英	廩生、糖廍主、參事、庄協	次子	陳自西	早大專門部	庄長、信用組合長	
陳中和	巨商、聯合保甲局長、實業家、州協	三子 四子 六子 	陳啓南 陳啓峯 陳啓川 	慶應中學部 慶大商科 慶大經濟學部、港大	實業家 實業家、州會議員 實業家、興南新聞、高雄新報董事	
陳啓貞	中和長子、廈門同文書院、慶應中學部、實業家、參事、街協、州會議員、府評議會員	七子 八子 九子 十子	陳啓琛 陳啓清 陳啓安 陳啓輝	慶大政治科 明大法科 法政大 日大	三菱東京本社社員、實業家 實業家、市會議員 實業家 實業家	長子田錨

阿猴	劉金安	豪農、參事、保甲局長、庄長、庄協	長子	劉鳳崗	國語校農業部	公學教、實業經營、信用組合長	
			次子	劉鳳歧	早大	返大陸任大學教授	
			三子	劉鳳清	國語校國語部	公學教	
			五子	劉鳳昌	臺醫校	開業醫	
	劉維經	貢生、庄長、參事	次子	劉展紅	公學校	信用組合監事、庄協助役、庄長、信用組合理事	
			三子	劉安紅	早大政經科		
			姪	劉水來	早大	每日新聞記者、助役、庄長	
	劉玉輝	富豪、庄長、聯合保甲局長、保正	子	劉深銅	早大肄	實業經營	
	曾寶琛	豪農、生員、信用組合長、庄協	姪	曾慶福	臺醫專	開業醫	
	李仲義	下淡水溪以南首富、糖廍主、糖米行、庄協	長子	李瑞雲	早大政經科	實業家、社會運動家、臺灣新民報董事	
			子	李昆玉	美國羅倫斯大經濟系、哥大碩士	實業家	
			姪	李明家	臺醫專	開業醫、地主、自治聯盟屏東支部長	
			姪	李明道	京都同志社中學	實業家、庄役場會計役、州協、州、市會議員	
	李　南	富豪、糖商、區長、庄長	次子	李開胡		資產家	
			三子	李開山	國語校國語部	實業家、資產家、庄長	
			四子	李開榮	日大中學部	實業家、庄協、庄長	
	林望三	庄長、參事、庄協	子	林又春		書法家	
	林添壽	保正、區長、庄長	長子	林富齋	國語校師範部、留日	公學教	
	尤和鳴	廩生、塾師、公學教	長子	尤欽量	漢學	開業醫、庄協、公醫	欽量子麗水日大商科
	王天球	布匹煙草商、保正、庄協、信用組合理事	次子	王清佐	中央大法科	律師	
			三子	王仁厚	法政大		
			四子	王冠烈	東京齒專	齒醫	

蔡及三	生員、豪農、參事	子	蔡長輝	國語校師範部	公學教	
藍高川	漢學、富豪、參事、實業家、商工銀行董事、州協、府評議會員	長子	藍家鼎	京大法科	實業家、庄協、青年團團長	
		次子	藍家精	京大經濟科、京大大學院	州教育課任職、南京維琪政府陸軍中將	
藍高全	高川弟、區長、庄長、實業家	子	藍家梯	臺醫專	開業醫	
		姪	藍家貴	國語校國語部	實業家	
蘇雲英	糖行、庄長、參事、區長、州協	弟	蘇雲龍	國語校國語部	信用組合專務理事、實業經營、街協、市協	
邱瑞河	豪農、區長、庄協	子	邱玉梅		區長、庄長	
		孫	邱潤寬	南師肄	信用組合理事、組合長、青年團團長、庄長、實業家	
邱毓珍	豪農、庄長	子	邱立春	國語校國語部	公學教師及主任、實業經營	
鍾晉郎二	保正、區長、庄長、州協	長子	鍾星橋		名士、好詩文	
		堂弟	鍾幹郎	國語校實業部	信用組合理事、組合長、庄長、青年會長、州協、府評議會員	
		幹郎子	鍾璧和	長崎醫大博士	開業醫	
阮達夫	生員、中醫、藥鋪主、富豪、區長、庄長、庄協	次子	阮朝江	農事試驗場	助役、庄長、信用組合長、實業家	
		三子	阮朝漢	東京中學	公學教、信託會社支店長	
		姪	阮朝堪	臺醫校、日大醫科	開業醫、助役	
		姪	阮朝倫	農事試驗場	信用組合理事、農場經營、庄協	
		姪	阮朝日	福島高等商業	實業經營、臺灣新民報販賣部長、興南新聞監查役	

	陳順和	富豪、區長、街長、州協	子	陳文欽		實業經營	
	黃文韜	富豪、庄長、區長	子	黃景謨	漢學	區長、街長、實業經營	
	黃耀光	廩生、參事	子	黃添光	公學校	保正、區長、庄協、信用組合理事、實業經營	
	許連升	富豪、雜貨商、庄長	長子	許受全	國語校國語部	公學教、助役、州協、實業家	
			姪	許順吉	國語校師範部	公學教、青年團長、助役、庄長、實業經營	
	蕭贊堯	生員、豪農	長子	蕭恩鄉	日醫專	開業醫、庄長、州協、府評議會員、實業家	
			子	蕭秀利	慈惠醫大	開業醫	
	龔 陽	富豪、庄總理、庄長、區長	姪	龔天降	明大法科	實業家、區長、庄長、州協、信用組合理事	
宜蘭	李望洋	舉人、知縣、知州、書院山長、參事	次子	李登第	佾生、國語傳習所	國傳所助教、公學教	
	林拱辰	廩生、中醫、參事、街協	長子 次子	林耀庚 林耀輝	臺醫校 京大	開業醫	
	林蔭宣	生員	長子	林以士	早大英法科、九大法文學部	實業經營、街協、市會議員	
	林澤蔡	國傳所甲科、通譯、區長	姪	林彪年	國傳所	印刷業	
	盧廷翰	富豪、參事	子	盧纘祥	漢學	信用組合理事、組合長、實業家、州會議員	
	藍 新	富豪、參事、街協	長子	藍渌淮	國語校國語部	街協、信用組合理事、組合長、州會議員	長子化成早大畢、次子堂燦京城齒專
			姪	藍廷珍	國語校師範部	公學教	
			次子	藍溫淇	國語校師範部	公學教、地主、實業經營、信用組合專務理事	

	蘇璧聯	生員、國傳所、通譯、公學教	長子	蘇耀西	國語校師範部	公學教	
			姪	蘇耀邦	國語校師範部	公學教、青年團長、記者	
				蘇耀南		壯丁團副團長、保甲協會長、街協、市會議員	
	江錦華	武舉人、庄長、區長	孫	江天賜	公學校	實業經營、庄協、壯丁團長、部落振興會長	
	莊贊勳	五品同知、參事、區長	姪	莊 麗	國傳所	書記、實業經營、街協、信用組合理事	
	陳謙遜	中醫、富豪、街長	子	陳茂鏗	臺醫校	開業醫	
	陳進財	豪農、庄長、保正	四子	陳東山	國語校國語部	街協、信用組合專務理事	
	陳 書	生員、公學教	三子四子	陳木裕陳志謙	北師公學校	公學教、實業經營 實業經營、庄協、信用組合理事	
花蓮	馮連二	南師、公學教、經商致富、保正、區長	次子	馮子明	日大齒科	開業醫	
澎湖	吳文仁	生員、鄉長、保正	孫	吳 南	國語校師範部	公學教	
	許凌雲	生員、參事、長老教會中學教師	長子	許水錦	國語校師範部	公學教、教會小學校長、信用組合理事	
備註	(1)上欄經歷係指日治後之經歷。						
	(2)地區別係據1910年代實施的12廳制。						
	(3)學歷校名係簡稱，例如「國語傳習所」簡稱「國傳所」、「臺灣總督府醫學校」簡稱「臺醫校」、「臺灣總督府國語學校師範部」簡稱「國語校師範部」等，餘類推。						
	(4)職位名係簡稱，例如州、市、街、庄協議會會員，簡稱為州協、市協、街協、庄協；公學校教師則簡稱公學教等，餘類推。						

資料來源：臺南新報社編，《南部臺灣紳士錄》（臺南：該社，1907）；鷹取田一郎編，《臺灣列紳傳》（臺北：臺灣日日新報社，1916）；大園市藏編，《臺灣人物誌》（臺北：古澤書店，1916）；遠藤克己，《人文薈萃》（臺北：遠藤寫真館，1921）；內藤素生編，《南國之人士》（臺北：臺灣人物社，1922）；臺灣大觀社編，《最近の南部臺灣》（臺南：該社，1923）；橋本白水編，《臺灣の事業界と人物》（臺北：南國出版協會，1928）；林進發編，《臺灣人物評》（臺北：赤陽社，1929）；簡萬火編，《基隆誌》（基隆市：基隆圖書出版協會，1931）；林進發編，《臺

灣官紳年鑑》（臺北，民眾公論社，1933）；臺灣新民報社調查部編，
《臺灣人士鑑》（臺北：該社，1934）；大園市藏編，《現代臺灣史》
（臺北：日本植民地批判社，1934）；原幹洲編，《自治制度改正十周年
紀念人物史》（臺北：勤勞と富源社，1931）；原幹洲編，《南進日本之第
一線に起つ新臺灣之人物》（臺北：拓務評論社臺灣支社，1936）；臺灣
新民報社編，《臺灣人士鑑》（臺北：該社，1937）；唐澤信夫編，《臺
灣紳士名鑑》（臺北：新高新報社，1937）；菅武雄編，《新竹州の情勢
と人物》（臺北：編者，1938）；太田肥洲編，《新臺灣を支配する人物
と產業史》（臺北：臺灣評論社，1940）；大園市藏編，《臺灣人事態勢
と事業界》（臺北：新時代社臺灣支社，1942）；興南新聞社編，《臺灣
人士鑑》（臺北：該社，1943）。

第四章　社會領導階層與殖民政治

　　日治初年，總督府以資產和門望爲主要標準，漸次建構臺灣社會新領導階層，將之納入殖民基層行政和治安體制中，成爲殖民施政的輔助工具，由是而逐漸建立殖民社會的新秩序。具體而言，總督府根據臺灣社會精英財富之多寡、門望之高低及其與日人合作之程度，分別遴選其擔任參事、街庄區長等基層行政吏員，或同意其出任保正、甲長、壯丁團團長等基層治安組織領導人；並對具「學識資望」者頒授紳章[1]，舉辦揚文會、饗老典等以示尊崇。爲確保對社會領導階層影響力有效地利用，總督府當局除擁有最高的權威之外，並以警察網對之嚴密地監視和約束，以及透過金融面的管制，鴉片、煙草等專賣品配售權的核發及其他種種手段等加以控制。要之，總督府將社會領導階層視爲政治上首要掌握的對象[2]。在上述策略運用下，總督府徹底壓制了武裝抗日運動，促進殖民資本主義產業經濟之發展。

　　迨至1920年代前後，由於民族自決之時代思潮、日本帝國主義之昂揚及民主運動之盛行，以及臺人民族自覺所造成的新威脅，

1　據統計，至1916年止一千餘名獲授紳章者中，擔任過街庄長者有375人。參閱小林英夫，〈初期臺灣占領政策について（一）〉，《經濟學論叢》第8卷第2號（1979年9月），頁52。

2　若林正丈，《臺灣抗日運動史研究》（東京：研文出版，1983），頁38。另若林亦認爲總督府遴選臺人擔任街庄區長、保甲役員之際，並非選人，而是選家，亦即是選該地的名望家或勢力家（頁188）。

在在迫使日本不得不改變臺灣的統治方針，以強化其對殖民地之控制。於是，1918年，先有總督明石元二郎明揭同化主義施政方針。翌年，繼任的文官總督田健治郎進而標榜「漸進的內地延長主義」政策，從而改革特別立法制度及地方制度，設置臺灣總督府評議會，頒布臺人官吏特別任用令，制定開放「共學」的新教育制度，確立日本的民法、商法及民事訴訟法等法令的延長施行原則，開放臺、日人通婚等，不一而足[3]。

　　儘管如此，1920年代臺人仍掀起以政治運動為中心的民族運動。歷來對此一非武裝反殖民體制的民族運動進行研究者頗不乏人。論及運動的領導人，時人矢內原忠雄曾指出，臺人中產階級乃是該運動的中堅勢力[4]。近年來，研究者或稱之為「新知識分子的近代民族運動」[5]，或略謂「運動的主體乃是以留學生為中心的青年知識分子及臺人資產階級。」[6]甚至有以階級分類定義運動性質者，指稱1920年代前期係資產階級民族運動，而後期則係無產階級民族運動，表示因運動主體的臺灣文化協會成立初期會員大多是地主、小資本家、公司職員、教師、學生等出身資產階級的知識分子，而領導人多係地主、醫師、記者、自由業者等，幾乎無出身勞工階級者；後期則係在臺共指導下的農工民族解放運動[7]。亦有主張臺灣議

3　同上書，頁58-59。向山寬夫，《臺灣に於ける日本統治と戰後內外情勢》（東京：民主主義研究會，1963），頁22-29。

4　矢內原忠雄，《矢內原忠雄全集》第2卷（東京：岩波書店，1963），頁290。

5　參閱簡炯仁，《臺灣民眾黨》（臺北：稻鄉，1991），頁8-9。周婉窈，《日據時代臺灣議會設置請願運動之研究（1921-1934）》（國立臺灣大學歷史學研究所碩士論文，1981），頁24-34。

6　小島晉治等編，《中國人の日本人觀100年史》（東京：自由國民社，1974），頁112-113。

7　淺田喬二，〈1920年代臺灣に於ける抗日民族運動の展開過程──「臺灣文化協會」の活動を中心にして──〉，《歷史學研究》第414號，頁3-18。

會設置請願運動、地方自治改革運動等溫和的政治運動，乃是「土
著地主資產階級民族主義派知識分子」所推動的運動[8]。姑不論前述
諸說是否均允當，無疑的均強調接受日本新教育的新一代社會精英
爲此一時期反殖民體制運動的主導者。

　　然而，無可否認的，領導反殖民體制運動的社會精英不過是社
會領導階層的一部分；事實上，另有許多社會精英參與殖民政治，
成爲殖民政治體制中的一員，總督府稱其爲地方上具有「學識資
望」者；相反的，反殖民體制者則每稱其爲「御用紳士」。毋庸諱
言的，固然前者未必全然可信，惟後者顯然是站在民族主義的立場
所作的稱呼。

　　過去，一般學者或研究者站在民族主義或批判殖民主義之立
場，對殖民政治體制中的社會精英每加以排斥，而鮮少詳作探討或
給予適切的評價，致使吾人難以確切掌握殖民政治之發展，亦無法
客觀地了解民族運動之消長。

　　本章擬探討1920年代以降參與殖民政治的社會精英之成分及特
色，並分析其與民族運動之關係。

第一節　殖民官僚體系中的臺人官吏

　　1920年以前，臺人因受到教育訓練和任用資格之限制，加以遭
受日人的疑忌和有意的排斥，故無一人出任殖民行政機關的正式官
吏，而概係以臨時雇聘性質擔任通譯、囑託、雇員、書記等職務。
1921年2月，總督府發布「臺灣總督府州理事官特別任用令」，明訂
若具有相當的資格且熟悉臺灣情況的臺人，可依該令任命爲地方理

---

8 若林正丈，《臺灣抗日運動史研究》，頁24-40。

事官，亦即是可出任郡守等奏任（相當於薦任）以上高等文官。一
時似顯示總督府將開啓登用臺人之門。

　　該令發布後，據日人調查，一般臺人大抵認爲甚爲得當，而呈
現欣喜之情。可是，蔣渭水等人深不以爲然，或表示當局制定特別
任用令，恐怕不過是畫餅給臺人充飢罷了；或表示當局若對臺人無
誠意，即使發布千百篇特典令，亦徒然無用；甚或抨擊此特別任用
令對一般人民無益，只不過滿足部分野心家罷了。日人認爲對上述
臺灣文化協會一派的批評根本不必在意。指出過去《臺灣青年》雜
誌曾一再刊載文章，抱怨朝鮮人可出任知事、郡守，而臺人卻未享
有如此特典。然而，若仔細觀察，他們之中眞正懷抱社會責任感而
爲臺人奔走爭取者，爲數甚少；大多是爲逐私欲而不得，乃假藉高
尙的口實，作不平之鳴。由於他們未料到特別任用令如此迅速就頒
布，因此表面上裝作不以爲然，其骨子裡垂涎不已而思欲染指[9]。

　　日本國內人士亦認爲總督府果若能名實相符，登用臺人賢才，
則一時之批評實不足爲慮。略謂：「此次當局頒布特別任用令，果
能名實相符，則賢能之士今後即毋須遠赴中國。蓋人們若無法發揮
其聰明才智，則事齊事楚均無不可。要之，唯有看當局有無誠意，
雖然在東京的臺灣留學生有種種的批評，概係因妒心而生，實不足
掛齒。」[10]

　　事實上，該令發布後遲遲未見付諸實施。1924年，劉明朝、
劉茂雲二人雖考取行政科高等官，惟進入總督府之初仍擔任幕僚職
務，直至翌年初，總督府因整頓人事行政，始先後調派兩人轉任地
方理事官（行政官）。劉明朝奉派理事官之初，《臺灣民報》對總

9　作者不詳，《臺灣人の臺灣議會設置運動と其思想》後篇（1923，臺灣分館藏），
　　頁26-28。
10　同上書，頁28。

督府遲來的突破略表致意之餘，表示：「360萬的臺人僅僅出了一位
行政官，其於臺灣的政治能發生什麼影響？除非使臺灣的人大多數
能參與政治，否則再任命了一百個一千個臺人行政官，也不能從根
本上改善臺灣的政治，增進臺人的幸福。所以歸併30年後之今日，
僅僅任命了一位臺人行政官，便以爲受寵若驚，或以爲莫大的恩
典，那麼臺灣政治的前途還是暗淡無光哪！」（按：引自原文）[11]

　　1926年10月，復有李讚生被任命爲郡守，係臺人出任郡守的
第一人。《臺灣民報》社論表示，臺灣人被統治了32年，始出現
一位地方牧民官，此何可喜可賀之有？蓋臺人中具有擔任郡守資格
者爲數不少，只是總督府迄無登用臺人人才之誠意。該報進而表明
期望，略謂：「雖然，有勝於無，此去當局如有誠意欲登庸臺灣人
材，以期臺灣統治的圓滿進行，吾們非但不咎其前非，而且要再進
一言，希望今後對於臺灣人的適材，陸續採用，使其能得奉公之適
所。那就日臺人的聯繫必能加一層的密切，而臺灣的統治也定會進
一步的安固。設或不然，若只欲任用一個郡守以作臺灣人材登庸之
實的粉飾政策，在五年前或者可以瞞騙過去，但到了今日的臺灣，
吾人已不能漠然而歡呼稱快了。」（按：引自原文）[12]

　　《臺灣民報》爲當時以「臺灣文化協會」爲中心的民族運動
之宣傳機關，其上述言論顯示，當時從事民族運動的知識分子並非
消極地抵制殖民政權，而是積極地要求改革殖民政治體制、爭取政
治地位平等及擴大政治參與，因此，他們認爲總督府宜公平登用具

---

[11] 〈劉明朝的任官〉，《臺灣民報》第3卷第3號，大正14年1月21日，頁6。
[12] 〈社說：臺灣人郡守〉，《臺灣民報》第128號，大正15年10月24日，頁1；〈餘
錄〉第129號，頁16：「李君不過做了一個下級的地方牧民官，鄉人就狂喜而要建立
石碑做紀念。噫！皇皇的漢族子孫何其自辱至於如是，堂堂的鄉村長老又何其低迷
至於如此。」由上亦見知識分子與一般民眾認知及觀念之差距。

適當資格的臺人出任官吏。換言之，此種臺人並不被視爲「御用紳士」。劉明朝即是一著例，1920年東京「新民會」成立之初，劉氏爲主要幹部[13]，隨後並參與《臺灣民報》、《臺灣》兩雜誌的編務[14]，可說是早期留學界倡導民族運動的活躍人物之一，當其學成並取得高等文官資格後，旋即返臺進入總督府工作。

　　日人輿論則認爲臺人宦途之門不待外求，在於本身必先具備適當的資格，尤其宜以「責任感」的涵養爲首務，謂李讚生擔任郡守不失爲臺人任官吏的試金石，若其經得起考驗，則將可進一步開放登用臺人之門[15]。《臺灣民報》社論指斥上述評論顯然是「無視臺灣人的人格與反對心理的混合表現」，並引殖民學者泉哲的主張，要求大部分的官吏宜採用臺人，而非僅象徵性地任用或登用一些善於逢迎巴結的臺人[16]。

　　其後，至1930年，總督府未再任命臺人理事官。臺人輿論一度鑑於臺人出任官吏後上焉者每變成瞻前顧後，畏首畏尾；下焉者往往忘本，只知迎合巴結日人，虐待臺人反而更甚於日人；連擔任街庄吏員的臺人亦多仰官廳的鼻息，對社會運動多所牽制；因此亦有反對臺人出任官吏者。惟大體上仍希望總督府多延攬臺人人才，以「展開臺灣政治的局面」[17]。甚至指斥「特別任用令」爲「有名無實的人材登庸法」[18]。

　　1930年以降，總督府雖陸續任用臺人擔任行政、司法高等官，

---

13 臺灣史料保存會，《日本統治下の民族運動》中卷，頁27。

14 蔡培火等著，《臺灣民族運動史》（臺北：自立晚報社，1982），頁547-548。

15 〈社說：本島人任用上の一新例——登用の第一資格は「責任感」〉，《臺灣日日新報》第9507號，大正15年10月20日，1版。

16 〈社說：臺灣人材登用政策〉，《臺灣民報》第130號，大正15年11月7日，頁1。

17 〈社說：臺灣政治的局面展開——人材登用與地方自治〉，《臺灣民報》第206號，昭和3年4月29日，頁2。

18 〈社說：有名無實的人材登庸法〉，《臺灣民報》第296號，昭和5年1月18日，頁2。

惟人數仍甚少。據表4-1-1初步統計，迄至日治末年，出任行政、司法高等官的臺人僅19人。就其學歷觀之，均是日本國內一流大學出身的科班人才；考試資格亦與日人無所殊異。惟就其職位和升遷觀之，則顯示頗受限制。其中，擔任過地方首長者，僅李讚生、劉萬、林旭屏、林益謙、楊基詮、莊維藩等6人曾任郡守；職位最高者，僅劉明朝曾任稅關長（相當於今海關稅務司）；其餘的職務儘管時有異動，惟幾乎均限於擔任勸業、產業、商工水產、農務、礦務等經濟管理部門的職位。對於臺人官吏職位之限制，1930年之際，《臺灣民報》即曾加以批評，指責總督府藉口臺人特別適任勸業課長，而將官吏中僅有的3名臺人行政高等官悉數任為勸業課長[19]。至於升遷方面，更是清楚地顯示差別待遇，行政官吏或久任同一職位，或只是遷調性質相近的職位，職等固然隨年資而漸進級，但比諸日人官吏則顯然緩慢許多；擔任法官者均始終是地方法院判官，未見升調上級法院或出任主管者。對於此一差別待遇，《臺灣民報》曾批評道：「劉明朝君在同一任所的新竹州，做過滿五年以上的勸業課長，造出臺灣行政官界罕有的先例。和君同期或後輩的內地人，同在臺灣任官，現時昇到警務部長的已有數人。同僚們更以冷嘲的口調說劉君是勸業方面的最適任者云。自來行政官和技術者不同，非處處轉任以長各方面的閱歷，終是不得大成。當局若果有登庸臺灣人材的誠意，今後非大大的下了英斷以別開生面不可！」（按：引自原文）[20]要之，臺人出任行政、司法高等官者不但

19 同上註。
20 同上註。另就日人的升遷觀之，以森田俊介為例，森田氏係劉明朝東大晚一屆的學弟，並未通過高等文官考試，初任總督府屬，後經歷臺中州大屯郡守、臺北州警務課長、府理蕃課長、臺北州內務部長等職位，1941年出任臺中州知事，1944年升任總督府文教局長，已是勅任官。其任官資格雖不及劉氏，惟升遷則遠非劉氏所能及。參閱森田俊介，《內臺五十年》（久留米：作者自印，1979），頁185。

為數無足輕重，而且職位和升遷均頗受限制，故臺人官吏每未屆退休年齡即辭職，轉營實業或從事自由業。

表4-1-1　臺灣總督府奏任以上臺籍行政官員概況表

項別 姓名	學歷	高考及 格類科	任公職起迄	經歷	備註
黃松官	臺醫校		1921-1945	府警務局衛生課技手、技師	初任係判任官，久任始升為奏任官
劉明朝	東大政治科	行政科	1924-1942	府專賣局翻譯官、新竹州勸業長、種畜場長、府殖產局水產課長、山林課長、府稅關長、高雄稅關長	辭職轉任臺灣產業組合聯合會理事、父劉神嶽
劉茂雲	東京商大	行政科	1924-1945	府通信書記兼府屬、高雄州勸業課長、臺南州勸業課長、府稅關事務官、高雄稅關監視部長、稅關長事務取扱、府農業試驗所事務官、新竹州產業部長、府庶務課長、山林課長、書記官	易名豐岡茂雲
李讚生	京大經濟學部		1924-1940	府屬、臺北州海山郡守、高雄州勸業課長、新竹州勸業課長、教育課長	辭職轉任合成肥料公司常務董事、父李聲元
劉　萬	京大法學部	行政科	1930-1943	府交通局書記、府稅關屬、監視、新竹市助役、文書課長、新港、海山、新高郡守、高雄稅關監視部長	辭職轉任皇民奉公會中央本部參事、易名安川萬
黃演渥	東北大法文學部	司法科	1931-1945	1931東京地方裁判所、1932府法院判官、臺北、臺南地方法院判官	易名三松演渥
林德欽	九州大法文學部	行政科	1929-1945	1929-1941東京府書記、長崎縣會計課長、北海道廳拓民課長、1941新竹州產業部長，府貯金課長	易名林恭平

黃炎生	京大德法科	行政科司法科	1929-1935	1929-1930東京地方裁判所勤務、1931府法院判官、臺中、臺北地方法院判官	辭職轉任律師、州會議員、易名島津光行、岳父洪以南
饒維岳	京大英法科	司法科	1932-1945	1932東京地方裁判所勤務、1932府法院判官、臺北、臺中地方法院判官	易名宮崎峯明、父饒鑑麟為富商
林旭屏	東大法律科	行政科司法科	1932-1944	府屬、交通局書記、屏東市、新竹市助役、竹南郡守、臺南州商工水產課長、新竹州總務課長、專賣局參事、煙草課長	易名松林秀旭、父林純卿
杜新春	京大法學部	司法科	1930-1936	1930東京地方裁判所勤務、1932府法院判官、臺南地方法院嘉義支部判官	父杜成羅為富豪
黃介騫	京大經濟學部	行政科	1933-1945	府文教局社會科勤務、府編修書記、臺南市助役、臺東廳勸業課長、臺北州商工水產課長、基隆港務局運營部長	父黃壽山為富豪
林益謙	東大法律科	司法科行政科	1934-1945	府屬、府財政局金融課、曾文郡守、府事務官、書記官、金融課長	易名林益夫、父林呈祿
張水蒼	東大法律科	司法科行政科	1936-1945	交通局書記、副參事、新竹市助役、總督府特產課、物價調整課、商政課等事務官	易名長村蒼樹
楊基詮	東大經濟學部	行政科	1940-1945	府屬、臺北州宜蘭郡守、府礦務課事務官、府農務課事務官、臺北州商工課長	易名小柳基詮
莊維藩	東大政治科	行政科	1942-1945	府農務課屬、新營郡守	
廖坤福	東大法科	行政科	1943-1945	府食糧局屬	
陳明清	中央大法科	司法科		新竹地方法院	易名南鄉光輝
劉增銓	臺北師範	司法科		高雄地方法院判官	易名武村銓一

資料來源：臺灣總督府，《臺灣總督府及所屬官署職員錄》大正10—昭和19年（臺北：臺灣時報發行所）。臺灣新民報社調查部編，《臺灣人士鑑》（臺北：該社，1934）。興南新聞社編，《臺灣人士鑑》（臺北：該社，1943）。

　　總括而言，在殖民政治體制中，不僅前述行政、司法高等官為數甚少，臺人醫師、教師及技術人員等升至高等官者亦屈指可數；連中、下級的判任官（相當於委任）亦遠較日人為少。1945年初，雖然總督府以迎接「施政五十周年」為由，向眾議院提出「臺灣人處遇改善大綱」，內含開展登用臺人為官公吏之途[21]。可是未見實施，日本已戰敗投降。是年9月，總督府各級官吏中，勅任官（相當於簡任）161人，臺人僅臺北帝大教授杜聰明1人；奏任2,120人，臺人僅29人，內含行政、司法高等官及教師、校長、公立醫院院長等；判任官21,198人，臺人僅3,726人，以公學校教師為主[22]。總之，殖民官僚體系始終深具封閉性和獨占性，乃是日治時期殖民統治體制的主要特徵，由是更強化了殖民統治的專制性。

第二節　社會領導階層與臺灣總督府評議會

　　1896年3月，據「六三法」規定，總督府設評議會，以議決律令，並答覆總督有關預算、決算、重大工程計畫、重要的人民請願案等諮詢事項；該會由總督、民政局長、財務局長、陸軍幕僚參謀、海軍參謀長、事務官及參事官等總督府高級文武官員組成，總督擔任議長，全然是官僚組織之一，並非民意機關；議案之議決雖採多數決，惟總督對已發布之議案得加以修正或撤回，顯示該會不過是形式上的諮詢機關，實際上仍秉承總督之意旨以議事。1906年制定「三一法」之後，旋另設「律令審議會」以取代評議會，專事

21　《朝日新聞》第21201號，昭和20年3月21日。
22　鹽田俊二，〈日據時代臺灣之警察與經濟〉，《臺灣經濟史》初集，臺灣研究叢刊第25種（臺北：臺灣銀行），頁127-147。

律令之審議，成員增加覆審法院院長及檢察官、警視總長等，對臺人民意仍完全漠視[1]。

　　1921年6月，總督府爲因應臺人發起的臺灣議會設置請願運動，於是藉著改革地方制度之機，制定臺灣總督府評議會官制和組織規程，恢復設置評議會，而廢除律令審議會。該會以總督爲會長，總務長官爲副會長，會員由總督府高級官員及總督遴選的具有學識經驗的臺灣居民等構成，任期2年，但任期中總督得視需要予以解任；會員數爲除正、副會長外25人以內，其中，官員7人，民間臺、日人各9人[2]。同時，任命首屆會員。由表4-2-1知，臺人會員受過新教育的僅李延禧、黃欣2人。最值得注意的特徵，乃是膺選會員者概係全島數一數二的大資本家或各地首富之流，清楚地顯示總督府係以財富的多寡作爲遴選的主要考量。當時，《臺灣民報》評論指出：

> 臺人的議員有受過新教育的人物不過一、二名，其餘都是不識時勢的徒輩；兼在會議中，不解國語，不能聽取他議員的意見，沒有批判的自由，自己的意見托通譯說出也屬不完全；況且多有受專賣事業的特典和官界有關係，不得不買政府的歡心的。如此豈能望其發公正的議論？以這無用的長物來充做國家的棟梁材，豈不是一個大矛盾的現象嗎？（按：引自原文）[3]

1　井出季和太，《臺灣治績志》（臺北：臺灣日日新報社，1937），頁230-233。
2　同上書，頁637-639。
3　〈論評：沒有成績的總督府評議會〉，《臺灣民報》第74號，大正14年10月11日，頁2。

　　雖然總督府聲稱該會係爲了廣徵民意而設，惟就其權限觀之，該會不過是總督監督下的行政諮詢機關，諮詢事項復僅限於一般政務，並不包括律令、財政收支等與人民利害較有關之事務，而且，意見之採納與否完全任由總督決定，會員對之毫無約束力[4]。因此，臺人輿論譏之爲「空掛民意的招牌」，進而建議總督府順應民意，改設臺灣議會以取代之，實施會員民選，擴大其權限，授予議決權，凡重要的歲出入預算和特別立法均須經該會通過[5]。

表4-2-1　1921-1945臺人總督府評議會員概況表

項別／姓名	居地	初任年齡	學歷	任職起迄	經歷	備註
林熊徵	臺北市	34	漢學	1921-1937	實業家、大資本家、廳參事、區長、州協議會員	林維讓長孫 1946歿
顏雲年	臺北基隆	48	漢學	1921-1923	實業家、大資本家、區長、參事、州協議會員	1923歿
李延禧	臺北市	39	明治學院 美國遊學	1921-1929	大資本家、實業家、新高銀行總經理、臺灣商工銀行副總經理	事業失敗離臺赴日 1959歿
簡阿牛	新竹大溪	41	漢學	1921-1923	資本家、實業家、州協議會員	1923歿
辜顯榮	臺中鹿港	57	漢學	1921-1935	大資本家、實業家、廳參事、州協議會員	1934貴族院議員、1937歿
林獻堂	臺中霧峰	41	漢學	1921-1923 1941-1945	大資本家、廳參事、區長、州協議會員	1923以病辭職、1945貴族院議員 1956歿
許廷光	臺南市	62	廩生	1921-1929	廳參事、區長、州協議會員	1929歿
黃　欣	臺南市	37	明大專門部	1921-1945	實業家、資本家、區長、州協議會員	易名國江南鳴 1947歿

4　矢內原忠雄，《矢內原忠雄全集》第2卷，頁365。
5　〈論評：沒有成績的總督府評議會〉，《臺灣民報》，第74號，大正14年10月11日，頁2。

藍高川	高雄屏東	50	漢學	1921-1937	資本家、實業家、廳參事、州協議會員	1940歿
鄭拱辰	新竹市	65	漢學	1922-1923	廳參事、州協議會員	1923歿
楊吉臣	臺中彰化	70	漢學	1923-1929	望族、廳參事、區長、街長	1930歿
顏國年	臺北基隆	42	漢學	1927-1937	大資本家、實業家、市、州協議會員	兄雲年1937歿
黃純青	臺北鶯歌	53	漢學	1927-1937	資本家、實業家、庄長、區長、州協議會員	1956歿
簡朗山	新竹桃園	56	漢學	1927-1945	庄長、區長、街長、實業家	1945貴族院議員、易名綠野竹二郎
李崇禮	臺中彰化	54	國語學校	1927-1941	法院雇、通譯、實業家、州協議會員、街長	1951歿
吳昌才	臺北市	46	漢學	1927-1928	實業家、資本家、區長、市協議會員	1928年3月5日歿
鄭沙棠	臺南斗六	42	國語學校	1927-1945	公學校教師、區長、州協議會員	父鄭芳春為廳參事、易名梅里尚德
陳啓貞	高雄市	47	慶應中學部	1927-1945	大資本家、實業家、廳參事、州協議會員	父陳中和
許　丙	臺北市	40	國語學校	1930-1945	實業家、資本家、州協議會員	1945貴族院議員1963歿
郭廷俊	臺北市	49	專修學校高等研究科	1930-1943	實業家、資本家、州協議會員	易名香久忠俊1943歿
陳鴻鳴	臺南市	55	漢學	1930-1945	參事、區長、實業家、資本家	易名東重行1950歿
鍾幹郎	高雄內埔	45	國語學校	1930-1941	實業家、資本家、州協議會員	易名中屋文男、1969歿
黃維生	新竹頭分	46	漢學、國語速成科	1930-1945	實業家、廳參事、州協議會員、街長	1950歿
黃媽典	嘉義市	38	臺醫校	1930-1939	開業醫、實業家、街長、州協議會員	易名廣田正典1947歿
鄭神寶	新竹市	50	漢學、國語傳習所	1930-1936	實業家、大資本家、廳參事、州協議會員	1936辭職、1941歿、拱辰弟
蕭恩鄉	高雄佳冬	43	日醫專	1935-1945	開業醫、資本家、庄長、州協議會員	父蕭贊堯1967歿

姜振驤	新竹北埔	42	國語學校	1936-1941	資產家、庄協議會員、州會議員	父姜紹祖
張纍生	臺中市	49	臺醫校	1937-1945	開業醫、資本家、市、州協議會員、州會議員	父張晏臣
許智貴	臺北市	53	漢學、國語傳習所	1937-1941	資本家、市、州協議會員	
林熊光	臺北市	41	東大商科	1937-1941	大資本家、實業家、州協議會員、州會議員	熊徵三弟 1974歿
林熊祥	臺北市	46	學習院高等科	1941-1945	大資本家、實業家	熊徵大弟 1973歿
林呈祿	臺北市	55	明大高等研究科	1941-1945	社會運動家、報社董事兼主筆	易名林貞六 1967歿

資料來源：《臺灣總督府及所屬官署職員錄》大正10—昭和19年。大園市藏編，《臺灣の中心人物》（臺北：日本植民地批判社，1935）。興南新聞社編，《臺灣人士鑑》（臺北，該社，1943）。《朝日新聞》第21215號，昭和20年4月4日。

　　總督府對於上述批評和建議未加理會，反而利用臺人評議會員號召各地的社會領導階層組成團體，以抵制臺人的民族運動。據載，當時辜顯榮、林熊徵、李延禧等評議會員均反對臺灣議會設置請願運動，尤其是辜顯榮，視林獻堂、蔡培火、蔣渭水等領導臺灣議會設置請願者為洪水猛獸，謂該運動將妨礙臺灣的進步和發展。林熊徵、李延禧則表示一國之中不當有兩個議會，而且臺人妄作此一要求根本就是不對，如任令此一離譜的行為發展，大則將使總督府對臺人失去同情心，並破壞臺、日人的融合；小則將誘致青年學生墮落。因此，他們十分關心如何消滅該運動，林熊徵每遇林獻堂即婉言勸其中止該運動；林熊徵、李延禧、許丙等人甚至故意資助《臺灣》雜誌，希望藉此改變該雜誌成為學術性刊物，而停止臺灣議會設置請願運動6。1923年6月，辜顯榮、林熊徵、李延禧、許廷光等評議會員進而發起「臺灣公益會」，以圖對抗臺灣文化協會；

6　作者不詳，《臺灣人の臺灣議會設置運動と其思想》後篇3，頁22-23。

印刷旨趣書和會則，分送全島各地有力人士，並請各地有力人士擔任發起人，負責招募會員。結果，募得臺北州732人、新竹州223人、臺中州415人、臺南州196人、高雄州84人，合計1,650人。是年11月8日，舉行成立大會，出席會員達627人，通過會章，選舉辜顯榮爲會長、林熊徵爲副會長、評議員133人，一時隱然成爲對抗文化協會及臺灣議會設置請願運動的一大勢力。翌年，公益會幹部見臺灣議會設置請願運動在東京熱烈地進行，爲表明該運動並非全體臺人之意志，於是辜顯榮、林熊徵、吳昌才、李延禧等人在臺灣及日本各主要報紙刊載聲明書，並發起舉行「有力者大會」，以聲討臺灣議會設置請願運動。上述行動引起文化協會會員的憤慨，於是在林獻堂的領導下舉行「無力者大會」，與之相對抗，遂使得公益會一派虎頭蛇尾，狼狽收場[7]。由上顯示既得利益者大多較爲保守，傾向於維持現況而忌憚改革。

　　總督府遴選林獻堂爲總督府評議會員原有籠絡之意，然而，林氏卻同時出而領導臺灣文化協會和臺灣議會設置請願運動，於是總督府乃直接或間接對之施加壓力，例如1922年10月，臺灣銀行向林氏催討十數萬圓的債務；總督府的特工人員復趁機捏造謠言，或謂林氏已向總督保證中止請願運動，或謂林氏獲得總督酬庸300餘甲土地。林氏受此打擊，不得不退出第三次請願運動，並稱病辭去評議會員，其缺則由其妹夫彰化街長楊吉臣遞補[8]。

　　由於總督府評議會以籠絡各地首富爲主要目的，形式的意義遠大於實質的作用，因此會員雖有任期規定，惟通常均是一再連任，

---

7 臺灣史料保存會，《日本統治下的民族運動》中卷，頁178-181。蔡培火等著，《臺灣民族運動史》，頁308-316。

8 參閱張正昌，《林獻堂與臺灣民族運動》（臺北：益群，1981），頁140-142。

殊少更易，有之，亦往往是兄弟或親戚相續（詳見表4-2-1）；甚至1925年第2屆會員任期屆滿時即未再重新任命，連會議亦不再召開。日人輿論指責該會此種「半生半死」狀態將有損官廳的威信[9]。1927年，總督上山滿之進雖重新任命會員，民間臺、日人各增為11人，但除了數名新人遞補已去世或辭職者外，舊人仍繼續留任；新會員亦多係大實業家和資本家。蔡培火即指出：「由於會員中除了幾位係退休的高官外，多數均是某公司董、監事，因此好事者遂為該會取個別名，稱之為公司董監事聯合會。」[10]謝春木分析會員的背景後亦表示：「評議會乃是一混合董監事會或支配階級俱樂部，其存在唯有增加臺灣民眾的痛苦。某報記者評之為『財產整理委員會』。總之，該會對臺灣民眾的確有害無益。」[11]

　　值得注意的是，時人對這些評議會員的評價往往隨著立場不同而截然有別，例如站在總督府立場者，謂鄭沙棠係南部少數的代表人物之一，為人穩厚篤實，言出必行，對社會事業貢獻良多。黃純青對州下產業發展及公共事業貢獻良多。簡朗山因係桃園的「勢力家」，為人穩厚踏實，善於交際，故膺選為評議會員[12]。然而，站在民眾立場者，則謂簡朗山只會奉承官廳及請求壓制農民，與民意無緣。黃純青係苦惱於農民組合的地主，在州協議會意見雖多，但一無共鳴者。而鄭沙棠係大地主，只說日語，臺人鮮少認識他，他根本不在意是否代表臺人的意見[13]。事實上，當時此種官、民評價之差距普遍存在著，因此，1926年之際，臺南州當局擬編紳士錄，有識

9　〈社說：督府評議會を何ろする，其の半生半死の現狀を見よ〉，《臺灣日日新報》第9609號，昭和2年1月30日，2版。
10　蔡培火，《日本本國民に與ふ》（東京：臺灣問題研究會，1928），頁84-85。
11　謝春木，《臺灣人は斯く觀る》（臺北：臺灣民報社，1930），頁82。
12　林進發，《臺灣人物評》（臺北，赤陽社，1929），頁3、93、128。
13　謝春木，前引書，頁79-81。

之士當即表示：「現際之紳士，官場與民間之見解大相背馳，往往官場認爲模範人物，而民間則畏若蛇蠍者。要之，今後若行採輯，總須以品格、名望、學問三者爲本位，庶不致失之正鵠也。」[14]

　　由於總督府評議會員的選任方法和標準始終未稍改變，權限亦絲毫未擴大，因此，1920年代末期，臺人輿論對之迭作抨擊和建議，指出總督府盡任命一些「陳腐不堪的御用紳士」，開會時，「不是歌功頌德，便是打馬吹牛，因此不但島民不能認爲代表民意的機關，就是官邊也多否認存在的價值。」[15]認爲該會「不過是一無特定權限的行政評議機關，以及御用紳士名譽慾的分配機關，其與民意鮮有關係。」[16]要求改變爲名實相符的「民選議決機關」[17]。蔡培火則認爲若無該會，反而可使世人明顯地看出總督專制的弊害[18]。日人亦有對之嚴加批判者，例如，《臺灣日日新報》記者無絃琴子稱評議會爲臺灣一流人物的集合，旋遭《新高新報》記者唐澤信夫批評，指其說話昧著良心，簡直是個「無生命的新聞從業人員」[19]。矢內原忠雄認爲該會「可能是世界各國殖民地的行政評議會中，最不具實效的機關。……其對臺灣總督的專制政治，無論在制度上或實質上顯然均無特殊的影響。」[20]

14　〈編紳士錄〉，《臺灣日日新報》第9376號，大正15年6月11日，4版。
15　〈社說：總督府評議會的復活──踏襲欺瞞的政策，假裝民意的機關〉，《臺灣民報》第174號，昭和2年9月18日，頁2。〈總督府評議會の經過に對する批評〉，《臺灣民報》第177號，昭和2年10月9日，頁10。
16　〈論說：評議會の再開──民眾の意志は立憲政治の樹立〉，《臺灣民報》第239號，昭和3年12月16日，頁10。
17　〈社說：要求民選議決機關──府評議會的再開在民眾實不關焉〉，《臺灣民報》第239號，昭和3年12月16日。
18　蔡培火，前引書，頁85。
19　唐澤信夫，〈總督府評議會に對する二つの見解〉，《明日の臺灣》（基隆：新高新報社，1929），頁138-139。
20　《矢內原忠雄全集》第2卷，頁365-366。

　　1930年6月，總督府對評議會的組織略作修訂，將會員數由25人增加爲40人，職權方面，則增加對重要施政的「建議權」，但「民選」、「議決權」仍始終付諸闕如[21]。改革之議初定，臺人輿論即明白表示：此一「古董的評議會，此後若不由根本的改造，加入民選代表分子，規定參議特別立法及預算的權限，那就無論其如何增員粉飾終不能引起臺灣民眾的期待和興味了。」（按：引自原文）[22]待評議會員選出後，由於顯示總督府的遴選標準和原則一無改變，因此《臺灣新民報》著論批評，略謂：

　　　評議員究係那些人？所謂任命具有學識經驗者，全然徒具
　　　虛文，而是由大銀行、大公司、大地主中選拔。亦即是資
　　　本家與總督府高官的聯誼會。對「地方紳士」而言，乃是
　　　給予一年一度拜見平日難得一見的總督府高官之光榮機
　　　會，作爲向鄉黨炫耀的話題，如此罷了。若認爲此一批評
　　　過苛者，不妨仔細地調查各評議員的名單，將會發現其盡
　　　是舊時代的遺物，而禁不住苦笑。[23]

　　綜括而言，根據表4-2-1顯示，1930年以前，評議會員概多係曾任參事、區長的舊社會領導階層，因此，膺選的18人中，舊學出身者多達13人，餘高等教育1人、中等教育4人；其後，新任命者固然舊學出身的已見減少，惟膺選的14人中，舊學出身者仍有4人，餘中、高等教育各5人。顯然的，新式「精英教育」出身者未及半數。

---

21 井出季和太，前引書，頁639。
22 〈社說：評議會的粉飾和民眾無干〉，《臺灣新民報》第313號，昭和5年5月17日，頁2。
23 〈論說：評議會の改造〉，《臺灣新民報》第320號，昭和5年7月5日，頁11。

其次，由其家世和職業觀之，終日治全期總督府迄未改變以該職銜作爲籠絡地方首富之政策，其選任之原則與其說以個人爲對象，毋寧是以家族爲對象，因此會員職位出現兄弟相續現象，例如基隆顏家、板橋林家、新竹鄭家等即是。再者，正由於該職位主要在於酬庸富家，實質的作用不大，因此會員不論有無表現，概均一再連任，其初任年齡以40-49歲者最多，占半數，亦有利於久任。此外，會員的選任大致兼顧地區分配，但臺北市仍爲數最多。要之，總督府評議會固然始終只是扮演「櫥窗裝飾品」（window dressing）的角色[24]，然而，無可否認的，該會乃是日治後期總督府籠絡臺灣社會領導階層最重要的憑藉之一。就臺人評議會員觀之，該職位雖然是無給且無實權，惟大體上頗能滿足其虛榮心、榮譽感及特權心理，故膺選後鮮見拒絕接受者，任期中亦鮮有自動辭職者；相反的，1930年該會擴大編制時，當會員名單公布後，曾發生部分嘉義市協議會員以嘉義市民會名義，發表聲明書，指出新任會員中獨缺嘉義市民，而責怪總督府和州當局選任不公，有輕視嘉義市之嫌。後因市民中有不滿其僞造民意，乃予以揭發，並表示嚴重抗議[25]。此一事件顯示，一些地方上稍具財富和勢力者頗爲在意是否能獲得該職位，足見總督府的籠絡和利用政策有其不可忽視的效果。

---

24 Joseph W. Ballantine, *Formosa*（The Brookings Institution, 1952）, p. 27.
25 〈府評議員問題爲造民意，提倡者受抗議〉，《臺灣新民報》第324號，昭和5年8月2日，頁5。

第三節　社會領導階層與「地方自治」

一、「地方自治」制度之建立與發展

　　1897年，總督府建立以辦務署、街庄社作為縣廳之行政輔助機關的地方制度。1901年11月，鑑於總督府、縣廳、辦務署等三級區劃的行政制度在事務處理上有欠靈活，乃改為二級制，廢縣、辦務署而置廳，全臺分設20廳。廳下改設支廳，作為廳長的輔助機關，以警察事務為其主要任務，視需要亦得兼掌總務及稅務事項。廳設參事5人以內，由廳長就廳內有學識名望之臺人任命之，給予判任官待遇，係一名譽職，為廳長之顧問或承其命辦事。街庄社制則一仍其舊[1]。1909年10月，總督府以治安已漸寧靖，地方政務有長足進步，產業勃興，交通發達，小區制的地方廳已無必要，乃併20廳為12廳，各廳參事增為10人以內，資格和職務不變。廳下仍設支廳[2]。同時，廢街庄社長制，在原街庄社或合數街庄社設區，區設區長1人及書記若干人。區長由廳長就轄內有資產名望、年齡30歲以上、六年制公學校畢業以上程度且熟諳日語者任命之，給予判任官待遇，無固定俸給，僅支給事務費，職務與街庄社長大同小異。區與街庄社相同，只是地方行政區劃，區長在法律上並不代表其街庄社，只是在廳長的指揮監督下協助執行行政事務罷了。區書記亦由廳長任

---

1 《臺灣總督府府報》第1059號，明治34年11月19日，頁50-51，勅令第202號。20廳為臺北、基隆、宜蘭、深坑、桃園、新竹、苗栗、臺中、彰化、南投、斗六、嘉義、鹽水港、臺南、鳳山、蕃薯藔、阿猴、恆春、臺東、澎湖等。
2 《臺灣總督府府報》第2824號，明治42年11月3日，頁5，勅令第282號。第2819號，明治43年10月25日，頁69-70，府令第75號。12廳為臺北、宜蘭、桃園、新竹、臺中、南投、嘉義、臺南、阿猴、臺東、花蓮港、澎湖等。

命，享判任官待遇，承區長之命從事庶務[3]。以上地方行政組織雖然略有變動，惟始終未享有自治權和自主權，擔任參事、街庄社長、區長的臺人大多久任不替，因此，儘管規定熟諳日語為區長的選任條件之一，但據1917年底之調查，全臺區長455人中，完全不懂日語文者有201人、略通者153人、懂日語者僅84人[4]，足見大多數區長仍是舊學出身的社會精英。

　1920年10月，總督府宣稱為順應時勢及臺人實況，乃改革地方制度，實施「地方自治」。標榜採地方分權主義原則，制定州、市、街庄制度，使州、市、街庄不僅是行政區劃，同時亦是地方公共團體，具有獨立的法人資格。選派官吏出任州知事、市尹、街庄長，代表各州、市、街庄，受官府監督，處理委任事務，亦即是處理依法律、勅令或律令屬於州、市、街庄之事務。並於州、市、街庄各設協議會，作為諮詢機關；各級協議會分別以州知事、市尹、街庄長為議長；州協議會員名額20-35人，由總督就該州居民具學識名望者選任之；市協議會員名額15-30人，由州知事選任之；街庄協議會員名額7-20人，由州知事或廳長選任之；協議會員為名譽職，任期2年[5]。於是改廳為州，廢支廳，設郡、市，廢區、堡、里、澳、鄉，改設街、庄。將臺灣西部10廳廢除，改設臺北、新竹、臺中、臺南、高雄等5州，東部的臺東、花蓮港廳仍保留舊制；州、廳之下共設47郡、3市、5支廳、260街庄、18區等，開啓所謂「準地方自治制度」時期[6]。

3　《臺灣總督府府報》第2798號，明治42年9月24日，頁44-45，勅令第217號。小濱淨鑛，前引書，頁3-4。
4　水越幸一，〈臺灣地方自治制の話〉，《臺灣經濟叢書》四（臺北：臺灣經濟研究會，1936），頁151。
5　井出季和太，《臺灣治績志》（臺北，臺灣日日新報社，1937），頁632-635。
6　同上書，頁631-632。

　　然而，此一新地方制度並未明定州、市、街庄爲法人，亦未對各級行政區域之居民和公民有任何規定。州知事、市尹、街庄長均係官吏，據街庄制度規定，街庄長爲名譽職，若經知事或廳長認可，得爲有給，任期4年；惟據地方官官制，則明定其爲官派的官吏，並非如日本國內市、町村長係由公民公選，因而其行政職權較日本國內市、町村長爲大。尤其是明定各級協議會爲諮詢機關，且協議會員完全官選，迥異於日本國內的縣、市、町村會之民選議員；各級協議會分別由州知事、市尹、街庄長召集開會，議員只能對諮問案提出意見，以及附議各項預算，但並無議決權、行政監查權及建議權等，即使協議會有任何決議，州知事等得任意予以變更；甚至州、市等另設有參事會，州參事會由知事、內務部長及州協議會員5人組成，市參事會由市尹、助役及市協議會員3-5人組成，其職權爲答覆協議會委任事項，但亦無建議權和出納檢查權。要之，各級協議會不過是徒具形式的民意代表機關。州、市、街庄分別受上級機關強有力的監督，以致自主權和自治立法權均極其有限，仍深具中央集權的官治主義性格[7]。

　　總督府藉口臺灣向無實施地方自治經驗，一般民智進步程度及社會情況仍有所不逮，因而暫時實施「變通的自治制」以爲過渡。1920年代初期，以臺灣文化協會爲中心的民族運動展開之初，其宣傳機關《臺灣》、《臺灣民報》即從理論和實際兩方面，對此一制度不斷地加以批評和提出改革意見，指出街庄長、協議會員官選及協議會爲諮詢機關的自治，乃是「畸形的自治制」、「假自治制」、「似是而非的自治制」，宜儘快作根本的改造，而施行完全

7　小濱淨鑛，前引書，頁5-8。王添灯，《市街庄政の實際》（臺北：林才，1931），頁90-96。水越幸一，〈臺灣地方自治制の話〉，《臺灣經濟叢書》四，頁157-167。

自治制度，將州知事、市尹、街庄長、協議會員等改爲民選，協議會改爲議決機關[8]。1927年7月，臺灣民眾黨成立後，該黨的政治政策第一項明訂：要求州市街庄自治機關之民選及賦與議決權，選舉法應採普通選舉制[9]。因此，該黨中央常務委員會積極推動地方自治改革運動，指示各支部注意各地市街庄協議會的開會狀況；翌年春，發動3,475人連署，向總督府提出改革建議書，要求比照日本國內實施自治，改官選爲民選，改諮詢機關爲議決機關；並於10月街庄長及協議會員改選時，舉行講演會和發動輿論以批判之[10]。

同一時期，日人亦有改革的建議，1924年之際，《臺灣日日新報》鑑於各協議會的例會諮詢流於形式，每次均在短短一、二日內就結束，且審議大多採妥協態度，未能發揮其權能，於是建議改善[11]。其後，該報舉朝鮮爲例，指出同是新領土的朝鮮自1902年起即已實施選舉制度，故若以臺灣的「特殊情況」作爲未能實施民選協議會員的理由，實屬牽強；況且若本持地方行政盡可能自治之理

8　《臺灣》、《臺灣民報》經常刊載有關地方自治的論評，例如〈社說：地方自治を促成せよ！〉，《臺灣》第3年第8號，大正11年11月4日。〈學術：地方自治概論（一）－（五）〉，《臺灣民報》第1卷第9-13號，大正12年11月11、21日、12月1、12日；〈社說：諮詢機關要改為代議機關〉，《臺灣民報》第13號；〈評論：可決自治案的印度議會〉，《臺灣民報》第2卷第11號，大正13年6月21日；〈論說：街庄制更新的好機、自治制改善之急務、論代議士的資格〉，《臺灣民報》第15號，大正13年8月11日；〈主張與批評：主張施行完全的自治制於臺灣〉，《臺灣民報》第3卷第9號，大正14年3月21日；小川市太郎，〈真的自治與假的自治（一）（二）〉，《臺灣民報》第80-81號，大正14年11月22、29日；〈論評：急宜施行完全自治制度〉，《臺灣民報》第84號，大正14年12月20日；〈論評：假裝民意機關的州協議會開幕〉，《臺灣民報》第87號，大正15年1月10日。餘不備舉。
9　蔡培火等著，《臺灣民族運動史》（臺北，自立晚報社，1982），頁367。
10　同上書，頁380-382。宮川次郎，《臺灣の政治運動》（臺北：臺灣實業界社，1932），頁223-234。
11　〈社說：各種協議會改善的要——各州協議會の實際に照して〉，《臺灣日日新報》第8835號，大正13年12月17日，2版。

想，則對已具備自治能力者實宜開放部分民選，由是建議先准許臺
北、臺南、臺中、高雄、基隆等民眾水準較進步地區的協議會員民
選[12]。當民眾黨積極展開地方自治制度改革運動時，該報亦以「州
市協議會員可否半數或全部改爲選舉制」爲題，抽樣調查州市協議
會員、府評議會員及地方行政官吏之意見。結果，26名表示意見者
中，贊成半數民選者8人、全部民選者10人、反對民選者5人、無意
見者3人，雖然反對者悉數是日人，惟已顯示無分臺、日人多數贊成
民選，並希望同時將協議會改爲議決機關，贊成民選的日人則建議
明訂臺、日議員的比例[13]。民眾黨向總督府提出改革建議書後，該報
雖然以臺人的公民教育及政治訓練不足爲由反對普選的建議，惟亦
認爲總督府亟宜適當地修改現行制度，不容再藉詞拖延[14]。要之，由
上顯示，固然日人輿論傾向於漸進的、部分的改革，亦即是只希望
先對民意機關開放有限制的選舉，並不贊成臺人實施完全地方自治
的要求，然而對現行制度的不滿則似與臺人並無二致。

迨至1930年8月，部分民眾黨幹部聯合贊成改革地方制度的各
立場之臺、日人，以「促進臺灣地方自治制度之實施」作爲單一目

12 〈社說：協議會員を民選に移せ──朝鮮では數年來すでに實行〉，《臺灣日日新報》第9489號，大正15年10月2日，2版。
13 《臺灣日日新報》第9945號，昭和3年1月1日，9版。贊成半數民選者：吳昌才（府評）、鄭神寶（竹州協）、榊原辻太郎（中市協）、中島貫一（南市協）、西川利藤太（南州協）、白石喜代治（雄州協）、佐藤德治（北州協）、高須時太郎（北州協）；贊成全部民選者：陳光燦（雄州協）、甘得中（中州協）、林熊光（北市協）、黃純青（府評）、大坪與一（雄州協）、帖佐顯（南州協）、佐野熊翁（南州協）、多木龍二（雄市協）、橋本源太郎（南市協）、谷口巖（北市協）；反對民選者：小宮元之助（北州協）、小畑勇吉（府評）、水越幸一（府事務官）、藤井顧一（南州協）、未具名；無意見者：許梓桑（北州協）、杉本音吉（雄市協）、川上八百藏（南市協）。
14 〈社說：臺灣の地方制度改革──島情に順應するが最も肝腎〉，《臺灣日日新報》第9992號，昭和3年2月17日，2版。

標,成立「臺灣地方自治聯盟」,巡迴全島各地舉辦「政談演說
會」,並先後在各地設立10個支部,分別向總督府提出改革建議書
及向日本國會請願;1933年先後在臺中、臺南、臺北等地舉行臺、
日人聯合住民大會,以喚起輿論;翌年,復向日本內閣各大臣提出
「臺灣統治意見書」,終於迫使總督府不得不略作改革[15]。

　　1935年4月,總督府正式發布關於地方制度改革的新法令,其
要點為明定州、市、街庄為法人及其公共事務之範圍;擴大自治立
法權範圍;廢除州、市預算的認可制度,惟街庄因無議決機關,故
其預算仍須經廳長或郡守認可;將街庄長或助役由名譽職改為有給
職;廢除州、市協議會,改設州、市會作為議決機關,議決州、市
各項經費及依法屬於其權限之事項;廳及街庄則仍設協議會作為諮
詢機關;確立選舉制度,規定市會議員、街庄協議會員中半數由州
知事官選,半數民選,選舉方式採有限制選舉,凡年齡滿25歲以上
男子、營獨立生計、居住該市街庄6個月以上、年納市街庄稅5圓以
上者,即具有選舉和被選舉權;州會議員半數由臺灣總督任命,半
數由市會議員及街庄協議會員間接選舉選出,任期4年;州、市仍
各設參事會,由州知事、市尹主持,議決州、市會委任事項,或於
州、市會未成立或休會時取代其職權以議事;此外,強化監督機關
職權,而州知事、市尹、街庄長仍舊官派且兼任州市會、街庄協議
會議長,亦即是州知事、市尹、街庄長仍直接或間接由總督授權及
向總督負責處理轄內的行政事務(參閱圖4-3-1)[16]。

15 參閱蔡培火,前引書,頁445-482。臺灣史料保存會,《日本統治下的民族運動》中
卷,頁523-572。
16 石井龍豬〈改正地方制度に就て〉,《臺灣經濟叢書》(四),頁183-194。Chen
I-te, *Japanese Colonialism in Korea and Formosa: A Comparison of its Effects upon the
Development of Nationlism*(Ph. D., Dissertation, University of Pennsylvania, 1968),
pp.115-143.

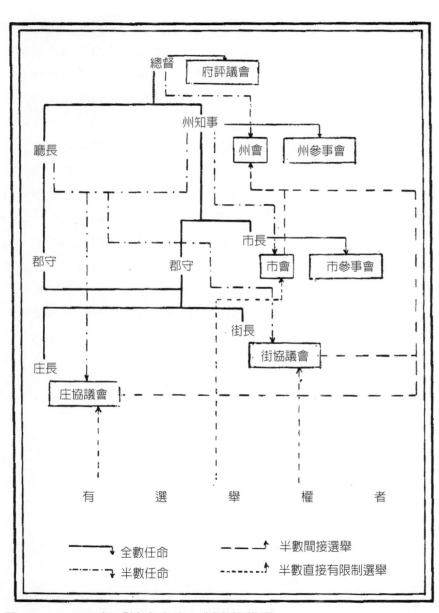

圖4-3-1　1935年「地方自治」制度組織圖

　　上述改革仍然與「臺灣地方自治聯盟」所要求完全的地方自治制度相去甚遠，蓋當時該聯盟要求的改革爲依普通選舉賦與公民權、確立州市街庄的自治權、改官選諮詢機關爲民選議決機關並確定其職權、改革執行機關之組織及確定其職權，確立州市街庄之財政管理權等[17]。因此，上述制度發布後，該聯盟乃發表聲明，指出改革後的地方自治制度雖然略有進步，但仍未能符合臺人之輿論，不但不能反映民衆之利益，而且難以喚起民衆的關心和熱情。由是深表遺憾，並希望總督府早日確立完全的地方自治制度[18]。

　　在改革後的「地方自治制度」下，1935年11月及1939年11月，總督府先後舉行兩次州、市會議員、街庄協議會員選舉，但州知事、市尹、街庄長等始終維持官方任命，「自治」機關的組織和職權亦未再修訂。

二、「地方自治」制度下之社會領導階層

　　1920年「地方自治」實施之後，最受詬病的缺失之一乃是街庄長及州市街庄協議會員官選，其所以遭致批評和反對，不只是因官選方式違背地方自治的精神，更重要的是因官選的人物未必具代表性，且其表現未必代表民意和地方利益。然而，官方在選任之後卻每宣稱已依規定選取地方上具學識名望者。究竟官、民之間對人選的標準差距何在？官選人物有何特色？值得進一步究明。

　　首先，深爲臺人所不滿者，乃是改制之前區長、參事全由臺人擔任，改制後則日人亦可出任街庄長和協議會員，其資格和條件未必優於臺人，概係退職的警部、警察、教師或中下級吏員，因此臺

---

17 蔡培火等著，前引書，頁464。
18 同上書，頁488-489。

人諷稱市街庄變成「老官吏之養老院」[19]。尤有甚者，日人出任街庄長及各級協議會員的人數迭增，1920年，全島街庄長282人中，臺人253人、日人29人；1923年改選後，臺人減爲239人、日人增爲43人。州市協議會員則日人更是較臺人多出一倍。針對此一不公，臺人輿論嚴加抨擊，指斥此乃是違背一視同仁政策的「贋造自治制」[20]。

至於臺人獲選任者，據1926年之際《臺灣民報》的評論指出：

> 現在各街庄協議會員的人物如何？多是若非不合用的舊人物，便是那班土富不曉世事的，就中，雖有少數有學識意見的，總是寥寥無幾不足達到目的。……現在誤重於名望而輕識見，若是過去的門戶大的，或是現在有錢的，便說是有名望，不管他有沒有學識。就中，甚至有嫖賭成習或忤親亂倫的，這有什麼名望配當街庄民的代表？又再通曉日本語的有幾個？因為事實上沒有資格，所以每次的會議都是虧他終日裝成木偶。（按：引自原文）[21]

由上顯示，此一時期，總督府仍固守以財富和門望作爲選任的主要依據，同時，將街庄長及各級協議會員當作酬庸的工具，因此不問學識和能力是否適任，只要聽命於官廳者大多久任不替，改制之前擔任參事、區長、保正、書記等職務者，改制後絕大多數均改任街庄長或各級協議會員。

---

19 〈自治制改善之急務〉，《臺灣民報》第2卷第15號，大正13年5月11日，頁5。
20 〈似而非自治制的亂舞〉，《臺灣民報》第226號，昭和3年9月16日，頁10。
21 〈論評：街庄協議會員的人選〉，《臺灣民報》第123號，大正15年9月19日，頁2。

　　概言之，總督府始終固守上述籠絡政策，因此，類似的批評亦始終存在。例如，1927年1月2日《臺灣民報》載〈地方自治制的考察〉一文中，指出：

> 其表面上似乎有看重被選舉者的品行學識，而其內容老實是專注重在富有金錢和奴隸根性的二大要件。（按：引自原文）[22]

1月9日該報載〈奉行官命的協議會〉一文，略謂：

> 協議員係是官選的，所以大部分不是御用紳士，便是平生有依靠官廳的勢力的事業家。……臺南州的協議員三十五名中，臺灣人只有十四名，內中會懂得日本語的不上一半。換句話說，臺灣人的協議會員一半是偶像，那裡會得代表民意呢？（按：引自原文）[23]

1928年2月19日克良撰〈偽地方自治中之協議會與議員的眞體〉一文，指出：

> 臺灣的府評議員至州市街庄協議會員均是官選，他們大部分是地方富有財產、恃有勢力，而對於官廳方面善為阿諛者居多。若論到智識學問如何，除了幾位以外實是屈指不能算，怎麼他們能夠作真實的充分的代表人民來供給官廳

22 《臺灣民報》第138號，昭和2年1月2日，頁4。
23 《臺灣民報》第139號，昭和2年1月9日，頁3。

的參考，況且他們的利益多數是人民衝突者。（按：引自
原文）²⁴

　　是年街庄長及協議會員改選前，《臺灣日日新報》社論批評向
來選任的缺失，建議宜慎選人才，略謂：

　　　　據規定，州市街庄協議會員係由官廳遴選各地有學識名望
　　　　者擔任。……然而，今日協議會員中，因有學識而獲選者
　　　　中不懂日語者為數甚多，作為日本國民而不懂日語之協議
　　　　會員，謂其有學識，究係以什麼標準認定，全然是滑稽之
　　　　事。尚有認為日語與學識之有無並無關係者，誠不可思議
　　　　之至。……其結果，目前各協議會員大多單是以地方名望
　　　　家之資格加以選任，傾向於與其重實力和內容，不如重頭
　　　　銜和形式，亦有除了充數外幾不具任何意義者。此種遴選
　　　　方式，作為總督政治諮詢機關的唯一民意機關，實毫無意
　　　　義，吾人深感遺憾。……希望新遴選者係有才能、有人望
　　　　之士。²⁵

《臺灣民報》則呼籲總督府當局宜重視民意，「選出平素負有民望
的人物」擔任街庄長及協議會員²⁶。待總督府公布選任者名單後，該
報著論深表失望，略謂：

24 《臺灣民報》第196號，昭和3年2月19日，頁8。
25 〈社說：各種協議會員の更改──人選上に新味が是非欲し〉，《臺灣日日新報》
　　第10187號，昭和3年8月30日，2版。
26 〈社說：街庄長的改選，當局宜要重民意〉，《臺灣民報》第226號，昭和3年9月16
　　日，頁2。

本月（10月）1日，全島一齊改選了二千二百幾個協議會
員及二百幾個街庄長，名雖說是新改選，而其實卻是依樣
畫葫蘆，十中的八九仍是舊御用者的重任了。舊人重任，
固是官僚的、保守的、消極的辦法，但到了今日的臺灣社
會，對於民眾的、進取的、積極的期待，還不能容納幾
分，這樣時代錯誤的獨裁政治，難免使民眾由期待而失
望，由失望而懊惱，由懊惱而咒詛。（按：引自原文）[27]

其後，1930年1月1日守拙撰〈街庄自治小言〉一文，亦指出：

街庄長和協議會員的人選，於地方的自治有很大至密的關
係，從來是以財產取人，有錢的，沒論愚□老們，皆可以
當的，這拜金主義、木偶主義，確是臺灣地方自治的毛
病。（按：引自原文）[28]

是年改選協議會員前，總督府宣稱今後將選任熟諳日語者為主，
《臺灣民報》著論表示只要總督府的籠絡利用政策一日不變，所選
任者無論是否懂日語，同是一丘之貉，不過是御用工具罷了[29]。儘
管如此，總督府並未改變籠絡富豪政策，以臺北市為例，是年新任
命的市協議會員即多係與林本源家族之企業有關係者，因而頗遭非

27 〈社說：協議員及街庄長的改選——假自治再延長，無批評的價值〉，《臺灣民報》第229號，昭和3年10月7日，頁2。
28 《臺灣民報》第294號，昭和5年1月1日，頁3。
29 〈社說：協議員的人選——非改革制度不可，粉飾的手段無用〉，《臺灣新民報》第328號，昭和7年8月20日，頁2。〈社說：無用長物的協議員改選——紳士學賣笑，細民不聊生〉，《臺灣新民報》第333號，昭和5年10月4日，頁2。

議，臺北市協議會遂被譏之爲「林本源協議會」[30]。1932年協議會改選，據載，繼續連任者約占80%，新任約占20%，新任者大多是遞補已移居轄區外或死亡者之缺。就學歷觀之，公學校畢業者占21.5%、中學占13.2%、專科占7%、大學占1.4%、漢學占56.9%。其中，納稅50圓以上者約占半數[31]。由此足見獲選者多係富家、舊學出身及久任等特色並未改變。當時，此種籠絡利用政策徒然造成「唯金權」及所謂「灣製人望」之流弊[32]。由於街庄長及協議會員大多久任不替，因此被譏之爲「永年選任」[33]。

事實上，各地富豪及有力人士往往將街庄長及協議會員職位視之爲榮銜或取得特殊權益的媒介。爲了能獲選及保有該頭銜，於是平常即奉承、逢迎、巴結日人官吏不遺餘力，每屆期滿改選之際更是極力奔走鑽營以自薦，或不擇手段打擊、排斥競爭者，時人或稱之爲「運動公職的人」[34]，或稱之爲「街庄長運動」[35]，而將他們之獲選諷之爲「以金錢換取地位」[36]。時論有感於因官選導致有此惡風，而失去自治的意義，因此建議總督府改官選爲民選，略謂：

> （1926年）10月1日爲州市街庄協議員更迭任期，今觀其發表姓氏，大體重任，不似煙草、鹽等之頻於更迭。此間

30 唐澤信夫，《臺灣島民に訴ふ》（臺北：新高新報社，1935），頁259。
31 小濱淨鑛，前引書，頁11。
32 吉崎勝雄，《時局を射る》（臺北：新高新報社，1935），頁6。
33 唐澤信夫，《明日の臺灣》（基隆：新高新報社，1929），頁32。
34 〈運動公職的人有覺悟嗎？〉，《臺灣民報》第2卷第19號，大正13年10月1日，頁7。
35 〈街庄長運動の種種相〉，《臺灣民報》第226號，昭和3年9月16日，頁12。
36 彭永海，〈臺灣協議會員に對する希望〉，《臺灣》第4年第1號，大正12年1月1日，頁46-53。

　　有錯認協議員之肩書（即頭銜）為非常名譽，百方營謀運
　　動者，有欲堅辭而不得去者，覺人心之觀察不同有如其
　　面。要之，此後無論民選之成績如何，當改官選而移於民
　　選，改諮詢而變為決議，庶幾多含自治意義，亦所以順應
　　社會之進運也。（按：引自原文）[37]

　　概言之，1920年代是殖民統治體制面臨臺人新社會精英挑戰的
時代，同時亦是臺灣新、舊社會精英交替的紀元。新知識分子倡導
社會運動，要求徹底改革殖民政經體制，公平且合理地擴大臺人參
與的管道；惟總督府則傾向於保持現狀，仍繼續拉攏向來較與之合
作的社會精英；這些社會精英則為了保持其地位和維護既得利益，
大多較為保守，而未能積極參與或響應社會運動，此由臺灣議會設
置請願運動及地方自治改革運動中，街庄長和協議會員始終為數不
多，可略窺其概[38]。正因為如此，他們遂被新知識分子批評為「御用
紳士」或「灣製紳士」。而較富自由主義思想的日人亦勸「永年選
任」的州市街庄協議會員自動辭職，並建議總督府與其操縱少數御
用紳士，實宜指導臺灣青年[39]。甚至有日人呼籲若當局果真愛臺灣，
宜讓年輕人參與政治，不可再任命「特種臺灣人」當州、市協議會
員[40]。1934年州、市協議會員改選之際，時論具體地批評和建議道：

37　〈無腔笛〉，《臺灣日日新報》第9491號，漢文部，大正15年10月4日，4版。
38　《日本統治下の民族運動》中卷，頁324。
39　唐澤信夫，《明日の臺灣》，頁32-35。
40　柴山愛藏，〈州市協議會員の任命〉，《筆の跡を顧みて》（臺北：讀賣新聞臺灣
　　支局，1931），頁51-53。

　　　觀察向來這些官選議員，雖然並非全部，但其中難免有些
　　　不適當的人物。據傳有人積極地進行「自薦他薦運動」，
　　　因此有虛有其名的議員實不足為怪。然而，若希望其代表
　　　民意熱心監督州政市政，則必須揚棄向來的詮選方式。公
　　　司的董、監事未必是個傑出的民意代表，而某團體的領袖
　　　亦未必即已具有真正協議會員的資格。尤其是若一一細查
　　　臺灣的協議會員時，不得不令人感覺資產狀況是最重要的
　　　詮選條件，甚至有能力甚佳但因資產條件不足而落選的實
　　　例。得悉此種狀況者遂益嘆協議會員價值之低下，而有讓
　　　民眾覺得協議會純然是御用紳士的集合之虞。尤其是臺北
　　　是政治中心，更宜慎重詮選。……其他地區改選之際，事
　　　實上，每見毫無顧忌地奔走鑽營、糟蹋自己的人格，同
　　　時，使民眾輕視民意機關的價值，因而造成今日民眾對協
　　　議會全然無所關心和期待，只是協議會員的頭銜散發著象
　　　徵「灣製紳士」的魅力。誠然可笑之至。[41]

要而言之，由於總督府長期固守以協議會員、府評議會員等頭銜作
為籠絡手段之政策，致滋生不少弊端，擔任議員者未必能代表民
意，亦未必能對行政機關發揮實質的監督功能，而徒流於滿足議員
個人的虛榮心、名譽慾和特權心理罷了。影響所及，許多社會精英
參與無門，又不滿既得利益者之表現，於是起而長期扮演社會運動
者和批判者的角色。

　　　1935年，州、市會員及街庄協議會員改為半數民選半數官選。
在舉辦選舉之前，因有部分臺人顯示將以金錢取得該榮譽的態度，

---

41 吉崎勝雄，〈臺北州市協議會員の改選に際して〉，前引書，頁50-52。

由是時論表示議員乃是民意代表，在民意機關中扮演重要的角色，若不衡量本身的知識和能力，只當作無上的榮譽而以為有錢即可擔任的話，則將與官選時代不過五十步百步之別罷了。乃希望有意參選者首應拋棄「議員榮譽感」的錯誤觀念，培養公私分明的政治自覺。指出若候選人只賴「唯金權」及所謂「灣製人望」即可當選，則自治制度全然等於是新瓶裝舊酒，結果，臺灣大眾不斷爭取的真正自治制度將造成毫無意義。呼籲選民重視選舉權，不要輕易被金錢和灣製人望所左右[42]。

　　是年11月，選舉的結果，時論認為「大體並無素質甚差者當選」，乃是值得選民欣慰的[43]。惟另有時論指出，由候選人觀之，其中大部分均是花得起選舉費用的人物，殆無中產階級以下者，因此少有代表占市街庄民最大比例的中產階級之候選人，其結果，造成上流階級議員永遠壟斷議會，真正能傳達民眾心聲的議員很少。如此，將使中產階級以下者感到迷惑[44]。

　　由當選的臺人州、市會議員觀之，據表4-3-1、表4-3-2顯示，由於民選州會議員是實施間接選舉，故民選與官選議員的年齡、學歷、經歷等特徵均相似，年齡以40-49歲者最多，幾占二分之一，惟官選議員50歲以上者占三分之一，顯示總督府並未全然放棄向來的政策；學歷方面，新式「精英教育」出身者占大多數，尤其是國語學校、醫學校及留日法政科班出身者構成議會的中堅，舊學出身者已無足輕重；經歷方面，值得注意的是，當選者均有相當的資產，

42 〈議員の榮譽感を先ず棄てよ〉，同上書，頁4-7。
43 蒲田丈夫，〈官選議員の撤廢を提倡する〉，《臺灣》第7卷第1號，昭和11年1月1日，頁38。
44 南嶽生，〈臺灣の處女選舉で學ぶもの〉，《臺灣自治評論》第1卷第1號，昭和11年1月1日，頁25。

而且多數均曾任助役、街庄長、協議會員等，具有參與殖民基層政治之經驗，顯示州會議員實質的政治參與管道開放有限。

表4-3-1　1935年臺人民選州會議員概況表

州別	姓名	年齡	學歷	經歷
臺北州	黃炎生	33	京大法科	法院判官
	顏欽賢	34	立命館大	大實業家、市協
	林永生	52	國語學校	交通業、庄長、庄協
	陳炳俊	49	國語學校	公學教師、實業家、州協
	賴崇璧	51	漢學	資產家、庄長
	陳金波	47	臺醫校	開業醫、助役、街協
新竹州	許延壽	46	公學校	實業經營、市協
	范姜萍	43	農事試驗場	資產家、助役、庄協
	鐘　番	42	公學校	實業經營
	邱雲興	49	國語學校	公學教師、庄長、州協
	朱盛淇	31	日大法科	律師
	姜瑞昌	50	國語學校	公學教師、庄長、州協
	方玉山	37	國語學校	公學教師、庄書記、實業經營
臺中州	詹椿柏	43	國語學校	公學教師、實業經營
	甘得中	53	早大預科	庄長、州協
	林猶龍	34	東京商大	資產家、庄長
	陳棧治	36	北京法政大	實業經營、組合長
	許　學	44	臺醫校	開業醫、實業經營
	蕭敦仁	46	國語學校	實業家、州協
	高積前	28	臺中一中	實業經營
	林朝槐	47	慶大政治科	資產家、庄長
	洪元煌	53	公學校	實業經營、自聯理事

臺南州	劉清井	37	東大醫博	開業醫
	林木根	46	國語學校	公學教師、富商、區長、市協
	高添旺	44	臺醫校	開業醫、州協
	王烏硈	36	臺醫專	開業醫、庄長
	陳麟綢		漢學	實業經營、助役、庄長、州協
	呂憲發	35	東京醫專	開業醫、資產家、庄協
	殷占魁	37	國語學校	實業經營、公學教師、助役
	林江海	39	東京醫專	開業醫
	廖裕紛	38	東京簿記校	實業經營、助役
	曾人僭	48	國語學校	資產家、庄長
高雄州	潘致祥	49	農事試驗場	實業經營、市協
	劉　棟	38	國語學校	資產家、市協
	邱義生	49	國語學校	資產家、庄長、庄協
	陳岸溪	47	漢學	實業經營、街協
	吳瑞泰	41	公學校	實業經營、助役、會計役
	許受全	41	國語學校	公學教師、助役、州協、富商
	陳秋金	46	國語學校	公學教師、助役、街協
	李才祉	47	國語學校	實業經營、庄長

資料來源：名嘉真武，《今次の臺灣と人物》（臺北，1937），頁181-185。臺灣新民報社調查部編，《臺灣人士鑑》（臺北：該社，1934）。興南新聞社編，《臺灣人士鑑》（臺北：該社，1943）。

表4-3-2　1935年臺人官選州會議員概況表

州別＼項別＼姓名	姓名	年齡	學歷	經歷
臺北州	魏清德	48	國語學校	公學教師、臺日漢文部主任、州協
	盧阿山	41	國語學校	公學教師、助役、街協、州協
	黃再壽	39	國語學校	實業經營、州協
	許智貴	51	漢學	實業家、市協
	林熊光	39	東大商科	大資本家、實業家、州協
	潘光楷	56	芝山巖學堂	庄長、街長

新竹州	陳羹梅	51	公學校	實業經營、區長、庄長
	吳鴻森	39	臺醫專	開業醫、資產家
臺中州	林傳旺	36	北師	公學教師、助役、庄長
	張蟲生	47	臺醫校	開業醫、州協
臺南州	梁　道	48	臺醫校	開業醫、街長、州協
	徐乃庚	42	國語學校	實業家、市協
	辛西淮	57	漢學	資產家、區長、庄長、市協
	蘇顯黎	50	臺醫校	開業醫、街長、州協
	王國財	44	臺醫專	開業醫、資產家
高雄州	陳光燦	52	英、漢學	實業家、州協
	陳啓峯	44	慶大商科	大實業家、州協
	李幾法	59	國傳所甲科	實業經營、州協

資料來源：同表4-3-1。

　　據表4-3-3、4-3-4顯示，年齡方面，直接民選的市會議員較為年輕，30-39歲者最多，占半數，40-49歲者又占三分之一，易言之，五分之四的議員年齡在50歲以下；官選市會議員則以40-49歲者最多，約占半數，30-39歲者居次，約占三分之一，因此其平均年齡較民選議員高出許多。學歷方面，無論官、民選議員，其特色均與州會議員相似，尤其是留日法政科班出身者紛紛進入議會，誠是新「地方自治」值得注意的現象。經歷方面，官、民選議員最大的不同，乃是官選議員幾乎均有參與殖民基層政治之經驗，而民選議員則多數是首次參與，且有不少是向來政治運動的主要領導人；至於資產背景，則官、民選議員均相若，亦即是均係有相當資產者。

表4-3-3　1935年臺人民選市會議員概況表

州別 \ 姓名	項別 姓名	年齡	學歷	經歷
臺北市	蔡式穀	54	明大專門部法科	律師、自聯支部長
	陳逸松	29	東大政治科	律師
	劉天祿	33	日大專門部法科	記者、報社支局長
	周宗源	46	臺醫校	開業醫
	李朝北	44	臺醫校	開業醫
	楊海盛	48	國語學校	資產家
基隆市	陳漢起	34	東京齒專	齒科醫
	汪榮振	29	臺北中學會	貸家業、保正、實業經營
	蔡星穀	47	日醫專	開業醫、區長、保正
	顏窓吟	52	漢學	實業家、資本家
	葉松濤	36	北師	實業經營、市協
	邱德金	43	東大醫博	開業醫、文協主幹
新竹市	邱居財	36	臺北工業	實業經營
	陳添登	38	國語學校	公學教師、實業經營
	鄭大明	35	同志社大學	資產家、保正
	許振乾	34	新竹中學	交通業、實業經營
	黃旺成	47	國語學校	公學教師、商業
	蘇惟梁	40	中大法科	中藥商
	許延壽	46	公學校	實業經營、市協
	何乾欽	42	臺醫專	開業醫、市協
臺中市	張風謨	28	中大法科	律師、自聯評議員
	張深鑐	36	東京齒專	齒科醫、自聯理事
	盧茂川	28	千葉醫大	藥劑師、實業經營
	賴尾	32	北師	資產家、公學教師
	林如梅	36	明大專門部法科	實業經營、地主
	王基良	43	慶應義塾	公學教師、實業經營

彰化市	吳　恭	35	慶大經濟科	資產家、自聯主幹	
	許嘉種	53	南師	資產家、文協主幹	
	吳石麟	34	臺北工業	地主、文協主幹	
	楊老居	37	臺醫專	開業醫	
	陳英方	37	臺醫專	開業醫	
	李中慶	37	臺醫專	開業醫	
	林有信	50	國語學校	公學教師、富商、庄長、市協	
	杜錫奎	35	明大法科	富商、市協	
	巫金山	49	農事試驗場	實業經營、助役、市協	
	林　黎	44	農事試驗場	富商、助役	
	林文章	43	名古屋商校	製造業、市協、地主	
臺南市	葉廷珪	31	明大法學部	地主、實業經營	
	沈　榮	32	日大法科	律師	
	劉子祥	29	慶大經濟科	地主、會社員、自聯支部長	
	歐清石	39	早大法科	律師	
	顏春芳	35	明大法科	地主、資產家、市協	
	謝恒懋	36		地主、保正、市協	
	翁金護	33	長老教中學	實業家	
	黃金火	41	臺醫專	開業醫	
嘉義市	張　玉	58	國語學校	公學校長	
	陳福財	39	公學校	地主、市協、商業	
	林　抱	42	公學校	實業經營、保甲聯會長	
	施江東	39	臺醫校	開業醫、街協	
	劉傳來	37	臺醫校	開業醫	
	梅　獅	53	臺醫校	開業醫、市協	
	黃德壽	36	公學校	地主、市協	

高雄市	楊金虎	38	臺醫專	開業醫
	陳天道	32	法政大	地主、官吏
	駱榮金	37	臺醫專	開業醫
	潘財源	43	公學校	資產家、公學教師、米商
	陳光亮	42	國語學校	實業經營
屏東市	林綿順	41	國語學校	地主、實業經營
	施　宜	42	公學校	中藥商、資產家
	簡金鐘	34	東京齒專	齒科醫
	蘇嘉邦	42	國語學校	資產家、街協、實業經營

資料來源：鹽見純芳，《臺灣處女選舉言論戰》（臺北：臺灣辯論研究會，1936），頁323-349。臺灣新民報社調查部編，《臺灣人士鑑》（臺北：該社，1934）。興南新聞社編，《臺灣人士鑑》（臺北：該社，1943）。

表4-3-4　1935年臺人官選市會議員概況表

州別＼姓名＼項別		年齡	學歷	經歷
臺北市	謝唐山	54	臺醫校	開業醫、市協
	楊漢龍	49	農業試驗場	實業經營、市協
	陳振能	45	國語學校	實業家、市協、區長
	張　園	42	國語學校	實業經營、市協
	陳清波	31	中華中學	豪商、資本家、市協
	呂阿昌	43	京大醫博	開業醫、市協
基隆市	何　鵬	43	漢學	實業經營、市協
	顏欽賢	34	立命館大	大實業家、市協
	潘榮春	50	國語學校	公學教師、實業家、市協
	王塗盛	43	臺醫專	醫師、地主、市協

新竹市	陳其祥	35	國語學校	實業經營、市協
	連煥明	43	臺醫專	開業醫、市協
	古雲梯	66	漢學	地主、市協
	林　鑑	38	公學校	地主、市協
	黃運金	38	中大法科	律師
臺中市	陳朔方	46	臺醫校	開業醫、市協
	林澄波	49	東京高工	實業家、市協、區長
	林孟震	42	臺醫專	開業醫、市協
	林湯盤	35	明大法科	資產家
	蔡先於	43	明大法科	律師
彰化市	吳衡秋	36	早大	資產家、街協
	呂世明	35	早大	交通業、街協
	黃銀漢	45	農事試驗場	地主、街協、實業經營
	張日昌	48	農事試驗場	地主、市協
臺南市	王開運	47	國語學校	公學教師、地主、庄長
	許清江	50	國語學校	地主、市協
	蔡培廷	50	南師	地主、市協
	王兆麟	49	龍谷大	職校校長、僧侶
	林世鴻	59	漢學	地主、區長、庄長
	黃廷禎	53	臺醫校	開業醫
嘉義市	徐乃庚	42	國語學校	實業家、市協
	林木根	43	國語學校	富商、市協、區長
	鍾家成	38	國語學校	資產家、市協、區長
	蔡　酉	37	漢學	富商、市協
	謝捷三	39	國語學校	公學教師、交通業、市協
高雄市	葉鴻猷	38	臺醫校	開業醫、市協
	潘致祥	48	農事試驗場	官吏、市協
	陳啓清	33	明大專門部	大實業家

屏東市	劉　棟	38	國語學校	資產家、市協
	郭一清	35	臺醫專	開業醫、街協、市協
	林耀明	41	東洋商校	實業經營、助役、市協
	李明道	48	漢學	實業家、市協

資料來源：同表4-3-3。

　　上述殖民基層政治體制下的社會領導階層的結構大體延續至日治末年並未改變，對戰後初期臺灣地方自治之發展有舉足輕重的影響。

第五章　社會領導階層與社會文化變遷
——以放足斷髮運動為例

　　由緒論中可知，日治時期是臺灣社會的轉型時期。在日本的殖民統治下，臺灣的社會結構、社會制度、人口結構、思想文化，乃至風俗習慣，均產生重大的變化，逐漸由俗民社會（folk society）過渡到市民社會（civil society）。固然此一社會文化變遷大多是隨著技術、經濟、觀念、文化傳播等因素之改變，而逐漸地、不知不覺地演變；但無可否認的，有不少變遷明顯的係以社會領導階層為主導，以民間團體為運動的主體，有組織、有目標、講究方法策略且具持續性地倡導和鼓吹，由是而獲致預期的結果。

　　此類促進社會文化變遷的團體，類型有二：一為殖民政府所提倡或支持的，例如解纏會、斷髮會、風俗改良會、國語普及會、同風會、矯風會、民風作興會等均屬之；一為臺人自動組成的，例如臺灣文化協會、各音樂、美術、文學團體等均是，其中，臺灣文化協會並不受殖民政府所歡迎，然而其所倡導的新文化運動卻影響深遠[1]。

1　關於民間團體的分類見Chen Shao-hsing, "Social Change in Taiwan"《臺灣研究》第1輯（臺北：臺灣省文化協進會，1956），頁12-14。

　　纏足和辮髮原是臺灣社會根深柢固的風俗習慣，然而自1900年起，即有放足團體出現，展開解放纏足之運動；其後，斷髮運動踵繼而起，迨至1910年代中期，遂達到社會大眾普遍放足和斷髮之目標。無疑的，這是近代臺灣社會風俗習慣的重大改變，代表新規範和價值的追求與接受。尤有進者，由於總督府不僅視纏足和辮髮爲陋習，且視之爲同化的障礙，因此在運動過程中扮演特殊的角色。誠如藍蘭所指出的，放足運動力量之消長與總督府支持之強弱成正比，而斷髮不但是個重要的社會問題，同時也是政治問題[2]。由此可知，變革對殖民政權具有特殊的意義，對臺灣社會亦有相當影響。

　　有鑑於此，本章擬以放足斷髮運動爲例，探討社會領導階層在整個運動過程中所扮演的角色，兼論運動的發展和影響，藉期適切把握日治時期社會領導階層在社會文化變革中的作用。

第一節　纏足辮髮漸禁政策與自發性放足斷髮

　　日治之初，日人即將吸食鴉片、辮髮、纏足等視爲臺灣社會三大陋習。因此，日人輿論「標榜以嚴禁鴉片、斷臺人之辮髮、解放婦女之纏足作爲臺灣統治上之三大主義，若不斷行此政策，則雖然領有臺灣，亦無用處。」[3]然而，臺灣總督府鑑於風俗習慣改變不易，以及臺人武裝抵抗正風起雲湧，故對禁革上述習俗抱持審慎態度，不希望因遽行禁革而刺激臺人。1895年7月30日，民政局長水野遵在致基隆支廳長伊集院彥吉的信函中，已清楚地顯示以暫時維持

2　Lamley, H. J., *The Taiwan Literati and Early Japanese Rule, 1895-1915*（Ph.D., Dissertation, University of Washington, 1964）, pp. 406-407.

3　Takekoshi Yosaburo, *Japanese Rule in Formosa*, Trans. by George Braithwaita, London, 1907, p. 156.

現狀為原則，略謂：

> 雖然吸食鴉片、蓄留辮髮及婦女纏足等為本島向來之弊風
> 惡習，惟一時亦難以遽然改易。……對於上述習俗，希轉
> 知所屬，不宜濫發表可能傷害人民感情的談話。[4]

　　隨後，總督府當局在決定施政方針時，參考西洋各國的殖民地
統治經驗，認為若採「放逐主義」將臺人盡逐出島外，或採「同化
主義」將日本憲法強施於臺灣，並明令禁止辮髮纏足等臺人的風俗
習慣，非但均將徒然釀成各地的紛擾，且恐難以獲致成效。加以徵
諸於數月間的經驗，取締辮髮纏足，只是更刺激臺人，並無益於施
政；況且即使保留辮髮纏足，亦絲毫無礙於施政。由是乃決定暫採
「放任主義」政策，不干涉臺人的風俗習慣[5]。翌年，第二任總督桂
太郎就任時，宣布的施政方針中表示：

> 內地（指日本）法規雖宜逐漸施之於臺灣，然因人情風俗
> 語言不同，若撤銷彼此之區別，而繩之以同一法規，則不
> 特難免彼此衝突，且不能達到保護人民生命財產之目的，
> 故應隨著地方行政之推行，調查各地人情風俗語言之異
> 同，其法規之不適合者，以勅令或律令訂定特殊規程，以
> 期達成法規之目的。[6]

4　臺灣史料保存會，《日本統治下の民族運動》上卷（東京：風林書房，1969），頁
　741。
5　同上書，頁647-649。
6　井出季和太，《臺灣治績志》（臺北：臺灣日日新報社，1937），頁253。

　　由上可見總督府欲以臺灣風土人情不同爲口實，行特別立法，俾便殖民統治。是年8月，總督府對欲留臺之臺人所作的五點宣告中，已明白地表示：「日本政府斷無強使土民改風俗易舊慣之事，自應聽爾等之便，即將來爲日本之臣民願改者則改，或仍喜於舊服辮髮亦仍循其舊慣焉。」[7]

　　1896年12月，第三任總督乃木希典對地方官員指示民政方針時，亦明確地指示對臺人風俗習慣的處理方針，略謂：

> 本島居民自祖先以來即奉為規範之舊慣故俗，根深柢固，幾成為不成文法，其甚者異於我國（指日本）定例，而至於有礙施政者，應予廢除，固不必論；然而如辮髮、纏足、衣帽等，則須在一定的限制下漸收防遏之效，其他良風美俗則應繼續讓其保持，以利施政。[8]

　　此一時期，總督府基於財政收入、治安及所謂「人道」上的考慮，確立了鴉片的漸禁政策，旋於1897年1月頒布「臺灣阿片令」，禁止一般人民吸食鴉片，僅限經醫師證明而領有牌照之煙癮者，可購吸官製煙膏[9]。同時，亦確立了辮髮、纏足的漸禁政策。而日本政府亦指示總督府對需假以時日始可望收變革之效的風俗習慣，應聽任其自然，勿率加干涉[10]。然而，在1897年4月臺灣居民國籍歸屬確定前夕，總督府官員中有人認爲將來若仍聽任成爲日本國民的臺人

7　〈臺民必讀〉，《臺灣新報》第13號，明治29年8月20日，1版。
8　臺灣總督府史料編纂會，《臺灣史料稿本》，明治29年12月2日。井出季和太，前引書，頁184。
9　井出季和太，前引書，頁39-40。劉明修，《臺灣統治と阿片問題》（東京：山川出版社，1983），頁50-55、77-78。
10　臺灣史料保存會，《日本統治下の民族運動》上卷，頁184。

辮髮漢服，實有損於日本之體面，乃建議立法使臺人斷髮改服，但未為乃木總督所接納[11]。對此一決策，當時日人輿論頗不以為然，著論批評總督府未乘5月8日臺人定籍之機斷然頒斷髮之令及禁革纏足惡習，實乃「錯失良機」而「失策之至」；指出臺紳李春生、辜顯榮、陳春光等人均已斷髮從日俗，而中國已有天足會之設，實宜乘勢利用，講求方法以收普及之效。並提出「移風易俗」方策，促總督府惕惠臺灣社會領導階層身先倡率。略謂：

> 茲提出一移風易俗方策供當局留意，當局既頒授紳章作為表彰士人之法，吾人建議進而贈送日本禮服給獲頒紳章者，或以樸素的日本禮服賞賜國語學校的優秀學生。其既穿我國服裝，則即使不強迫其斷髮，其亦將自行斷之。現縣廳辦務署均設有臺人參事數名，若頒給其一、二套日本服裝，相信總督府必可以做到。此際吾人希望當局講求移風易俗之手段，若裝成漫然大度而抱持姑息懷柔態度，必貽大患。並請官員家眷與臺人望族家眷時相往來，贈予日本服裝，惕惠其變從日俗。[12]

1898年，兒玉源太郎繼任臺灣總督後，更加強化上述漸禁政策，其民政長官後藤新平即一再表示欲移風易俗，改造中國民族之性格，殊非易事[13]。他指出，即使是日語的學習已難期望在短短的二、三代就能完全奏效，至於風俗習慣和心性的改變，更不用說

---

11 同上書，頁741-742。
12 〈社說：移風易俗の期（下）〉，《臺灣日報》第31號，明治30年7月2日，1版。
　〈社說：移風易俗の一策〉，《臺灣日報》第52號，7月27日，1版。
13 井出季和太，前引書，頁300。

了，故如欲解決上述問題，統治基礎必須建立在「生物學原則」
上[14]。質言之，上述「生物學原則」乃是漸進主義原則，亦即是對臺
人不施以極端的同化主義或破壞主義，對臺人的風俗習慣和社會組
織予以適度的尊重，甚或巧妙地加以利用。蓋此一時期總督府正傾
力於鎮撫反抗及構築殖民統治的基礎工事，此一因應現實需要的政
策，足以籠絡人心，消弭反抗[15]。其後，雖然仍有日人輿論建議總督
府當局頒行斷髮令，作為防止中國人非法入境及掃蕩「匪徒」之手
段，惟仍未能左右總督府當局的既定政策[16]。

　　要而言之，此一時期，雖然總督府認為臺人的辮髮、纏足是必
須革除的陋習，但在漸禁政策下，總督府並不明令禁纏斷髮及嚴格
取締，以立即收變革舊俗及外表同化之效，而只是透過學校教育或
報章雜誌的宣導，鼓勵臺人放足斷髮。1895年9月，總督府刊行「臺
灣開化良箴」，揭示臺人宜戒之風俗習慣六項，其中，分別強調鴉
片、辮髮及纏足三者戕害身心，有害衛生，實宜戒除[17]。1898年8月
6日，臺北因暴風雨來襲而造成水災，災情慘重，房屋全倒者1,390
間，死亡者85人[18]。日人輿論以死傷者多係纏足婦女，於是乘機呼

---

14 佐藤源治，《臺灣教育の進展》（臺北：臺灣出版文化株式會社，1943），頁
　68-69。
15 拙著，《日據時期臺灣師範教育之研究》（臺北：國立臺灣師範大學歷史研究所，
　1983），頁8-9。
16 臺灣史料保存會，《日本統治下の民族運動》上卷，頁742。《臺灣協會會報》第8
　號（1899年5月），頁65-66，轉載《讀賣新聞》論說，認為「臺灣難治」之因固有
　多端，統治之初未實施斷髮實為要因之一，蓋保留辮髮致難以分辨良民、土匪及中
　國人。另一方面，斷髮者概係臺人中任公職者、無賴、囚犯及歸順的土匪等，影響
　所及，紳商及良民因恐被誤認為囚犯或土匪，故不願斷髮。由是建議總督府速頒法
　令，厲行斷髮，同時，對囚犯、土匪等不良之徒則保留辮髮。
17 連溫卿，〈再就臺灣文化的特質而言〉，《臺北文物》第3卷第3期（1954年12
　月），頁104。
18 原房助，《臺灣大年表》（臺北：臺灣經世新報社，1932），頁31。

籲婦女應自覺纏足之非，而士紳名流宜身先倡率，並出組不纏足會以化導俗情[19]。而當中國放足運動展開後，《臺灣新報》、《臺灣日日新報》、《臺灣慣習記事》等報章雜誌即隨時報導蘇、浙、閩、粵、湘、鄂等省及橫濱、神戶等地中國維新人士倡組不纏足會的消息，轉載重要的戒纏足言論和諭示，使臺人能及時獲悉中國官民推動放足運動之狀況[20]。

在漸禁政策下，除了罪犯及所謂的「土匪」等係被總督府強行斷髮外，早期臺人的放足、斷髮概屬個人自發性的抉擇和自由意志的行為。例如1896年春，臺北富商李春生應邀攜家人遊日，因不甘辮髮受辱，故一行八人斷髮於旅次。李氏述其斷髮緣由，略謂：

> 予素喜西制，嘗慕改妝效顰，以為利便，奈格於清俗，不肯權變為憾。今者，國既喪師獻款，身為棄地遺民。此次東遊，沿途頻遭無賴輩擲石詬罵之苦，因是決意斷辮改妝，以為出門方便之計。[21]

---

19 〈災餘誌感〉，《臺灣日日新報》第82號，明治31年8月10日，5版。
20 詳見〈設不纏足〉，《臺灣新報》第347號，明治30年11月3日，1版；〈此唱彼和、橫濱不纏足子會啓〉，《臺灣新報》第369號，12月2日。〈不纏足會（渝城天足會）〉，《臺灣日日新報》第39號，明治31年6月21日，5版；〈內地に於ける天足會の景況〉，《臺灣日日新報》第513號，明治33年1月19日，2版；〈設天足會〉，《臺灣日日新報》第515號，1月21日，6版；〈天然足會氣運の勃興〉，《臺灣日日新報》第572號，3月31日，2版；〈前署川督叅勸戒纏足〉，《臺灣日日新報》第1571號，明治36年7月26日，6版；〈外事：湖南巡撫趙中丞頒發勸戒足說〉，《臺灣日日新報》第1573號，7月29日，2版等。〈清廷禁止纏足〉，《臺灣慣習記事》第2卷第4號，明治35年4月23日，頁36-38；〈戒纏足說〉，《臺灣慣習記事》第2卷第11號，明治35年11月23日，頁43-48（轉載自《大公報》）；〈清國に於ける纏足廢止論の風潮〉，《臺灣慣習記事》第3卷第5號，明治36年5月23日，頁80-85。
21 李春生，《東遊六十四日隨筆》（福州：美華書局，1896），頁10上下。

　　又如1898年2月1日，擔任教師或通譯的柯秋潔、余克讓、施錫文、吳文明、郭廷獻等相偕斷髮易服[22]；1900年4月，臺北茶商公會會長吳文秀前往法國參加博覽會，毅然斷髮[23]。另如1901年10月，由於警察制帽改變，留辮髮的臺人巡查補因戴該帽多所不便，在當局的獎勵下，遂紛紛斷髮，甚至出現集體斷髮的行為，不久，其數達到300餘人[24]。此時總督府頗為注意防止地方官強迫臺人斷髮，所以當1901年臺南噍吧哖支廳（今玉井鄉）利用壯丁團討伐抗日義民時，發生街、庄長、保正等5,000餘人斷髮事件；總督府接獲報告後，深不以為然，乃通知各地，表示若斷髮風氣係出自於人民的自由意志，則可，若係官方強迫為之，則不妥；強調應聽任自然的趨勢，絲毫不得加以干涉[25]。

　　正因為總督府此時採聽任臺人自由意志斷髮之政策，故斷髮數時有增減，未必呈成長之勢，據報載，1902年1月臺人斷髮者僅李春生、辜顯榮等28人[26]；是年8月，另一報導表示臺人斷髮者不過是部分士紳、學生及巡查補等，為數寥若晨星，連被強制斷髮的罪犯，出獄後大多仍重新蓄髮留辮[27]。儘管如此，由上顯示，早期自動斷髮者多係社會中較為活躍且與日人接觸較多的紳商及部分公職人員，其為臺灣社會的中、上階層分子迨無疑義。易言之，臺灣社會的中、上階層首開斷髮風氣。

22 〈剪髮有期〉，《臺灣新報》第403號，明治31年1月18日，1版。
23 〈又秀斷髮〉，《臺灣日日新報》第582號，明治33年4月13日，4版。
24 〈剪髮鼓勵〉，《臺灣日日新報》第1036號，明治34年10月13日，5版；〈巡查補的斷髮〉，《臺灣日日新報》第1041號，明治34年10月20日，2版。
25 臺灣史料保存會，《日本統治下の民族運動》上卷，頁747-748。臺灣總督府臺灣史料編纂委員會，《臺灣史料稿本》，明治35年5月5日。
26 臺灣史料保存會，《日本統治下の民族運動》上卷，頁747。
27 《臺灣慣習記事》第2卷第3號，明治35年3月23日，頁73-74。

第二節　社會領導階層與放足斷髮運動之推展

一、組織性放足運動之發軔

　　1899年末，臺北大稻埕中醫師黃玉階糾合紳商同志40人，籌組臺北天然足會，並向臺北縣當局提出立案申請，從此揭開組織化放足運動的序幕[1]。天然足會之成立反映出總督府的宣導已收到若干效果，臺灣社會開明的紳商受到影響，逐漸接受時潮而改變觀念，不僅對纏足之弊害有所認識，且鑑於中國大陸放足運動之發展，益感責無旁貸而思作遙相呼應之舉。此由下述言論可略窺一二，在臺北天然足會成立大會上，臺南廩生蔡國琳致賀辭時表示：「天然足會者，支那有識者流嘗倡為是會，而國人牢不可破，排議者眾，卒未實事奉行，尋至同盟敗約，厥功未竟。然近時士夫潛究新法，終曉然。夫此事因革損益之由，屢屢襄諸同志，導其家人，以身先為倡率。」[2]連雅堂撰「臺南天然足會序」時亦指出：「纏足之害論者多矣，而其大端不出於張香濤（之洞）、梁卓如（啟超）之二序，一則謂其害人功，一則謂其拂天性。嗚呼，斯二者其患更甚於洪水猛獸，而不一拯救之，是舉巾幗之婦皆為無告之罪人，正人君子豈能默然而息哉，此不佞所以有提倡天足會之舉也。」[3]

　　另一方面，日本社會新氣象之刺激亦頗有助於放足運動之發起。日治之初，總督府即迭次邀請或招待臺灣各地紳耆前往日本旅遊參觀，不少人對日本女子保持天足，普受學校教育，參與社交活動，進退自然有度，在工商機構做事者甚多，其能力不殊男子等，

1　臺灣史料保存會，《日本統治下の民族運動》上卷，頁742。
2　〈天足祝辭〉，《臺灣日日新報》第566號，明治33年3月24日，3版。
3　〈臺南天足〉，《臺灣日日新報》第574號，明治33年4月3日，6版。

留下良好且深刻的印象。例如1896年春大稻埕富商李春生應邀攜家人7人遊日，返後撰有《東遊六十四日隨筆》一書，書中對所見日本女子之種種活動讚美不已，茲略舉一二，以見其梗概。如對男女社交，略謂：「日東之俗，與歐西無異，雖女子與男人相聚一所，執役爲活，觀其操持職守莫不貞誠恬靜，雖無時不同室授受，而其往來交接，不論或男或女，端肅誠愨，悉皆守身自持，幾莫知其有曖昧之當避也。」[4]談及教育，則謂：「日本國多學堂，男女貴賤舉皆識字，風尙好義，人重交誼。」[5]又謂：「貴族女學校院，……制度軒昂，悉仿西式，……院中女學徒多至五百餘名，長幼咸集，悉爲縉紳之女。」[6]其後，臺北天然足會籌組時，李氏即爲發起人之一，並膺任該會顧問要職[7]。總督府資料指出，臺人前往日本觀光，目睹日本女子能從事各種工作，益感纏足之害，其後，乃由這些人起而倡導解放纏足[8]。

　　日本官民的鼓勵和支持亦是放足運動得以順利組織化的要因之一。官方資料載稱，黃玉階係「接受當局的慫恿」而出面籌組臺北天然足會[9]。該會籌組之初，日人輿論即深表支持，經常報導該會消息，比喻該會猶如「木鐸」，稱許該會「實如紅十字事業之義例美風」[10]。1900年2月6日，該會獲准成立[11]。隨後，日本官民協助該會

---

4 李春生，《東遊六十四日隨筆》，頁36下。
5 同上書，頁45下。
6 同上書，頁58下。
7 〈天足輔翼〉，《臺灣日日新報》第782號，明治33年12月7日，3版。
8 臺灣總督府臨時臺灣戶口調查部，《明治三十八年臨時臺灣戶口調查記述報文》（臺北：該府，1908），頁350。
9 同上書，頁359。
10 〈內地に於ける天足會の景況〉，《臺灣日日新報》第513號，明治33年1月19日，2版。〈天足餘談〉，《臺灣日日新報》第526號，明治33年2月4日，5版。
11 臺灣總督府臺灣史料編纂委員會，《臺灣史料稿本》明治33年2月。〈天然足會設立の認可〉，《臺灣日日新報》第529號，明治33年2月8日，2版。

募集會員及籌措經費，不遺餘力。

　　3月20日，臺北天然足會假大稻埕普願社舉行成立大會，總督兒玉源太郎、民政長官後藤新平、臺北縣知事村上義雄等親自出席，而許多在臺北參加揚文會的士紳亦與會，顯示該運動一開始即得臺灣各地有影響力的士紳支持。與會者多達250人，盛況空前[12]。會中，村上的賀辭明白顯示，儘管總督府對變革風俗抱持放任主義的漸禁政策，仍希望假手臺灣社會上流階層組織社運團體，以身作則，倡成變革風氣。村上表示：

> 茲矯正弊俗係屬目前之急務，倘政府頒法布令，強制解纏，未嘗不在於端正風俗之道得於速收成效。然強而行之，不如盛行風教感孚眾心，俾得各自悅從向化，久而久之，風自移，俗自易，洵為妥且善也，故今者設立此會豈非盡善盡美之良舉哉。蓋矯風事本難於獨行，雖世俗之非盡人而知，無奈勇莫逆潮。……若非在上流者躬行實踐，勢合力集，倡率風行，其矯弊俗誠恐難以望其成。[13]

臺南廳參事、舉人蔡國琳致賀辭時亦表示，支持總督府領導革陋求新，乃是士紳的責任[14]。

　　該會獲准成立後，隨即刊印會旨和會規，廣招會員，設會址於臺北大稻埕日新街普願社後樓上。其會旨在於「革故鼎新，改除纏足以成天然」。會規要點如下：㈠會員家中已纏足婦女若仍可開放

---

12 〈開會盛典〉，《臺灣日日新報》第565號，明治33年3月23日，3版。
13 〈天然足會に望む〉，《臺灣日日新報》第566號，明治33年3月24日，1版。
14 同前註。

者，宜即放足；日後所生女子或娶婦不得仍舊纏足。㈡會員分爲正會員、掌理會員、贊助會員、鼓舞會員四種，贊同本會旨趣、期自痛改纏足者爲正會員，辦理會務者爲掌理會員，協助本會及贊助經費者爲贊助會員，到處鼓吹放足、勸人入會者爲鼓舞會員。㈢會員達百人時將舉行成立大會，其後每增100人則開會一次，以顯此會盛行。㈣能解纏並宣導者，由本會報請政府表揚。㈤遠地願入會者可就地成立支會[15]。

招募會員尚稱順利，3月初已有300餘人，其中，大稻埕茶商公會會員全體加入天然足會[16]。至中旬，增爲600餘人。該會正式成立後，臺北縣下各辦務署積極鼓勵各區長、保正招募會員[17]。4月下旬，有正會員1,200餘人、贊助會員400餘人[18]。1900年12月底，計有會員1,690人（內臺北縣1,528人、臺中縣156人、臺南縣和宜蘭縣各3人），其中放足者（即婦女會員）147人，保持天然足者267人[19]。迨至1903年7月，計有正會員2,270人（內臺北廳1,203人、深坑廳304人、基隆廳220人、宜蘭廳5人、桃園廳161人、新竹廳55人、臺中廳287人、臺南廳8人、澎湖廳27人），其中，放足者199人，保持天然足者432人[20]。由上顯示，1901年後，該會會員即已成長甚緩，而放足者亦爲數不多，可以說該會成立三年期間成效不大。根據會規，該會在彰化、臺中、澎湖、基隆、桃園、深坑、新竹等地先後成立支部。

---

15 〈天然足會〉，《臺灣日日新報》第541號，明治33年2月22日，3版。〈天然足會〉，《臺灣協會會報》第17號（1900年2月），頁68-69。
16 〈天然足會〉，《臺灣日日新報》第548號，明治33年3月2日，3版。
17 《臺灣日日新報》第573-650號，明治33年4-6月。
18 〈纏足解裹〉，《臺灣日日新報》第589號，明治33年4月21日，3版。
19 〈天足彙報〉，《臺灣日日新報》第855號，明治34年3月12日，3版。
20 〈天然足會近況〉，《臺灣慣習記事》第3卷第12號（1903年12月），頁86。

　　該會係社會中、上流階層組成的團體。據報載，會員概皆「地方紳耆商賈」[21]。主要幹部會長黃玉階、副會長葉為圭、顧問李春生、正幹事長林望周、副幹事長陳志誠、陳瑞星，另評議幹事若干名，《臺灣日日新報》認為「皆老成經事」[22]，其身分或為區長、參事，或為宿儒、富商。支會領導人亦均是地方基層行政領袖，例如深坑支部長黃祖壽係參事、副部長張建成係區長，新竹支部長鄭如蘭係紳耆、副部長高福係參事[23]。由此可知，此時放足運動係以臺灣社會中、上階層為主要的勸導對象，蓋總督府希望由中、上階層率先變革，造成解放纏足之風氣，而收上行下效之結果。

　　該會經費係向會員募集及賴社會各界之捐獻。當其成立之初，總督府為使該會有充裕的經費從事活動，使放足運動早日倡成風氣，故積極地籲請日人各慈善或衛生團體及其會員踴躍贊助，例如，臺北縣署透過各辦務署將該會會旨會規1萬餘份，分發給日本紅十字會會員，鼓勵其樂捐[24]。縣知事村上義雄則函寄200份會旨會規給臺灣協會，要求會員們鼎力相助[25]。職是之故，日本赤十字社臺北支部、臺灣協會、日本婦人衛生會、日本婦人會、大日本婦女教育會、日本赤十字社篤志看護婦人會等紛紛捐助該會（以上均見《臺灣日日新報》及《臺灣協會會報》）。該會舉行成立大會時，累計各項捐款達2,000圓[26]。然因該會會員不必繳納會費，使得該會欠缺經常且固定之收入，故至1901年12月遂發生經費困難之問題，後以

21 〈天足會員〉，《臺灣日日新報》第806號，明治34年1月11日，3版。
22 〈天足輔翼〉，《臺灣日日新報》第782號，明治33年12月7日，3版。
23 〈天然足會の近況〉，《臺灣日日新報》第1624號，明治36年9月27日，2版。
24 〈天然足會〉，《臺灣日日新報》第548號，明治33年3月2日，3版。
25 〈天然足會に關し村上知事の來翰〉，《臺灣協會會報》第18號（1900年3月），頁70。
26 〈天然足會に望む〉，《臺灣日日新報》第566號，明治33年3月24日。

　　黃玉階捐出其鹽館每年利金百餘圓，又將普願社與該會合併，而將該社每年所得捐款250圓撥充使用；此外，復得兒玉總督應允每年贊助1,000圓，從此方才解決該會的經費問題[27]。

　　勸導及鼓吹放足為天然足會的主要任務，因此該會旋發行《天然足會會報》月刊作為宣傳機關，報導會員動態、放足狀況，刊載勸導解纏或戒纏的詩文。例如，1904年初該報刊載了文字淺易的「俗語勸解纏足歌」11首，說明纏足有違反人道、戕害身心、不便作息、有害衛生、違背自然及不合潮流等弊害，並強調天然足之好處[28]。同時為輔助文字宣傳之所不逮，亦經常假普願社講堂，利用宣講時機鼓吹放足[29]。

　　該會為廣收會員及鼓勵會員踴躍放足或保持天足，訂定三種獎勵辦法：㈠在社員門上掛一標幟，以表彰其行，亦明示其原係纏足之家。㈡贈送繡鞋一雙給放足者。㈢給放足者佩帶繡有「臺華章」三字的徽章，以示榮耀，並使其有別於婢僕[30]。惟似因礙於經費，加上1901年11月改革地方官制，廢縣置廳，該會活動一度呈停滯狀態，是以前兩者迄未見實行；後者雖早於1901年3月總督府即准予採行[31]，卻遲至1903年9月始將該徽章製好[32]。是時，該會鑑於成立

---

27 〈天然足會評議員會〉，《臺灣日日新報》第1079號，明治34年12月5日，2版。
　〈天然足會〉，《臺灣慣習記事》第2卷第1號（1902年1月），頁74；〈天然足會近況〉，《臺灣慣習記事》第3卷第12號（1903年12月），頁85-86。
28 詳見〈俗勸解纏足歌〉，《臺灣慣習記事》第4卷第2號（1904年2月），頁77-80。茲錄其中一首如下：上蒼創造人，男女腳相同。算是天生成，好走又好行。可惜戇父母，看作纏腳好。愛子來縛腳，情理講一拋。著縛即是娘，無縛不成樣。女子未曉想，不過看世上。別人此號樣，出在爾爹娘。老母心肝殘，腳帛推緊緊。
29 〈天然宣講〉，《臺灣日日新報》第1087號，明治34年12月14日，3版。〈普願社〉，《臺灣慣習記事》第3卷第12號（1903），頁84。
30 〈天然足會の獎勵法〉，《臺灣慣習記事》第1卷第5號（1901年5月），頁70。
31 〈天足掛章〉，《臺灣日日新報》第871號，明治34年3月31日，5版。
32 〈天然足會の近況〉，《臺灣日日新報》第1617號，明治36年9月18日，2版。

以來僅致力於鼓吹放足，未敢採強制手段，致成效不彰，保持天足
及放足之數在全島婦女中有如滄海之一粟，因此開始講究實質的獎
勵，對凡是放足或保持天足者分別佩授上附藍色或紅色絲帶的徽章
一枚[33]；同時，兒玉總督另贈送印有「不敢毀傷孝之始也」八字的絲
巾一條，以資紀念[34]。由此觀之，該會成立之初所訂的獎勵辦法顯然
並未能立即且有效地付諸實施，而流於徒具虛文。

　　除臺北天然足會之外，1900年3月，另有參事許廷光、臺南新
報記者連雅堂等臺南地區紳商名流籌組天足會，由連氏草擬會規八
條，內容與臺北天然足會大同小異，亦積極地招募會員[35]。6月，正
式成立，會所設於臺南城內五帝廟街三官堂，推舉許廷光為會長，
蔡夢蘭、鄒小奇、陳修五、張作人、沈嘯鶴、王球仙、林樵梅、連
雅堂等為幹事[36]。經有志之士贊助，故規模漸成，旋於7月彙刊該會
規程、會員概況及地方官員鼓勵之文字為一書，以助鼓吹[37]。翌年4
月，總督府亦准許該會製作徽章，以獎勵放足者[38]。

　　概言之，1901年底以降，天足會所推動的放足運動一度呈停滯
狀態。迨至1903年，大阪舉行博覽會，在總督府的鼓勵下，臺灣社
會中流以上紳商前往參觀者多達500餘人[39]，由於目睹日本女子的教
育及生活狀況之進步，因此，自是年8月起各地士紳紛紛提出重視女

---

33 〈天然足會近況〉，《臺灣慣習記事》第3卷第12號（1903年12月），頁86-87。
34 臺灣史料保存會，《日本統治下の民族運動》上卷，頁746。
35 〈天然足會氣運の勃興〉，《臺灣日日新報》第572號，明治33年3月31日，2版。
　　〈臺南天足〉，《臺灣日日新報》第574號，明治33年4月3日，6版。井出季和太，
　　《臺灣治績志》，頁357。
36 〈兩會新置〉，《臺灣日日新報》第632號，明治33年6月12日，3版。
37 〈相繼興會〉，《臺灣日日新報》第642號，明治33年6月23日，3版。〈興會成
　　書〉，《臺灣日日新報》第661號，明治33年7月15日，5版。
38 〈製給徽章〉，《臺灣日日新報》第874號，明治34年4月5日，3版。
39 〈上游紀聞〉，《臺灣教育會雜誌》第18號（1903年9月），頁43。

子教育及解放纏足之呼籲。例如，基隆街長許梓桑於11月倡設天然足會，招募同志鼓吹放足[40]。臺南廳則利用此一時機，使放足運動產生新的作法，亦即是利用廳參事會議，討論放足問題，與會參事商朝鳳、吳子周、李學禮、蘇有志等，一致表示為徹底革除纏足陋習，應於保甲或農業組合規約中加入禁纏足條款，並嚴格執行[41]。日人輿論熱烈地與之唱和，讚揚此一主張係代表「民情維新」[42]。9月15日，臺南廳召開農業組合諮問會，除農事問題外，並討論解放纏足問題，鑑於南部地區勞力缺乏，放足實有必要，為求迅速奏效，於是議決於農業組合規約中附加禁纏足條款。吳道源、陳鴻鳴、王雪農等人乃擬訂天然足會規約，分發給各街、庄長，其要點如下：

㈠本會設本部於臺南市五帝廟街三官堂，設支部於臺南廳下各街庄役場或保甲事務所。

㈡會員女兒年6歲以上者不得纏足。

㈢會員兒子年10歲以下者，今後不得娶纏足女子。

㈣會員女兒若仍纏足者，處以罰金5-100圓。

㈤會員賣天足之女兒予人為婢者，處以罰金5-100圓。

㈥本會設會長、支部長（由街、庄長充任）、幹事長、幹事、勸導員、贊助員及書記等。

㈦本會經費以捐款充之，不足時，以衛生費補助之。

上述條款旋獲總督府認可，於是臺南本廳及關帝廟（關廟）、灣裡（善化）、安平、大目降（新化）、噍吧哖（玉井）等支廳農

40 林進發，《臺灣官紳年鑑》（臺北：民眾公論社，1933），頁123。
41 〈解纏之俗將成〉，《臺灣日日新報》第1595號，明治36年8月23日，5版。
42 〈社說：民情維新〉，《臺灣日日新報》第1601號，明治36年8月30日，2版。

業組合先後受鼓勵修改其規約，一時其他各廳亦紛紛倣效[43]。惟推動結果，一年後，放足人數僅400餘人[44]。無怪乎時論指出：「去年此時（大阪）第五回博覽會剛結束，前往內地（指日本）觀光的臺人紛紛鼓吹放足，曾幾何時，復歸沉寂。未知計畫制訂否？目的達到否？現況如何？吾人亟欲知其詳。」又云：「鼓吹殖產興業與放足係當時二大熱潮，然而向來熱得快冷得亦快，其亦五分鐘熱度，未知是否均冷卻了？」[45]要之，此種驟熱驟冷的放足運動自然難期有大成效。1906年之際，時論指出：「女子放足一事較男子斷髮困難，一度非常蓬勃的天然足會，現僅臺南地區偶有有志之士小集會，其他地區有如已熄火。惟各地之學校則時有進展而有放足者，一般家庭達纏足年齡之子女保持天足者亦漸增。只因有纏足習慣者仍多存天足子女不易嫁人之觀念，故難以革除此一風俗。值得一提者，基督教徒可說全無纏足之風。」[46]由上，一則顯示放足運動不易推展，一則顯示學校教育及宗教信仰之影響實不容忽視。

　　據1905年之調查，纏足者有800,616人，占臺灣女子總數1,406,224人的56.9%，若扣除5歲以下未達纏足年齡之幼兒數，則比率增為66.6%，可知當時臺灣有三分之二的女子纏足。放足者計有8,694人，僅占纏足者的1.1%；就地區而言，以新竹放足者861人，占該廳纏足者的14.53%，成果最佳；蕃薯藔（旗山）622人，占12.61%，居其次；彰化放足者2,291人，為數最多，但僅占2.58%；至於放足運動中心臺北則僅256人，占0.26%，臺南有912人，占

---

43 〈臺南の農業組合と纏足廢止〉，《臺灣日日新報》第1619號，明治36年9月20日，2版。臺灣史料保存會，《日本統治下の民族運動》上卷，頁745。

44 種村保三郎，《臺灣小史》（臺北：東都書籍株式會社，1945），頁329。

45 〈慣習小言〉，《臺灣慣習記事》第5卷第3號（1905年3月），頁75-76。

46 〈臺灣風俗の推移〉，《臺灣協會會報》第96號（1906年9月），頁32-33。

1.47%，毋庸置疑的，五年之間放足運動成效甚微。惟值得注意的，就年齡觀之，青少年女子纏足者顯著地減少（5-10歲者占該年齡女子總數的32.5%，11-15歲者占54.6%，16歲以上者占68%-79%），而放足者為數最多（10歲以下者有1,630人，占該年齡纏足者的3.1%；11-15歲者有2,025人，占2.7%；16歲以上者占0.5%-1%）。總督府指出，其原因在於社會風氣漸知纏足之害，不忍使妙齡女子陷於殘廢狀態，加以少女未達婚嫁年齡，保持天足或放足較不受社會注意和嘲笑[47]。此外，學校教育亦是促使青少年女子放足的要因之一。

二、教師與放足斷髮運動

　　對總督府而言，教育為同化的工具，移風易俗為貫徹同化政策必要的過程，尤其是辮髮纏足等陋習更須速予革除，因此宣導和鼓勵放足斷髮乃是殖民教育的主要任務之一。1900年放足運動展開之初，臺北縣下各公學校即曾做調查和勸說，當時全縣女學生計448人，其中纏足者360人，支持天然足會而放足者僅23人[48]。其他各地學校亦扮演類似的角色。例如1901年2月20日，基隆辨務署指示轄內各公學校長獎勵女學生放足或保持天足[49]。1902年編《臺灣教科用書國民讀本》第九冊編有「纏足」一課，指出纏足女子傷殘身體，造成不良於行，工作不便，災變時易受傷害等，並表示近來女童逐漸放足，誠是一好現象[50]。然而，由於此時女子入學受教育者為數甚

47 臺灣總督府臨時臺灣戶口調查部，前引書，頁353-374。
48 〈纏足區別〉，《臺灣日日新報》第611號，明治33年5月18日，3版。
49 〈天足會への寄附金〉，《臺灣日日新報》第543號，明治33年2月24日，2版。
50 臺灣總督府編，《臺灣教科用書國民讀本》卷九（臺北：該府，1902），頁32上—33下。

少[51]，加以高達50%以上的退學率[52]，使得受學校直接影響而放足的女子有其侷限。

　　至於斷髮，學校初亦止於宣導和鼓勵，而聽任學生自由斷髮。概言之，當時兩所臺灣最高學府——國語學校和醫學校——首倡斷髮風氣。國語學校為培養公學校師資及臺人公、私事務人才的機關，對於學生新觀念的灌輸及新習慣的養成，無疑的較為重視。日人亦認為臺人如此固守舊習，實有害於教育的成效，而希望公學校的臺人訓導以身作則，率先斷髮，作為學生之模範，使學校成為孕育善良風俗習慣之泉源[53]。1902年2月，國語學校已有十餘名學生斷髮[54]。其後，斷髮人數日增。1910年8月，該校曾以「本島善良的風俗習慣」為題調查學生意見，75名受調者中有11名提及漸興起的斷髮和不纏足風氣實為善良風俗[55]。由此顯示，教育的結果，學生已漸以新觀念衡量向來臺灣社會的風俗習慣，從而有助於其本身養成新習慣。是年底，國語學校學生由於競相斷髮，400餘名臺籍生中已約有百人斷髮，影響所及，公學校學生斷髮者日增[56]；同時，醫學校亦

---

51 據Tsurumi, E.P., *Japanese Colonial Education in Taiwan, 1895-1945*,（Harvard Univ. Press, 1977），p. 19.日治初期公學校女學生數如下表：

年度	人數	年度	人數	年度	人數
1898	290	1901	1,657	1904	2,896
1899	443	1902	2,090	1905	3,653
1900	1,133	1903	2,469	1906	4,095

52 Tsurumi, E.P., op. cit., p. 63.
53 笠井源作〈現時の公學校訓導に就て〉，《臺灣教育會雜誌》第35號（1905年2月），頁13。
54 臺灣史料保存會，《日本統治下の民族運動》上卷，頁748。
55 詳閱臺灣總督府國語學校編，《臺灣風習一斑》（臺北：該校，1910），提及斷髮和纏足為善良風俗者有鍾進、賴石傳、陳郁文、林玉湖、李奎璧、黃鉎、陳文彬、吳培銓、陳湖古、劉達麟、何春喜等。
56 〈本島學生と斷髮〉，《臺灣日日新報》第3804號，明治43年12月22日，2版。

盛行斷髮，200名學生中已約有半數斷髮[57]。要言之，斷髮風氣之興起實以學校為中心。誠如其後「南部斷髮會啓」中所云：「我臺改隸版圖，已易十七裘葛，斷髮者亦不乏其人，而實以學校為正鵠。良以文明之灌輸，首由學校，教育既遍，則風化不關而自開。」[58]

迨放足斷髮運動掀起熱潮時，臺人公學校教師更是身負重任，扮演運動的中堅分子之角色。當時日人認為臺人公學校教師係地方新知識分子，負有鼓吹文明思想之責任，實應以身作則，率先斷髮[59]。身為公學校教師的蔡培火更是呼籲臺人教師積極響應該運動，以盡社會上流階層之責任：略謂：

> 遠有天然足會，近有遍及全島的斷髮不改裝會，希在全島公學校執教的訓導們，能乘此良機，自覺各位責任之重，奮發猛進，支持該會之目的，成為先驅者。蓋推行風俗習慣的代表者，乃是居社會上流階層的有力者。……而我們正是本島社會的有力者且居上流地位者。因此，此時我們不能置身事外，應不猶豫地協助。不！必須自奮自勵，徹底貫徹該會主旨。[60]

總督府學務課長隈本繁吉亦利用學事講習會演講之機會，諄諄勉勵臺人教師以身作則，善盡教育工作者「勸良風，改惡習」之責[61]。

---

57 〈斷髮と醫學校〉，《臺灣日日新報》第3808號，明治43年12月26日，2版。
58 楊鵬摶，〈南部斷髮會啓〉，《臺灣時報》第22號（1911年5月），頁76。
59 小牧辰次郎，〈剪髮論〉，《臺灣教育會雜誌》第106號（1911年1月）漢文之部，頁16。
60 蔡培火，〈訓導諸君に檄す〉，《臺灣教育會雜誌》第108號（1911年3月），頁45。
61 隈本繁吉，〈公學校本島人教員に對する希望〉，《臺灣教育會雜誌》第113號（1911年8月），頁6-7。

因此，在斷髮運動中，公學校常是集體斷髮大會的場所，公學校教師每係斷髮會的重要成員，而在教師的鼓勵和督導下，幾乎每次斷髮大會都有數十名乃至百餘名公學校學生參加集體斷髮[62]；甚至有實施全校斷髮者，例如宜蘭公學校即是[63]；有些公學校則自購剪刀，由教師親自剪去學生的辮髮[64]。

在放足運動中，公學校一直是扮演相當重要的角色。此一時期，配合男生斷髮的熱潮，更是積極促使女生普遍放足。1913年編《公學校用國民讀本》卷八編有「阿片と纏足」一課，指出該兩者為臺灣社會最大陋習，惟可喜的是近來保持該陋習者已漸減少[65]。除了將纏足問題編入正課之教材使學生認識其弊害及時潮趨向外，有些學校另透過其他教學及展覽會加強宣導，使學生有所自覺而自動放足，例如臺北國語學校附屬女學校即是，1914年之際，該校110餘名學生已無人纏足[66]。當時討論纏足問題的論文亦指出女學生已甚少纏足，而肯定係教育之功有以致之[67]。

三、組織性斷髮運動之勃興

由於學校的斷髮風氣漸興，加以1910年之際，中國大陸因受革命的影響而興起剪辮之風，韓國併入日本後，韓人亦爭斷結髮[68]。

---

62 〈臺南斷髮狀況〉，《臺灣日日新報》第3945號，明治44年5月18日，3版；〈斷髮流行〉，《臺灣日日新報》第3976號，明治44年6月19日，1版；〈斷髮續聞〉，《臺灣日日新報》第4234號，明治45年3月13日，5版。
63 〈宜蘭の剪髮會〉，《臺灣日日新報》第3950號，明治44年5月23日，3版。
64 〈基隆學校斷髮〉，《臺灣日日新報》第4220號，明治45年2月28日，5版。
65 臺灣總督府學務部編，《公學校用國民讀本》卷八（臺北，1914），頁33-35。
66 〈本島女生の昨今〉，《臺灣日日新報》第5159號，大正3年12月4日，1版。
67 廖學枝、詹安撰，〈論纏足之弊害及其救濟策〉，《臺灣日日新報》第5223號，大正4年1月1日，53版；第5323號，4月16日，6版。
68 臺灣總督府警務局，《臺灣總督府警察沿革誌》第2編，上卷，頁750。小牧辰次郎，前引文，頁15。

影響所及，不久，臺灣遂有組織性斷髮運動之勃興。1911年初，有《臺灣日日新報》記者謝汝銓與大稻埕區長黃玉階共同發起「斷髮不改裝會」，揭櫫該會以「漸次遵從國習、同化於日本」為目的。以辮髮不合時潮、不衛生、不便，且有礙於同化，亟須剪除，惟為免購置洋服增加經濟負擔，故可暫不改裝。其會規要點如下：㈠定於明治44年（1911年）2月11日紀元節舉行第一次斷髮大會，其後會員每超過10名以上，則繼續實施之。㈡會員之義務只限於斷髮。㈢會員姓名刊載於報紙上，以資鼓勵。另會員每人繳1圓，作為斷髮費和宴會費。該會旋獲總督府之批准，黃、謝兩人分別被推為正、副會長[69]。該會如期假大稻埕公學校舉行成立及首次斷髮大會，總督府內務局長、檢察官長、衛生課長、臺北廳長、臺北製糖會社長、辜顯榮、洪以南等臺、日官紳數十人，出席觀禮祝賀，儀式隆重。是日，在會場集體斷髮者多達百餘人，其中，公學校學生30人[70]。

其後，為期一年有餘，各地區街庄長、臺人教師等公職人員及紳商名流紛紛響應斷髮運動，率先斷髮；並倡組「斷髮不改裝會」或「斷髮會」，訂定會規，內容與臺北的「斷髮不改裝會」大同小異，除鼓勵會員個別斷髮外，並利用日本的紀元節（2月11日）、神武天皇祭（4月3日）、始政紀念日（8月17日）等節日，舉行集體斷髮大會，或擇期舉行慶祝會，以掀起高潮。據載，基隆、臺中、南投、臺南、宜蘭、鳳山、嘉義、阿緱（屏東）、彰化、北投、艋舺、大稻埕、桃園、大嵙崁（大溪）等地，先後均有斷髮團體的成立，每次斷髮大會參加人數由百餘人至400餘人，會員自由入會，惟

---

69 〈斷髮會成る〉，《臺灣日日新報》第3836號，明治44年1月25日，7版；〈斷髮會の趣意〉，《臺灣日日新報》第3838號，1月27日，7版。

70 〈斷髮會概況〉，《臺灣日日新報》第3853號，明治44年2月13日，2版。

入會後不得任意退會，而一旦斷髮即不得再度蓄辮[71]。總之，運動的參與雖屬自由意志，惟組織的約束則具有強制性。

當各地領導階層競相倡組斷髮團體，掀起斷髮熱潮時，亦見主張各異的反斷髮團體出現。1912年春，首先有臺北「保髮會」之成立，明揭會員將「留以辮子，以見滿清先帝於地下。」[72]隨後，新竹地區的保守士紳亦起而效尤，訂定章程，組成保髮團體[73]。另外，張希袞（公學校教師）、黃應麟（區長）等艋舺、大稻埕、大龍峒地區人士50人，於3月10日組成「守髮誼」，會旨略謂：「臺民隸帝國版圖，政府尚採用舊慣，未下剪髮之令，曲禮臺民之情，姑從舊制，聊作紀念，故倡守髮誼，以仰體政府曲原美意，候政令裁奪。」[74]表示將待總督府明令斷髮時，才願意剪辮。據資料顯示，上述反斷髮運動所發揮的影響力似均十分有限，對斷髮運動並未構成大阻力。雖然如此，亦不可忽視其所顯示的政治和社會意義。

概言之，1911年組織性斷髮運動展開後，不久即在全島各地獲得熱烈的響應，其間雖然有部分舊士紳抱持反對態度並加以抵制，

---

71 詳閱《臺灣日日新報》明治44年3月—45年3月。該報經常報導紳商名流斷髮消息及各地斷髮會的活動。關於紳商名流斷髮消息，例如，明治44年2月9日刊登《臺灣日日新報》記者謝汝銓、陳永錫、楊仲佐等斷髮後照片；4月1日載林獻堂毅然斷髮；6月13日載臺中張錦上、蔡惠如、林烈堂等斷髮；12月19日載彰化楊吉臣、吳汝祥、張晏臣、吳德功、李崇禮、蘇世珍、楊炳煌等紳商及斷髮會員已有1,000餘人斷髮；12月22日載大稻埕歐陽光輝等一批紳士斷髮；明治45年1月19日、2月15日載板橋林祖壽、林鶴壽、林嵩壽、王道霞等斷髮，餘不備舉。至於斷髮活動分見於明治44年2月20日、3月11日、4月1日、5月10、23日、6月19、23日、12月5、19日，明治45年1月8、10、13日、2月10、13、17日。另《臺灣時報》第19號（1911年2月）、第22號（1911年5月）、第31號（1912年3月），亦均載有斷髮會消息。

72 〈唱保髮怪會〉，《臺灣日日新報》第4235號，明治45年3月14日，5版。

73 〈保髮效尤〉，《臺灣日日新報》第4242號，明治45年3月21日，5版。

74 〈守髮誼與保髮會〉，《臺灣日日新報》第4237號，明治45年3月16日，5版。

但並不影響整個運動的擴展，故一年之間臺灣社會中、上流階層及學生已大多斷髮。例如，臺南市自1911年6月17日舉行第一次斷髮會，有400餘名「上流」人士斷髮後，踵繼者不絕，半年期間，該市「中等社會以上剪髮者十有其九，每宴會時，有辮子者甚少數。」[75]無怪乎1912年自閩返回臺南省親掃墓的許南英目睹歡迎他的紳商故舊已鮮見辮髮，錯愕惋惜之餘，於賦詩感謝他們時，不禁嘆道：「斷髮從吳俗，焚心抱杞憂！」[76]蓋當時福建斷髮風氣未開，單福州一地辮髮者即多達30萬人，福建都督正制訂取締規則，擬對辮髮者課稅、取消司法優待及限制參政權、任官權等，甚或抓人強行剪辮[77]。此外，由1912年臺中廩生林朝崧（癡仙）所作詩中，一則顯示斷髮已釀成風氣，使士紳名流不得不依從，一則可略窺其斷髮後心境之悲愴和無奈，其詩云：「大好頭顱斫與誰，心長髮短不勝悲；半生寂寂羞看鏡，萬事茫茫泣染絲。叫月禿鶹聲最苦，經霜髡柳態先衰；江山滿目空搔首，風景全殊總角時。」[78]

四、組織性放足運動之蓬勃

　　當黃玉階等因籌組「斷髮不改裝會」而往見總督佐久間左馬太時，總督一面嘉許其動機，一面表示希望其能並纏足一舉而革除之，略謂：

75 〈臺南斷髮狀況〉，《臺灣日日新報》第3915號，明治44年5月18日，3版；〈斷髮流行〉，《臺灣日日新報》第3977號，1版；〈斷髮頻聞〉，《臺灣日日新報》第4186號，明治45年1月23日，5版。
76 許南英，《窺園留草》臺灣文獻叢刊第147種（臺北：臺灣銀行，1962），頁107。
77 〈福州通信〉，《臺灣日日新報》第4192號，明治45年1月29日，2版。
78 林朝崧，《無悶草堂詩存》臺灣文獻叢刊第72種（臺北：臺灣銀行，1960），頁142。

　　辮髮欲斷，固為美舉，而於婦女之纏足，尚望致意，勸令解纏。本督自蒞任以來，頗關心斯事，但移風易俗，決非勉強執行之故，隱忍至今。彼老婦之難解者，可作罷論，如少女可以解者，及早解之。[79]

　　其後，鑑於斷髮風氣日盛，輿論即一再表示放足為當務之急，以天然足會先倡於斷髮會，卻未若斷髮迅即風靡全島，實甚為遺憾。由是呼籲斷髮者應立即解其家眷之纏足，並希望能利用斷髮之熱潮，進而開啓解纏之風氣[80]。

　　由於總督府及輿論均對向來的放足運動感到失望和不滿，因此該運動的作法遂不得不有所改變，以求實效。1911年，臺南廳於鼓勵男子斷髮的同時，亦推動放足運動，惟因鑑於纏足之害甚於辮髮，事關人道，委實不得不出之於強制手段，以補勸導之不逮，於是在保甲規約中規定，除了蹠趾彎曲無法恢復者外，未滿20歲的纏足者均須解纏，對女兒絕不可纏足，違約者將受保甲處分之制裁，亦即是由保正、甲長審查其行為輕重，科以100圓以下之罰金。以期「使陳年問題，且不良習俗，漸至絕跡。」[81]影響所及，臺南廳下的斷髮和放足同時盛行。例如，鹽水港居民在警察監督，保正、甲長

79 〈紀斷髮會事〉，《臺灣時報》第19號（1911年2月），頁73。
80 呼籲放足運動應以斷髮運動為範之時論，概有：㈠陳以言，〈天足論〉，《臺灣日日新報》第3884號，明治44年3月16日，6版。㈡〈論說：一步を進めよ〉，《臺灣日日新報》第3897號，明治44年3月30日，2版。㈢周火生，〈纏足之害〉，《臺灣時報》第21號（1911年4月），頁77-78。㈣蘇瑤池，〈就纏足而言〉，《臺灣時報》第22號（1911年5月），頁76-77。㈤黃應麟，〈勸改纏足〉，《臺灣時報》第24號（1911年7月），頁60-61。
81 〈臺南斷髮狀況〉，《臺灣日日新報》第3915號，明治44年5月18日，3版。〈臺南斷髮狀況〉，《臺灣時報》第22號（1911年5月），頁49-50。

勸告下，明治30年（1897）以後出生的纏足女子105人，悉數解纏，使得女子放足數與男子斷髮數相當[82]。《臺灣日日新報》明白地指出，斷髮盛行完全係人民的自由意志，政府並未加以強制，但顯然的放足則是以保甲處分的公權力去推動，因而顯示出易風改俗作法的趨勢[83]。蓋此一借助公權力的作法，成為日後總督府通令各地將禁纏足條款附加於保甲規約之先聲。

　　1911年8月，臺北廳另由陳宇卿（參事洪以南之妻）、施招（艋舺區長黃應麟之妻）等發起「解纏會」，號召婦女入會，不收會費，經費由兩位發起人樂捐。成立之後，報名入會者頗為踴躍，3個月之內，會員已達1,060人，其中，已放足及保持天足者631人。該會遂於8月14日假艋舺公學校舉行成立大會，會員出席者多達千餘人，日本達官顯要夫人十餘人及地方官紳數十人亦光臨該會，盛況空前。會長陳宇卿在會中演說，表示該會旨在於順天理而全人道，以革除數百年的纏足之風，為未來的婦女開一光明之途。並表示其本身已率先解放裹纏達36年之足，願會員們能引以為範，共襄盛舉[84]。同時，《臺灣日日新報》記者魏清德（潤庵）作「解纏足歌」數首，登載該報漢文欄，協助勸說放足[85]。此種由婦女自組團體，推動放足運動，較諸過去天然足會由男子領導鼓吹解纏，委實是一大進步。由此亦反映出部分婦女本身已漸改變觀念而有所自覺，不待男子之鼓勵，即主動參與放足運動。惟據報導，該會的影響力並

82 〈解纏足者百名〉，《臺灣日日新報》第3902號，明治44年4月5日，4版。

83 〈斷髮と解纏足〉，《臺灣日日新報》第3981號，明治44年6月23日，3版。

84 〈要は實在に在リ〉，《臺灣日日新報》第4033號，明治44年8月14日，2版。〈解纏會發會紀事〉，《臺灣時報》第21號（1911年8月），頁45-46。

85 魏氏作〈解纏足歌〉計有四首，茲錄其一：上天生蒸民，男女別其性。厥性既云殊，所司亦有定。男以勤國家，女以操臼井。方今世文明，競爭日以騖。婦人於社會，為職豈全屏。所當健身體，努力完使命。胡為纏此足，詡詡自矜幸。詳見劉克明，《臺灣今古談》（臺北：新高堂書店，1930），頁177-178。

未能迅速開展，而收一呼百應之效。致數月之間纏足者減少有限，並仍有新纏者。因此輿論呼籲該會應更積極活動，而宗教家、婦女團體及醫生等宜協助之[86]。自從臺北解纏會開婦女團體推動放足運動之先河後，其他地區亦漸由該地婦女領袖領導放足運動，例如，彰化由區長楊吉臣、參事吳德功、吳汝祥等夫人發起組成「解纏足會」，於1914年11月25日召開大會[87]。12月，臺中由林獻堂、林烈堂、參事吳鸞旂等人的夫人發起「解纏足會」，並率先放足；翌年1月24日召開解纏大會時，會員數及放足數已多達1,000餘人[88]。時論指出，此種由上流婦女率先放足乃是纏足陋習迅速革除的要因之一[89]。

　　宜蘭解纏足會推動放足運動亦十分積極，該會自1912年1月8日起，由主要幹部會同各保正、醫生等，挨家逐戶調查各年齡的纏足女子，由醫生詳細檢查鑑定是否能解，經鑑定須放足者即登記為解纏足會會員，與之約定放足期限，贈送藥水，並書寫名牌貼於門上，俾便管區警察監督放足[90]。因此不及一個月，市內女子放足者多達868人[91]。迨至1914年12月，黃張氏聯珠出任該會會長，繼續推動放足運動[92]。綜上可知，此一時期各地放足運動紛紛改弦易轍，婦女組成的放足團體漸成運動的主體，作法較諸天然足會時期更具強制性，惟寬嚴不一，且各地似未能相互呼應而同時掀起熱潮，因此若考其成效，無疑的，各地必然相當懸殊。

---

86 〈論說：解纏足の普及〉，《臺灣日日新報》第4178號，明治45年1月15日，3版。
87 〈彰化解纏足會盛況〉，《臺灣日日新報》第5188號，大正3年11月27日，3版。
88 臺灣史料保存會，《日本統治下の民族運動》上卷，頁746。〈臺中解纏足會〉，《臺灣日日新報》第5246號，大正4年1月26日，3版。
89 氏平要等編，《臺中市史》（臺中：臺灣新聞社，1934），頁633。
90 〈解纏實行狀況〉，《臺灣日日新報》第4189號，明治45年1月26日，5版。
91 〈蘭城解纏人數〉，《臺灣日日新報》第4204號，明治45年2月11日，5版。
92 〈解纏盛況〉，《臺灣日日新報》第5224號，大正4年1月3日，4版。

　　放足運動雖亦呼應斷髮運動而掀起熱潮，有些地區且見顯著的成效，例如，臺南市「南北游女，一律解纏，齠幼女子，大都解放，即有纏者，亦祇略爲約束，俾勿粗野。至笄年以上，唯實在彎折成窩者，驟難復原，偶一鬆放，寸步難行，不得不暫仍其舊。其他皆自變舊時鞋樣，而爲半解之風，亦有解而勿纏者，永久持續。」[93]惟因各地運動策略寬嚴不一，且鮮見相互配合和呼應，故整體成果仍未臻理想。易言之，正如時論所說的，「成效僅及一方，未能普遍退邇。」[94]

第三節　社會領導階層與新觀念之普及

一、斷髮觀念之建立

　　由前節可知，斷髮運動倡起不久，旋在全島各地獲得熱烈的響應，因此成效顯著，一年之間臺灣社會中、上階層已大多斷髮，顯示臺灣社會領導階層已接受斷髮的新觀念。概言之，此一新觀念乃是將斷髮視之爲代表「文明」或「時髦」，而視辮髮爲「陋風」。雖然「斷髮不改裝會」明揭以斷髮爲始，逐漸移風易俗，而馴至同化於日本爲最終標的，惟對許多知識分子而言，斷髮運動毋寧是順應時勢之所趨而追求文明進步之舉，其與放足運動的本質並無二致。是以該會的贊助者劉克明致友人詩中，以鼓吹文明者相期許，略謂：「改圖十有七年春，束縛物長漸革新；袖手旁觀觀豈得，

93 詳見趙雲石，〈論纏足之弊害及其救濟策〉，《臺灣日日新報》第5223號，大正4年1月1日，41版。
94 鐵雄，〈論纏足之弊害及其救濟策〉，《臺灣日日新報》第5229號，大正4年1月9日，3版。

文明鼓吹屬吾人。」[1]又如義塾（書房）教師潘雲菴斷髮後賦詩抒感，略謂：「斷髮歸去志氣高，百般利便樂陶陶。雖然未得新文教，頭腦光明亦足豪。」「悔染陋風卅四春，奮然割去一時新。而今偷得文明樣，洗濯圓顱見性眞。」[2]1913年，頭圍（頭城）斷髮會成立時，生員陳書致賀辭表示斷髮爲無法阻遏的時潮，並以中國大陸斷髮風氣相激勵，略謂：「於今菁華日煥，競趨斷髮，求進文明。蓋處二十世紀風潮之代，智識角逐，非審時變通，不足以圖存也。……若謂時機未熟，則中華大陸奉滿清辮髮二百餘年之制，去歲民國成立，不期年而斷髮殆遍。」[3]而時論評斷髮風氣之所以能一唱百和，無不強調係由於臺人知識漸開，文明日進，競圖維新，勢所當然，有以致之[4]。

　　另一方面，對總督府及日人而言，毋庸置疑的，其所要求的斷髮運動乃是以同化爲依歸；然而，由於斷髮亦非日本固有的習俗，而是明治維新以後始接受自西洋的風向，當其傳入之初，亦曾被日本社會視爲夷狄之風而拒斥之。本乎上述經驗，日本官民亦強調斷髮爲不可阻遏之時勢[5]，指出辮髮不便、不美、不衛生及在工廠工作危險，進而引日、韓人斷髮並未易服爲例，支持斷髮不改裝論[6]。由此觀之，斷髮運動可說是藉著現代化的變革而獲致同化的目的，因此不難獲得追求現代文明的知識分子之支持。

　　當社會中、上流階層紛紛響應斷髮運動時，有部分士紳或基於

1　劉克明，《臺灣今古談》，頁176。
2　〈編輯贅錄〉，《臺灣日日新報》第4177號，明治45年1月14日，5版。
3　陳書，《畏勉齋詩文集》（未刊稿，陳漢復先生藏）。
4　詳見《臺灣日日新報》第5228、5232、5233、5237號，大正4年1月8、12、13、17日，鐵雄、羅樵山、顏瀛洲、胡南溟等撰〈纏足之弊害及其救濟策〉諸文。
5　〈斷髮準備と國語〉，《臺灣日日新報》第4147號，明治44年12月13日，1版。
6　小牧辰次郎，前引文，頁15-16。

民族意識，或狃於舊習，對斷髮運動或消極排斥，或顯現出感傷無
奈，或加以諷刺譏評，甚或組織護辮團體，以相對抗。臺灣割讓之
初，一些反應較敏銳的士紳即預感到遲早辮髮難保，而將喪失可作
為民族認同的表徵，因此憂心忡忡。其時（1895），攜眷返歸原籍
泉州的臺北生員王采甫曾作「哀頭髮」一詩，感嘆歷來每當朝代鼎
革，人民即被迫改易髮型，如今臺灣淪入異族，恐不能免於斷髮，
略謂：「……今日臺嶼歸割讓，蓬頭應必變光頭；可憐改革萬民
愁，惟有頭中髮最苦；猶幸全忘得半存，詎知此生亦難保。」[7]當斷
髮運動掀起熱潮時，鹿港生員洪棄生作「痛斷髮」一詩，大嘆生不
逢辰，略謂：「我生跼蹐何不辰，垂老乃為斷髮民！披髮欲向中華
去，海天水黑波粼粼。天為穹廬海為壑，桃源路絕秦中秦。況是中
華亦久變，髮短更甚胡中人！吳繩雖約難為繪，且留尺寸來反脣，
國人姍笑倭人瞋。……科頭違世廿載勻，載之如山五十春；垂之亦
自嫌剡剡，斷之夫豈能彬彬！……在笯可憐斷尾鳳，遯荒須跨無角
麟。」[8]由上雖亦見民族意識之流露，惟不容否認的，洪氏係抱持
清室遺民心情而反對斷髮運動，蓋其同時亦不滿中國大陸的斷髮風
氣；論其心境實類似於民初仍不忘情舊朝文物的清室遺老，對新時
代的種種變革採取拒斥的態度，可說是效忠舊朝的表現，並非純然
的民族主義。面對無法阻遏的斷髮風潮，洪氏拒不斷髮，並作「蓄
髮詩」，敘其寧留「不歐不亞亦不倭」的辮髮，任人笑罵，躲避
「獮吏」的取締，並表明其不從「時髦」的決心[9]。嘗有率先斷髮易

7　吳逸生，〈王采甫、黃菊如詩文選〉，《臺北文物》第9卷第4期（1960年12月），
　　頁67。
8　洪棄生，《寄鶴齋選集》臺灣文獻叢刊第304種（臺北：臺灣銀行經濟研究室，
　　1973），頁348-349。
9　同上書，頁349，「蓄髮詩」：不歐不亞亦不倭（余為不今、不古編髟），我髮雖短

服的友人以其畫蘭冊請洪氏題字，洪氏賦詩諷喻其有如「蘭蕙失移根，一朝化茅如」，遂至於「不待靈均來，臭味先齟齬」；指責婉惜之餘，提出共勉道：「所願同根人，深求空谷侶；似蘭勿似茅，吾將施縞紵。」[10]要之，洪氏的言行因為適對立於殖民政權藉現代化變革而求收同化之目的，故而凸顯出民族主義之意義。

　　如前所述，倡導斷髮運動者強調斷髮係響應維新風氣、追求文明進步之舉，故接受斷髮者自然覺得其已變成文明人的模樣。然而，對反對者而言，認為追求文明維新未必需要斷髮，而在於是否具備新知識。例如，王釆甫對發起「斷髮不改裝會」的瀛社（詩社）社友謝汝銓、林湘沅、黃玉階、楊仲佐、魏清德、葉鍊君、王毓卿等人斷髮，作諷刺詩贈之，略謂：「歐洲習俗漸東漫，風氣維新此一番；避世何須同散髮，憤時可免上沖冠。文明頭腦今先覺，強毅鬚眉亦壯觀；君獨現身為首唱，不叫垂辮長鬖鬖。」另贈謝汝銓詩云：「君當斷髮我留鬚，莫謂形殊志各殊；同是維新經濟客，祇憑內裏見功夫。」[11]其後，對日漸盛行的斷髮風氣，王氏更是極盡挖苦譏諷之能事[12]。

未婕婀；我頭不與人同科，可屈可伸奈我何！垂垂漸覺成盤螺，有如玉山長嘉禾，不似童山空峩峩。隨俗不隨鄉人儺，老子頭顱聊自摩；任人訕笑語言訛，閉門縮頸甘藏窩。道逢獰吏掩面過，抱璧相如避廉頗，自笑楊朱為一毛，有慚膚撓與目逃！幾莖衰髮奚堅牢，如斯時世須餔糟；但余未能從時髦，耄矣老夫愛皤皤。

10 同上書，頁314-315。

11 林欽賜編，《瀛洲詩集》（臺北：光明社，1933），頁155上。

12 王釆甫，〈戲贈友人〉：㈠大呼世界唱文明，一片隆隆斷髮聲；真箇維新成別調，洋冠胡服盛聯盟。㈡維新聞唱表同情，種種頭髮忽改更；宴會莫能操國語（按：指日語），令人空笑大憨生。㈢面目未非認恍然，俗毛一去無拘牽；詩壇若忽逢吟侶，好似山僧學坐禪。㈣求新頭髮必須先，對鏡重觀每日憐；夜半山妻初夢覺，誤驚枕畔一僧眠。㈤青絲雖斷情絲加，一割無憂反目嗟；為愛細君長結髮，好教妝飾助盤鴉。（六）香楠柱架合歡床，閫內威風厄季常；莫繫辮鬏煩索子，牽來真覺化為洋。吳逸生，前引文，頁67-68。

概言之，反對斷髮者係以舊士紳爲主，惟他們的心境各殊，不能一概而論。其中，有的純係對辮髮懷抱深厚的感情者，有的則是反對一切新變革的極端保守者，有的以辮髮作爲民族認同的依據，有的則作爲效忠舊朝的象徵。由是觀之，若將所有反對者均視之爲反現代化者，固失之過當；同樣的，若過分強調其反同化的意義而一概標榜其爲民族主義者，亦有所不宜。況且廣義的斷髮易服乃是順應西化時潮的現代變革，未必即是同化於日本。多數臺人接受斷髮觀念，無非是基於對現代化的認同。

二、放足觀念之普及

1914年底，《臺灣日日新報》鑑於纏足陋習久未能革除，於是舉辦「論纏足之弊害及其救濟策」徵文比賽，由於投稿頗爲踴躍，評審結果，計選出最優者3名，另選佳作41篇，自1915年1月1日至4月16日在該報連載。其中，關於作者背景，經核對有關資料，擁有科舉功名及舊學出身者至少13人、國語學校畢業者5人、醫學校畢業者4人，另有女子2人[13]。由此顯示，新、舊知識分子已一致認爲纏足

---

13 作品入選之作者姓名依名次先後如下：趙雲石（名鍾麟、廩生、南社社長、臺南地院通譯、1月1日）、廖學枝（1908國師畢、教、1日）、黃爾璇（字衡堂、舊學、詩人、6日）、邱筱園（名世濬、舊學、書房教師、中醫師、陶社社員、7日）、鐵雄（6日）、翁俊明（1914醫畢、10日）。羅樵山（12日）、顏瀛洲（13日）、王祖派（1912醫畢、13-14日）、歐陽朝煌（16日）、趙璧（生員、參事、區長、16日）、胡南溟（名殿鵬、生員、《臺灣日日新報》及《臺南新報》記者、17日）、許景山（25日）、林厥修（26日）、楊啓俊（26日）、吳榮棣（生員、教、29日）、黃氏眞珠（女、30日）、陳燦堂（31日）、陳玉麟（1909醫畢、2月2日）、朱阿貴（1909國師畢、教、28日）、林搏秋（舊學、臺北瀛社社員、3月2日）、許伯珍（3日）、陳以言（4日）、陳子英（5日）、陳燦堂（6日）、李種松（生員、庄長、保正、漢文教師、7日）、陳坤（1903國師畢、教、10日）、郭鏡蓉（生員、臺北瀛社社員、11日）、方輝龍（1918醫畢、12日）、邱鏡湖（生員、13日）、賴逸（16日）、余永思（18日）、劉阿祿（20日）、宋榮華（舊學、保正、區長、21日）、

是必須速謀方策加以革除的陋習，易言之，當時臺灣社會的新、舊領導階層對廢除纏足已產生共識。

歸納諸文所指陳的纏足之弊害，值得注意的，有半數以上認爲纏足戕害身體、不衛生、行動不便、浪費人力資源、生育孱弱子女而有害強種等，尤其是後兩項，論者紛紛指出纏足女子不便於工作，因之不事生產，完全仰賴男人供養，成爲社會的寄生蟲，不僅有害於家庭生計，而且浪費人力資源，妨礙產業經濟發展而損國計。陳子英具體地估計經濟損失，略謂：150萬名女子普通工資1日40錢計，則全臺1日損失50萬圓[14]。另一方面，論者本諸進化觀念，認爲今日乃生存競爭、優勝劣敗的時代，國勢之盛衰端視種族之強弱，纏足使得女子身體羸弱，以致嚴重影響後代子孫之健康及國家之強弱。廖學枝詳切地強調：「良種良子，故衰母多生弱兒之理，三、四代間，凡人未知其害，十數代至數十代，乃至百數十代，其毒愈明，遂至種族不振者，非無稽之談，即近世進步科學之眞理也，可憂哉纏足。」[15]本乎上述觀點，論者紛指中國之所以積弱，甚至清朝之所以覆亡，殆由於纏足之故。總之，論者所最強調的纏足弊害，正如吳興所謂的「小而關於生計之得失，大而關乎國家之盛衰，故中國懦弱之由。」[16]由上顯示，西方資本主義經濟思想及達爾

陳瓊堂（22日）、許子文（舊學、南社社員、教、25日）、范洪亮（26日）、盧子安（1902國師畢、教、27日）、邱玉枝（30日）、蘇清海（4月6日）、吳興（9日）、林知義（生員、區長、教、12日）、李氏寶（女、14日）、詹安（1915國國畢、16日）。括號內為已知的學歷、經歷及作品刊載日期。按：國師係指國語學校師範部、國國指國語學校國語部、醫指醫學校。

14 陳子英，〈論纏足之弊害及其救濟策〉，《臺灣日日新報》第5283號，大正4年3月5日，6版。
15 廖學枝，〈論纏足之弊害及其救濟策〉，《臺灣日日新報》第5223號，大正4年1月1日，53版。
16 吳興，〈論纏足之弊害及其救濟策〉，《臺灣日日新報》第5316號，大正4年4月9日，6版。

文進化論所衍生出的富國強種思想，已成爲臺灣先進知識分子的新價值規範和推動社會變遷的動力，此誠是值得注意的現象。此外，論者所指陳的纏足弊害尚有違反天道人道、侵害女子之自由、使女子成爲男人之玩物、違背男女平等精神、阻礙女子教育之發展、妨害社會之進步，以及不合時潮、不雅觀、易致難產等，在在反映出知識分子已逐漸接受近代西方文明的知識和觀念，從而建立新的價值判斷、道德標準及審美觀念。

　　指陳纏足弊害的同時，論者紛紛檢討向來放足運動成效不彰的原因，其中許多人不約而同拿斷髮運動與之相較，一致肯定斷髮運動由於社會領導階層以身作則，官民倡導得法，故能一唱百和，風行全島，旋即收大半男子剪辮之效[17]。綜合各論者之意見，向來放足運動成效不彰之主因，厥有六端：

　　㈠積習已久，加以社會風氣未開，觀念未變，遂仍墨守舊習。

　　㈡倡之者因循姑息，未能以身作則；和之者徘徊觀望，每解而再纏。

　　㈢天然足會領導人及會員多係男子，而非婦女自覺而自組放足團體，因此倡導和勸說不易收效，且亦無權強制女子放足。

　　㈣天然足會僅由舊紳商組成，新知識分子未曾參與共襄盛舉。

　　㈤女子教育不發達。

　　㈥官民均抱持漸禁主義，致生姑息之弊，運動作法每隨人、時、地不同而異，且往往中途廢弛，而使運動功虧一簣。

　　證之以前兩節所述，顯示上述意見並非純屬個人主觀之批評。

---

17 文中檢討向來放足運動成效者有趙雲石、邱筱園、許景山、楊啓俊、朱阿貴、許伯珍、李種松、賴逸、盧子安、李氏寶、廖學枝、黃爾璇、鐵雄、羅樵山、王祖派、趙璧、胡南溟、林厥修、陳燦堂、詹安等，其中，廖學枝以下10人提及斷髮運動成效。

事實上，歷來已不斷有報導反映類似的意見。例如，《臺灣日日新報》於1903年8月23日載稱，臺北天然足會所發起的放足運動，由於「時機尚早，加以勸誘方法不適當，結果並未成功。」[18] 10月6日，指出身為臺北天然足會副會長的葉為圭，家中女子仍舊纏足，與其所倡導者「殊不免自相矛盾」[19]。1905年，總督府舉行戶口調查結果，表示傳統臺灣社會纏足女子概非從事勞力工作者，尤其是中流以上家庭極為盛行，未纏足者每被視為粗鄙不文，不但遭人恥笑，且頗難婚嫁，因此女子競相以纏足為榮。天然足會的倡導雖使人漸知天足的好處，奈因舊習牢不可破，致難以斷然解放，或成效不彰[20]。總而言之，上述意見實可視之為向來放足運動的總檢討。

　　在諸文所提出的救濟策中，教育仍然被認為是根本解決之道，論者紛紛表示由於教育之成效，公學校女生已甚少纏足，但因歷來女子入學者不多，故影響有限。今後宜加強女子教育，鼓勵學齡女子入學，使更多的女子得知纏足之害而放足或保持天足。除學校教育外，另輔之以社會教育，在各地經常舉辦演講會、展覽會或放映幻燈、電影等，使失學或成年女子普知天足之利、纏足之害及解纏之法，從而相率放足[21]。

　　其次，論者紛紛呼籲社會領導階層負起倡率之責，具體而言，正如黃爾璇所云：「參事、區長、保正及紳士須以身倡率，以家人先之，既纏者解，未纏者天然；一家解纏，數家合宴以賀；如有頑

18 〈纏足廢止の風潮〉，《臺灣日日新報》第1595號，明治36年8月23日，2版。
19 〈某紳解纏說〉，《臺灣日日新報》第1631號，明治36年10月6日，3版。
20 臺灣總督府臨時臺灣戶口調查部，《大正4年臨時臺灣戶口調查記述報文》（臺北：該部，1918），頁351-352、369-370。
21 參閱趙雲石、廖學枝、黃爾璇、邱筱園、王祖派、鐵雄、翁俊明、歐陽朝煌、林厥修、陳燦堂、黃氏真珠、朱阿貴、林搏秋、陳坤、余永思、蘇清海、詹安等之論文。

固者流，勸導而非笑之；凡有子弟結婚，纏足者毋與爲婚。」[22]林知義亦表示：「中流以上，如名紳、巨商，以及參事、區長、保正、甲長者，家有幼女，先要改纏以爲模範，家有子弟，暫勿與纏足之家結婚。」[23]其他類似之意見尚多，茲不復贅[24]。

　　復次，值得注意的，絕大多數論者希望公權力積極介入，亦即是一方面建議總督府頒布禁纏足令，明訂法規，據之以獎勵、處罰或課稅。其較具體者，例如李氏寶表示：「有行政權者出解纏令，立取締法，如阿片令之屬行，使既纏者一切解放，未纏者自五、六歲以下，嚴禁纏縛，若狡情不解，徵以稅金，……處以嚴罰，則社會同進文明。……以此救濟，施其急策，用其公權，而得以奏效也。」[25]王祖派建議：「違禁不解者，每月徵一圓；若富家則視其家之財產而徵，或以別法攻擊之。」[26]趙璧則謂：「對纏足者，不妨科以罰金，令其納稅，年納二圓或四圓，充女學之用。」[27]要之，民意已反映對纏足者可以不稍寬赦[28]。

　　另一方面，論者建議重整組織，利用總督府有關部門或地方

22 黃爾璇，〈論纏足之弊害及其救濟策〉，《臺灣日日新報》第5226號，大正4年1月6日，4版。
23 林知義，〈論纏足之弊害及其救濟策〉，《臺灣日日新報》第5319號，大正4年12日，4版。
24 參閱廖學枝、王祖派、歐陽朝煌、吳榮棣、陳坤、李種松、詹安等之論文。
25 李氏寶，〈論纏足之弊害及其救濟策〉，《臺灣日日新報》第5321號，大正4年4月14日，6版。
26 王祖派，〈論纏足之弊害及其救濟策〉，《臺灣日日新報》第5234號，大正4年1月14日，3版。
27 趙璧，〈論纏足之弊害及其救濟策〉，《臺灣日日新報》第5236號，大正4年1月16日，3版。
28 另參閱翁俊明、歐陽朝煌、朱阿貴、羅樵山、楊啓俊、許伯珍、陳以言、陳子英、郭鏡蓉、方輝龍、邱鏡湖、宋榮華、劉阿祿、范洪亮、盧子安、邱玉枝、吳興等之論文。

行政制度，普遍設立放足機構或團體。例如林厥修建議總督府設一解纏獎賞會，在各廳設支會，由參事、區長、富紳巨室贊助之；在各學校設立青年天足婦會，由總督府補助經費，而學務委員和教師負鼓吹之責；在各支廳及各派出所設立解纏勸誘會，由警察負責推動；全臺保甲聯合設立解纏同盟會，由保正、甲長負責推動，並於保甲規約中增訂禁纏足條款[29]。許子文建議總督府設預防纏足部，嚴禁16歲以下女子纏足，違反者按保甲連坐法加以處罰，16歲以上女子願放足者予以重賞[30]。郭鏡蓉希望總督府能設一全臺解纏足會，各廳設支會，由參事、區長、保正等協助推動[31]。翁俊明則倡議：「先出募集有志者，使與衛生課共設臨時解纏局，將全島以纏足之分布別為數區，增設支局，本局以衛生課，支局以各廳警務課衛生係之官兼攝之，局設常務員及鑑查員若干名，由本島先覺者充之。」[32]尤其是主張利用地方行政制度設解纏會者為數最多，其最具體者乃黃爾璇所倡議的，「以各區長為會長，保正為副，甲長為幹事，立有會規，以漸禁為主義，每年總會二次，以區長為區議長，報告調查結果及演說，每月例會一次，以保正為保議長，警官為監臨，會期附於保甲會議之日，保甲規約篇增加解纏足一件，則寬嚴相濟，方能持久而普及，無始興中止之虞。」[33]其餘的類似意見不勝枚舉，

29 林厥修，〈論纏足之弊害及其救濟策〉，《臺灣日日新報》第5246號，大正4年1月26日，3版。
30 許子文，〈論纏足之弊害及其救濟策〉，《臺灣日日新報》第5301號，大正4年3月25日，6版。
31 郭鏡蓉，〈論纏足之弊害及其救濟策〉，《臺灣日日新報》第5289號，大正4年3月11日，6版。
32 翁俊明，〈論纏足之弊害及其救濟策〉，《臺灣日日新報》第5230號，大正4年1月10日，3版。
33 黃爾璇，前引文。

茲不復贅[34]。此外，趙雲石和黃氏眞珠建議由各地婦女領袖組織解纏會，在城鄉普遍設立支會、分會，派遣專人巡迴宣導和鼓勵[35]。羅樵山提議在愛國婦人會內附設天然足會，由各地幹事及委員分別兼任天然足會分會會長和委員，負責倡導放足[36]。陳子英則建議由當時最受社會歡迎的國語學校及醫學校畢業生倡組禁娶纏足會，較乎設天然足會爲上策[37]。

　　至於獎勵辦法，論者或建議廣興實業，以增加天足女子的工作機會[38]，或提議利用養蠶、製帽蓆、紡織及製茶等業，作爲放足女子之獎勵[39]。同時，希望報章雜誌除協助鼓吹放足外，並披露放足者的姓名，以示榮耀[40]。亦有論者建議發抽獎券給放足者[41]。

　　綜合上述意見，可知臺人知識分子已漸主張以嚴密的組織系統，借重公權力而出之以強制的手段，以求達成普遍放足之目的。是以儘管《臺灣日日新報》表示「罰金以屬行者，則尤策之拙

34 另參閱廖學枝、鐵雄、王祖派、歐陽朝煌、趙璧、胡南溟、楊啓俊、陳燦堂、陳玉麟、朱阿貴、林搏秋、陳子英、陳坤、盧子安、林知義等之論文。

35 趙雲石，〈論纏足之弊害及其救濟策〉，《臺灣日日新報》第5223號，大正4年1月1日，41版。黃氏真珠，〈論纏足之弊害及其救濟策〉，第5250號，大正4年1月30日，3版。

36 羅樵山，〈論纏足之弊害及其救濟策〉，《臺灣日日新報》第5232號，大正4年1月12日，3版。

37 陳子英，〈論纏足之弊害及其救濟策〉，《臺灣日日新報》第5283號，大正4年3月5日，6版。

38 趙雲石，前引文。許伯珍，〈論纏足之弊害及其救濟策〉，《臺灣日日新報》第5281號，大正4年3月3日，6版。

39 《臺灣日日新報》第5226號，大正4年1月6日。

40 參閱趙雲石、黃爾璇、翁俊明、歐陽朝煌、鐵雄、趙璧、陳燦堂、林搏秋等之論文。

41 楊啓俊，〈論纏足之弊害及其救濟策〉，《臺灣日日新報》第5248號，大正4年1月28日，3版。

也」，而較爲贊同擔任徵文評審的醫學校校長高木友枝的兩點綜合意見：㈠禁公學校女生纏足；㈡由各廳女子組成天然足會或解纏足會，以推動放足運動，並改裝[42]。惟不久總督府即因勢利用，以公權力輔助放足斷髮運動。

第四節　社會領導階層與厲行放足斷髮

一、保甲制度與普遍放足斷髮

就總督府而言，由於放足斷髮兼具同化與現代化雙層意義，而前者的意義尤大於後者，故急於藉「移風易俗」以收同化之效，自不待言。然而，因新風俗習慣之建立非一朝一夕可以奏功，若欲在短期內順利變革舊俗，勢非講究適當的策略和手段不可。日治初期，總督府本乎漸進主義原則，對纏足、辮髮等臺灣社會的風俗習慣採漸禁政策，不立即頒布法令，強制地禁纏斷髮，而代之以教育、鼓勵、勸導等方式，透過學校、報章雜誌、民間團體等展開放足斷髮運動。亦即是以間接途徑或扮演幕後角色，以求減少阻力，避免節外生枝，而使運動順利展開。1904年之際，臺中、彰化、南投、斗六、嘉義等5廳聯合會議，曾建議總督頒布纏足禁令[1]。但總督府鑑於時機未成熟，並未採行。可見，總督府決策之慎重。

---

42 〈論纏足之弊害及其救濟策〉，《臺灣日日新報》第5233號，大正4年1月1日，41版。

1 臺灣總督府，《臺灣總督府民政事務成績提要》第10編，明治37年分，頁220。

　　1914年3月，臺北廳有「風俗改良會」之成立，倡導變革舊俗[2]。4月，臺中廳長枝德二亦慫恿臺中地區廳參事、區長及名流林獻堂、林烈堂、蔡蓮舫、蔡惠如等倡組「風俗改良會」，以革除辮髮和纏足的陋習，轄內各支廳長莫不盡力以促其成[3]。11月，日本自由主義元老政治家板垣退助至臺倡組「臺灣同化會」，會旨亦標榜改良風俗，以革除辮髮纏足及其他陋習為該會要務之一[4]。該會旋網羅臺灣各地（臺東、澎湖兩廳除外）大部分參事、區長、保正等社會上流階層人物入會[5]。影響所及，各地再度紛紛掀起放足斷髮熱潮。如前節所述，當時彰化、臺中均由婦女領袖倡組「解纏足會」，並舉行解纏大會。12月29日，宜蘭亦在解纏足會會長黃張氏聯珠發起下，舉行解纏足大會，同時有700餘人放足[6]。翌（1915）年初，宜蘭廳各參事、區長積極鼓吹斷髮放足，一再召集各保正、甲長、壯丁團員及紳商等開會，陳述同化會要旨，商討實施斷髮放足之方法，決議轄內男子悉數斷髮，女子則限期屬行放足[7]。至2月中旬，統計7市街，男子未斷髮者僅412人，尤其是員山區15歲以下女子已全部放足，日人輿論譽云：「可謂他庄之模範，其實行成績，尤為蘭地之最佳良云。」[8]

2　原房助，《臺灣大年表》（臺北：臺灣經世新報社，1932），頁94。

3　臺灣史料保存會，《日本統治下的民族運動》上卷，頁746。氏平要等編，《臺中市史》，頁632-633。

4　〈同化會談〉，《臺灣日日新報》第5240號，大正4年1月20日，3版。井出季和太，前引書，頁429。臺灣史料保存會，《日本統治下的民族運動》中卷，頁17、20。

5　蔡培火等著，《臺灣民族運動史》（臺北：自立晚報社，1982），頁20-22。

6　〈（宜蘭）解纏盛況〉，《臺灣日日新報》第5224號，大正4年1月3日，4版。

7　詳見《臺灣日日新報》第5233、5236、5240、5259號，大正4年1月13、16、20、2月8日，3、3、3、4版，〈全堡斷髮解纏〉、〈斷髮解纏及同化〉、〈同化會談〉、〈斷髮解纏〉。

8　〈再查未斷髮者〉，《臺灣日日新報》第5275號，大正4年2月25日，6版。

　　其他各地情況亦相若，均在廳長、支廳長督促下，由參事、區長本人或其夫人發起組織斷髮會或解纏足會，調查辮髮及纏足人數，鼓勵限期斷髮放足，並舉行大會[9]。日人輿論評其成效略謂：「時機一動，捷如桴鼓。」[10]3月9日，《臺灣日日新報》表示：「臺中廳屬前由地方有志之士提倡風俗改良會，全廳剪辮風行，復倡解纏，已八、九分達到目的。」迨至4月13日，報導指出：「臺中廳管內解纏足數，總數達十萬人之多，一日分比例得八十二、三人，上流社會諸婦人率先示範，所餘皆中流以下尚頑迷未肯解纏。」由上顯示，此時無論斷髮或放足均已形成風氣，社會中、上流階層多已紛紛接受變革，所不逮者唯少數極端保守之紳耆及一般民眾。同時，由前節所述可知，此時知識分子已紛紛建議總督府以公權力介入，明令禁止纏足辮髮，並強化運動團體的組織和作為。易言之，厲行放足斷髮的時機已經成熟。

　　因此，總督府乃乘勢利用，企求一舉徹底根除辮髮纏足陋習。4月15日，總督府以纏足頗難改善為由，通令各廳長將禁止纏足及解纏事項附加於保甲規約中[11]。從此，正式利用保甲制度全面推動放足斷髮運動。據保甲規約第34條第5款規定：婦女纏足有害身心，故嚴禁之。但從前纏足者，務使漸次解放，早馴於天然足。第6款規定：

9　詳見《臺灣日日新報》第5235號，大正4年1月15日，3版，〈塗葛窟（彰化北斗）解纏足會〉；第5262號，2月11日，6版，〈蒜頭（嘉義朴子）斷髮會〉；第5273號，2月23日，6版，〈臺中犁頭店（內埔）解纏足會〉；第5281號，3月3日，6版，〈溪湖解纏足會〉；第5283號，3月5日，6版，〈沙轆（沙鹿）解纏足會〉；第5284號，3月6日，6版，〈斷髮風靡〉；第5290號，3月12日，6版，〈頂雙溪（臺北雙溪）斷髮會〉；第5307號，3月30日，6版，〈安坑剪辮〉；第5320號，4月13日，6版，〈大里杙（臺中大里）解纏足會〉。
10　〈斷髮風靡〉，《臺灣日日新報》第5284號，大正4年3月6日，6版。
11　臺灣總督府臺灣史料編纂委員會，《臺灣史料稿本》，大正4年4月15日。臺灣總督府，《臺灣總督府民政事務成績提要》第21編，大正4年分，頁396-397。

矯正固有陋習，改正不良風俗。至於罰則，據第80條規定：有違規約者，保正甲長審查其行為輕重緩急，將違反者處以過怠金百圓以下[12]。

　　據《臺灣日日新報》報導可知，自4月下旬開始，全島各保甲如火如荼地展開斷髮放足活動，根據保甲會議的決議，在派出所警察監督下，區長、保正、甲長、壯丁團長等逐戶實查未斷未解人數，規定期限，實施斷髮放足；或舉行斷髮大會和解纏足大會，實施集體斷髮放足；或舉行慶祝會及紀念會，以掀起高潮。許多地區均以6月17日所謂「始政紀念日」為最後期限，如有「頑執不聽」，則依照保甲規約處分[13]。在上述雷厲風行的空氣下，原斷髮成效較差地區如鳳山，至6月上旬已是「中等社會之人已剪去大半，所存者惟守舊之儒及下等社會居多。」[14]一般情況殆如大稻埕和艋舺二地，「雖老師宿儒與極為頑固者、前屢勸不聽者，亦不再持異議矣」；或如新竹「現下未斷者僅少數老人及特殊情形者」[15]。至於放足亦概

12 目黑五郎、江廷遠，《現行保甲制度叢書》（臺中：保甲制度叢書普及所，1936）附錄，頁76-80。

13 詳見〈（宜蘭）協議解纏辦法〉，《臺灣日日新報》第5332號，大正4年4月25日，6版。〈臺中解纏足會〉，《臺灣日日新報》第5343號，5月6日，6版。〈（臺南）開斷髮紀念會〉，《臺灣日日新報》第5352號，5月15日，6版。〈基隆斷髮解纏〉，《臺灣日日新報》第5362號，5月25日，6版。〈議查斷髮解纏〉，《臺灣日日新報》第5372號，6月4日，6版。〈新竹廳之奮發〉，《臺灣日日新報》第5377號，6月9日，6版。〈南港五份之斷解〉，《臺灣日日新報》第5378號，6月10日，6版。〈木柵斷髮解纏會〉，《臺灣日日新報》第5379號，6月11日，6版。〈臺南之剪辮解纏〉，《臺灣日日新報》第5381號，6月13日，6版。〈深坑始政紀念當日〉、〈稻艋之斷髮解纏〉，《臺灣日日新報》第5383號，6月15日。〈臺南斷髮祝賀會況〉，《臺灣日日新報》第5386號，6月19日，5版。〈新店管內斷髮解纏〉，《臺灣日日新報》第5387號，6月20日，5版。〈宜蘭厲行解纏彙報〉，《臺灣日日新報》第5390號，6月23日，6版。

14 〈鳳山之斷髮〉，《臺灣日日新報》第5379號，大正4年6月11日，6版。

15 〈稻艋之斷髮解纏〉，《臺灣日日新報》第5383號，大正4年6月15日，6版。

如臺南，「市民婦女見男子剪辮之雷厲風行，已漸覺悟，故紛自解去。」[16]

　　儘管如此，為達到徹底放足斷髮之目的，總督府進而於6月17日鼓勵全島各廳名流紳商倡組「風俗改良會」，以促進放足斷髮更收速效，作為所謂「始政20周年記念事業」之一[17]。8月5日，據《臺灣日日新報》社論「陋習完全破除」（陋習全く打破せらる）一文宣稱，全島各廳紛紛成立「風俗改良會」，推動斷髮放足運動，官方並未施加任何壓力，完全是各保甲著著進行，統計臺北、宜蘭、桃園、臺中、南投五廳，斷髮者有727,016人，放足者有485,825人，仍辮髮者90,389人，纏足者193,918人，未斷未解者概均囿於舊習或迷信而遲疑不決的保守老人及生理因素而不宜放足者；認為此乃革故鼎新漸見收效之徵[18]。另一記載指出，數月之間全島斷髮者達133萬餘人，仍辮髮者僅剩8萬人[19]。至翌年3月，全臺放足數達673,000人[20]。案據規定，當時纏足者若蹠趾已彎曲無法恢復，則可免放足。同樣的，總督府亦准許60歲以上男子保留辮髮[21]。除此之外，似無人可倖免。易言之，此時放足斷髮運動，一則已為社會多數人所接受，一則由於公權力的介入，已具有強制性。因此，雖然有若干人仍較傾向於傳統或抱持民族意識而不願接受變革，亦無法堅持到底。從洪棄生憤懣悲嘆之餘所詠諸詩即可略窺其概。

---

16 〈臺南之斷髮解纏〉，《臺灣日日新報》第5392號，大正4年6月25日，6版。
17 〈陋風漸く革る〉，《臺灣日日新報》第5395號，大正4年6月28日，5版。
18 關於解纏人數，另據1915年10月舉行的「第二次臨時臺灣戶口調查」，當時不含5歲以下幼兒的女子數為1,353,763人，其中，保持天然足者598,709人（占44.23%）、放足者476,016人（占35.16%）、纏足者279,038人（占20.61%）。放足人數稍異於報紙的統計，茲附上，以供參考。臺灣總督府官房臨時戶口調查部，前引書，頁400。
19 臺灣史料保存會，《日本統治下の民族運動》上卷，頁752。
20 種村保三郎，前引書，頁329。
21 張深切，《里程碑》（臺中：中央書局，1961），頁17。

其一、「厲行斷髮散足事感詠」：

是何世界任戕殘，警吏施威六月寒；削足妄思求適履，髡
頭謬說慶彈冠。時無美鬢人人鬒，家有金蓮步步難；癸女
丁男顛倒甚，此間奚事不心酸！

其二、「逃剪髮感詠」：

穆生久懼楚人箝，藏尾藏頭二紀淹；髮短忽驚城旦酷，令
輕猶比路灰嚴。山中夏馥絨鬚去，稷下淳于怒目瞻；匿跡
時將形影問，余顱何術葆鬖鬖！

其三、「再為厲行斷髮詠」：

長嘆無天可避秦，中華遠海總蒙塵！本為海島埋頭客，更
變伊川被髮人。愧與伍間傖父輩，錯成廿載寓公身；江湖
滿地供樗散，不數褌中蟣蝨臣。[22]

另外，由張深切的回憶亦充分顯示由於大勢所趨和現實所迫而
不得不依從的悲愴，略謂：

在要剃髮當兒，我們一家都哭了。跪在祖先神位前痛哭流
涕，懺悔子孫不肖，未能盡節，今日剃頭受日本教育，權
做日本國民，但願將來逐出了日本鬼子，再留髮以報祖宗

---

22 洪棄生，前引書，頁366。

之靈。跪拜後，仍跪著候剪，母親不忍下手，還是父親比
較勇敢，橫著心腸，咬牙切齒，抓起我的辮子，使勁地付
之并州一剪，我感覺腦袋一輕，知道髮已離頭，哇地一聲
哭了，如喪考妣地哭得很慘，父親好像殺了人，茫然自
失，揮淚走出外面。[23]

　　無可否認的，上引回憶文字充滿感性的文學筆調，難免有若
干程度的渲染和誇張，惟未嘗不可用來說明當時連視斷髮有如「失
節」的強烈民族主義者已不得不「從俗」了。無怪乎1916年在臺南
的許南英無奈地嘆吟道：

　　已矣！舊邦社屋，不死猶存面目！
　　蒙恥作遺民，有淚何從慟哭？
　　從俗，從俗，以是頭顱濯濯！[24]

　　總而言之，在總督府和社會領導階層兩相配合下，終於收到社
會大眾普遍放足斷髮之成果。其結果，使絕大多數女子得以天足從
事生產，造成人力資源的增加，非但增益家計收入，且有助於臺灣
社會的經濟發展。其次，帶來崇尚新潮的易服改裝風氣，衣服鞋帽
漸改易歐美或日本樣式，由是新服飾、鞋帽業代之而興。此外，審
美觀念亦漸改變，婚姻擇偶漸不再以足之大小為取捨標準。要之，
臺人的思想規範、價值觀念及行為習慣已隨之逐漸改變[25]。就總督府

---

23 張深切，前引書，頁16。
24 許南英，前引書，頁2。
25 參閱拙著，〈日據時期臺灣的放足斷髮運動〉，《臺灣社會與文化變遷研究會論文
　　集》中央研究院民族學研究所專刊乙種之16（1985年12月），頁100-101。

和日人而言，認爲此一成效意味著臺人在風俗上已肇始同化之端，而感到十分欣慰[26]。就臺人而言，放足斷髮運動實爲日治時期收效最大的生活近（現）代化運動[27]。

就運動過程觀之，其發展井然有序，由點而面，由上而下；蓋該運動乃是由個人自發性行爲而漸至於組織性團體活動，由社會中、上階層身先倡率而漸及於下層民眾，由自由意志的變革漸轉爲強制性的放足斷髮，由城市而漸達於鄉村。其中，值得一提的，參事、區街庄長、保正、甲長及教師、醫生等社會領導階層，固然是運動的主要倡導者和推動者，然而因殖民政權以公權力利用地方行政制度和保甲規約相輔助，遂使社會領導階層得以十分積極且有效地扮演社會動員的角色。同時，亦充分顯示在殖民體制下保甲制度的功能較諸傳統的保甲大爲擴張且更爲有效。其結果，可以說相當徹底地完成變革目標。

二、社會領導階層與民間社教團體之勃興

由前述可知，天然足會首開民間社教團體倡革陋習之端，經十餘年的倡導，終得一呼百應，全島各地社會領導階層紛紛倡組放足、斷髮團體，有效地推動放足斷髮運動。此種藉由社會領導階層之力倡組團體，以遂行社會教化任務之作法，順利獲致令人滿意的結果，無疑的，對總督府和日人有莫大的鼓舞和啟示。爲求達成使臺人內在同化之目的，因此，1915年之際，當放足斷髮運動正如

---

26 臺灣總督府民政部殖產局，《臺灣》（臺北：臺灣日日新報社，1912），頁15-16。廣松良臣，《帝國最初の殖民地臺灣の現況》（臺北：臺灣圖書刊行所，1919），頁271。

27 黃得時，〈天然足會與斷髮不改裝運動〉，《臺灣研究研討會紀錄續集》（臺北：臺灣大學考古人類學系，1968），頁4-6。

火如荼地展開時，總督府當局進而慫恿各地參事、區街庄長、保
正、甲長、醫生、教師、紳商名流等社會領導階層出組「國語普及
會」、「風俗改良會」、「同風會」、「矯風會」、「敦風會」、
「同仁會」、「敦俗會」、「家長會」、「主婦會」等社會教化團
體，以推動普及日語、革新風教、矯正陋習、打破迷信等任務，促
進同化之進展，由是開啟民間社教團體勃興時代，而使臺灣的「社
會教化事業」進入一新階段[28]。

　　此種藉由社會領導階層自力推動「社會教化事業」之模式，一
時似頗見收效。是以時人邱及梯頌揚此一政策使「革故鼎新漸見收
效」，略謂：

　　　　前年（1915）始政紀念日，開斷髮會，久已此唱彼和，迄
　　　　今深沾治化，全島幾無蓄髮之人。去春（1916），全臺各
　　　　處設立國語研究會，男女老幼研究熱心。客臘，提倡改曆
　　　　會、同風會、改良會，加入贊成，雲集響應。艋舺女學校
　　　　生徒多穿和服；臺中、臺南各處女子公學間亦有服之者；
　　　　即如臺南廳下六甲支廳，地近山麓，風氣閉塞，從前該地
　　　　人民跣足居多，自風俗改良會創設，入會者雖寥寥無幾，
　　　　陋俗漸革，跣足者今已戴帽穿屐，宛如都會人士。……可
　　　　見習俗改良之設，收效顯徵諸目前。[29]

---

28 臺灣教育會，《臺灣教育沿革誌》，頁1018-1035。
29 邱及梯，〈革故鼎新漸見收效〉，《臺灣時報》第97號（1917年10月），漢文時
　　報，頁7。

　　雖然亦有日人時論批評此種應官府獎勵而組成的民間團體往往虎頭蛇尾[30]，但就整體而言，日人總評民間社教團體的成效，則表示：「此風俗改良會及其前後結成的同風會，（除了放足斷髮之外）對其他風教之革新、國語之普及、陋習之矯正、迷信之打破等，貢獻不少。」[31]足見日治時期臺灣社會文化變遷實有其特殊的模式，其中，社會領導階層尤其扮演異乎傳統的角色和作用，此一特徵誠是探討此一時期社會文化變遷問題者所必須注意的。

30　廣松良臣，前引書，頁272。
31　種村保三郎，前引書，頁329。

第六章　社會領導階層與同化政策
——以「國語普及運動」為中心

　　日人治臺，以逐步強化的同化政策爲其統治方針，因此，歷任總督的施政方針由標榜「無方針主義」進而明揭「同化主義」，由揭櫫「內地延長主義」進而強調「皇民化政策」。易言之，同化政策逐步強化之目的，在於不僅僅改變臺人成爲「順良的日本人」，尤有進者，企圖使臺人變成「利害與共的日本國民」。

　　爲貫徹此一政策，日人講求各種措施，諸如「風俗改良」、「易服改曆」、「破除迷信」、「國語普及」等，不一而足，藉求改變臺人的語言、風俗習慣、宗教信仰及社會組織。其中，以「國語普及」最爲重要。總督府將「國語普及」視爲同化的根本，亦即是抱持語言同化主義態度。因此，治臺不久即制定「國語普及」政策，透過學校教育、社會教育，甚或社會動員等途徑，積極展開日語教育，企圖達成消滅臺語、普及日語的最終目標。正如日人所指出的，日本領有殖民地時代，在語言政策上的主要特徵，乃是不僅將日語當作國語，且試圖強制地移植日語作爲其他亞洲民族的「國語」[1]。概言之，此一強制的日語推廣運動乃是與日本統治臺灣相始

1　近代日語強制推廣（語言侵略）的形態有三：其一、以「國語的日語」施之於臺灣、朝鮮等殖民地，其二、以第一「滿洲國語」施之於傀儡政權「滿洲國」，其

終，其為了解同化政策最值得探究的課題，自不待言。

　　在整個「國語普及運動」過程中，無疑的，臺灣社會領導階層扮演十分重要的角色，對該運動之推展和成效產生重大的影響。是以本章擬探討當時臺灣社會領導階層在「國語普及運動」中的角色和地位，進而以社會領導階層對該運動的迎拒為中心，探討該運動的發展和結果，藉期適切掌握社會領導階層對同化政策之態度和作用。

第一節　語言同化政策之確立與社會領導階層之因應

一、「國語普及」政策之確立

　　日治之初，教育雖然並非總督府的施政重點，惟1895年7月臺北即有芝山巖學堂之設立；同時，宜蘭、新竹、基隆等支廳亦先後有明治語學校、竹城學館、基隆學校之開辦，各校均是以招募臺人子弟學習日語為主要目的。翌年3月31日，總督府正式頒布「臺灣總督府直轄諸學校官制」，據之在臺北設國語學校（按：機關名稱襲用原名，下同）1所、在全省各要地設國語傳習所14所（後增為16所），作為日語教育的主要機關[2]。推究此種以日語教育為中心的教育設施之設置，其最直接的原因在於因應現實需要，謀求解決語言不通的問題，溝通彼此思想，以利殖民行政之推展。在籌設國語傳

三、以「東亞語的日語」施之於中國的淪陷區及日軍占領下的東南亞各國。參閱小澤有作，〈日本植民地教育政策論──日本語教育政策を中心にして──〉，《東京都立大學人文學報》第82號（1971年3月），頁4、9。

2　臺灣教育會編，《臺灣教育沿革誌》（臺北：該會，1939），頁155-168。

習所時，總督府學務部的意見書中即明白地表示：

> 凡得國須得民，而得民須得人心。若欲得人心，首先，非
> 得假借溝通彼此思想的語言工具之力不可。臺灣位居中國
> 的極南邊陲，其方言迥異於華北，向來即使是熟諳官話的
> 翻譯官，亦幾乎派不上用場，證之於過去軍隊的經驗已甚
> 清楚。然而，今日內地人（指日人）懂土語（指臺語）者
> 甚少，而土人（指臺人）中則幾無懂國（日）語者。在如
> 此狀況下，若欲推行治民之術、開啟教化之途，實頗為困
> 難。故而今設立本傳習所，開啟傳習國語之途，以謀求施
> 政之便利，進而奠定教化之基礎。[3]

在此一為打破語言隔閡、便利施政的考慮下，總督府在設立上述日
語教育機關的同時，亦有臺灣語講習會、土語講習所及國語學校土
語學科之設置，以供日人學習臺語[4]。

其次，此一以日語為中心的殖民教育之展開，實與日本國家主
義教育思潮和政策有關。明治維新後，日本已由封建的幕藩體制一
變而為中央集權的近代國家，頒布統一的學制，進而於1886年確立
國家主義教育政策，旨在教育國民維護日本固有的語言、習俗、制
度及國體等，以奉戴萬世一系的天皇為最大的榮譽和幸福；亦即是
以培養國民忠君愛國思想為最終標的，由是而建立近代日本的國民
教育制度[5]。首任臺灣總督府學務部長伊澤修二正是國家主義教育的
倡導人之一，1890年，其號召同志，創立「國家教育社」，宣言該

3　同上書，頁165-166。
4　同上書，頁165、547。
5　唐澤富太郎，《近代日本教育史》（東京：誠文堂新光社，1970），頁98。

社首要目的在於統一國語，培養國民忠君愛國精神，積極推動「國家教育」運動。甲午戰後，伊澤逐將該社的主張在臺灣付諸實驗[6]。伊澤本著社會達爾文主義與國家有機體說的語言觀，認為臺灣的殖民教育政策適合採英國在加拿大所採的「混合主義」，使臺灣不只純然是個殖民地，而必須使其真正成為日本不可分割的一部分。因此，伊澤就任學務部長之初，向總督樺山資紀提出的「新領土臺灣之教育方針」中，關於應急事業，首先強調宜講求日、臺語教育，以「打開溝通彼此思想之途」；關於永久事業，則特別重視初等普通教育和師範教育[7]。同時，另於「臺灣學事施設一覽」中，建議訓練熟諳臺語的日人講習員及設立國語講習所以應急需，設立國語學校、師範學校以奠定永久事業之基[8]。正由於伊澤認為臺灣的教育並非單純的教育，而是具有同化臺人成為日人之目的的教育，若不以日語為主而輔之以漢字，則絲毫未能收效。因此，當臺南基督教長老會教士巴克禮（Thomas Barclay）根據本身從事英語教育之經驗，向其表示以日語教育臺人將徒然無效，實宜將臺語羅馬字化以推動教育始克有望；惟伊澤不以為然，仍將其以日語為中心的教育構想付諸實施[9]。要之，正如日人國府種武所指出的：「伊澤所主張的國（日）語教育，並不只是以國語實施的教育。伊澤並非只是漫然期望臺人透過國語獲得知識，而是熱切地謀求以國語教學而使臺

6 吉田昇、長尾十三二、柴田義松編，《日本教育史》教育學（四）（東京：有斐閣，1969），頁91-95。

7 渡部宗助，〈臺灣教育史の一研究——明治30年代を中心に——〉，《教育學研究》第36卷第3號（1969年9月），頁226-227。該文稱伊澤此一思想代表「空想的同化主義」教育觀，與後藤新平為中心的「現實的同化主義」教育觀相對立。

8 臺灣教育會編，《伊澤修二先生と臺灣教育》（臺北：該會，1944），頁59-68。

9 伊澤修二，〈臺灣教育に對する今昔の感〉，臺北師範學校，《臺北師範學校創立三十周年紀念誌》（臺北：該校，1926），頁397。國府種武，《臺灣に於ける國語教育の展開》（臺北：第一教育社，1931），頁37-41。

人變成日人，此乃國家主義教育論當然的歸結。」[10]資料顯示，總督府接受伊澤的意見，乃決定探設立日語學校而漸普及普通教育與尊崇學者的文教方針[11]。

　　復次，自德川幕府末年以降，日本即每以日語作為侵略和統治的手段，先後對蝦夷人和琉球人實施學習日語的同化教育，並已獲致相當成效。另一方面，明治初年，福澤諭吉即有移植文明語的日語及日本文化以「開發韓國」之主張。其後，在逐漸形成的「進步的日本」、「落後的亞洲」意識作祟下，日人遂產生對「落後的」亞洲民族強制實施日語教育可以使其開化之觀念，而有「近代化的日語論」之提出。領有臺灣之後，此一「近代化的日語論」進而轉化為「同化的日語論」，認為日語教育可以同化異民族成為日本國民[12]。此一思想明顯地反映在國語傳習所規則中，該規則第一條明揭：「國語傳習所以教授臺人國（日）語，資其日常生活且養成日本的國民精神為本旨。」[13]1896年6月，第二任總督桂太郎宣布施政方針時，亦表示總督府將以日語教育作為同化和開化臺人的手段，略謂：

　　　　土人的教育不可一日輕忽，其實施在於使之學習國語，以培養日本帝國的觀念為主，固不必論；同時，可作為開發知識之手段。目前與其講究教育方法，毋寧以普及教育為要旨。[14]

---

10 國府種武，前引書，頁17。
11 臺灣教育會編，《臺灣教育沿革誌》，頁9。
12 小澤有作，前引文，頁9-10。
13 臺灣教育會編，《臺灣教育沿革誌》，頁168。
14 井出季和太，《臺灣治績志》（臺北：臺灣日日新報社，1937），頁254。

　　日人輿論與之唱和之餘，建議宜充實教育設施、講究教學法及制定教育方針，俾順利貫徹同化和開化之目標[15]。綜上可知，臺灣的日語教育之展開並非純然係因應現實需要的舉措，而是在思想觀念上有其根本的動力，委實不可不察。

　　迨至1898年7月，總督府斷然發布「臺灣公學校令」，規定以地方經費設立6年制公學校取代國語傳習所，蓋因其認為在性質上臺灣的日語教育實屬義務教育之一，宜改以地方稅收辦理，以鞏固推廣日語之基礎[16]。據「臺灣公學校規則」第1條規定：「公學校係對臺人子弟施行德教，教授實學，以養成日本的國民性格，同時，使之精通國語為本旨。」第2條規定：「公學校依地方情況別設速成科，得利用夜間、假日或其他課外時間教授國語。」清楚地顯示日語教學在公學校教育中之地位。就教學時間觀之，國（日）語科（含國語、作文、讀書、習字）每週教學時數占總時數的十分之七，其餘修身、算術、唱歌等科不過是強化日語教學效果的輔助科目罷了[17]。

---

15 〈社說：臺灣の教育〉，《臺灣新報》第21號，明治29年9月17日，2版。
16 〈公學校令に關する內訓〉，《臺灣總督府公文類纂》明治31年度，甲種永久，第16卷，明治31年8月16日，內訓第35號。
17 公學校各年級國語科教學時數：

年級 科目	一	二	三	四	五	六
國語作文	5	5	6	6	9	9
讀書	12	12	12	12	12	12
習字	4	4	4	4	2	2
小計時數	21	21	22	22	23	23
總時數	28	28	30	30	33	33
百分比	75	75	73	73	70	70

資料來源：臺灣教育會編，《臺灣教育沿革誌》（臺北：該會，1939），頁233-238。

總督府旋於11月另頒「關於書房義塾規程」，正式將書房納入管理，規定書房應漸加設日語、算術，企圖使書房變成公學校教育的輔助機關[18]。從此公學校成為最重要的推廣日語機關，「國語普及」教育政策正式確立。

在「國語普及」教育政策下，語言同化主義的重要性紛紛被強調，時論以英、法、荷、德等國的殖民統治為例，指出同化乃統治新領土或殖民地的最終目的。同化乃是改變一民族的語言、風俗習慣、宗教、法制等民族的特性，其中，語言的同化最為重要。蓋因語言最能表現民族的特性，語言一旦改變，其他特性將隨著改變；其次，作為一個現代國家，國語教育可培養國民精神，國語是培養國民性有力的手段，國語的盛衰正反映國力的盛衰。因此，若透過教育改變異民族的語言，而至於使用同一語言交換思想，則不難使兩個不同民族產生思想和感情的交流，並從而產生一致的社會及國家行動。臺灣的統治既須以同化臺人為依歸，日語教育實為必要的手段[19]。

二、社會領導階層對日語教育之態度

據規定，國語傳習所學生分為甲、乙兩科，甲科招收15-30歲具有普通知識者，修業半年；乙科招收8-15歲學齡兒童，修業4年。對於以上區分，學務部表示：「甲科生之設，是基於目前本島施政之需，招收已讀過四書五經而具有普通知識之青年，以最短的時間，

18 參閱拙文，〈日據時代臺灣書房之研究〉，《思與言》第16卷第3期（1978年9月），頁65。
19 參閱石塚英藏，〈新領土と國語教育〉、渡部春藏，〈新領土の教育方策に就きて〉，《臺灣教育會雜誌》第1號（1901年7月20日），頁1-24；田中敬一，〈臺灣教育に就て〉，《臺灣教育會雜誌》第3號（1901年12月25日），頁1-12。

教授其國語，使其學會最重要的用語，以應急需。」而伊澤則進一步表示，甲科生完成語言教育之後，最少宜教其練習普通文體及公用文體，使其具備出任各自治體基層吏員之資格。隨後，當各地著手籌設國語傳習所時，民政局長指示各地方首長，略謂：「甲科生結業後，若欲任用其擔任基層行政吏員或語言教師等關乎本島經營成敗之職務，此際各廳宜講求方法在轄區內廣泛招生。」同時，總督府制定公費給付辦法，規定每日支給伙食費10錢、津貼5錢，以保障其生活[20]。由上清楚地顯示，國語傳習所甲科係以各地年輕的士紳為主要的招募對象，施以短期的日語教育，然後任用其擔任基層行政吏員或語言教師。至於乙科乃是以日語為中心的初等教育機關，各地方當局無不利用各地縉紳、總理、總代、街庄長等地方有力人士協助勸募學生。

　　資料顯示，各地社會領導階層中，有一些人反應頗為熱烈且積極參與，例如宜蘭國語傳習所設立後，名紳陳拔英時年40歲，親率三子一起入學；廩生蘇壁聯、童生莊贊勳等率其書房學生近20人入學；舉人宿儒李望洋之子佾生李登弟已年近不惑，亦入學「勤勉不懈」，結業後遂被留任傳習所助教[21]。陳、蘇、莊等人結業後旋獲任命，出任參事、庄長、法院通譯、公學校漢文教師等職務[22]。臺北秀才邱龍圖就讀芝山巖國語學校，結業後，先後任教國語學校、公學校[23]。桃園廩生呂鷹揚、塾師江建臣等，斷然關閉其書房，率其學生入學國語傳習所，由是而受聘為漢文教師，後轉任參事、區長等職務[24]。大甲總代吳朝宗平素名望學識資產為鄉里所重，率先應募，以

20 臺灣教育會編，《臺灣教育沿革誌》，頁178-183。
21 〈相得益彰〉，《臺灣新報》第101號，明治30年1月9日，1版。
22 臺灣總督府編，《臺灣列紳傳》，頁66、71、76、84。
23 同上書，頁52。
24 同上書，頁97-98、101-102。

爲地方倡；塾師黃淡梅、廖水石等亦率領全體塾生申請入學苗栗國語傳習所[25]。雲林國語傳習所甫設，旋募得「地方紳士名族20餘人」入學[26]。要之，一時之間，全島14所國語傳習所中，已是「髫髦庶士及縉紳子弟靡不並蓄兼收，肄業其間。」[27]總督府表示，各傳習所甲科生平均約40人，其中，有眷者幾近三分之一。由於甲科生可稱之爲國語傳習所本科生，加以結業後就職又有保障，因而得有秀才科名者應募入學，教學亦按照規定實施，而日漸收效。相反的，以學齡兒童爲對象的乙科生則「因無公費，故招募十分困難。地方有力人士承官廳之命，光是募集學生已煞費苦心，學校當局又急於普及國語，每無暇問明家世身分，致缺席或中途退學亦無追究餘地。因此，學科進度未按規定實施，甚至發生總督府官員視察之際臨時借用書房學生以湊人數之笑譚。」[28]

　　上述甲、乙科生招募之難易及學習之情況隨總督府所提供之條件有別而迥然不同，反映出當時臺人學習日語者大多抱持現實功利之目的。正如大稻埕私立日臺語學校校長兼松義雄指出的：「臺人子弟學習日語之目的，在於希望有利於自家商業或能成爲官吏，因此每在稍解普通用語之後，即退學從事自己的事業，造成學生異動頻繁，以修滿全部課程爲目的者爲數甚少。」[29]

　　此種抱持現實功利目的而學習日語之現象，亦見之於民間私設的傳習日語設施，例如1896年11月，艋舺士商公會特設國語研究會，聘請國語學校第二附屬學校教師擔任教席，星期一到五夜間7-8

---

25 臺灣教育會編，《臺灣教育沿革誌》，頁185。
26 〈各直轄學校の近況〉，《臺灣新報》第102號，明治30年1月10日，3版。
27 〈國語成業〉，《臺灣新報》第181號，明治30年4月19日，1版。
28 臺灣教育會編，《臺灣教育沿革誌》，頁178-179。
29 〈私立日臺語學校の事〉，《臺灣新報》第94號，明治29年12月24日，3版。

時上課，俾使會員學會普通日語以資應用[30]。1898年7月，臺北北投中街仔庄庄長許紹勳捐資，延請國語傳習所畢業生許用九為教師，募集庄民子弟，免費教習簡易日語。日人輿論特別讚揚，認為「似此美舉亟宜錄之，以傳聞於一世。」[31]另外，自1896年5月起，隨軍來臺的本派本願寺、曹洞宗、大谷派本願寺等日人僧侶亦先後在臺北、彰化、臺南等地創設私立日本語學校，不但未收學費，且每月末又以筆、墨、紙等作為獎品，送給各學生[32]；加以結業後多數均能任職官廳，擔任基層吏員或通譯；從事商業者亦因懂日語而呈興隆之勢。因此一時入學者頗為踴躍，各校均發生無法容納所有欲入學者之現象，在臺南市並曾造成書房學生減少，而影響書房教師之收入，迫使書房不得不加設日語科。日人輿論雖然肯定這些速成的日本語學校對「國語普及」頗有促進之功，惟對臺人學習日語的心態和可能衍生的不良影響則有所隱憂；指出：

> 雖然臺人學習日語者，與明治維新之初日人學習英語者大
> 多係輕佻浮薄之徒，情況不同，但向來深具利己心的臺人
> 僅在於學習國語，並未真正接受日本思想規範。倉促地進
> 入社會，受懦弱無能的俗吏之影響，親近放蕩無行的邦人
> （日人），鮮有不隳行壞性者。如此一來，家長難免視日
> 人為夷狄，將國語當作凶器。總之，日漸興盛的國語普及
> 力，若竟導致如上萎靡墮落之結果，則將悔不及矣！宗教

---

30 《臺灣新報》第189、191、437號，明治30年4月29日、5月1日、31年2月27日，2、1、1版，〈國語研究會〉、〈國語學會〉、〈研究移設〉。

31 〈私立學校〉，《臺灣日日新報》第69號，明治31年7月26日，5版。

32 臺灣教育會編，《臺灣教育沿革誌》，頁986-987。

家及教育家實宜深加留意。[33]

　　據統計，1896年12月，計有國語傳習所14、分校1，學生甲科518人、乙科381人；1897年12月，計增傳習所2、分校18，學生甲科834人、乙科913人，甲科結業生計324人，其中，除了雲林國語傳習所結業生15人就職情況不詳外，就職者計138人，就職率超過40%（另據1898年3月調查，又有256人結業，惟就職情況不詳），所任職務為縣廳、法院、郵電局、稅關、監獄署、辨務署、守備隊、憲兵隊、撫墾署等之通譯或雇員，未就職者中有的升學國語學校或擔任書房教師[34]。而1898年之際，私立日本語學校計有學生363人，畢業生58人，其中就職者22人[35]。由上顯示，早期雖有若干社會領導階層旋即接受日語教育，惟其數不多，在臺人中仍無足輕重。

　　概言之，此一時期，由於社會上仍習用漢文，學會日語無助於日常生活，加以對日人仍深抱疑慮，因此除少數抱持現實功利心態的臺人一時競相學習日語外，絕大多數中、上階層家庭仍固守傳統書房。就書房數觀之，雖然一時因鼎革戰亂而銳減幾達半數，惟其後復呈漸增之勢。據調查，1897年3月，全臺計有書房1,224所、學生19,022人；1898年3月，增為1,707所、學生29,941人[36]。明顯的，傳統書房之所數及學生數無論是絕對值或增加率，均遠非國語傳習所所能比。鑑於書房一時難以遽行廢除，日人紛紛提出「改良」書

---

33 〈臺南市に於ける國語の普及力〉，《臺灣日日新報》第78、79號，明治31年8月5、6日，2、2版。

34 臺灣教育會編，《臺灣教育沿革誌》，頁214-217。

35 〈臺南市に於ける國語の普及力〉，《臺灣日日新報》第79號，明治31年8月6日，2版。

36 《臺灣總督府公文類纂》明治31年度，甲種永久，第16卷，明治31年11月8日，民學第464號，書房義塾に關する規程の附件。

房之意見，或建議總督府以公費招訓書房教師，規定書房增設日語課程[37]，派遣日人出任書房教師[38]，或編印新漢文教科書等[39]，不一而足。基於因應現實需要之原則，總督府一面著手制定書房的管理規程，一面於1897年10月修訂國語傳習所規則，增設漢文科，聘請書房教師擔任漢文教學工作，始稍見解決招生困難問題[40]。

　　1898年7月，雖然總督府發布「臺灣公學校令」，正式確立「國語普及」教育政策；並另制定「關於書房義塾規程」，企圖使書房成為公學校教育的輔助機關。然而，上階層家庭每稱公學校為「番仔學校」，認為課程中除漢文外，餘均屬「番仔書」，不願讓其子弟入學而習夷狄之學，故仍多選擇入書房。其結果，公學校唯有以中階層以下子弟為主要招募對象，可是此等階層人士卻以總督府廢除國語傳習所時代的津貼為口實，而不易應募入學[41]。由表6-1-1顯示，公學校成立初期，雖然總督府費盡心機，勸誘臺人子弟入學，惟書房似乎反呈蓬勃現象，書房數及學生數均迭有增加，至1903年，書房數仍為公學校的10倍，書房學生數亦較公學校學生多4,000餘人。書房原係具有下級科舉功名之士或略通詩書者廁身以訓蒙之所，日治後，士人憑科舉功名以圖進取之途已絕，加以在殖民行政體系下一時又無適任之所，由是紛紛開設書房以為餬口生計。據統計，1898年，書房教師1,707人中，除新竹廳的280人出身不詳外，

37 〈本島の教育に關する意見〉，《臺灣新報》第78號，明治29年12月5日，2版；〈伊澤（修二）氏の臺灣教育談〉，《臺灣新報》第217號，明治30年6月1日，2版。
38 洛北生，《臺灣統治策》（臺北，1896，未刊稿本）第八章：教育宗教及衛生を論す。
39 臺灣教育會編，《臺灣教育沿革誌》，頁969-970。
40 同上書，頁197-198。
41 同上書，頁238。

表6-1-1　1898-1920年書房與公學校概況比較表

項別 年度 數目	書　　房			公　　學　　校		
	房數	教師數	學生數	校數	教師數	學生數
1898	1,707	1,707	29,941	76	247	6,636
1899	1,421	1,421	25,215	94	237	9,817
1900	1,473	1,392	26,186	117	453	12,363
1901	1,554	1,543	28,064	121	501	16,315
1902	1,623	1,629	29,742	139	553	18,845
1903	1,365	1,368	25,710	146	652	21,406
1904	1,080	1,083	21,661	153	620	23,178
1905	1,055	1,056	19,255	165	677	27,464
1906	914	916	19,915	180	738	31,823
1907	873	886	18,612	190	765	34,383
1908	630	647	14,782	203	895	35,898
1909	655	669	17,701	214	966	38,974
1910	567	576	15,811	223	1,017	41,400
1911	548	560	15,759	236	1,146	44,670
1912	541	555	16,302	248	1,282	49,544
1913	576	589	17,284	260	1,345	54,712
1914	638	648	19,257	270	1,472	60,404
1915	599	609	18,000	284	1,616	66,078
1916	584	660	19,320	305	1,805	75,545
1917	533	593	17,641	227	2,224	88,099
1918	385	452	13,314	394	2,710	107,659
1919	302	350	10,936	438	3,375	125,135
1920	225	252	7,639	495	4,013	151,135

資料來源：臺灣總督府學務課，《臺灣總督府學事年報》明治36─大正9年（臺北，
　　　　　該課）。臺灣教育會編，《臺灣教育沿革誌》（臺北：該會，1939），頁
　　　　　408-410、984-986。

餘1,427人中，計有舉人1人、貢生5人、生員（含廩生）155人、監
生2人、佾生3人、童生758人、無功名者503人等。清楚地顯示地方
士紳投身漢文教育者爲數相當可觀。無疑的，他們成爲日語教育的
一大阻力。其後，總督府延聘地方上受尊敬的書房教師及宿儒擔任
公學校漢文科教席，漸使生員以上在地方較具影響力的書房教師銳
減，1904年之際，在1,083名書房教師中，具有生員以上科舉功名的
書房教師只有52人，顯示其拉攏社會領導階層的政策已略見成效；
同時，由表6-1-1顯示，是年起公學校學生數開始超過書房。可是，
由於書房長期與公學校呈競爭之勢，始終擁有相當多的學生，且固
守舊態，只教習傳統漢文[42]；而總督府的普通教育政策復偏向於以
社會中、上階層子弟爲主要的勸誘入學對象，並不急於普及到一般
平民子弟。影響所及，公學校擴充甚緩，入學率長期均甚低，直至
1915年度仍不及10%（只占9.6%）；加以在學中異動甚大，中途退
學者，1911年度以前平均高達三分之一，其後雖逐年下降，至1918
年度仍占八分之一[43]。若累計1899-1918年度的公學校畢業生，計有
53,401人，只占1919年臺人總數3,538,681人的1.5%[44]。明顯的，能
完成公學校教育者爲數甚少。另據戶口調查，「臺人中能聽、講日
語日常用語者（懂日語者)，1905年有11,270人，只占臺人總人口的
0.38%；1915年有54,337人，占臺人總人口的1.63%。由上顯示，懂
日語的臺人數成長甚緩，長期在總人口中無足輕重，反映出日語的
傳播甚爲遲滯。總督府指出，各地習用日語的臺人之多寡固然與該

---

42 參閱拙文，〈日據時代臺灣書房之研究〉，《思與言》第16卷第3期（1978年9月），
　　頁64-88。

43 Tsurumi, E. Patricia, *Japanese Colonial Education in Taiwan, 1895-1945*（Harvard
　　University Press, 1977），pp. 63, 244.

44 臺灣省行政長官公署統計室編，《臺灣省51年來統計提要》（臺北：該署，
　　1946），頁76、1233。

地日人之多寡有密切關係，惟最主要的影響因素則是公學校教育，蓋懂日語者以學齡階段占最多數，而嘉義、臺南二廳公學校最不普及地區，懂日語者比率亦最低，足見日語傳播不彰乃是公學校教育未普及的結果[45]。

第二節　民間團體與「國語普及運動」之展開

由前節可知，以公學校為中心的「國語普及」策略，因未能在短期內普遍為社會所接受，逐至於日語推廣成效不彰，總督府乃不得不另覓公學校教育以外的途徑以為輔助。前述公學校規則中，明文規定公學校得依地方狀況別設速成科，以推廣日語。據此，1905、1906年之際，各地公學校紛紛附設國語夜學校、國語普及會、國語練習會等種種設施，招募未入學民眾，義務實施日語教育，藉以涵養日本國民精神，促進同化。然而因各校設備不一，講習期限不定，加以會員募集困難，致無甚效果而不久即停辦[1]。

1909年，改街庄社長制為區長制，在區長的任用資格中，明訂以具有6年制公學校畢業程度、熟諳日語的地方富豪名流為優先條件[2]。然而，1913年，據總督府調查，全臺區長444人中，熟諳日語者僅36人、略通者57人、不通者308人；而區書記796人中，熟諳日語者308人、略通者212人、不通者276人。顯示絕大多數身為地方領導人物的基層行政吏員仍未習日語，因此日人輿論認為此一現象大違「國語普及」政策，呼籲速謀改進之道；總督府旋命各廳進行籌議

---

45 臺灣總督官房臨時戶口調查部，《大正四年臨時臺灣戶口調查記述報文》（臺北：該部，1918），頁303-306。井出季和太，前引書，頁75。

1 臺灣教育會編，《臺灣教育沿革誌》（臺北：該會，1939），頁1017-1018、1044。

2 小濱淨鑛，《臺灣の地方制度》（出版社不詳，1934），頁4。

辦法[3]。

　　1910年代初期，臺灣社會正逐漸掀起放足斷髮熱潮，於是各廳長紛紛因勢利用，慫恿地方紳商名流、參事、區長、保正、甲長等地方領導人物，出面倡組風俗改良會、同風會、敦風會、敦俗會、矯風會等所謂「社會教化團體」，以推波助瀾；目的在於振興德教、融合臺日、改革風俗、推廣日語等，以促進臺人之同化。例如，臺中林獻堂、蔡蓮舫等倡組風俗改良會，桃園三角湧區長黃純青發起同風會，埔子區長簡朗山倡組家長會等均是[4]。尤其是1915年之際，總督府一面利用保甲制度全面厲行放足斷髮，一面鼓勵全臺各地社會領導階層組織風俗改良會和國語普及會，作為所謂「始政20周年記念事業」，從此，正式展開以民間團體為中心的「國語普及運動」。易言之，亦即是以社會領導階層為主幹，推動「國語普及運動」。

　　一時之間，各地推廣日語設施如雨後春筍，紛紛設立。例如，桃園有國語練習會、臺北有國語普及會和國語溫習會、嘉義有國語獎勵會、臺中和宜蘭有國語夜學會等[5]。這些推廣日語設施或係獨立開設，或為前述社會教化團體的事業之一。講習期限由一個月至一年不等，大多利用夜間上課，每週1-6次，每次1-2小時，以修習日語為主，兼習修身、作文、唱歌等[6]。其經費多半係地方紳商、富豪等有力人士捐贈，或會員繳交會費，例如，桃園埔子區長簡朗山捐出1萬餘圓，以充當該區15個國語練習會經費，而臺人公學校教師中

3　〈國語之普及〉，《臺灣時報》第45號，漢文時報，大正2年6月30日，頁69。

4　臺灣教育會編，《臺灣教育沿革誌》，頁1019-1031。

5　同上書，頁1044-1050。

6　詳閱拙文，〈日據時期臺灣總督府推廣日語運動初探〉，《臺灣風物》第37卷第1、4期，1987年3、12月，頁1-31、53-86。

亦有捐款充實校舍及教具者[7]。據調查，1919年全臺887個推廣日語
設施中，經費由「地方有志之士」捐贈的多達494個、會員繳會費的
159個、以公學校經費維持的56個、國語普及會負擔的43個、會員繳
費及「有志之士」捐贈的33個，其餘的分別係以教育義會、保甲、
地方改良會、共同作業收入、同風會或財產基金收入等負擔[8]。擔任
教學的「講師」，在臺人之中，大多是公學校教師、書房教師、區
書記、保甲書記、「有志之士」等，係義務兼任的；另有公學校畢
業生接受講習後，以「國語講習生」名義擔任講師，係有報酬的。
據調查，1919年全臺887個設施中，計有「講師」2,164人，其中，
公學校教師爲數最多，有982人；警察次之，有460人；「有志之
士」又次之，有158人；此外，國語傳習生134人、區書記及保甲書
記85人、書房教師22人、專任講師15人、保正5人、區長4人，餘不
備舉。日人指出，臺人任公職者及「有志之士」頗爲盡力，大部分
均爲了推廣日語設施而犧牲寶貴的休閒時間[9]。要之，推廣日語設施
雖然未必是社會領導階層主動倡設的，惟其不但出任領導，亦負擔
經費，甚至參與教學工作。

　　「國語普及運動」展開之初，日人即積極鼓勵臺灣社會領導階
層身先倡率，以學習日語爲當務之急。例如1915年10月，總督府民
政長官下村宏履任不久，即先後召集林熊徵、辜顯榮等紳商，勸其
學習日語，以爲社會之表率[10]。1916年底，當臺南市47名書房教師
成立國語研究會，以學習日語時，日人輿論大加稱讚[11]。尤有進者，

---

7 臺灣教育會編，《臺灣教育沿革誌》，頁1045。
8 山根勇藏，〈國語普及に關する施設（一）、（三）〉，《臺灣教育》第214、216
　號，大正9年2月1日、4月1日，頁6、8-9。
9 同上文（三），頁6-8。
10 松村鶴吉郎，《對人政策》（未刊稿本，作於1910年代後期）。
11 小野西洲，〈教師研究國語〉，《臺灣時報》第88號，大正6年1月15日，漢文時
　報，頁6。

日人指出臺北顏雲年、桃園簡阿牛、臺中廖西東、彰化李崇禮、臺南辛西淮、臺北林清月等諸人，皆因精通日語，而助其事業成功，遂得躋身社會上流階層；由是而指名慫恿其他仍未諳日語的臺人富豪名流，宜從速學習日語，以收上行下效之功。略謂：

> 總督長官於年年地方官會議之際，亦每以國語普及一節不憚反覆叮嚀，諄諄訓示。至近年來，果見斷髮、改服、改習之美風，而研究國語者亦日見昌盛，洵為可喜之現象也。抑余對於本島人之研究國語者，不免猶有慊然。蓋本島內知名人士，其國語能力之低，誠有令人足驚者。茲姑舉其二、三名士而言之，臺北廳下，則艋舺區長吳昌才君、大稻埕區長林熊徵君、淡水之洪以南、大龍峒之王慶忠，其餘林家各房之主人如林鶴壽、林祖壽等，並辜顯榮、陳其春、桃園之簡朗山、鄭永南、新竹之鄭拱辰、李文樵、臺中之林獻堂、吳鸞旂、林烈堂、林紀堂、吳汝祥、楊吉臣、吳德功、蔡蓮舫、嘉義之徐杰夫、臺南之許廷光、楊鵬博、謝羣我、趙鍾麒諸氏，於鐵道大旅館夜會之際，俱有出席者，以上諸子殆皆不通國語者，即有些少能通，若無通譯，究不能完全直接談話。惟諸子已占上流之地步，恒與內地人（指日人）相晉接，竊以為非用國語不可。諸子其益加奮勵，致意於國語。諸子若能實行，倡首研究於前，則一般下民不必強之，亦能追步後塵，所謂上行下效，有不期然而自然者矣。斷髮屬行亦自上流始，而及於下民，至今披髮左袵者，絕不見其形影矣。[12]

12　〈獎勵國語〉，《臺灣時報》第107號，大正7年8月15日，漢文時報，頁9。

　　資料顯示，推廣日語設施最初大多以社會「中流以上人士」為主要募集對象，故其會員每係「中流以上本島人（臺人）」或「中流以上婦女」[13]，甚至有純以區長、保正、甲長等公職人員為會員的[14]。據1916年12月調查，全臺區長432人中，熟諳日語者68人、略通者83人、能讀日文者64人、不通者217人；區書記810人中，熟諳日語者502人、略通者194人、能讀日文者38人、不通者70人。另據翌年底調查，全臺區長438人中，熟諳日語者84人、略通者及能讀日文者153人、不通者201人；區書記830人中，熟諳日語者551人、略通者203人、能讀日文者21人，不通者55人。儘管日人認為與民眾直接接觸、負責行政實務的區長日語能力如此低落，即使廳長多麼能幹，亦無法完成「開發地方的使命」[15]。然而，由上已顯示不懂日語的地方領導人物正逐年減少。

　　1918年6月，明石元二郎就任總督後，明揭以同化主義為施政方針。翌年，首任文官總督田健治郎進而標榜「內地延長主義」，由是更以徹底普及日語為最大目標。1920年9月進行所謂「地方制度改革」時，明文規定州、市、街、庄協議會員宜以「國語」為會議用語。惟鑑於當時臺灣社會大眾多數仍不諳日語，一時實無法強制，乃附加「經議長許可時，則不在此限」之但書。由上已顯示總督府正透過立法規定日語為公用語言[16]。以此為契機，其後，各市、街、庄等地方公共團體紛紛編列經費，直接開辦或補助民間團體的推廣

13 臺灣教育會編，《臺灣教育沿革誌》，頁1020、1031、1045。
14 山根勇藏，前引文（一），頁6。
15 藤田捨次郎，〈本島人の讀書能力〉，《臺灣時報》第95號，大正6年8月15日，頁38。水越幸一，〈臺灣地方自治制の話〉，《臺灣經濟叢書》（四）（臺北：臺灣經濟研究會，1936），頁151。
16 水越幸一，前引文，頁165-166。

日語設施[17]。於是，推廣日語設施由純民間團體「自發性」開辦性質，轉變為由市街庄等公共團體常設或同風會、興風會等民間團體經常開辦的事業之一；其經費亦由自力籌措轉變為賴市街庄經費或基金支應。

　　其後，同風會、青年會、戶主會、婦人會、處女會等民間社教團體較乎過去積極，將開辦「國語練習會」作為其重要事業之一。例如1921年1月，新竹州以公共團體基金，加上州知事、內務部長捐款，計1,000圓，設立新竹庚申會[18]。1920年7月，在大稻埕同風會會長林熊徵、艋舺同風會會長吳昌才等發起下，臺北廳下25個同風會結成「聯合同風會」，旋配合地方制度改革，合併宜蘭的敦風會、桃園的同風會、主婦會等，擴大組成「臺北州聯合同風會」[19]。1922年12月，林獻堂等倡組向陽會[20]。上述各民間團體均明訂章程，以推動「國語普及」，舉辦通俗講演及各種社會教化活動等為主要的任務。有些地區漸對推廣日語設施作統一的規定，例如1920年有「桃園郡興風會國語練習會規定」之制定；翌年，臺南州亦制定「關於國語普及事業標準」[21]。講習期限以1-4個月為期修習初級教材者為數最多，課程亦配合公學校的課程變遷而有加設公民、法制、經濟、農業、圖畫、遊戲等科目者[22]。此外，值得一提者，此一時期在地方官廳的獎勵和補助下，許多書房變成代用公學校，雖然仍教授

17 臺灣總督府學務課，《臺灣總督府學事年報》大正12年度，頁38。中越榮二，《臺灣の社會教育》（臺北：臺灣の社會教育刊行所，1936），頁63。
18 臺灣教育會編，《臺灣教育沿革誌》，頁1023。
19 同上書，頁1024-1025。
20 同上書，頁1031。
21 同上書，頁1046-1050。
22 臺灣總督府，《臺灣總督府學事年報》大正11—昭和5年，社會教育施設項。《臺北州時報》第4卷第5、6號，昭和4年6、7月，頁54-67、92-104。

漢文，惟已以日語、算術等爲主[23]。地方教育當局經常舉辦書房教師
講習會，以加強書房教師的日語程度及教學技術[24]。書房學生修業期
滿亦比照公學校畢業生頒授結業證書[25]。這些書房往往兼充推廣日語
設施，由書房教師擔任講師。要之，此一時期雖然仍以民間團體爲
「國語普及運動」的主體，但地方官廳已漸次加強管理和監督。

　　就運動的發展觀之，據統計，至1918年度，結業人數計26,931
人，其中，男22,667人、女4,264人。時論已表示，雖然會員數逐年
增加，惟占臺人總數之比率仍然無足輕重[26]。另有時論批評臺人學
習日語之動機仍頗具功利主義，指出：「就全島觀之，成效甚微。
其學習動機和目的係功利主義，而且即使開設，由於會員中途退會
或欠缺熱心，能按預定會期結業者爲數甚少，亦有迫不得已而解散
者，概呈盛衰無常之狀態。」[27]1920年代初期，全臺各地已普遍有
「國語練習會」之設置，且一時略呈蓬勃氣象。據載，1923年全臺
「國語練習會」開辦達900餘次，結業人數多達42,000餘人，其中，
以短期初級課程結業者占絕大多數，惟參加進階講習者已呈增加之
勢[28]。然而，其後運動熱潮似頓然減弱，迄至1929年，每年結業人

23 參閱拙文，〈日據時代臺灣書房之研究〉，《思與言》第16卷第3期（1978年9
　月），頁72-73。
24 《臺灣日日新報》第9367、9636、9651、10024號，大正15年6月2日、昭和2年2月26
　日、3月13日、昭和3年3月20日，報導基隆市、臺北市書房教師講習會消息。
25 《臺灣日日新報》第9659、9661、9664、9668、10021、10031號，昭和2年3月21、
　23、26、30日，昭和3年3月17、27日，報導基隆大武崙書房、瑞芳大粗坑書房、深
　澳書房、三峽大豹、大有義塾、基隆深澳坑書房等舉行結業典禮消息。
26 山根勇藏，前引文（三），頁5-7。
27 慶谷隆夫，〈國語普及の新階段〉，《臺灣時報》第218號，昭和13年1月1日，頁
　13。另參閱中越榮二，《臺灣の社會教育》，頁63。
28 臺灣總督府，《臺灣總督府學事年報》大正12年度，頁38。

數始終只約2萬人左右[29]。日人輿論《臺灣日日新報》對運動發展遲緩迭作批評和建議，例如指出至1925年臺人懂日語者僅占臺人總數6%，而建議總督府改善書房並加以活用，作爲推廣日語設施之一[30]。當1927年6月臺北州聯合同風會調查該州懂日語臺人比率僅占12.7%時，該報隨之呼籲總督府當局宜正視推廣日語成效之不彰[31]。隨後，著論指出數年來推廣日語運動之所以失去往年的熱潮，而至於漸呈停滯狀況，蓋因對「同化政策的困惑」，因而未積極推動「國語普及運動」[32]；在作法上放任各地公共團體和民間團體去推動，而未積極予以指導和經費的補助，略謂：

> 大正9年以來，督府州廳以及市郡關於國語演習會，不委之教育會，而聽之同風會，何嘗一直接主催乎！此國語教育獎勵之唯一機關也，如此責貸旁人，宛然隔靴搔癢，可望其成功耶？以督府預算一億數千萬圓、州市預算數百萬圓之大，一年中不難撥出相當之額，積極獎勵；又徒委之街庄與夫所屬公學校，預算貧弱，無米難炊，本所苦痛。而人才登用，職業介紹，其他凡百機會，動輒忽之。要之，教之者既不能保其必成材，而學之者又未必能竟其材用，是爲國語教育不振之大原因也。本島人一邊勿論更要

---

29 詳閱拙文，〈日據時期臺灣總督府推廣日語運動初探〉。

30 〈社說：書房の改善と其の活用──國語普及の一法として〉，《臺灣日日新報》第9626號，昭和2年2月16日，2版。

31 《臺灣日日新報》第9936、10347號，昭和2年12月23日、昭和4年2月8日，4、4版，〈聯合同風會調查國語普及尚低率臺北州下現勢〉、〈臺北州下能解國語者十萬四千名〉。

32 〈社說：振肅すべき國語運動──此重大方針の戶迷いは奇怪〉，《臺灣日日新報》第10372號，昭和4年3月5日，2版。

> 自覺自奮，涵養實力，毋終為落伍之人；而各當局亦宜視
> 之為國家之一大政策，益力遂行，則有名望者能使之兼備
> 學識，而有學識者亦能使之名望漸孚矣。[33]

　　至於社會領導階層，雖然地方官廳慫恿其出面倡組社教團體以推動或鼓勵其率先學日語，惟似乎仍有不少人態度並不積極。因而1924年10月任命的臺人街庄協議會員2,669人中，不通日語者仍有1,254人；至1926年10月新任命的2,669人中，不通日語者反增為1,338人，臺人市會會員38人中，不通日語者2人、略通者6人、熟諳者30人。雖然多數臺人市會會員已熟諳日語，惟街、庄協議會員不通日語者仍為數不少，因此開會時仍需設通譯。《臺灣日日新報》認為此一情況將有礙於協議會的議事進行和地方行政，實係一極不可喜之現象[34]，並指責總督府當局實陷入嚴重的錯誤[35]。另據臺南州對境內24個推廣日語設施的調查報告中，紛紛指出社區無學習風氣，向來民眾的態度極為冷淡，漠不關心，以致會員募集不易，人數不多，加以中途退會者甚多，結業者為數甚少；尤有甚者，地方有力人士態度亦極為冷淡，鮮少主動出任後援、協助募集會員者；相反的，卻致力於漢文教學[36]。個別的經驗報告中亦見類似的感想，因而紛紛建議喚起民眾輿論，利用保甲會議、家長會、青年會、婦

---

33 《臺灣日日新報》第10376號，昭和4年3月9日，「三十餘年來解國語人口僅占全島總人口的2.9%，國語教育前途遼遠，關係官民更加考慮如何。」
34 〈本島に於ける市街庄の協議會員內地人が減リ本島人增加國語を解する者が減じた〉，《臺灣日日新報》第9655號，昭和2年3月17日，1版。
35 〈社說：振肅すべき國語運動——此重大方針の戶迷いは奇怪〉，《臺灣日日新報》第10372號，昭和4年3月5日，2版。
36 詳閱上田四郎，《國語普及研究發表要項》（臺南：新盛文印刷所，1932），頁5-115。

人會等提倡和鼓吹，並作家庭訪問；敦促地方有力人士出面倡導，動員民眾參與，甚而設立特殊國語講習會，供區委員、保甲役員及有力人士學習；而街庄役場、學校及派出所等機關則宜密切配合，相互提攜，講求各種促進和獎勵措施[37]。

　　由上觀之，正如時論所指出的，此一時期臺灣社會對學習日語仍欠缺自發性的「必要感」，而向來推廣日語運動的作法徒流於強制，並未注意喚起臺人學習日語的興趣和「必要感」，無怪乎未引起社會領導階層和一般大眾熱烈的響應[38]。尤有甚者，此一時期在有識之士的倡導下，另有反「國語普及運動」之勃興，益使「國語普及」面臨挑戰，而難以順利推展。

第三節　社會領導階層與反「國語普及運動」之勃興

一、漢文復興運動

　　如前所述，日治之初，總督府雖然確立「國語普及」政策，

---

37 關於個別經驗報告，例如陳紅〈漚汪國講所經營の實際〉一文指出，該所向來人數不多，中途退會者甚多，結業者每不及半數，可謂虎頭蛇尾，其因概有：㈠學校、派出所、役場三機關未能協調配合；㈡指導者欠缺誠意及經營計畫；㈢每年教學時間失之過短；㈣各會期間欠缺聯絡；㈤只追求理想，未經營現實環境，造成民眾懷疑國語普及會的真價值。東出茂，〈特殊國語講習會の實際〉一文指出缺失為：㈠入會者甚少，中途退會者甚多，致結業者不多；㈡教學日數每年僅四、五十日，且欠缺系統；㈢非自發的，無學習風氣；㈣「有志之士」甚少活動。玉川清二，〈國語普及促進に就いて〉一文，指出由於一般民眾不熱心，且無適當的後援者，單是學校教師的活動，故終不免流於不振。見同上書，下編，頁1-6、27-29、52-56。
38 羅福壽，〈國語の學習〉，《臺灣教育》第278號，大正14年8月1日，頁23。鈴木利信，〈國語普及問題〉，《臺灣教育》第299號，昭和2年5月1日，頁15。

惟鑑於漢文爲臺人日常生活不可或缺的工具，難以遽然廢除，因此
對漢文採漸廢政策，一面容許漢文教育的主要機關書房，在漸次改
革下繼續存在；一面在公學校設漢文科，延聘一些受尊敬的書房教
師及士紳擔任教席，每週上課4-5小時，並編印「漢文讀本」6卷，
作爲教材[1]。1910年代「國語普及運動」展開後，已迭有廢除漢文
主張之提出，是以1918年修訂公學校規則時，將漢文科每週時數減
爲2小時[2]。迨至1922年，新「臺灣教育令」公布後，進而將漢文改
爲選修科目[3]。要之，「國語普及運動」乃企圖以日語逐漸取代臺
語、漢文等臺灣社會固有的語文。儘管當時臺語、漢文仍是臺灣社
會不可或缺的語文工具，許多公學校卻全然不顧社會的需要，未經
家長同意，即擅將漢文科廢除，因此造成社會大眾的疑慮和不滿。

　　此一時期，正值臺人有識之士和新知識分子倡組「臺灣文化協
會」，如火如荼地展開臺灣社會的啓蒙運動及反殖民統治體制的民
族運動。於是對上述抹煞漢民族的固有文化且無視於社會現實的強
制性語言同化政策，乃起而展開嚴厲的抨擊；同時，積極地倡導漢
文復興運動、白話文運動、臺語羅馬字運動、臺灣白話字運動等，
謀求漢文的維護、創新及普及，從而掀起1920年代反「國語普及」
運動的浪潮，成爲反殖民統治體制的民族運動之一環。值得給予應
有的注意和適當的評價。

　　對於總督府強制的語言同化政策，蔡培火指斥爲形式主義，認
爲無理的語言統一之結果，徒然妨礙人智之發達，並無助於思想的
統一。臺灣教育始終以日語教育爲中心，造成臺人子弟只擅長機械

1　參閱拙文，〈日據時代臺灣書房之研究〉，《思與言》第16卷第3期（1978年9月），
　　頁65-76。
2　臺灣教育會編，《臺灣教育沿革誌》（臺北：該會，1939），頁323-324。
3　同上書，頁361。

性的記憶，而欠缺理解和推理能力[4]。黃呈聰指出強制推廣日語和限制漢文，乃是不利於民眾生活和阻害文化進步的要因[5]。陳崑樹則指出臺、日兩民族根本無同化的可能，尤其是臺語與日語的語法結構不同，兩語言間欠缺相結合以創造第三語言的科學根據，推廣日語以完全取代臺語更不可能，藉推廣日語以作為同化的手段根本不可能，蓋兩者是不同的問題[6]。

　　鑑於漢文非但未受到應有的重視，且面臨被禁廢的危機，《臺灣民報》社論呼籲「獎勵漢文的普及」，以㈠臺人有維持東亞和平之使命，扮演中日親善之媒介，需藉漢文以連絡彼此之感情；㈡臺人未來向南洋發展，漢文實為必備；㈢漢文為臺人日常生活不可或缺之工具。強調漢文的重要性，從而建議總督府採獎勵漢文政策，規定漢文為學校的必修科，准許民間設立漢文書房和講習會，隨時促其改善，並便利民眾購讀漢文書報；同時，希望各地有志之士熱心倡導普及漢文機關[7]。當時，漢文復興運動即是以恢復公學校漢文教學及推廣民間漢文教育為目標而展開。

　　1922年新「臺灣教育令」公布後，許多公學校紛紛擅廢漢文教學，社會上反對之聲旋此起彼落。1924年，臺南州教育課鑑於希望復設漢文科之聲頻傳，經調查，全州185所公學校（含分校48所）中，仍設有漢文科者計113所（含分校27所），而希望復設之校正呈增加之勢[8]。其後數年，仍迭見各地學生家長推派代表或發動連署，

4　蔡培火，〈新臺灣の建設と羅馬字〉，《臺灣民報》第13號，大正12年12月11日，頁14-15。
5　黃呈聰，〈應該著創臺灣特種的文化〉，《臺灣民報》第3卷第1號，大正14年1月1日，頁7。
6　陳崑樹，《臺灣統治問題》（臺北：寶文堂書店，1930），頁65-68。
7　〈社說：獎勵漢文的普及〉，《臺灣民報》第2卷第25號，大正13年12月1日，頁1。
8　〈漢文科特設學校〉，《臺灣日日新報》第8767號，大正13年10月10日，4版。〈特置漢文科之學校〉，《臺灣民報》第2卷第22號，大正13年11月1日，頁13。

向公學校及郡、州當局陳情恢復漢文科[9]。另一方面，各地有識之士起而提倡漢文平民教育，設立漢文書房或夜學會，藉以補公學校漢文教育之不足，並教育失學民眾以應社會之需求[10]。尤有進者，另有人倡設漢學研究會或詩文研究會，舉行漢學演講會，藉以興廢繼絕，維護漢學命脈於不墜[11]。

　　臺人輿論對於上述復興漢文運動，聲援及鼓吹不遺餘力。《臺灣民報》著論批評向來純用日語教學的公學校教育，徒具形武，難收實效；要求除「國語」科外，其餘科目宜盡可能用臺語教學，俾收事半功倍之效，尤宜恢復漢文為必修科，以符民意[12]。至於農村公

---

9 〈漢文復設之陳情〉，《臺灣民報》第3卷第6號，大正14年2月21日，頁5。〈桃園公學校之父兄會決定再設漢文科〉，《臺灣民報》第74號，大正14年10月11日，頁5。〈臺中特訊——望課漢文續文〉，《臺灣日日新報》第8896號，大正14年2月16日，4版。〈臺中特訊——要求復課漢文〉，《臺灣日日新報》第8937號，大正14年3月29日，4版。〈麻豆請願公學加課漢文〉，《臺灣日日新報》第9723號，昭和2年5月24日，4版。

10 〈南投實修會〉，《臺灣民報》第2卷第11號，大正13年6月21日，頁3。蔡清潭，〈告同胞急起提倡平民教育〉，《臺灣民報》第62號，大正14年7月26日，頁13。南江，〈教育臺灣失學男女的提倡〉，《臺灣民報》第67號，大正14年8月26日，頁26-30。〈樹林將設漢文夜學會〉，《臺灣民報》第79號，大正14年11月15日，頁9。〈農村教育的改造問題〉，《臺灣民報》第81號，大正14年11月29日，頁2-3。〈集集夜學會〉，《臺灣民報》第147號，昭和2年3月6日，頁9。〈同助會籌設漢學〉，《臺灣日日新報》第9309號，大正15年4月5日，4版。

11 〈時事短評：女子興漢學的先聲〉，《臺灣民報》第14號，大正12年12月21日，頁6。淚子，〈我讀民報時事短評欄的「女子興漢學的先聲」的一段後〉，《臺灣民報》第2卷第2號，大正13年2月11日，頁12。吳瑣雲，〈女子漢學研究會徵求會員書〉，《臺灣民報》第2卷第5號，大正13年3月21日，頁9。〈漢文研究會之活躍〉，《臺灣民報》第92號，大正15年2月14日，頁5。〈大觀書社復興〉，《臺灣日日新報》第8932號，大正14年3月24日，6版。〈屏東特訊——設漢文夜學〉，《臺灣日日新報》第8765號，大正13年10月8日，4版。〈豐原——招聘講師〉，《臺灣日日新報》第9496號，大正15年10月9日，4版。

12 〈評論：王敏川「公學校教育改善論」〉，《臺灣民報》第39號，大正13年11月1日，頁5-6。

學校，更宜以臺語作爲教學用語[13]。更有甚者，該報以同化主義已非世界潮流，呼籲總督府宜本諸自治主義根本改革教育方針，各級學校重視漢文科，公學校除「國語」科外，宜用臺語教學[14]。1926年，「臺灣文化協會」設置漢文委員會，一方面研議普及漢文的方法，在各地設委員，開辦講演會、研究會等，以啓迪民智，編輯淺易的漢文教科書，供識字教學之用，並徹底改革書房。另一方面，要求總督府收回成命，仍設漢文爲必修科，重新編纂適應世界大勢的教材，並以有漢文素養者擔任教學，重視人格和教學法，俾收實效[15]。

　　雖然基於現實的認識，日人亦不得不承認漢文教育有存在的必要，略謂：「在目前書信仍以漢文爲主的狀況下，若只通行國語，不惟將甚感不便，可說全然不可能。就此點而言，無怪乎在書房乃至學校有修習漢文之必要。」[16]惟站在同化主義的立場，日人輿論對復興漢文運動多持反對態度，《臺灣日日新報》社論，或詭稱公學校將漢文廢除或改爲選修科係爲了減輕學童的負擔[17]，或明指部分臺人鼓吹將已改爲選修的漢文再變爲必修科純係開時代的倒車，若讓其實現，將嚴重妨害「國語普及事業」，從而力促各社教團體奮起以振興「國語普及運動」[18]。

　　1927年之際，總督府鑑於各地請願恢復漢文運動不斷，遂不得

---

13 〈論評：農村公學校教育的效果如何？〉，《臺灣民報》第78號，大正14年11月8日，頁3。
14 〈評論：教育方針的根本改革〉，《臺灣民報》第130號，大正15年11月7日，頁2-3。
15 〈論評：漢文教育〉，《臺灣民報》第121號，大正15年9月5日，頁3。
16 松山茂七，〈本島に於ける國語教育と漢文（上）〉，《第一教育》第5卷第4號，大正15年4月17日，頁104。
17 維漢，〈駁臺日社說的謬論〉，《臺灣民報》第154號，昭和2年4月24日，頁12。
18 〈社說：國語普及機關の活動を望む──各教化團體が奮て起て〉，《臺灣日日新報》第9895號，昭和2年11月12日，2版。

不重編漢文教科書，並恢復運動較激烈地區公學校的漢文科[19]。惟對於書房則一面利用以日語、算術爲主的「改良書房」，作爲推廣日語設施之一；一面查禁純教漢文的書房，例如，1927年9月臺南市當局下令關閉市內20餘所漢文私塾[20]。旋另有黃梨在彰化花壇主持的漢文書房亦遭警察命令解散[21]。當局關閉書房每以其導致公學校就學人數減少，以及因其專教漢學而破壞了臺、日人的融和親善等爲由。爲此，《臺灣民報》著論駁斥，強調漢學爲今日東洋道德之根源，非但不宜壓制，反而應加以振興和普及[22]。

　　正如《臺灣民報》社論所強調的，漢文復興運動之不絕如縷，在於漢文「是臺灣人傳統的固有的文字，……所以在現社會的勢力與其利用的範圍是很廣大，迄今漢文的必要還是在臺灣的社會生活中不可缺的重要要素。」不僅不容易藉禁廢漢文教育以撲滅之，反而引起臺人的不滿與失望[23]。資料顯示，1920年代末年以迄1930年代初年，各地臺人仍一再要求加強公學校漢文教學[24]，並且不斷倡

---

19 〈論評：公學校的漢文教授和舊式的臺灣書房〉，《臺灣民報》第147號，昭和2年3月6日，頁3。
20 〈臺南私塾被禁輿論囂然〉，《臺灣日日新報》第9858號，昭和2年10月6日，4版。〈臺南漢文私塾改學術研究會〉，《臺灣日日新報》第9864號，昭和2年10月12日，4版。報導22名塾師連署請願書，託總督府評議員黃欣代為陳情，結果臺南市尹答應准許各私塾易名學術研究會繼續開設，其後，每年須申請核准一次。
21 〈書房被解散擬向當局歎願〉，《臺灣日日新報》第9874號，昭和2年10月22日，4版。
22 〈論評：書房の復興と漢學の倫理的價值〉，《臺灣民報》第184號，昭和2年11月27日，頁10。
23 〈社說：漢文復興運動——實生活的必要使然的〉，《臺灣民報》第233號，昭和3年11月4日，頁2。
24 〈嘉義各公學校父兄會及同窗會要求復教漢學〉，《臺灣民報》第232號，昭和3年10月28日，頁4。〈桃園公學校開兒童保護者會，與會家長決議要求學校准許日臺語並用及以漢文為必修科〉，《臺灣民報》第254號，昭和4年3月31日，頁6。〈豐原

設漢文書房、研究會及講習會等[25]。然而，隨著推廣日語運動日漸強化，日人指稱漢文復興運動阻礙了「內地延長主義」，且違背了「國民教育」之方針[26]。各地方當局紛紛將禁絕漢文教育當作重要問題之一[27]，藉口漢文教學阻礙日語的進步，以及將利用漢文科時間多練習日語等，每不顧民意，強制廢除公學校漢文科[28]，而且各學校亦紛紛禁止說臺語或用臺語教學[29]。對於書房等民間漢文教育機關則加強管理和取締，從嚴核准其申請，或規定申請者須通過日語、算術考試始准許設立[30]，或迫令其加授日語、修身、公民等科目[31]；地方

公學校父兄會建議延長漢文教學時間〉，《臺灣民報》第314號，昭和5年5月24日，頁6。〈臺北州協議會關總督與政變問題──指名五實行委員漢文科存置亦提議〉，《臺灣日日新報》第11397號，昭和6年12月23日，4版。

25 〈連雅堂設漢文研究會於臺北市太平町〉，《臺灣民報》第238號，昭和3年12月9日，頁4。〈竹南漢文講習會〉，《臺灣民報》第210號，昭和3年5月27日，頁3。〈嘉義漢文講習會活躍〉，《臺灣民報》第273號，昭和4年8月11日，頁7。〈鶯歌林炳非設漢文研究會〉，《臺灣民報》第317號，昭和5年6月14日。〈新竹新社青年會倡組漢學研究會〉，《臺灣日日新報》第10353號，昭和4年2月14日，4版。〈請設漢文私塾〉，《臺灣日日新報》第10482號，昭和4年6月24日，4版。〈竹山──漢文夜學〉，《臺灣日日新報》第11204號，昭和6年6月22日，8版。

26 〈漢文科輕視政策〉，《臺灣新民報》第358號，昭和6年4月4日，頁13。

27 〈臺北州各郡市視學事務磋商會九日開于州會議室〉，《臺灣日日新報》第11372號，昭和6年12月8日，4版。

28 〈新竹州勢調查會又一產物──廢止公學校漢文科〉，《臺灣新民報》第361號，昭和6年4月25日，頁2。〈臺南州朴子公學校廢除漢文，父兄開會表示反對〉，《臺灣新民報》第369號，昭和6年6月20日，頁4。

29 〈極端的國語中心主義，僅說一句臺灣話，被命停學一週間──臺中一中的怪事〉，《臺灣民報》第293號，昭和4年12月29日，頁3。〈臺灣語使用問題〉，《臺灣民報》第328號，昭和5年8月30日，頁12。〈淡水中學禁用島語期徹底施行〉、〈國語を解しない教師は全部一掃──淡中當局が誠意を披瀝〉，《臺灣日日新報》第12214、12235號，昭和9年4月6、27日，8、7版。

30 〈嘉義郡當局禁止漢文書房〉，《臺灣民報》第232號，昭和3年10月28日，頁4。

31 〈竹南漢文講習會警察過於干涉〉，《臺灣民報》第210號，昭和3年5月27日，頁2。〈臺南──認可暫減〉，《臺灣日日新報》第11126號，昭和6年4月5日，4版。〈竹山郡下書房復活郡當局英斷〉，《臺灣日日新報》第11187號，昭和6年6月5日，4版。

教育當局與警察配合，對「未經許可及不良書房」嚴加取締，以罰款、中止教學、解散或關閉等方式處分[32]。儘管如此，輿論仍不時以漢文爲日本向中國及南洋「發展」的重要工具，以及其在社會上的實用性，呼籲總督府不可全然禁廢漢文[33]。迨至1937年初，總督府爲徹底普及日語，加以全臺625所公學校中仍保留漢文科者僅37所，反對廢除漢文之勢力已弱，乃斷然修訂公學校規則，刪除漢文科，完全廢除公學校的漢文教學[34]。

二、白話文運動

　　與漢文復興運動同時，1920年代初年，另有白話文運動之倡起。雖然該運動可視爲漢文復興運動之一支，惟因其兼具改革漢文與反「國語普及」運動性質，故別作敘述，以明此一兼具現代化與反同化意義之運動的發展。1923年初，黃呈聰在〈論普及白話文的新使命〉一文中指出，臺灣文化進步遲滯之因，在於「社會上沒有一種普遍的文，使民眾容易看書、看報、著書」。因此主張以白話文作爲文化普及的急先鋒，並希望公學校漢文教學以白話文取代古

---

32 〈工人研究漢文〉，《臺灣民報》第254號，昭和4年3月31日，頁7。〈漢文研究會が警察に禁止された〉，《臺灣民報》第317號，昭和5年6月14日，頁10。〈嘉義郡當局對未經許可書房教師游金罰款十五圓〉，《臺灣日日新報》第10374號，昭和4年3月7日，2版。〈無許可漢學——員林郡命解散〉，《臺灣日日新報》第11248號，昭和6年8月5日，8版。〈義竹庄內漢文書房命令解散〉，《臺灣日日新報》第11350號，昭和6年11月16日，4版。

33 〈漢文科輕視政策〉，《臺灣新民報》第358號，昭和6年4月4日，頁13。〈時評〉，《臺灣日日新報》第11140號，昭和6年4月19日，8版。〈時評：高雄州教化座談會，有民間一、二內臺人唱廢漢文及書房者，誠知漢文之精粹與華滿之關係，斷不至此，更可研究可矣〉，《臺灣日日新報》第12187號，昭和9年3月9日，8版。魏潤庵，〈東遊紀略（七）——漢學重興氣運〉，《臺灣日日新報》第12638號，昭和10年6月7日，4版。

34 〈公學校の漢文科廢止〉，《臺灣教育》第416號，昭和12年2月，頁1。

文[35]。黃朝琴在〈漢文改革論〉一文中，具體地建議「照國語講習會的辦法，利用夜間的閒暇，開設白話文講習會，使不識丁的兄弟，練習練習，以最少的時間，使他們得著最大的智識。教授的方法，用言文一致的文體，以言語根據，使聽講的人，易記易寫，免拘形式，不用典句，起筆寫白就是了。」[36]黃氏並表示願以身作則，以後全用白話文寫信和作文，並自願當白話文講習會教師。是年4月創刊的《臺灣民報》半月刊，全部採用白話文，於「創刊詞」中表示，為了啟發文化，振起民氣，必須普及白話文。因此，同時倡設「白話文研究會」，明揭其宗旨在於提倡白話文作為社會教育之工具，以求民眾知識之普及。會址設於臺南市，並訂定實施辦法，正式展開白話文普及運動[37]。

　　白話文研究會活動詳情雖不得而知，惟《臺灣民報》普及白話文的計畫則頗受青年知識分子的支持，表示響應者頗不乏人，該報特闢「應接室」一欄，由黃朝琴主持，答覆讀者有關白話文研究的問題[38]。該報鼓吹普及白話文之結果，不僅該報本身為臺灣新文學的重鎮[39]，不少漢文書房和研究會採用當時大陸流行的中國簡易尺牘文、中華小學國文讀本、平民千字課等白話文教科書作為教材，甚至社會上漸掀起學習「中國國語」（時稱北京語）的熱潮，各地尤其是城市紛紛有北京語講習會之設立。1925年，漢人著《臺灣革命史》一書中特別提及「國語（北京語）運動」，略謂：

35 《臺灣》第4年第1號，大正12年1月1日，頁12-25。
36 《臺灣》第4年第2號，大正12年2月1日，頁27。
37 《臺灣民報》第1號，大正12年4月15日，頁1、29。
38 楊肇嘉，《楊肇嘉回憶錄》（下）（臺北：三民書局，1967），頁415。蔡培火等著，《臺灣民族運動史》（臺北：自立晚報社，1971），頁550。
39 詳閱陳少廷，《臺灣新文學運動簡史》（臺北：聯經出版公司，1977），頁18-30。

　　臺灣自從割給日本後，日本政府所設的學校，都是教授日
本語，那麼臺民便沒有機會研究中國語（北京語）了。晚
近臺民便反動起來，有的甚至排斥日本語了，他們便跑
回祖國來研究「國語」（北京語），歸去臺灣宣傳國語
了！……有的回中國來請國語先生，去臺灣教授。[40]

　　迨至1930年之際，據《臺灣民報》表示：「白話文的普及，在
臺灣可說已有相當的成績。……近來連極守舊的鐵道局，他們驛頭
乘車方向的看板也用白話文寫成，死板板的日刊紙，也已載著白話
文的小說，其他最近出版的各種雜誌也都採用白話文。可見白話文
的價值，一般人已有認識了。」[41]要之，白話文漸流行非但意味著漢
文改革的成功，亦顯示其對推廣日語運動必產生相當的阻力。

三、臺語羅馬字與臺灣白話字運動

　　除了漢文復興運動及白話文運動外，先後另有臺語羅馬字及
臺灣白話字普及運動之出現，亦對「國語普及運動」之發展有所威
脅和阻遏。所謂「臺語羅馬字」，係指英國基督教長老會教士為了
傳教，以24個羅馬字母拼綴閩南語而成表音文字，並以幾個符號區
別聲調高低。據調查，一般文盲只要學習羅馬字二、三週，即可培
養充分的閱讀能力，可自行修習聖經、讚美歌、教會報及其他小冊
字，並能擴大見聞[42]。蔡培火首倡臺語羅馬字普及運動，1914年「臺
灣同化會」成立時，蔡氏以本身受惠於羅馬字之經驗，建議該會普

---

40 漢人，〈臺灣革命史〉，收入李篤非，《臺灣》近代中國史料叢刊續編第51輯（臺
　　北：文海出版社景印重刊，1978），頁105-106。
41 〈島都瑣聞〉，《臺灣民報》第326號，昭和5年8月16日，頁3。
42 村上玉吉編，《南部臺灣誌》（臺南：臺南州共榮會，1934），頁505。

及羅馬字,作為促進臺灣社會教育的工具。惟該會恐因之妨礙臺人學日語,故未接受[43]。1921年,「臺灣文化協會」成立之初,蔡氏再度建議普及羅馬字,雖然幹部中主張普及漢文者為數不少,惟翌年6月該會正式決議將普及羅馬字作為其事業之一,並決定自8月1日起幹部間通信均使用羅馬字,俾對會員及民眾起示範作用[44]。從此正式展開臺語羅馬字普及運動。是年底,張洪南為文支持該運動時即指出:「今年來,由於臺灣文化協會的提倡,『臺語羅馬白話字』的問題已漸引起島民的注意。凡是關心全島民眾禍福者,無不對此一問題抱持認真的態度。」進而強調羅馬字是促進文化發達最簡便易學的工具,實不宜視之為外國字或只適於基督教徒、文盲習用[45]。

日人對於該運動反對多於贊成,《臺灣日日新報》更於1922年5月16日以社論表示反對,認為:㈠臺人既為日本帝國臣民,遲早必與日人習用同一「國語」;普及新的羅馬字,將增加臺人的學習負擔,且有礙學習「國語」。㈡向來官民始終致力的為「國語的普及」,唯有「國語的普及」,臺人始能了解日本文化,而結同化之果;若普及臺語羅馬字,將如何普及文化?㈢羅馬字係以30歲以上失學民眾為推廣對象,藉啓迪他們以提升臺灣文化;此一理想雖佳,但以臺灣的讀書風氣將無法實現[46]。對於上述論調,蔡氏逐一加以反駁,表示羅馬字不過是開化臺人的過渡性工具之一,羅馬字

---

43 蔡培火,〈新臺灣與羅馬字的關係〉,見廖毓文,《臺灣文字改革運動史略》(日據下臺灣新文學——文獻資料選集)明集五(臺北:明潭,1979),頁470。蔡培火,〈日據時期臺灣民族運動〉,《臺灣文獻》第16卷第2期(1965年6月27日),頁174、183。

44 蔡培火,〈新臺灣建設と羅馬字〉,《臺灣》第3年第6號,大正11年9月8日,頁41。

45 張洪南,〈誤解されたローマ字〉,《臺灣》第4年第5號,大正12年5月10日,頁48-54。

46 〈羅馬字論——國語の習得は第一義〉,《臺灣日日新報》第7889號,大正11年5月16日,2版。

的普及乃是「國語普及」的前提，其將有助於「國語的普及」；只有形式主義者始相信國語可融合統一思想信念，證諸英、法等國的殖民統治史，其實未必如此；反對羅馬字普及係反對臺灣文化的提升，蓋因羅馬字的普及乃是臺灣文化建設的基礎[47]。

　　1923年10月，「臺灣文化協會」第三回總會召開時，通過會員的決議，明定普及羅馬字、編纂及發行羅馬字之圖書等，作為該會的重要事業之一部分[48]。是年，張洪南編寫《羅馬字自修書》一冊，分贈各界，以促進羅馬字的普及[49]，1924年10月，蔡氏用羅馬字著《十項管見》一書，強調學會羅馬字可得到許多好處，可利用以自修漢文、日語、吸收知識及寫作著述等[50]。1925年，「臺灣文化協會」進而招募男女學員100名，擬開辦羅馬字講習會，雖然報名人數早已超過招生數，但總督府卻以普及羅馬字恐有害於日語教學之進展，致妨礙臺、日人的融合為由，不准其正式開辦[51]。面對總督府全面禁止該運動的展開，蔡氏並未動搖其信念和放棄其抱負，除繼續鼓吹以臺語羅馬字作為臺灣文化運動的主要工具外[52]，並向日本國內民眾指控總督府假同化之名無端壓制臺人的啟蒙運動[53]。當時，日本的知識分子亦有同情該運動者，例如，矢內原忠雄表示雖然總督府本諸「國語政策」的立場，干涉壓制以啟蒙民眾為目的的羅馬字運動，然而其不認為羅馬字運動將有害於「國語」的普及，況且教育

47 蔡培火，〈新臺灣建設と羅馬字〉，頁41-47。
48 蔡培火等著，《臺灣民族運動史》，頁294。
49 廖毓文，前引文，頁477。
50 同上文，頁472-473。蔡培火，〈日據時期臺灣民族運動〉，頁183。
51 〈臺灣文化協會報告（下）〉，《臺灣民報》第80號，大正14年11月22日，頁14。
52 蔡培火，〈我在文化運動所定的目標〉，《臺灣民報》第138號，昭和2年1月2日，頁10。蔡培火，〈臺灣社會改造管見㈡〉，《臺灣民報》第182號，昭和2年11月13日，頁8。
53 蔡培火，《日本本國民に與ふ》（東京：臺灣問題研究會，1928），頁55-56。

的目的在於普及知識和啓發民眾，因此壓制禁止羅馬字運動實可稱
爲極野蠻的教育政策[54]。

　　1929年初，蔡氏編成《羅馬字課本》一冊，創作「羅馬字宣傳
歌」3首，正式宣布將親自教習羅馬字[55]。幾經交涉，獲准以「羅馬
白話字研究會」名義試辦。於是自3月12日至4月22日，假臺南市武
廟，召集臺南民眾俱樂部會員，先後舉辦三期講習，每期2週，會員
均在60人以上（男、女各半）[56]。由於參加者甚爲踴躍，且講習成
效良好，蔡氏乃進而於5月初向臺南市當局提出設置「羅馬白話字講
習會」之申請，預定分爲甲、乙兩班，乙班爲甲班的進級，每班定
額60人，男、女兼收，講習費50錢[57]。儘管報名人數不久已多達百
餘人，惟當局遲遲未予核准，直至7月下旬始以該會「有礙國語教
育」，違反教育方針，而加以駁回[58]。

　　對於上述結果，蔡氏深感憤慨，表示將講究適當的方法以求
實現。1931年春，蔡氏在東京接受前臺灣總督伊澤多喜男的建議，
以日本假名爲主，另創一套臺灣白話字[59]。該套白話字計有28個字
母，其中，19個採自日本假名，6個採自中國注音符號，3個係新創

---

54 同上書，頁16-17。

55 〈羅馬白話字普及運動〉，《臺灣民報》第243號，昭和4年1月13日，頁3。

56 〈臺南民眾俱樂部研究羅馬字〉，《臺灣民報》第254號，昭和4年3月31日，頁4。
　〈民眾俱樂部羅馬字成績良好〉，《臺灣民報》第256號，昭和4年4月14日，頁7。
　〈蔡氏請設白話字研究會〉，《臺灣民報》第258號，昭和4年4月28日，頁2。

57 〈白話字講習會蔡氏提出許可願〉，《臺灣民報》第260號，昭和4年5月12日，頁
　2。

58 〈白話字講習會文教局尚未許可〉，《臺灣民報》第269號，昭和4年7月14日，頁
　5。〈羅馬白話字的講習會決定不認可〉，《臺灣民報》第271號，昭和4年7月28
　日，頁5。

59 蔡培火，〈日據時期臺灣民族運動〉，頁183。

的符號，較羅馬字更為簡單，只需學習一、二週，即可活用[60]。是年6月下旬，蔡氏正式向臺南市當局提出開辦臺灣白話字講習會之申請，預定招收12歲以上男女80人，每期2週，假臺南市武廟開課[61]。當局拖延未立即核准，惟蔡氏仍照預定，自7月中旬起，募集男女130-140人，先後舉辦兩期講習會，復遭當局查禁。雖然蔡氏重申該白話字乃普及民眾知識唯一的捷徑，絕不會妨礙「國語普及」政策，反而可補公學教育之不足，可是總督府深恐其有害於「國語普及」方針[62]。因而經拖延數月後，總督府仍否決了該申請案[63]。

　　儘管如此，蔡氏並不因此灰心氣餒。1934年，蔡氏作成《普及臺灣白話字之目的》（《臺灣白話字普及の趣旨》）小冊子，分送臺灣各地及日本國內各界，並親自造訪各地領導階層，尋求其支持，獲得林攀龍等111人連署；旋赴東京遊說，另得齋藤實等49名日本各界名流連署贊成。11月間，蔡氏再度向總督府提出設置講習會之申請，同時透過新聞雜誌或舉行記者招待會，積極地宣傳[64]。然而，此時總督府已訂定「國語普及十箇年計畫」，以十年期間使懂日語臺人超過50%為目標，正如火如荼地推動「國語普及事業」。因此，日人輿論對白話字運動交相撻伐，《臺灣日日新報》批評該運動對臺灣社會上正繼長增高的學習「國語」熱潮如同澆冷水，且有礙於臺灣地方自治制度之施行；尤其是違反且妨害「一國一國語

---

60 〈臺灣白話字普及運動比羅馬白話字較易〉，《臺灣新民報》第365號，昭和6年5月23日，頁4。
61 〈臺灣白話字講習會〉，《臺灣新民報》第371號，昭和6年7月4日，頁2。
62 〈蔡培火氏が新案の臺灣白話字普及運動〉，《臺灣新民報》第377號，昭和6年8月15日，頁13。
63 〈臺灣白話字許可問題〉，《臺灣新民報》第385號，昭和6年10月10日，頁4。
64 《臺灣日日新報》第12441、12456號，昭和9年11月20日、12月15日，頁8、12，〈時評〉、〈白話字之運動開懇談會邀集操觚界〉。蔡培火，〈日據時期臺灣民族運動〉，頁184。

的統治鐵則」，故絕不能容許其實現[65]。《臺灣》雜誌指稱該運動的倡導者概係昔日組織文化協會及民眾黨等從事民族運動者，其不過是披上白話字運動的假面具以欺騙社會，實際上，該運動將紊亂國策，破壞國民教育，惡化臺人思想，阻害同化之進展[66]。甚至強指該運動將增強民族意識，而助長民族運動，實為「國策之賊」，故無論何人倡導及推動，宜斷然加以禁止[67]。結果，1935年春，總督府再度不准推動臺灣白話字運動[68]。

綜括而言，上述各種反「國語普及」運動雖然不斷遭受總督府的干涉和壓制，但猶能持續十餘年而歷久不衰，因此不僅有力地阻遏了「國語普及運動」之發展，且有助於臺語的保存及漢文的維護和改革，此一時期一些有識之士鼓吹且致力於臺語的保存和整理，無不是受上述諸運動的影響所致。由此觀之，上述諸運動深具歷史意義，自不待言。

65 〈社說：一國一國語は統治の鐵則，臺灣白話字など實現不可能〉，《臺灣日日新報》第12469號，昭和9年12月18日，2版。
66 〈社說：白話字運動を排擊す〉，《臺灣》第6卷第1號（1935年1月15日），頁2-3。
67 佐藤眠洋，〈國語普及運動と白話字〉，《臺灣》第6卷第2號（1935年2月15日），頁6-7。
68 蔡培火，〈日據時期臺灣民族運動〉，頁184。

第四節　社會領導階層與「國語普及運動」之強化

一、社會領導階層與「國語普及網」之布建

1930年前後，由於受到內、外經濟不景氣的打擊，日本資本主義經濟發展陷於極端矛盾狀態。為應付此一危機，於是在經濟上與臺灣、朝鮮、東三省等其所控制之地密切結合，臺日貿易額隨之迭增[1]。

在政治上則顯示日本帝國主義對內極權、對外侵略擴張的聲勢益張，由準戰時態勢向戰時態勢移行，內外言論紛遭壓制，而進入所謂「言論沉衰時代」[2]。成為日本帝國主義南進基地的臺灣，無可避免地受到相當影響。此一時期，總督府一面壓制帶有民族主義或共產主義色彩的政治、社會及文化運動，強化臺灣的統治；一面力謀加速臺人的同化，1927年，總督府及各州設置社會教育係（股），謀求加強和改善社會教育工作，其重點在普及日語，涵養日本國民精神及公民精神，陶冶情操，訓練與職業有關的技能及鍛鍊身體等，於是向來放任各地組織和推動的社教事業漸納入正規的管理，而成為有組織的、統制的且較有效的設施，普及日語既是社會教育行政機關的工作重點，因此透過法規、制度及辦法等改弦更張，推廣日語運動逐漸進入新的階段。

如前節所述，1920年代末期，日人紛紛對推廣日語運動進展遲滯提出檢討和建議。為解決上述問題，各州廳當局紛紛講求各種改

1　薛光前主編，《近代的臺灣》（臺北：正中書局，1977），頁250-252。
2　鷲巢敦哉，〈臺灣皇民化の諸問題〉，《臺灣時報》昭和14年12月號，頁18。

進措施，例如，臺北州當局指導聯合同風會訂定年度計畫，並追蹤考核，加強舉辦國語練習會、講習會及演習會等，並自1927年起訂每年6月26日為「國語日」，張貼標語，印發日語練習教材，舉辦各項競賽，頒獎表揚推廣日語優良單位和有功人員等[3]。另如1930年10月，臺南州當局鑑於該州懂日語的臺人僅占8%，乃制定「國語普及獎勵事項」，通令所屬各機關主管遵照辦理。該辦法中對臺人規定：㈠在官公衙、銀行、會社等，除業務需要外，不得使用臺語；㈡須鼓勵不諳日語的臺人官公吏自動前往夜學會等設施學習日語；㈢官公衙、銀行、會社等機關雇用臺人時，宜優先採用懂日語者；㈣各學校臺人教師宜生活日語化；㈤各郡、市、街庄、會社等宜使市場商人、人力車夫、工人等使用日語機會較多的臺人熟習日語；㈥對使用日語及推廣日語有功者，宜講求表揚辦法；㈦舉行「國語週」、「國語日」、「國語集會」等，致力於徹底普及日語[4]。其他各州廳亦先後採行類似的措施，因此，1930年代初期各地短期推廣日語設施開辦次數及結業人數漸呈蓬勃增長之勢（見表6-4-1）。

3　《臺北州時報》第4卷第5、6號，昭和4年5月17日、6月17日，頁53-67、58-59、82-104。〈社說：國語普及の大運動が緊切──文化向上には言語統一第一〉，《臺灣日日新報》第11124號，昭和6年4月2日，2版。
4　中越榮二，《臺灣の社會教育》（臺北：臺灣の社會教育刊行所，1936），頁114-115。

表6-4-1　1931-1942年國語講習所與簡易國語講習所概況表

項別 / 年度			1931	1932	1933	1934	1935	1936	1937	1938	1939	1940	1941	1942
國語講習所	所數		68	185	361	960	1,629	2,197	2,812	3,454	6,388	11,206	5,364	5,011
	教師數	臺								5,991	9,603	16,915	7,822	6,878
		日								2,134	1,830	1,268	1,732	1,054
		計		593	1,066		4,030	5,037		8,125	11,433	18,183	9,554	7,932
	學生數	男		3,849	5,661	20,713	36,501			86,027	144,660	153,776	100,107	80,879
		女		7,070	18,019	42,311	69,269			128,738	242,688	393,693	219,651	204,674
		計	4,448	10,919	23,680	63,024	105,770	131,799	185,590	214,765	387,348	547,469	319,758	285,553
簡易國語講習所	所數		805	702	827	882	754	1,735	1,555	3,852	8,738	4,627	10,864	10,509
	教師數		1,891	1,747	1,779		1,423	1,469		6,320	15,238	6,425	15,216	12,401
	學生數	男			14,739	15,956	15,625			146,822	265,199	112,483	167,875	106,312
		女			12,936	16,891	15,753			110,455	271,657	103,311	204,836	139,880
		計	31,201	27,675	32,847	35,634	31,378	73,415	77,782	257,277	536,856	215,794	372,711	146,192
合計	所數		873	887	1,188	1,842	2,383	3,932	4,367	7,306	15,126	15,833	16,228	15,520
	教師數			2,340	2,845		5,453	6,506		14,445	26,671	24,608	24,770	20,333
	學生數	男					52,126			232,849	409,859	266,259	267,982	187,191
		女					85,022			239,193	514,345	497,004	424,487	344,554
		計	35,649	38,594	52,059	98,658	137,148	205,214	263,372	472,042	924,204	763,263	692,469	531,745
備註			簡易國語講習所1932以前多數仍稱國語練習所或普及會等。											

資料來源：臺灣總督府，《臺灣社會教育概要》（臺北：該府，昭和7-10年）。
　　　　　臺灣總督府，《臺灣の社會教育》（臺北：該府，昭和13-17年）。

　　另一方面，1929年，臺中州先有國語講習所之設[5]。翌年4月，臺北州制定「國語講習所要項」及「簡易國語講習所要項」，命轄內各市、街、庄據之設立，開啓推廣日語設施成為公立機構之端。隨後，其他州廳亦相繼制定規則或準則，據之設立國語講習所，成績出乎意料地良好。因此，1931年起，總督府決定除州廳經費補助外，另以國庫經費補助國語講習所。是年12月，進而以府令第73號

5　同上書，頁68。慶谷隆夫，〈國語普及の新段階〉，《臺灣時報》第218號，昭和13年1月1日，頁13。

公布「關於臺灣公立特殊教育設施令」，正式確立在市、街、庄設立國語講習所，作為簡易日語教育設施，從此國語講習所制度成為公立特殊教育設施之一部[6]。

　　國語講習所為常設機關，以12-25歲失學青少年為主要招收對象，修業年限1-4年，旨在實施以日語為中心的簡易初等教育，設主事一人及講師若干，每年上課百日以上，主要利用夜間上課，每次2-3小時。簡易國語講習所大多由短期的國語練習會、夜學會及普及會等易名改制而成，以失學青少年及一般民眾為對象，修業3-6個月，利用農閒期或夜間上課60日以上，每次2-3小時，由公學校教師、官公吏、警察、青年團幹部或「地方有志之士」擔任義務性講師。以上兩種講習所或附設於公學校內，或改易書房而成，或獨立設置而利用部落集會所（按：部落意指社區，因係當時專有名詞，故襲用之，下同)、保甲事務所、廟宇、民宅等場所上課，經費由市街庄費、州廳補助、國庫補助及捐贈基金等支應[7]。國語講習所制度明顯地遠較過去的國語練習會、國語普及會等更具組織性、統制性及常設性，加以經費較過去充裕，教學內容和方法亦較講究，故使得推廣日語運動較乎過去任何時期都來得興盛，據報導顯示，各地國語講習所有計畫地逐年大量增設（見表6-4-1）。

　　1930年以降，各州先後將境內同風會、戶主會、青年會、主婦會、處女會等民間社教團體結合成「教化聯合會」，作為部落教化的聯絡統一機關，「國語普及」為該會的主要事業之一[8]。1933年，總督府訂定「國語普及十箇年計畫」，以全臺每一部落設一講習所

6　臺灣教育會編，《臺灣教育沿革誌》（臺北：該會，1939），頁1050-1054。
7　同上書，頁1051-1053。中越榮二，前引書，頁68-71、97-113。另參閱《臺灣日日新報》昭和5-8年，經常刊載有關國語講習所開辦或結業典禮等消息。
8　臺灣教育會編，《臺灣教育沿革誌》，頁1028-1035。

為原則，預定十年內使懂日語臺人比率達到50%以上[9]。為達成此一目標，於是更積極動員各地公學校及各州教化聯合會所屬的部落會、鄰保會、部落振興會等部落教化團體，以相配合。翌年3月，在總督府及中央教化團體聯合會主辦下，召開臺灣社會教化協議會，確立新階段臺灣社會教化根本方針，制定「臺灣社會教化要綱」，發起部落振興運動。由是更強化各地部落振興會的組織和活動，在各州、廳、市、街、庄每500-1,000人遴選一教化委員，組成教化委員會，負責社會教化的普及指導，並擔任各部落振興會的主腦；教化委員由州知事、廳長選任，其資格為國語講習所、青年訓練所、實業補習學校、小、公學校、中學校等教職員，或官吏、市街庄吏員、州市會員、街庄協議會員、方面委員、町委員、或青年團、家長會、主婦會、壯丁團及其他教化團體、公益團體的主要幹部等地方中堅人物。「國語普及」一事更成為部落教化的首要任務，其重點工作為：㈠在各市、街、庄之各部落設置國語講習所和簡易國語講習所；㈡貫徹家庭及市街庄部落等「國語化」；㈢官公衙、銀行、會社等團體限使用日語；㈣官公衙、銀行、會社等團體雇用人員時，宜偏重日語；㈤多刊行有趣的日語讀物，並廣為流傳；㈥利用日語的唱片、音樂劇、電影、民謠等，使臺人熟諳日語；㈦廣播時常提醒促進「國語普及」；㈧謀求所有社會活動「國語化」，避免使用不必要的外國語，養成尊重日語的風氣。並決定除繼續加強既有的表揚和獎勵措施外，進而選拔獎勵「國語家庭」、「國語部落」及優良市街庄等[10]。當時，日人輿論復以「臺灣改隸已四十年」及所謂「地方自治制」實施在即為由，認為就臺人的日語普及狀況

9　中越榮二，前引書，頁67。臺灣教育會編，《臺灣教育沿革誌》，頁1054。
10　臺灣教育會編，《臺灣教育沿革誌》，頁1036-1042。臺灣總督府，《臺灣の社會教育》昭和17年度（臺北：該府，1943），頁68。

而言，實仍未具備日本國民之資格，由是要求地方官吏宜確實指導
各教化團體逐行推廣日語任務，以建立「國語家庭」、「國語部
落」等爲當務之急[11]。資料顯示，在各地官廳的獎勵和督促下，社會
領導階層有效地動員民眾，掀起學習日語的熱潮。無怪乎，《臺灣
日日新報》時評表示：「國語研究熱，府、州文教當局誠如今日獎
勵之力，島人各階級誠如今日勉強之勤，其盛數倍無疑焉。」[12]

　　由表6-4-1可知，1935年，國語講習所數較前一年增加幾乎一
倍，而達1,600餘所，學生數突破10萬人；短期的簡易國語講習所
有754所，學生31,378人。1937年「皇民化運動」倡起後，使臺人
習得並常用日語更是被視爲徹底皇民化的要件，因此徹底普及日語
和普遍常用日語成爲皇民化的中心目標，也因此「國語普及運動」
逐漸推向高潮。此一時期，國語講習所和簡易國語講習所益呈激增
之勢，至1940年達於高峰；是年，國語講習所多達11,206所，學生
547,469人；簡易國語講習所4,627所，學生215,794人。當時，全臺
約分成5,000個部落，故上述講習所數明顯的已遠超過一部落設一講
習所之目標，亦足見「國語普及網」密度之高。

　　除普遍設立國語講習所和簡易國語講習所外，總督府定期舉辦
國語講習所講師講習會或研究會，而各州廳亦重視講師的教育，其
中，臺中州首於1937年10月開設國語講習所專任講師養成所，遴選
地方青年，實施6個月的訓練。其他各州亦相繼設立[13]。另有「國語

11 羊六生，〈郡守と國語を解せざる國民〉，《臺灣》第5卷第11號，昭和9年11月20
　　日，頁4。
12 〈時評〉，《臺灣日日新報》第12434號，昭和9年11月13日，8版。
13 慶谷隆夫，〈國語普及の新段階〉，《臺灣時報》第218號，昭和13年1月1日，頁
　　16。皇民奉公會中央本部，《第三年目に於ける皇民化運動の實績》（臺北：該
　　部，1944），頁41-51。

保育園」（又稱幼兒國語講習所或托兒所）之設，招收6歲以下幼兒，施予以日語爲中心的生活指導，培養在家庭中無法獲得的皇民性格；1938年度有園數313所、園生13,903人，1942年增爲園數1,797所、園生70,434人。1941年，新設「特設國語講習所」，以容納無法入學國民學校（即原「公學校」）的學齡兒童，修業年限3年，學科與國民學校相同，通常以附設於國民學校爲主；1942年度計有778所、學生52,614人。此外，爲刷新國語講習所教育，1941年總督府指定在新竹、高雄、花蓮港等分別設「特別指導國語講習所」各一所，負責調查研究國語講習所教育的整頓刷新方案[14]。

　　要而言之，迨至1940年前後，總督府已在全臺布建嚴密的「國語普及網」，透過地方官廳、學校及民間社教團體，全面動員社會領導階層以遂行「國語普及」運動，社會領導階層雖未必全出於主動，但似乎難以抗拒其所攤派的職責。由表6-4-2顯示，接受日語教育的臺人大爲增加，故懂日語臺人呈激增現象，1932年，約100萬人，占臺人總數22.7%；迨至1940年，已達280餘萬人，占臺人總數51%，已超過「國語普及十箇年計畫」的預期目標[15]。

---

14 臺灣總督府，《臺灣の社會教育》昭和17年度，頁47-58。臺灣總督府官房情報課《大東亞戰爭と臺灣》（臺北：該課，1943），頁5-7。

15 資料顯示，原住民的日語普及狀況呈穩定成長之勢，其日語普及率，1924年約28%、1930年為43.1%、1942年增為58.2%，並非1930年代以降始激增。井出季和太，前引書，頁789-790。臺灣總督府，《臺灣の社會教育》，頁45。

表6-4-2　1932-1942年懂日語人數概況表

年度 \ 項別人數	公學校學生數	公學校畢業生數	日語普及設施學生數	日語普及設施結業生數	合計	臺人總人口數	百分比
1932	291,067	364,386	42,381	324,537	1,022,371	4,496,870	22.7
1933	317,309	394,686	58,903	356,611	1,127,509	4,612,274	24.5
1934	359,267	429,018	98,523	400,366	1,287,174	4,759,197	27.0
1935	389,290	467,442	120,481	474,126	1,451,340	4,882,288	29.7
1936	418,592	507,461	150,463	564,487	1,641,003	4,990,138	32.3
1937	458,022	551,146	263,371	661,461	1,934,000	5,108,914	37.8
1938	527,127	594,241	317,756	765,157	2,204,281	5,263,389	41.9
1939	544,632	605,158	496,531	812,139	2,458,460	5,392,806	45.6
1940	582,615	616,394	763,263	855,631	2,817,903	5,524,990	51.0
1941	691,823	736,795	735,303	1,076,041	3,239,962	5,682,233	57.0
1942	790,676	—	—	—	3,386,038	5,249,468	58.0

資料來源：臺灣總督府，《臺灣の社會教育》昭和13-17年度（臺北：該府，1939-1943）。

二、社會領導階層與「國語常用運動」

　　由前述「國語普及獎勵事項」、「臺灣社會教化要綱」等明白地顯示，此一時期總督府積極致力於「國語普及網」布建之同時，亦漸次展開「國語常用運動」。其所以如此，主要原因在於雖然臺人學習日語的風氣日盛，然而並未同時出現流行使用日語之現象，而仍以臺語為主要的生活用語。當時日人輿論已不時建議總督府宜由「國語普及」進而提倡「國語常用」，以打破學日語卻不常用日

語之矛盾現象[16]。迨至1937年4月起，臺灣的日人報紙協議取消漢文版。總督府乃乘機通令全臺官公衙職員無論公私生活宜常用日語。同時，指示各州廳動員各教化團體，致力於家庭、部落及市街庄的「國語化」，以期開啓徹底常用日語的新局面。於是各州廳相繼制定有關表揚「國語常用者」、認定「國語家庭」及建設「國語模範部落」等之具體方案[17]。例如，4月中旬臺北州即公布「國語家庭認定規程」、「國語模範部落建設競進會要項」、「關於官公署國語使用要項」等，作為指導、獎勵的依據[18]。從此，「國語常用運動」熱烈地展開。

　　為使服務於官衙、學校、市街庄役場的臺人率先履行公、私生活均常用日語，以作為一般民眾之模範，於是臺北州有如下之規定：㈠各官衙、役場用人時，宜調查應募者及其家人的「國語」使用狀況，就最常用者中選用之。㈡官衙、學校、役場等之文書、公告、通知、傳單及會議或處理公務，宜使用「國語」。㈢服務於官衙、學校、役場等之職員（含雇員），無論公、私場合，必須常用「國語」，且宜儘速使其家庭成為「國語常用家庭」，以為民眾之模範。㈣官衙、學校、役場等雇用工役時，宜調查是否懂「國語」，若懂「國語」則宜用之，若雇用不懂「國語」者，工資宜有差別[19]。其他州、廳亦有類似的規定。日人時論認為，雖然任用公職人員和雇用工役附有上述條件，予人略有強制之感，致官廳及民間的公司、商店等在實際執行時造成許多不便，惟吾人仍希望徹底實

16 南嶽生，〈國語の普及は本島統治の國策〉，《臺灣自治評論》第1卷第1號，昭和11年3月1日，頁42。
17 慶谷隆夫，前引文，頁16。
18 〈臺北州の國語常用普遍化運動〉，《臺灣自治評論》第2卷5月號，昭和12年5月15日，頁74。
19 同前註。

施，對不懂日語者給予無資格的待遇，對懂日語者則給予有資格的待遇。此一條件絕不苛刻，毋寧是極其適當的理由，實毋須躊躇[20]。1938年，總督府殖產局調查全臺產業組合員工的日語能力，結果，理、監事級懂日語者約占64%，職員約占82%，惟其中約有35%只是略懂程度。日人時論表示，產業組合之幹部、組合長、理事、監事等均係地方上有力人士或名流，屬於知識分子階層，可是目前除受過新教育者之外，不懂日語者仍甚多，實在叫人不敢恭維。由是呼籲各產業組合利用其事務所或會議室，舉辦日語講習會，由熟諳日語的職員教導不懂日語者，尤其是組合長和理、監事等更應該以身作則[21]。

在家庭「國語化」方面，各州廳除極力要求官衙及街庄役場吏員、學校教師等儘速使其家庭成為「國語常用家庭」外，復動員公學校兒童、男、女青年團團員、國語講習所學生等，指導其家中不諳日語的家人，並定期舉辦以部落或區為單位的演習會，相互鼓舞和獎勵[22]。各地並相繼設立「國語常用家庭」認定制度，制定認定及獎勵辦法，各州廳、市郡、街庄等分別設置「國語常用家庭審查委員會」，負責審查「國語常用家庭」的申請案，經認定為「國語常用家庭」者，則加以表揚，並給予享有入學日人小學校、入學中等學校、擔任官廳及街庄役場職員、各種營業申請和補助、社會公共團體幹部、赴日考察等優先權。據調查，至1942年4月「國語常用家庭」有9,604戶、77,679人[23]。

---

20 〈論說：皇民化への前進であり、愛國奉公への捷徑は國語の普及にあり〉，《臺灣自治評論》第4卷5月號，昭和14年5月1日，頁19。
21 〈論說：國語の普及徹底に就て〉，《臺灣自治評論》第4卷6月號，昭和14年6月20日，頁17
22 慶谷隆夫，前引文，頁17。
23 臺灣總督府，《臺灣學事年鑑》昭和15年度，頁295-296。臺灣總督府，《臺灣の社

　　同時，以全臺各地的部落振興會為中心，積極推動部落「國語化」，各街庄役場吏員、警察、牧師、公醫、有力人士等擔任國語講習所講師、教化委員、青年團幹部等，指導和督促部落民眾習用日語，各州廳定期選拔成績優良部落，加以獎勵表揚[24]。

　　1943年起，皇民奉公會進而展開「國語常用強化運動」，該會中央本部設置「國語委員會」，決議在全臺各市支會及街庄分會設「國語推進員」，結成「國語推進隊」，以督導各地民眾徹底過著「國語生活」；並決定以每月1、11、21日為「國語日」，在全臺各地普遍實施；此外，議決表揚所謂「國語生活優良者」及強化統一推廣日語設施[25]。

　　綜觀整個運動過程，明白顯示，總督府的主要策略係不斷強化民間社教團體的組織和運作，全面動員社會領導階層，以遂行運動任務。因此社會領導階層成為運動推展的主體，乃是運動成敗的決定性因素，迨無疑義。由於大多數社會領導階層並未完全拒學日語或強力排斥推廣日語運動，因此1930年以降隨著運動之強化，懂日語的臺人呈激增之勢，1940年，日語普及率已超過50%，至1944年，增為71%[26]。若與朝鮮相較，朝鮮的日語普及率僅35%，不懂日語的朝鮮人仍多達65%[27]。顯示臺灣的推廣日語運動因社會領導階層的阻力較小，故成效較大。

　　儘管如此，惟社會領導階層對於運動的推展始終被動大於主動，很少出之於自發性的責任感去推動。影響所及，遂產生下述結

　　會教育》昭和15、17年度，頁19、63-64。

24　慶谷隆夫，前引文，頁17-18。

25　皇民奉公會中央本部，《第三年目に於ける皇民化運動の實績》，頁72。

26　王育德，《臺灣》（東京：弘文館，1980），頁133。

27　小澤有作，〈日本植民地教育政策論——日本語教育政策を中心にして——〉《東京都立大學人文學報》第82號（1971年3月），頁14。

果，那就是儘管推廣日語運動長期存在且逐步強化，終日治全期總督府始終面臨日語無法取代臺語的問題。易言之，儘管習得日語的臺人數不斷增加，惟日語始終未成爲臺灣社會的生活語言。1920年代，日人指出，臺人日常生活仍以臺語和漢文爲主要的語文工具，對學習日語欠缺「必要感」，爲推廣日語運動進展遲滯的要因之一。迨至1930年代，接受日語教育人數逐年激增，卻始終存在學、用不一致的矛盾。1936年之際，日人不滿地批評道：「持續40年的國語普及事業可說徒具虛表，而未具實效，蓋其只可說是學校的國語、日人的國語、國語演習會的國語、廣播節目『國語普及之夜』的國語、商用的國語等，加以連教師均對之不關心，故學生只在上課時使用，一走出教室，每只使用臺語，其所以成效不彰毋寧是當然之事。」[28]其後，雖然總督府制定各種獎勵辦法和發布禁令，積極推動「國語常用運動」，然而並未因此迫使臺人拋棄臺語。此一時期，日人論及「國語常用問題」時，幾無例外，交相指責臺人教師、學生、官吏、職員等陽奉陰違，在學校或官廳使用日語，返家後卻說臺語；抱怨在銀行、公司、醫院、車站、市場、公園等公共場所仍常聽到臺人使用臺語交談，而讓人覺得有如置身外國[29]。甚至指出「國語常用家庭」成員在公共場合之外亦未必使用日語，在家

28 南嶽生，〈國語の普及は本島統治の國策〉，《臺灣自治評論》第1卷第1號，昭和11年3月1日，頁42。

29 南嶽生，〈我が國語の尊重に就て〉，《臺灣自治評論》第2卷11月號，昭和12年11月1日，頁49。〈論說：皇民化への前進であり，愛國奉公への捷徑は國語の普及にあり〉，《臺灣自治評論》第4卷5月號，昭和14年5月1日，頁18-20。南眞穗，〈殘された國語問題〉，《國語教育》第439號，昭和14年2月1日，頁91-94。庄野橘太郎，〈國語普及と皇民化運動に就て〉，《臺灣地方行政》第5卷第9號，昭和18年9月號。

大多仍說臺語[30]；臺人之間對常用日語者每加以冷嘲熱諷[31]。因此有些日人紛紛建議總督府嚴格立法，絕對禁止使用臺語[32]。其較悲觀者看到社會一般民眾未能自動地學習和常用日語，反而在一般集會或執行公務場所仍常見臺語公然「橫行」，遂對推廣日語運動懷抱「日暮途窮」之感，極力呼籲社會領導階層尤其是教師必須徹底自覺[33]。要之，總督府強制普及日語的結果，不過使臺灣變成一「雙語言並用」社會，臺人始終欠缺自發性語言統一意識。這意味著「國語的日語」政策並未能動搖臺人語言生活的內部[34]。

其次，明顯的，臺人始終視日語為外國語文，並未對之產生認同。1940年之際，日人表示：雖然對已是日本臣民的臺人而言，日語可說是「國語」，可是因固有的臺語仍存在，因而將日語當作外國語文，致修習和活用均十分困難。而修習者每係為了日常生活的方便或個人的利益，對日語未投注感情，即使懂日語，但未必具有日本人之心意，仍不足以為日本人[35]。由於將日語視為外國語文，因此，臺人公學校教師對日語教學並未產生自發性的責任感和使命感，從而並未強有力地灌輸學生國家及國民意識，亦即是欠缺真正

30 菅野秀雄，《皇民化運動への道》（新竹：自印，1939），頁7-10。中美春治，〈言葉について〉，《臺灣時報》，昭和16年新年號，頁36。
31 菅野秀雄，前引書，頁10。
32 記者，〈國語普及の目標は婦女子と家庭に產れ出づる供に國語を〉，《臺灣自治評論》第2卷11月號，昭和12年11月1日，頁50-52。〈社說：國語不解者の一掃には適法な絕對使用令の制定が必要〉，《臺灣自治評論》第4卷7月號，昭和14年7月14日，頁14-16。
33 松澤源治郎，〈公學校に於ける國語教育の前進〉，《臺灣教育》第463號，昭和16年2月1日，頁19-21。
34 小澤有作，前引文，頁14。
35 西岡英夫，〈最近の國語問題に就て〉，《臺灣教育》第454號，昭和15年5月1日，頁23-24。

成爲日本人的態度[36]。如前所述，1920年代，深受日本教育和文化洗禮的臺人知識分子，反而紛紛成爲民族運動的急先鋒，掀起反殖民統治體制及反「國語普及」運動的浪潮。此種表現明顯的與日本國民精神背道而馳，有鑑於此，日人遂不得不承認雖然日語爲日本國民精神之基礎，惟若因熟諳且常用日語，即認爲已培養日本國民精神，實過於輕率[37]。總之，臺人並未因學習日語而被同化。

儘管日語未取代臺語而成爲臺人的生活語言，且未收到顯著的語言同化成效；然而，無可否認的，日語成爲臺人吸收現代知識的主要工具，尤其是1930年代以降日語普及率急劇上升，對臺灣社會的現代化有相當的促進作用。論者表示：「日語的使用並非僅止於語言的問題。語言爲表情達意的工具，學習量達到某一程度，就會引起質變，亦會決定思考方式和世界觀。……不知是幸或不幸，臺人因日語文化而由封建社會蛻變爲現代社會，因此可以說日語帶給臺人相當程度的質變。」[38]臺人透過日語吸收現代西方的科技知識和文化，接受現代的衛生觀念，新觀念和新制度漸成爲日常生活的一部分，其中，城市居民日常生活的現代化變遷較鄉村居民更爲深刻，遂使臺灣成爲接受現代化潮流的殖民地社會[39]。

頗具諷刺意味的，總督府強制普及日語的結果，日語卻成爲不同方言的臺人間的「共同語言」，極其方便地扮演彼此之間意見交

---

36 參閱拙著，《日據時期臺灣師範教育之研究》（國立臺灣師範大學歷史研究所，1983），頁192-193。
37 白井朝吉，〈臺灣皇民化の諸問題〉，《臺灣時報》昭和15年新年號，頁36。
38 王育德，前引書，頁133。
39 Tsurumi, E. Patricia, *Education and Assimilation in Taiwan under Japanese Rule, 1895-1945*, Modern Asian Studies, 1979, pp. 626-628.

流的媒介，有助於臺人的融合和共同意識的形成，誠然是一值得注
意的影響[40]。

　　此外，由於臺、日語長期並存和接觸，逐漸產生日語名詞臺語
化的現象；不少日語名詞成為臺語的語彙或漢文的詞彙，迄今仍為
一般臺人所常用[41]。臺人的日常會話出現怪異的現象，用臺語交談
時，每夾雜日語，而用日語交談時，則常夾雜臺語[42]；甚至因受臺語
固有的語法結構及日語教學忽視日人語言習慣之影響，故臺人說日
語時每出現「臺語式日語」，此亦是當時日人所關切的問題[43]。

---

[40] Ibid., p. 628. 黃昭堂，〈植民地と文化摩擦──臺灣に於ける同化をめぐる葛藤〉，
　　平野健一郎編，《近代日本とアジア》（東京：東京大學出版會，1984），頁190。
[41] 語彙方面，例如タタミ、サシミ、オジサン、オバサン等即是，餘不勝枚舉。詞彙
　　方面，詳見臺灣總督府，《臺日大辭典》（臺北，1928）。
[42] 黃昭堂，前引文，頁190。
[43] 山崎睦雄，《二語並用地に於ける國語問題の解決》（臺北：新高堂書店，
　　1938），頁61-66。

第七章　結　論

　　臺灣遽遭割讓，對臺人而言，無疑是個晴天霹靂的大變局。由於臺灣地理位置特殊，孤懸海外，自成一個天地，因此當面臨因應的抉擇時，尤須經過一番痛苦的思慮和掙扎。誠如官紳決議建「臺灣民主國」後布告臺民之文告中所云：「未戰而割全省，為中外千古未有之奇變。臺民欲盡棄田里，則內渡後無家可歸；欲隱忍偷生，實無顏以對天下。」[1]民主國之建，除了欲藉以動員並凝聚臺民之力以共拒外患外，更重要的，乃是希望藉著國際的承認和干預，杜絕日本依約接收而獲得保全。然而，此一期望落空後，主持大局的官紳遂紛紛放棄堅守抵抗，而競相內遁。因此，日軍登陸後所遭遇的武裝抵抗力量不再是官員或上層士紳所領導，而是下層士紳生員或地主、富豪、總理等地方性領導人物所號召，其彼此之間互不相統屬，且鮮見結成聯合陣線，致使抗日軍事不旋踵即崩潰。其後，游擊性的武裝抗日則顯然並非士紳、富豪等社會領導階層所主導，相反的，不少社會領導階層反而扮演協助總督府進行鎮壓的角色。

　　社會領導階層放棄武力抵抗之後，對殖民新政權所採取的態度大抵有內渡、退隱及順服三種。臺灣孤懸海外，一般民眾內渡不易，故內渡者絕大多數係中、上階層，尤其是上層士紳及有志於科舉功名的下層士紳為數最多，有的只是一時避難，有的舉家內遷不

<hr>

1　蔡爾康等編，〈臺灣自主文牘：臺民布告〉，《中東戰紀本末》初篇（上海：廣學會，1896），頁58-60。

再返臺。大體而言，局勢未恢復安定之前，士紳、富豪具有強烈的內渡取向，惟總督府則對之講求籠絡利用政策，誘使其留臺或再度返臺。殖民統治初期，社會領導階層走上退隱之途者十分普遍，退隱每爲士紳視爲保持其對舊朝的忠貞和民族氣節的途徑之一，他們以「遺民」自居，不參與殖民行政事務或協助推動各項殖民措施；其極端者全然隱退，寄情詩酒；一般乃過著半退隱生活，或垂帷授徒，或懸壺維生，或倡組詩社，相互酬答。概言之，年齡越大、資產越多者，退隱取向越強烈、顯著。總督府對夙負眾望的退隱者每加以禮遇，多方勸其出而協贊地方事務。就人數比例而言，對殖民政權採順服態度者爲數最多，蓋脫產內渡並非易事，武裝抗日亦無勝算，爲免地方糜爛及身家財富毀於一旦，許多社會領導階層遂不得不暫採安協求全態度；其後，隨著主、客觀情勢的演變，益發只有選擇接受現實一途。

　　最初，社會領導階層爲了維護地方秩序，保護善良居民，於是自發地仿清制倡設保良局、士商公會、紳商士庶公會所等具地方公共團體性質之機構。透過這些機構的運作，社會領導階層延續了清季士紳的社會特權和地位。總督府對社會領導階層在清代社會的角色和功能亦有相當的體認，因此對之採籠絡的綏靖政策，逐漸將之納入殖民基層行政和治安體制中，擔任參事、區街庄長、保甲局長、保正、壯丁團團長、甲長等職務。總督府之用人顯示較偏重財富、家世及與其合作的程度，影響所及，士紳的社會主導地位漸被富豪及與總督府合作者所取代，「紳士」一詞漸不再是專指正、異途科名出身者，而變成泛指社會領導人物之尊稱；士紳集團的影響力和人數日漸衰微，而富豪集團漸居社會領導階層的中堅地位。由是觀之，日治初期社會領導階層結構雖然大致延續清代的基礎，惟

其中成員的地位已漸生變動，而與清代有所歧異。同時，由於殖民行政體系延伸至基層，街、庄、保甲只是從屬於縣廳的行政輔助機關，擔任參事、區街庄長、保正、甲長的社會領導階層固然仍一如清代，扮演官民之間橋樑的角色，但已喪失其在清代鄉治中對地方事務的決策和影響力，而變成只是遂行殖民行政任務的輔助工具。儘管如此，其因有強有力的殖民公權力為後盾，故處理地方公共事務時反較乎清代更能有效地動員和利用社會資源。

在中國長期的歷史經驗中，臺灣淪為異族統治固然不乏前例可鑑，但實有其特異之處。其中，迥異於過去者乃是日本係以一新興的西化中國家統治臺灣，其非但不是本著東亞文化圈之一員來與「上國」子民共處，反而是以「先進」的文明國家心態鄙視「落後」的臺人；因此，其不似歷史上的邊疆民族入主中國後漸接受中國文化而被同化，相反的，則是企圖藉著「新文明」及日本國民精神的灌輸，同化臺人成為新日本人。易言之，日治時期日人乃是以「現代化」取向的同化政策企圖改變臺灣社會；相對的，臺人則長期迎拒和抉擇於「同化」和「現代化」之間，此誠然是一不可不察的特殊現象。

日治時期，教育是遂行同化政策的主要手段之一，同時也是「現代化」臺人的主要憑藉。日治之初，總督府當局衡量輕重利害之後，乃放棄提供「精英教育」機會給臺人的計畫，只建立以日語為中心的公學校作為初等教育機關，甚至當作臺人的「精英教育」機關，而以臺灣社會中、上階層子弟為主要的勸誘入學對象。極力強調新教育的重要，要求士紳破除排斥新學的心理，將最聰明的子弟送入公學校和醫學校；並宣稱日本的新教育制度使日本得以與西方國家並駕齊驅，臺灣未來亦將仰賴新學而成為一現代化地區；雖

然士紳因其儒學和道德仍將繼續受到尊敬，惟若希望保持既有的地位和聲望，勢必深諳新學[2]。影響所及，社會中、上階層最初雖然排斥日本的教育，然而，不久無論其對殖民政權採抵抗、退隱、內渡或順服態度，均紛紛送其子弟接受日本教育，故1900年代中期，公學校入學人數已超過書房，並發生申請入學者無法悉數容納的現象，而國語學校、醫學校則漸產生激烈的入學競爭，至於富豪子弟遠赴日本求學者已漸相望於途。論其動機，顯然係中、上階層對時勢和新學有所自覺和認識有以致之，而非欣然接受同化之反應。在此一動機下，日本語文與其說是同化的工具，毋寧是被當作吸收現代知識的媒介。

其後，由於臺灣的殖民教育制度和設施長期偏頗和不足，尤其是「精英教育」機會極其有限，故1920年代倡導民族運動的新知識分子極力要求總督府誠意改革教育制度和內容，使臺人能享有與日人相同的教育機會和具有相同的教育水準[3]。無疑的，此乃是要求公平的現代教育之呼聲。

留學教育蓬勃地發展，充分顯示中、上階層具有強烈的接受現代教育之動機。正因為如此，留學教育遂成為此一時期臺灣新社會精英主要的搖籃，彌補了臺灣殖民教育之偏頗和不足，亦造成日治後期留學出身的社會精英漸取代只接受臺灣殖民教育的社會精英，而成為社會領導階層的主體。其次，因留學所費不貲，一般民眾實無能為力，造成中、上階層子弟教育資格遠優於一般民眾，因此其家族的社會、經濟地位益發鞏固和提升。

---

2 井出季和太，《臺灣治績志》（臺北：臺灣日日新報社，1937），頁352-355。
3 吳文星，《日據時期臺灣師範教育之研究》（國立臺灣師範大學歷史研究所，1983），頁40。

受到總督府政策之影響，新、舊社會領導階層的遞嬗是個緩慢的過程，同時，新、舊社會領導階層具相當的延續性，整個社會並未呈現活潑的上升流動現象，只是舊社會領導階層子弟以具備專業知識和訓練的新角色，繼承或取代其父兄的社會地位。兩代之間的政治和經濟地位深具延續性，惟下一代的經濟發展似較上一代多元且更具勢力，因而較上一代更具社會聲望和影響力。

由於殖民官僚體系始終深具封閉性和獨占性，因此臺人社會精英能出任行政吏員者不多，尤其是高等理事官更是屈指可數，儘管他們與日人具備相同的教育和任用資格，然而任職部門和升遷均頗受限制。至於在司法、教育及技術部門的臺人情況亦完全相同。

1920年以前，總督府是以參事、區街庄長、保正、甲長等職位，作為籠絡利用各地富豪、望族的主要工具；其後，代之以府評議會員、各級協議會員、街庄長等職位。總督府長期固守以財富和門望作為上述職位的選任依據；同時，保障既得利益和特權，使一人一家久任不替，造成地方政治參與的壟斷和地方派系的形成，直接影響戰後地方政治的發展。近人研究臺灣地方派系往往忽略其歷史淵源，而輕率地以抽樣問卷斷言地方派系產生自戰後地方首長、議員及代表的選舉[4]。由本文的研究充分顯示上述論斷實有待商榷。

1935年，半數官選、半數民選的「地方自治」實施後，由州、市會議員的教育背景顯示，習醫學、師範、法政及經濟的新社會精英構成議會的中堅，而由經濟背景觀之，則顯示地主、資產家、實業經營者等時人稱之為「上流階級」者幾乎壟斷議會。觀乎戰後初年各級民意代表的成分，明顯的，正是日治後期地方政壇結構的延

4　趙永茂，《臺灣地方派系與地方建設之關係》（高雄：德馨室出版社，1978），頁60。

續[5]。由此觀之，若欲適切掌握戰後初期地方政治權力結構，非就日治時期詳作探究不可。

　　放足斷髮運動係日治時期以社會運動方式獲致變革舊習的先例。就臺人而言，該運動具現代化意義。因此在整個運動過程中，社會領導階層乃身先倡率，進而組織團體，訂定規約，募集會員，訂定日期集體放足斷髮，由上而下，由點而面，充分地社會動員，在十餘年間使社會絕大部分民眾放棄纏足辮髮舊習。就日人而言，該運動具同化意義，因此，總督府以公權力利用地方行政制度和保甲規約相輔助，使運動性質漸由聽任自由意志變革轉為強制性放足斷髮，而更能收實效。尤有進者，其後，凡是具有同化意義的社會文化變革，總督府即運用此一模式，利用社會領導階層倡組民間團體，作為行政的輔助機關，從事社會動員，以求達成政策之目標。然而，社會領導階層並非全然聽命總督府的指使而充分與之配合，相反的，每表現出消極的敷衍和應付，例如「國語普及會」所推動的「國語普及運動」即是。

　　「國語普及」為總督府最重要的同化手段之一，因此推廣日語運動不但長期持續不斷，且策略日益強化，最後獲致相當高的日語普及率。日語成為臺人吸收現代知識和觀念的主要工具，對臺灣社會的現代化頗有促進作用。然而，臺灣社會並未隨之產生普遍常用日語的風氣，日語並未取代臺語而成為臺人的生活語言。更重要的，臺人並未因學習日語而被同化。考其原因，固有多端，惟下述兩點厥為主因：

5　參閱陳陽德，《臺灣地方民選領導人物的變動》（臺北：四季出版公司，1978），頁59-66。鄭梓，《本土精英與議會政治——臺灣省參議會史研究（1946-1951）》（臺中：自印，1985），頁61-66。李筱峯，《臺灣戰後初期的民意代表》（臺北：自立晚報，1986），頁81-124。

　　其一、總督府忽視臺灣固有的歷史和文化：臺灣雖係中國之
邊陲，惟清季已是「內地化」相當深刻的漢人移墾社會，擁有高度
的文化，迥異於西方列強的殖民地。總督府無視於此一客觀的事
實，企圖強制地統一語言，並藉求收同化之效，其難以成功，實屬
必然。誠如日本殖民學者泉哲所主張的：「對擁有高度文明的殖民
地人民，宜盡可能保護其固有文化，並以殖民地語言作爲普通教育
用語。而將殖民國語言置於與其他外國語同等的地位，在中、高等
教育機關始修習之。蓋若對擁有高度文化之地區強制採用殖民國語
言，將徒然惹起殖民地人民的反感而無法帶來任何效果。」[6]矢內原
忠雄亦主張語言政策宜尊重原住民的語言和歷史，略謂：「向原住
民普及本國語言係便利統治及殖民者之活動，且係聯絡兩社群之有
力的手段，因而政策上不得不加以獎勵，惟若遽以語言的普及追求
種族間的融合同化，則極爲輕率。蓋語言不過是社會生活的形式，
其改變未必立即帶來心理變化。加以原住民的語言亦有其歷史傳
統，若限制其使用，將招致反抗。故本國語的普及宜順乎自然地發
展。」[7]當推廣日語運動著著推進之際，臺灣社會興起的反「國語普
及運動」，充分反映出臺人已意識到固有的語言和文化正面臨存亡
絕續的危機，故起而致力於維護、創新及普及，並以之抗拒日語的
普及。要之，臺灣社會的文化傳統根深柢固，非一時的強制可以改
變或禁絕的。

　　其二、在殖民統治體制下，臺灣的政治、經濟、社會等各部
門長期存在著差別待遇和隔離政策，臺人儘管資格和條件無異於日
人，卻無法享有與日人平等的待遇。此種制度和政策上無理的壓制

6　泉哲，《植民地統治論》（東京：有斐閣，1921），頁262。
7　矢內原忠雄，《植民及植民政策》（東京：有斐閣，1926），頁403-404。

和分類，造成臺、日人間鮮明的族群對立和隔閡，激發臺人的民族
自覺和認同，成為反同化主義的動力，阻礙了對日人和日語的認
同。

　　綜括而言，由於殖民統治體制深具封閉性和獨占性，臺、日人
之間始終截然分為統治者與被統治者；加以隔離政策和差別待遇長
期存在，臺、日人之間始終存在民族隔閡和對立。在此一狀況下，
社會領導階層縱然放棄民族立場，認同日人，亦無法解除日人的藩
籬和限制。易言之，就個人或家族觀之，雖見若干特出的發展；然
而，就整體觀之，此一時期，社會領導階層始終欠缺自主性，其活
動和發展全然受到殖民體制的束縛和侷限，此誠然是近代臺灣社會
發展的致命傷。

參考書目

一、中日文部分

1.一般史料

《霧峯林家調查報告》（未刊本）。

上田元胤，《臺灣士商名鑑》，臺北：にひふか社，1901。

上田四郎，《國語普及研究發表要項》，臺南：新盛文印刷所，1932。

大園市藏，《現代臺灣史》，臺北：日本植民地批判社，1934。

大園市藏，《臺灣人事態勢と事業界》，臺北：新時代社臺灣支社，1942。

大園市藏，《臺灣人物誌》，臺北：谷澤書局，1916。

小森德治，《明石元二郎》，臺北：臺灣日日新報社，1928。

中華民國旅日學生聯盟，《旅日學生名簿》（未刊本），1946。

中越榮二，《臺灣の社會教育》，臺北：臺灣の社會教育刊行所，1936。

井關九郎監修，《學位大系博士錄》，東京，1939。

仇德哉主修；鄒韓燕等纂，《雲林縣志稿》，臺北：成文，1983。

内藤素生，《南國之人士》，臺北：臺灣人物社，1922。

太田肥洲，《新臺灣を支配する人物と產業史》，臺北：臺灣評論社，1940。

氏平要等編，《臺中市史》，臺中：臺灣新聞社，1934。

王世慶，《霧峰林家調查報告》（未刊本）。

王松，《滄海遺民賸稿》臺灣文獻叢刊第50種，臺北：臺灣銀行，1959。

王松，《臺陽詩語》臺灣文獻叢刊第34種，臺北：臺灣銀行，1959。

王建竹主修，《臺中市志稿》，臺中：臺中市文獻委員會，1965。

伊藤博文，《臺灣資料》，東京：秘書類纂刊行會，1936。

朱仲西主修、陳正祥等纂修，《基隆市志》，基隆：基隆市文獻委員會，1954。

佐佐島春男，《臺灣統治關係議會獅子吼錄》，臺北：臺灣自由言論社，1928。

吳建堂編，《臺北高校同學會名錄》，臺北：臺北高校同學會，1984。

李汝和主修、張炳楠監修，《臺灣省通志》，臺北：臺灣省文獻會，1971。

李鶴田，《哀臺灣箋釋》臺灣文獻叢刊第100種，臺北：臺灣銀行，1961。

村上玉吉，《南部臺灣誌》，臺南：臺南州共榮會，1934。

杜聰明，《回憶錄》，臺北：龍文，1989。

宜蘭縣文獻委員會編纂，《宜蘭縣志》，宜蘭：該會，1969-1970。

岩崎潔治，《臺灣實業家名鑑》，臺北：臺灣雜誌社，1913。

林文龍，《臺灣詩錄拾遺》，臺中：臺灣省文獻委員會，1979。

林佛國，《長林山房吟草》，臺北：林佩貞，1984。

林朝崧，《無悶草堂詩存》臺灣文獻叢刊第72種，臺北：臺灣銀行，1960。

林欽賜，《瀛洲詩集》，臺北：光明社，1933。

林進發，《臺灣人物評》，臺北：赤陽社，1929。

林進發，《臺灣官紳年鑑》，臺北：民眾公論社，1933。

林獻堂先生紀念集編輯委員會編，《林獻堂先生紀念集》，臺北：文海出版社影印，1974。

松村鶴吉郎，《對人政策》（未刊稿本，撰於1910年代後期）。

思痛子，《臺海思慟錄》臺灣文獻叢刊第40種，臺北：臺灣銀行，1959。

持地六三郎，《臺灣植民政策》，東京：富山房，1913。

洪波浪，吳新榮主修，《臺南縣志》，臺北：成文，1983。

洪棄生，《寄鶴齋選集》臺灣文獻叢刊第304種，臺北：臺灣銀行，1972。

洪棄生，《瀛海偕亡記》臺灣文獻叢刊第59種，臺北：臺灣銀行，1959。

洛北生，《臺灣統治策》（未刊稿本），1896。

皇民奉公會中央本部，《第三年目に於ける皇民化運動の實績》，臺北：該部，1944。

重修洪氏族譜編輯委員會，《洪氏族譜》，南投：信成印刷公司，1994。

原房助，《臺灣大年表》，臺北：臺灣經世新報社，1932。

原幹洲，《自治制度改正十周年紀念人物史》臺北：勤勞と富源社，1931。

原幹洲，《南進日本之第一線に起つ新臺灣之人物》，臺北：拓務評論社臺灣支社，1936。

唐澤信夫，《臺灣紳士名鑑》，臺北：新高新報社，1937。

宮崎健三，《陳中和翁傳》，臺北：臺灣日日新報社，1931。

能勢岩吉，《日本博士錄》，東京：教育行政研究所，1956。

國立臺灣大學編，《原帝國大學醫學博士學位受領者名簿》（未刊本），1945。

莊金德編，《清代臺灣教育史料彙編》第2冊，臺中：臺灣省文獻委員會，1973。

許南英，《窺園留草》臺灣文獻叢刊第147種，臺北：臺灣銀行，1962。

連橫，《臺灣通史》，臺中：臺灣省文獻委員會，1976。

連橫，《臺灣詩乘》，臺中：臺灣省文獻委員會，1975。

郭薰風主修、石璋如等纂，《桃園縣志》，臺北：成文，1983。

陳庚金監修、林世珍、陳光華、鄭榮松主修、張勝彥總編輯，《臺中縣志》，臺中：臺中縣政府，1988-1989。

陳炎正，《豐原市志初稿》，臺中：豐原市公所，1983。

陳衍，《臺灣通紀》臺灣文獻叢刊第120種，臺北：臺灣銀行，1961。

陳信德譯，〈臺灣抗戰日方資料〉，《中日戰爭文獻彙編》六，臺北：鼎文書局，1973。

陳書，《畏勉齋詩文集》（未刊稿，陳漢復先生藏）。

陳清池，《林耀亭翁の面影》，臺中：耀亭翁遺德刊行會，1938。

陳澤編，《臺灣先賢先烈專輯》第3輯，臺中：臺灣省文獻委員會，1978。

章子惠，《臺灣時人誌》，臺北：國光出版社，1947。

菅武雄，《新竹州の情勢と人物》，臺北：編者，1938。

黃旺成主修、郭輝等纂，《新竹縣志》，臺北：成文，1983。

黃敦涵，《翁俊明烈士編年傳記》，臺北：正中書局，1977。

楊杏庭，《臺灣青年白皮書》，1950年8月20日（未刊手稿）。

楊家駱主編，《中日戰爭文獻彙編》6，臺北：鼎文書局，1973。

楊肇嘉，《楊肇嘉回憶錄》，臺北：三民書局，1968。

臺北市文獻委員會，《臺北市耆老會談專集》，臺北：該會，1980。

臺北市文獻委員會編，《臺北市志》，臺北：該會，1988。

臺北帝國大學編，《臺北帝國大學一覽》昭和18年分，臺北：該大學，1944。

臺北高等學校，《臺北高等學校畢業生名單》，1947（未刊本）。

臺南市政府，《臺南市志》，臺南：該府，1979。

臺南新報社，《南部臺灣紳士錄》，臺南：該社，1907。

臺灣大觀社，《最近の南部臺灣》，臺南：該社，1923。

臺灣刊行會，《始政三十年臺灣紀念名鑑》，臺北：該會，1926。

臺灣史料保存會，《日本統治下の民族運動》上、下卷（原《臺灣總督府警察沿革誌》第2編，上、中卷），東京：風林書房，1969。

臺灣省文獻委員會，《臺灣省通志稿》，臺北：該會，1959。

臺灣省文獻委員會，《臺灣省通志》，臺北：該會，1968-1973。

臺灣省文獻委員會編，《臺灣抗日忠烈錄》第1輯，臺北市：該會，1965。

臺灣省行政長官公署統計室編，《臺灣省五十一年來統計提要》，臺北：該署，1946。

臺灣基督長老教會總會歷史委員會編，《臺灣基督長老教會百年史》，臺南：臺灣基督長老教會，1965。

臺灣教育會，《北白川宮能久親王御事蹟》，臺北：該會，1937。

臺灣教育會編，《伊澤修二先生と臺灣教育》，臺北：該會，1944。

臺灣教育會編，《臺灣教育沿革誌》，臺北：該會，1939。

臺灣通信社，《臺灣年鑑》大正14-昭和19年，臺北：該社，1925-1944。

臺灣景福會，《臺灣景福校友會通訊錄》，臺北：該會，1981。。

臺灣新民報社，《臺灣人士鑑》，臺北：該社，1937。

臺灣新民報社調查部，《臺灣人士鑑》，臺北：該社，1934。

臺灣歐美同學會，《臺灣歐美同學會名簿》，臺北：該會，1941。

臺灣憲兵隊，《臺灣憲兵隊史》，臺北：該隊，1932。

臺灣總督府，《公學校用國民讀本》卷八，臺北：該府，1914。

臺灣總督府，《臺日大辭典》，臺北：該府，1928。

臺灣總督府，《臺灣に施行すべき法令に關する法律其の沿革竝現行律令》，臺北：該府，1920。

臺灣總督府，《臺灣の社會教育》昭和3-17年度，臺北：該府，1939-1943。

臺灣總督府，《臺灣社會教育概要》昭和7-10年，臺北：該府，1933-1936。

臺灣總督府，《臺灣統治概要》，臺北：該府，1945。

臺灣總督府，《臺灣揚文會策議》，臺北：該府，1901。

臺灣總督府,《臺灣總督府公文類纂》第3-23卷,明治30-34年。

臺灣總督府,《臺灣總督府及所屬官署職員錄》大正11昭和19年,臺北:臺灣時報發行所,1922-1945。

臺灣總督府,《臺灣總督府文官職員錄》明治35—昭和19年,臺北:該府,1902-1944。

臺灣總督府,《臺灣總督府民政事務成績提要》明治28—昭和17年度分,臺北:該府,1897-1944。

臺灣總督府,《臺灣總督府官報》昭和17-20年。

臺灣總督府,《臺灣總督府府報》明治30—昭和17年。

臺灣總督府,《臺灣總督府職員錄》,臺北:臺灣日日新報社,1898。

臺灣總督府文教局,《臺灣學事一覽》昭和7-18年,臺北:該局,1933-1943。

臺灣總督府民政部殖產局,《臺灣》,臺北:該局,1912。

臺灣總督府民政部總務局學務課編、臺灣總督府文教局,《臺灣總督府學事年報》明治36-昭和12年度,臺北:該局、該課,1903-1937。

臺灣總督府官房文書課,《臺灣統治綜覽》,臺北:該府,1908。

臺灣總督府官房情報課,《大東亞戰爭と臺灣》,臺北:該課,1943。

臺灣總督府法務部,《臺灣匪亂小史》,臺北:臺南新報支局,1920。

臺灣總督府國語學校,《國語學校(臺北師範)各部生徒明細簿》第1-18卷(未刊本),1905-1922。

臺灣總督府國語學校,《國語學校大正2年卒業各部生徒學籍簿》第11卷(未刊本)。

臺灣總督府國語學校,《國語學校明治44年3月卒業各部生徒學籍簿》第9卷(未刊本)。

臺灣總督府情報部,《臺灣の統治を語る》,臺北:該府,1941。

臺灣總督府國語學校,《臺灣風習一斑》,臺北:該校,1910。

臺灣總督府國語學校,《臺灣總督府國語學校一覽》明治39年、大正3-4、6-7年。

臺灣總督府臺北師範學校,《臺北師範學校創立三十周年紀念誌》臺北:該校,1926。

臺灣總督府臺北第二師範學校,《創立十周年》,臺北:該校,1937。

臺灣總督府臺灣史料編纂委員會，《臺灣史料稿本》第1-20卷（未刊本）。

臺灣總督府編，《臺灣教科用書國民讀本》卷九，臺北：該府，1902。

臺灣總督府調查課，《始政四○年の臺灣》，臺北：該府，1935。

臺灣總督府總務局編，《臺灣總督府第34-46統計書》昭和5-17年度，臺北：該局，1941-1943。

臺灣總督府臨時臺灣戶口調查部，《大正四年臨時臺灣戶口調查記述報文》，臺北：該部，1918。

臺灣總督府臨時臺灣戶口調查部，《明治三十八年臨時臺灣戶口調查記述報文》，臺北：該府，1908。

臺灣總督府醫學校，《臺灣總督府醫學校一覽》，臺北：該校，明治32—大正8年度。

臺灣總督府醫學校，《臺灣總督府醫學校生徒學籍簿》明治32—大正13年度（未刊本）。

臺灣總督府警務局，《臺灣社會運動史》（原《臺灣總督府警察沿革誌》第2篇，中卷），東京：原書房重刊，1973。

遠藤克己，《人文薈萃》，臺北：遠藤寫真館，1921。

蔡爾康等編，《中東戰紀本末》初篇，上海：廣學會，1896。

諸家，《臺灣遊記》臺灣文獻叢刊第89種，臺北：臺灣銀行，1860。

興南新聞社，《臺灣人士鑑》，臺北：該社，1943。

賴子清等纂修，《嘉義縣志》，嘉義：嘉義縣政府，1976。

駱香林主修；苗允豐纂修，《花蓮縣志》，臺北：成文，1983。

謝問岑主修、陳子波等纂，《高雄縣志稿》，臺北：成文，1983。

鍾壬壽，《六堆客家鄉土誌》，屏東：常青，1973。

鍾桂蘭、古福祥纂修，《屏東縣志》，臺北：成文，1983。

韓石泉，《六十回憶錄》，臺南：高長印書局，1956。

簡萬火，《基隆誌》，基隆市：基隆圖書出版協會，1931。

羅惇曧等，《割臺三記》臺灣文獻叢刊第57種，臺北：臺灣銀行，1959。

鶴見祐輔，《後藤新平傳》第2卷，東京：後藤新平傳記編纂會，1937。

鷹取田一郎，《臺灣列紳傳》，臺北：臺灣總督府，1916。

2. 報紙及雜誌

《朝日新聞》

《臺北文物》、《臺灣文獻》、《臺南文化》、《臺北縣文獻叢輯》、
　　《臺灣醫學會雜誌》、《臺灣醫界》、《醫望》、《嘉義文獻》、
　　《臺銀季刊》、《蘭陽》、《南投文獻叢輯》。

《臺灣》第3年第1號—第5年第2號，大正2-4年。（東方文化書局複刊）。

《臺灣日日新報》第1-15776號，明治31年5月6日—昭和19年1月31日。

《臺灣民報》第1-401期，1923-1930（東方文化書局複刊）。

《臺灣青年》第1-4卷，大正9—11年。（東方文化書局複刊）。

《臺灣新報》第4-489號，1896年7月6日—明治31年4月29日。

《臺灣慣習記事》第1-8卷，明治34-41年。

《臺灣總督府國語學校校友會雜誌》第1-25號，明治32-42年。

東洋協會臺灣支部《臺灣時報》明治42-昭和20年。

臺灣子供世界社《第一教育》第7-14卷，昭和3-10年。

臺灣自治評論社《臺灣自治評論》第1-4卷，昭和11-14年。

臺灣協會《臺灣協會會報》第1-100號，明治31-40年。

臺灣教育會《臺灣教育》第141-485號，大正3—昭和17年。

臺灣教育會《臺灣教育會雜誌》第1-140號，明治33—大正2年。

臺灣通信社《臺灣》第1-7卷，昭和5-11年。

3. 時人著作

大園市藏，《現代臺灣史》，臺北：日本殖民地批判社，1934。

大園市藏，《臺灣始政四十年史》，臺北：日本殖民地批判社，1935。

小濱淨鑛，《臺灣の地方制度》，出版社不詳，1934。

山口國次郎，《臺灣實步》，臺北：勤勞と富源社，1934。

山川均，《植民政策下の臺灣》，東京，1926。

山崎睦雄，《二語併用地に於ける國語問題の解決》，臺北：新高堂書
　　店，1939。

川村竹治，《臺灣の一年》，東京：時事研究會，1930。

中西牛郎，《同化論》，臺北：佐藤源平發行，1914。

中西牛郎，《泰東哲學家李公小傳》，臺北：臺灣日日新報社，1908。

井出季和太，《臺灣治績志》，臺北：臺灣日日新報社，1937。

今村義夫，《今村義夫遺稿集》，臺南：今村義夫遺稿集刊行會，1926。

内藤龍平，《臺灣四十年回顧》，臺北：自印，1936。

王添灯，《市街庄政の實際》，臺北：林才，1931。

田中一二，《始政四十週年紀念躍進臺灣の全貌》，臺北：臺灣通信社，1935。

白井朝吉、江間常吉共著，《皇民化運動》，臺北：東臺灣新報社臺北支局，1939。

矢内原忠雄，《矢内原忠雄全集》第2卷，東京：岩波書店，1963。

矢内原忠雄，《植民及植民政策》，東京：有斐閣，1926。

吉崎勝雄，《時局を射る》，臺北：新高新報社，1935）。

吉野秀公，《臺灣教育史》，臺北：自印，1927。

竹越與三郎，《臺灣統治志》，臺北：博文館，1905。

西卷南平，《公學校教師論》，臺北：臺灣子供世界社，1929。

佐佐木忠藏，《臺灣行政法論》，臺北：活文社，1915。

佐佐島春男，《臺灣統治關係議會獅子吼錄》，臺北：臺灣自由言論社，1928。

佐藤眠洋，《改隸四十年の臺灣》，臺北：臺灣刊行會，1935。

佐藤源治，《臺灣教育の進展》，臺北：臺灣出版文化株式會社，1943。

作者不詳，《臺灣人の臺灣議會設置請願と其思想》後篇，1922（臺灣分館藏）。

李春生，《東遊六十四日隨筆》，福州：美華書局，1896。

李絜非，《臺灣》近代中國史料叢刊續編第51輯，臺北：文海出版社影印重刊，1978。

東鄉實、佐藤四郎，《臺灣植民發達史》，臺北：晃文館，1916。

持地六三郎，《臺灣殖民政策》，東京：富山房，1912。

泉風浪，《臺灣の民族運動》，臺中：臺灣圖書印刷合資會社，1928。

泉風浪，《隨感隨想錄》，臺北：西川武彦，1939。

泉哲，《植民地統治論》，東京：有斐閣，1921。

苫米地治三郎，《高野孟矩》，東京：研學會，1897。

唐澤信夫，《明日の臺灣》，基隆：新高新報社，1929。

唐澤信夫，《臺灣島民に訴ふ》，臺北：新高新報社，1935。

宮川次郎，《臺灣の政治運動》，臺北：臺灣實業界社，1931。

柴山愛藏，《筆の跡を顧みて》，臺北：讀賣新聞臺灣支局，1931。
柴田廉，《臺灣同化策論》（又名：《臺灣島民の民族心理學的研究》），臺北：晃文館，1923。
高濱三郎，《臺灣統治概史》，臺北：新行社，1936。
國府種武，《臺灣に於ける國語教育の展開》，臺北：第一教育社，1931。
張深切，《里程碑》，臺中：中央書局，1961。
盛清沂，〈光緒乙未臺北縣大事記〉，《臺北縣文獻叢輯》第2輯，臺北：臺北縣文獻委員會，1956年4月。
陳崑樹，《臺灣統治問題》，臺北：寶文堂書店，1930。
喜安幸夫，《臺灣島抗日秘史》，東京：原書房，1979。
森田俊介，《內臺五十年》，久留米：作者自印，1979。
菅野秀雄，《皇民化運動への道》，新竹：自印，1939。
葉榮鐘，《臺灣人物群像》，臺北：帕米爾書店，1985。
廖毓文，《臺灣文字改革運動史略》（日據下臺灣新文學——文獻資料選集）明集5，臺北：明潭，1979。
種村保三郎，《臺灣小史》，臺北：東都書籍株武會社，1945。
臺支通信社，《今次の臺灣と人物》，臺北：該社，1937。
劉克明，《臺灣今古談》，臺北：新高堂書店，1930。
廣松良臣，《帝國最初の植民地臺灣の現狀》，臺北：臺灣圖書刊行會，1919。
蔡培火，《日本本國民に與ふ》，東京：臺灣問題研究會，1928。
橋本白水，《評論臺灣之官民》，臺北：南國出版協會，1924。
橋本白水，《臺灣の事業界と人物》，臺北：南國出版協會，1928。
謝春木，《臺灣人は斯く觀る》，臺北：臺灣新民報社，1930。
鹽見純芳，《臺灣處女選舉言論戰》，臺北：臺灣辯論研究會，1936。

4. 近人專著及論文
上沼八郎，〈日本統治下に於ける臺灣留學生——同化政策と留學生問題の展望〉，《國立教育研究所紀要》第94號（1978年3月）。
小林英夫，〈初期臺灣占領政策について㈠〉，《經濟學論叢》第8卷第2號（1979年9月）。

小島晉治等編，《中國人の日本人觀——百年史》，東京：自由國民社，
　　1974。

小澤有作，〈日本殖民地教育政策論——日本語教育政策を中心にして
　　——〉，《東京都立大學人文學報》第82號（1971年3月）。

山根勇藏，〈國語普及に關する施設㈠㈢〉，《臺灣教育》第214、216號
　　（大正9年2月1日、4月1日），頁6、8-9。

方豪，《臺灣民族運動小史》，臺北：正中書局，1951。

水越幸一，〈臺灣地方自治制の話〉，《臺灣經濟叢書》4，臺北：臺灣經
　　濟研究會，1936。

王育德，《臺灣》，東京：弘文堂，1980。

王國璠編著，《臺灣抗日史》，臺北：臺北市文獻委員會，1981。

平野健一郎編，《近代日本とアジア》，東京：東京大學出版會，1984。

弘谷多喜夫、廣川淑子，〈日本統治下臺灣‧朝鮮における植民地教育政
　　策の比較史的研究〉，《北海道大學教育學部紀要》第22號（1973年
　　11月）。

弘谷多喜夫、廣川淑子、鈴木朝英，〈臺灣‧朝鮮における第二次教育令
　　による教育體系の成立過程——内地延長主義と民族的教育要求の體
　　制内把握をめぐる矛盾〉，《教育學研究》第39卷第1號（1972年3
　　月）。

吉田昇、長尾十三二、柴田義松編，《日本教育史》教育學㈣，東京：有
　　斐閣，1969。

向山寬夫，《臺灣に於ける日本統治と戰後内外情勢》，東京：民主主義
　　研究會，1963。

向山寬夫，《日本統治下における臺灣民族運動史》，九州大學博士論
　　文，1961。

朱鋒，〈臺灣民主國在臺南二三事〉（下），《臺南文化》第3卷第1期
　　（1953年6月）。

朱聰明，《回憶錄》，臺北：龍文，1989。

吳文星，〈日據時代臺灣書房之研究〉，《思與言》第16卷第3期（1978年
　　9月）。

吳文星，〈日據時期臺灣的放足斷髮運動〉，《臺灣社會與文化變遷研討
　　會論文集》，臺北：中央研究院民族學研究所，1985年12月。

吳文星，〈日據時期臺灣總督府推廣日語運動初探〉，《臺灣風物》第37卷第1、4期（1987年3、12月）。

吳文星，《日據時期臺灣師範教育之研究》，臺北：國立臺灣師範大學歷史研究所，1983。

吳逸生，〈王采甫、黃菊如詩文選〉，《臺北文物》第9卷第4期（1860年12月）。

李國祁，《清代臺灣社會的轉型》文化講座專集之119，臺北：臺灣史蹟源流研究會，1978。

李筱峯，《臺灣戰後初期的民意代表》，臺北：自立晚報社，1986。

李騰嶽，《李騰嶽鷺村翁文存》，臺北：自印，1981。

杜聰明，《杜聰明言論集》第2輯，臺北：杜聰明還曆紀念獎學基金管理委員會，1964。

杜聰明，《回憶錄》，臺北：龍文出版社，1989。

周婉窈，《日據時代臺灣議會設置請願運動之研究（1921-1934）》，國立臺灣大學歷史學研究所碩士論文，1981。

林柏維，《臺灣文化協會之研究》，私立文化大學史學研究所碩士論文，1985。

施家順，《臺灣民主國的自主與潰散》，屏東：現代教育出版社，1985。

春山明哲・若林正丈，《日本植民地主義の政治的展開（1895-1934）——その統治體制と臺灣の民族運動——》，東京：アジア政經學會，1980。

洪世昌，《臺灣民報與日治時期臺灣新文化運動（1920-1932）》，國立臺灣師範大學歷史系碩士論文，1997。

若林正丈，《臺灣抗日運動史研究》，東京：研文出版社，1983。

涂照彥，《日本帝國主義下の臺灣》，東京：東京大學出版會，1975。

唐澤富太郎，《日本の近代化と教育》，東京：第一法規出版株式會社，1976。

唐澤富太郎，《近代日本教育史》，東京：誠文堂新光社，1970。

孫慈雅，《日人統治下臺灣的教會學校》，國立政治大學歷史研究所碩士論文，1984。

翁佳音，《臺灣武裝抗日史研究（1895-1902）》，國立臺灣大學歷史研究所碩士論文，1985。

張正昌，《林獻堂與臺灣民族運動》，臺北：益群，1981。

張秀哲，《勿忘臺灣落花夢》，臺北：東方出版社，1947。

張朋園，《近代中國的社會領導階層》，1979（未刊稿）。

淺田喬二，〈1920年代臺灣に於ける抗日民族運動の展開過程──「臺灣文化協會」の活動を中心にして──〉，《歷史學研究》第414號（1974年11月）。

淺田喬二，《日本帝國主義下の民族革命運動》，東京：未來社，1973。

淺田喬二，《日本帝國主義と舊植民地地主制》，東京：御茶の水書房，1968。

許世楷，《日本統治下の臺灣──抵抗と彈壓──》，東京：東京大學出版會，1972。

連溫卿，〈再就臺灣文化的特質而言〉，《臺北文物》第3卷第3期（1954年12月）。

郭廷以，《臺灣史事概說》，臺北：正中書局，1954。

陳三郎，《日據時期臺灣的留學生》，私立東海大學歷史研究所碩士論文，1981。

陳少廷，《臺灣新文學運動簡史》，臺北：聯經出版公司，1977。

陳俐甫，《日治時期臺灣政治運動之研究》，臺北：稻鄉出版社，1996。

陳紹馨，《臺灣的人口變遷與社會變遷》，臺北：聯經出版公司，1979。

陳陽德，《臺灣地方民選領導人物的變動》，臺北：四季出版公司，1978。

陳漢光，《臺灣抗日史》，臺北：守堅藏書室，1948。

陳漢光，《臺灣詩錄》，臺北：臺灣省文獻委員會，1971。

喜安幸夫，《臺灣島抗日秘史》，東京：原書房，1979。

富村順一，《アジアの民眾と皇民化教育》，東京，1980。

渡部宗助，〈アジア留學生と日本の大學・高等教育──殖民地・臺灣からの留學生の場合──〉，《月刊アジアの友》第124號（1974年8月），頁9。

渡部宗助，〈臺灣教育史の一研究──明治三○年代ろ中心に〉，《教育學研究》第36卷第3號（1969年9月）。

黃昭堂，《臺灣民主國の研究──臺灣獨立運動史の一斷章》，東京：東京大學出版會，1970。

黃昭堂，《臺灣總督府》，東京：教育社，1981。

黃得時，〈天然足會與斷髮不改裝運動〉，《臺灣研究研討會紀錄續集》，臺北：臺灣大學考古人類學系，1968。

黃靜嘉，《日據時期之臺灣殖民地法制與殖民統治》，臺北：自印，1860。

楊雲萍，〈陳登元的事蹟及其遺作〉，《臺北縣文獻叢輯》第2集（1956年4月）。

漢人撰，《臺灣革命史》，上海：泰東書局，1925。

臺灣省文獻會，《臺灣史》，臺中：該會，1977。

趙永茂，《臺灣地方派系與地方建設之關係》，高雄：德馨室出版社，1978。

劉明修，《臺灣統治と阿片問題》，東京：山川出版社，1983。

篁村，〈日軍侵竹邑前後〉，《臺北文物》第10卷第2期（1961年9月）。

蔡培火，〈日據時期臺灣民族運動〉，《臺灣文獻》第16卷第2期（1965年6月27日），頁174、183。

蔡培火等著，《臺灣民族運動史》，臺北：自立晚報社，1982。

蔡淵洯，《清代臺灣的社會領導階層（1684-1895）》，國立臺灣師範大學歷史研究所碩士論文，1980。

鄭梓，《本土精英與議會政治——臺灣省參議會史研究（1946-1951）》，臺中：自印，1985。

賴鶴洲，〈臺灣古代詩文社〉（六），《臺北文物》第9卷第4期（1960年12月）。

戴振豐，《葉榮鐘與臺灣民族運動（1900-1947）》，國立政治大學歷史系碩士論文，1998。

薛光前主編，《近代的臺灣》，臺北：正中書局，1977。

謝雪漁（汝銓），〈乙未抗日雜記〉，《臺北文物》第9卷第1期（1960年3月）。

簡炯仁，《臺灣民眾黨》，臺北：稻鄉出版社，1991。

簡炯仁，《臺灣民眾黨之研究》，國立臺灣大學政治研究所碩士論文，1977。

顏興，〈臺灣民主國前前後後〉，《臺南文化》第2卷第3期（1952年9月）。

羅文國，《日本殖民政策與臺灣農民運動的形式（1895-1931年）》，國立
　　政治大學歷史系碩士論文，1993。
鹽田俊二，〈日據時代臺灣之警察與經濟〉，《臺灣經濟史》初集，臺灣
　　研究叢刊第25種，臺北：臺灣銀行，頁127-147。

二、西文部分

Anderson, C. A., "The Social Status of University Students in Relation to
　　Type of Economy: An International Comparison," in *Transactions of the
　　Third World Congress of Sociology*, Vol, 5. (London, 1956).

Barber, B., *Social Stratification*, Taipei reprint, 1957.

Barclay, George W., *Colonial Development and Population in Taiwan,*
　　Princeton University Press, 1954.

Campbell, William, *Sketches from Formosa*, London, 1915.

Chan Shau-wing, ed., *Formosa*, Stanford Univ. Press, 1956.

Chang Han-Yu and Myers, Ramon H., "Japanese Colonial Development
　　Policy in Taiwan. 1895-1906: a Case of Bureaucratic Entrepreneurship,"
　　Journal of Asian Studies, XXII, No.4 (August 1963), pp. 433-449.

Chen Ching-chin, *Japanese Socio-Political Control in Taiwan, 1895-1945,*
　　ph. D. diss., Harvard Univ. 1973.

Chen Ching-chin, "Police and Community Control Systems in the Empire,"
　　in Ramon H. Myers and Mark R. Peattie, ed., *The Japanese Colonial
　　Empire, 1895-1945*, Princeton University Press, 1984.

Chen Ching-chin, "The Japanese Adaptation of the Pao- chia System in
　　Taiwan, 1895-1945," *Journal of Asian Studies*, XXXIV, No. 2 (1975, 2).
　　pp. 395-406.

Chen Ching-chin, "The Police and the Hoko Systems in Taiwan under
　　Japanese Adminstration (1895-1945)," in Albert Craig, ed., *Papers on
　　Japan*, 4. Cambridge, Mass., Harvard East Asian Research Center, 1967.

Chen Shao-hsing, "Social Change in Taiwan"《臺灣研究》第1輯（臺灣省文
　　化協進會出版，1956）

Chen Shao-hsing, "Social Change in Taiwan," *Studia Taiwanica* No. 1 (Taipei, 1956), pp. 1-20.

Chen, Edward I- te, "Formosan Political Movements under Japanese Colonial Rule, 1914-1937," *Journal of Asian Studies* 31:3, pp. 477-497. (May 1972).

Chen, Edward I- te, *Japanese Colonialism in Korea and Formosa: A Comparison of Its Effects upon the Development of Nationalism.* Ph. D. diss., Univ. of Pennsylvania, 1968.

Dahrendorf, Ralf., *Class and Class Conflict in Industrial Society*, Stanford University Press, 1959.

Dahrendorf, Ralf., "Recent Changes in the Class Structure of European Societies," in Stephen R. Graubard, ed., *A new Europe?* Boston, 1964.

Davidson, James W., *The Island of Formosa, Past and Present*, New York, Book World, 1903.

Field, G. L. and J. Higley., *Elitism*, London, 1980.

Formosa Government Dep't of Education Affairs, *A Reveiw of Education Work in Formosa*, Taihoku, 1916.

Joseph W., Ballantine, *Formosa*, The Brookings Institution, 1952.

Keller, Suzanne I., *Beyond the Ruling Class: Strategic Elites in Modern Society*, New York, 1963.

Lamley, Harry Jerome, *The Taiwan Literati and Early Japanese Rule, 1895-1915*, Ph. D., Dissertation, University of Washington, 1964. (unpublished).

Myers, Ramon H., ed. *The Japanese Colonial Empire*, Princeton University Press, 1984.

Pareto, Vilfredo, *The Mind of Society*, New York, 1935.

Parson, Talcott., On the Concept of Political Power, in Bendix and Ripset, eds., *Class, Status and Power*, New York, 1966.

Putnam, Robert D., *The Comparative Study of political Elites*, New Jersey, 1976.

Takekoshi Yosaburo, *Japanese Rule in Formosa*, Trans. by George Braithwaita, London, 1907.

The Foreign Office Records, 1895.

Tsurumi, E. Patricia, "Education and Assimilation in Taiwan under Japanese Rule, 1895-1945," *Modern Asian Studies*, 1979.

Tsurumi, E. Patricia, *Japanese Colonial Education in Taiwan, 1895-1945,* Harvard Univ. Press, 1977.

Tsurumi, E. Patricia, "Taiwan under Kodama Gentaro and Goto Shimpei," in Albert Craig, ed., *Papers on Japan*, 4, Harvard East Asian Research Center, Cambridge, Mass., 1967.

索引

二 劃

乃木希典　60, 212
七里恭三郎　56
丁瑞彬　153

三 劃

三一法　1, 174
下村宏　273
上山滿之進　180
上田元胤　74, 82
士商公會　35, 36, 54, 55, 56, 57, 60, 75, 265, 312
大日本婦女教育會　221
大租權公債　139
大園市藏　85, 104, 122, 131, 132, 133, 163, 164, 178
大稻埕茶商公會　220

四 劃

不纏足會　215
中西牛郎　11, 12, 47
中臺同志會　114
今村義夫　127
內地延長主義　2, 88, 166, 257, 275, 286
六三法　1, 174
反同化主義　318

天足會　213, 215, 217, 218, 221, 223, 226
天然足會　215, 217, 218, 219, 220, 221, 222, 223, 224, 225, 226, 228, 233, 234, 235, 242, 243, 246, 247, 254
尤和鳴　160
尤欽量　160
巴克禮（Thomas Barclay）260
戶主會　276, 298
文文山（天祥）　31
方玉山　200
方展玉　158
方輝龍　158, 240, 244
日本赤十字社　221
日本赤十字社篤志看護婦人會　221
日本婦人會　221
日本婦人衛生會　221
木村匡　85
毛榮生　80
水野遵　52, 60, 121, 210
王仁厚　160
王天球　160
王少侃　157
王兆麟　206
王名純　142

王作霖　142
王承烈（采甫）　32, 123
王松　32, 33, 39
王冠烈　160
王秋逢　18
王振輝　14
王祖派　240, 242, 243, 244, 246
王祖檀　109, 113
王國柱　157
王基安　152
王基良　152, 203
王清佐　111, 160
王球仙　223
王雪農　69, 224
王鄉敏　152
王順記　157
王塗盛　205
王毓卿　239
王德標　15
王慶忠　44, 72, 274
王慶壽　44, 50
王學潛　13
王樹青　36
王嬙　33
王藍田　157

五　劃

丘逢甲　12, 13, 17, 27, 32
主婦會　255, 276, 298, 299
北白川宮能久親王　44
北廓園　38
古雲梯　206
民風作興會　209
永年選任　196, 197
甘阿炎　91
甘為霖（Rev. William Campbell）　87, 127
甘得中　122, 188, 200
生物學原則　214
田健治郎　2, 166, 275
甲午戰爭　83
白汝捷　30
白其祥　13, 44, 46, 57
白話文研究會　288
白話文運動　281, 287, 289
矢內原忠雄　2, 3, 89, 95, 139, 166, 176, 181, 291, 317

六　劃

伊集院彥吉　210
伊澤多喜男　292
伊澤修二　86, 94, 259, 260

同仁會　255
同化主義　2, 28, 85, 87, 166, 211, 214, 257, 260, 263, 275, 284, 318
同化政策8, 226, 257, 258, 278, 281, 313
同風會　209, 255, 256, 272, 273, 276, 278, 296, 298
向陽會　276
地方分權主義　185
地方自治改革運動　167, 187, 197
守髮誼　231
安德森（C.A. Anderson）　130
有力者大會　179
朱江淮　151
朱阿貴　91, 240, 242, 243, 244, 246
朱盛淇　200
江天賜　163
江以忠　81, 158
江次德　144
江呈輝　29, 34
江宗超　144
江健臣　144
江國輝　14, 17
江錦章　74, 82
江錦華　163
竹城學館　258
竹越與三郎　86

自由主義　197, 248

七　劃

何友家　145
何世琨　27
何永立　145
何承恩　32
何金城　145
何建家　145
何乾亮　145
何乾欽　145, 203
何慶熙　34, 75
何樹滋　145
何騰鳳　145
何騰龍　145
佐久間左馬太　232
余文成　140
余亦皋　143
余克讓　216
余逢時　140
余騰芳　76, 140
吳上花　148
吳子周　68, 224
吳文中　111
吳文秀　44, 216
吳文明　216
吳永吉　140
吳永富　140
吳永榮　140
吳石麟　148, 204
吳如玉　32

吳汝祥（敦迎） 68, 231, 235, 274
吳汝翰 148
吳克明 68, 79, 155
吳昌才 44, 57, 68, 140, 177, 179, 188, 274, 276
吳建堂 100
吳紀東 153
吳景韓 13
吳朝宗 72, 264
吳湯興 14, 16, 17, 44, 45
吳瑞泰 201
吳經蘭 35, 37
吳道源 46, 224
吳榮棣 143, 240, 244
吳輔卿 75, 140
吳銘元 78, 153
吳德功 13, 16, 17, 22, 43, 45, 48, 53, 65, 77, 148, 231, 235, 274
吳盤石 57, 79
吳蔭培 32
吳興 241, 244
吳錫源 113, 140
吳鴻森 143, 202
吳鴻煎 143
吳鴻藻 13
吳鴻麟 143
吳鎮洸 14
吳繩武 153
吳鵬年 47

吳蘅秋 148
吳鸞旂 68, 73, 235, 274
呂允生 140
呂世明 206
呂汝玉 68, 122, 148
呂廷結 143
呂季園 122, 148
呂阿昌 109, 205
呂阿墉 111
呂柏齡 148
呂家聲 143
呂望沂 148
呂朝東 140
呂琯星 148
呂鼎鑄 143
呂盤石 148
呂憲發 201
呂樵湖 148
呂鶴巢 148
呂靈石 148
呂鷹揚 143, 264
宋忠堅（Rev. Duncan Ferguson） 46
巫金山 204
形式主義 281, 291
改曆會 255
李才祉 201
李中慶 204
李及西 74
李文樵 68, 274
李氏寶 241, 242, 244
李功垂 149

李仲義 69, 160
李峯竹 154
李君晰 149
李君曜 149
李廷賢 145
李志淵 32
李良臣 146
李延旭 141
李延綿 113, 127, 141
李延禧 113, 127, 128, 141, 175, 176, 178, 179
李延齡 141
李昌 69, 154
李昌期
李昆玉 113, 127, 160
李明家 160
李明道 160, 207
李炎海 141
李秉鈞 34, 43, 44, 57, 65, 72
李金柯 141
李南 69
李春生 43, 44, 47, 50, 52, 54, 68, 72, 104, 105, 121, 128, 141, 213, 215, 216, 218, 221
李春枝 36
李春哮 154
李春盛 69, 154
李孫蒲 57, 68
李祖訓 68, 72, 146
李國民 154

李國禎　154
李國樑　154
李國藩　154
李崇禮　149, 177, 231, 274
李望洋　48, 74, 162, 264
李添盛　141
李清泉　13
李清琦　12
李清結　158
李清廉　158
李紹宗　82
李幾法　202
李景盛　34, 68, 128, 141
李朝北　203
李登第　162
李開山　160
李開胡　160
李開榮　160
李傳謨　105
李瑞生　141
李瑞雲　160
李瑞麟　145
李解紛　104
李種玉　44, 50, 141
李潢演　154
李學禮　81, 224
李樹華　34, 50, 75
李聲元　34, 141, 172
李聲洲　149
李鴻章　21
李鐘生　141

李騰嶽　92, 101, 109, 127
李讚生　141, 169, 170, 171, 172
村上義雄　26, 219, 221
杜天賜　32
杜香國　149
杜新春　111, 173
杜聰明　92, 109, 113, 126, 127, 129, 174
沈白增　145
沈芳徽　15, 69
沈珮錄　145
沈榮　111
沈嘯鶴　223
沈賜記　145
汪春源　12
汪榮振　203
辛西淮　202, 274
阮仰山　154
阮朝江　161
阮朝倫　161
阮朝堪　161
阮達夫　69, 161

八　劃

事務處理人臨時規則　58
兒玉源太郎　22, 63, 85, 213, 219
和興公司　121
周再賜　112, 113, 127,

128
周良　91
周宗源　203
周師濂　76, 140
周純臣　81
周啓章　140
周紹祖　13
周福全　104, 126, 128
周端立　121
周耀彩　104, 128
官治主義　3, 186
尚賢會　64
庚申會　276
放任主義　28, 211, 219
放逐主義　28, 211
明石元二郎　86, 166, 275
明治維新　83, 237, 259, 266
東亞文化圈　313
枝德二　248
林又春　160
林大春　14
林天福　18
林天樞　156
林少超　150
林文章　204
林文欽　13, 38, 124, 149
林斗文　32, 34, 44
林月汀　79, 154
林木根　201, 206
林氏雙隨　122

林世淙　141
林世鴻　206
林以士　162
林占春　156
林幼春　150
林本源　38，67，143，195，196
林本源協議會　196
林永生　91, 200
林永振　156
林永興　32, 123
林玉崑　156
林仲衡　122, 149
林如梅　203
林成祖　18
林旭屏　156, 171, 173
林有信　204
林汝言　76, 121, 150
林江海　201
林佛國　124
林佐璿　77, 150
林伯殳　151
林伯楷　151
林伯餘　151
林克成　47
林呈祿（貞六）　143，173, 178
林呈禎　143
林廷瑞　68
林李成　18, 20, 21
林沁修　32
林其忠　154

林其祥　154
林坤　69, 146
林坤五　146
林孟震　206
林季商　68, 149
林明德　141
林松壽　122
林知高　82
林知義　44，241，244，246
林金磚　143
林垂拱　150
林拱辰　162
林為恭　113, 146
林為寬　146
林紀堂　68, 150, 274
林茂生　109，113，127，128
林振芳　73, 77, 150
林振德　57, 68
林挺生　150
林烈堂　68，150，231，235, 248, 274
林益謙　144, 171, 173
林祖壽　231, 274
林純卿　156, 173
林國棟　79
林培英　150
林崑岡　15, 17
林崧生　69
林啓賢　150
林望三　160

林望周　34, 50, 221
林涎生　149
林添壽　160
林清文　146
林清月　274
林紹仁　154
林紹堂　68, 73, 150
林彪年　162
林逢春　154
林頂立　156
林厥修　240，242，243，245
林富崙　160
林朝崧（癡仙）　154, 232
林朝棟　13, 14, 17, 29
林朝槐　154, 200
林朝選　13
林湘沅　239
林湯盤　150, 206
林猶龍　149, 200
林開泰　156
林階堂　149
林雲龍　149
林傳旺　202
林嵩壽　231
林煥清　143
林瑞仁　143
林萬選　68, 151
林義成　15, 18
林資彬　150
林熊光　122, 178, 188,

201
林熊祥　122, 178
林熊徵　176, 178, 179,
　　273, 274, 276
林碧梧　151
林綿順　205
林維朝　156
林維新　18, 20, 21
林維源　12, 13, 17, 21,
　　23, 29, 47
林際春　13
林履信　122
林德欽　112, 172
林慶岐　78, 151
林慶賢　151
林澄坡　150
林澄秋　150
林澄堂　150
林澄清　109, 150
林澄瑩　150
林潮清　77
林蔭宣　162
林震川　68
林樵梅　223
林澤蔡　162
林燕臣　128
林燕卿　77
林輯堂　23, 150
林靜觀　79
林翀　68
林濟清　36, 44
林鍾英　146

林禮雄　32
林攀龍　113, 149, 293
林鵬霄　76, 146
林獻堂　38, 68, 122, 149,
　　176, 178, 179, 231,
　　235, 248, 272, 274, 276
林耀庚　162
林耀明　207
林耀亭　45, 150
林耀輝　162
林馨山　13
林夒龍　149
林蘭芽　91, 156
林鶴年　150
林鶴壽　231, 274
林纘　32
板垣退助　248
武斷統治　2
社會達爾文主義　260
邱及梯　255
邱玉梅　161
邱立春　161
邱光忠　14
邱居財　203
邱國霖　14
邱雲興　200
邱毓珍　161
邱瑞河　161
邱義生　201
邱鳳祥　81
邱德金　109, 203
邱潤寬　161

邱龍圖　34, 264
長老教女子學堂　126
長老教中學堂　126

九　劃
保甲制度　3, 56, 64, 247,
　　249, 250, 254, 272
保甲規約　64, 233, 234,
　　245, 249, 250, 254, 316
保庄費　19
保良局章程　50
保髮會　231
姜振乾　68
姜振驤　123, 178
姜紹祖　14, 17, 123, 178
姜瑞昌　145, 200
姜瑞金　145
姜滿堂　145
律令審議會　174, 175
後藤新平　63, 65, 85,
　　116, 213, 219, 260
持地六三郎　3, 85, 86
施士洁　27, 48
施仁恩　13
施文坡　153
施江東　204
施江南　109
施來　69
施受業　153
施招　234
施梅樵　33

施焱　13, 21
施瑞呈　129
施範其　68, 77
施議祥　153
柯秋潔　216
柯鐵　18, 20
泉哲　170, 317
洪元煌　154, 200
洪文光　12, 34, 141
洪火鍊　154
洪以南　34, 57, 75, 122,
　141, 173, 230, 234, 274
洪占春　82
洪玉麟　154
洪光車　78
洪合益　26
洪長庚　109, 122, 141
洪浦南　141
洪得中　154
洪棄生（一枝）　15,
　16, 17, 19, 20, 21, 22,
　23, 32, 47, 48, 49, 238,
　251, 252
洪遜欣　154
洪樵榕　154
洪聯魁　78, 154
洪騰雲　26
皇民化運動　2, 300, 305,
　306, 307
皇民奉公會　172, 300,
　305
砂金採取規則　20

胡阿錦　18
胡細漢　18
胡嘉猷　14, 17, 21
范姜萍　200
范增林　148
范慶霖　76, 148
范寶勳　148
范獻廷　148
風俗改良會　209, 248,
　249, 251, 255, 256, 272
匪徒刑罰令　22

十　劃
唐景崧　12, 23
唐澤信夫　164, 181, 196,
　197
孫傳袞　16
家長會　255, 272, 279,
　299
差別待遇　85, 88, 89,
　171, 317, 318
師範教育　88, 92, 94, 95,
　118, 123, 214, 260, 308,
　314
徐乃庚　155, 202, 206
徐元焯　13
徐元綺　145
徐元標　145
徐水泉　97
徐向榮　91
徐杰夫　155, 274

徐景雲　145
徐祿　18
徐榮鑑　145
徐德新　68, 155
徐慶鍾　97
徐驤　17, 44
桂太郎　211, 261
殷占魁　201
翁元吉　157
翁林煌　34, 38
翁金護　204
翁俊明　124, 240, 243,
　244, 245, 246
翁清江　157
翁章其　124
翁景新　14
翁新臺　157
翁煌南　80, 157
翁榮茂　157
翁輝煌　18
翁應麟　157
馬玉華　53
馬偕（Rev.R.P.Mac-kay）
　127
馬關條約　1, 22
高元勳　36
高天成　109
高木友枝　247
高長　125, 128, 131
高添旺　201
高野孟矩　20
高敦仁　75

高福　221
高積前　200
高選鋒　32
商朝鳳　79, 224
國姓會　14
國府種武　260, 261
國家教育社　259
國語日　296, 305
國語夜學會　272
國語保育園　300
國語研究會　255, 265, 266, 273
國語家庭　299, 300, 303
國語家庭認定規程　303
國語常用家庭審查委員會 304
國語常用運動　302, 303, 306
國語普及網　295, 300, 301, 302
國語普及獎勵事項　296, 302
國語集會　296
國語溫習會　272
國語模範部落建設競進會 要項　303
國語獎勵會　272
國語練習會　271, 272, 276, 277, 296, 298
國語講習所要項　297

十一劃

基督教長老會　260, 289
婦人會　221, 246, 276, 279
張大猷　79
張元榮　80, 156
張友金　140
張日昌　206
張水蒼　173
張丙丁　36
張玉　145
張玉甫　145
張伸民　46
張作人　223
張希袞　34, 140, 231
張育華　145
張建生　140
張建成　221
張春華　145
張泉源　149
張洪南　290, 291
張炳榮　145
張風謨　111, 203
張香濤（之洞）　217
張時昌　36
張晏臣　149, 178, 231
張桂榮　145
張迺仁　140
張迺喜　140
張國珍　149
張國瑜　31

張彩臣　151
張添壽　18
張清燕　32
張淑南　82
張深切　251, 252, 253
張深鑐　203
張紹芬　17
張復禮　152
張揚清　30, 34, 44
張朝光　81
張進文　156
張進益　151
張雲梯　79
張鼎華　145
張鼎駒　156
張鼎騤　156
張嘉盛　122
張壽其　32
張夢星　50
張演澄　156
張福堂　140
張福興　91, 122
張德明　140
張曉峯　149
張錦上　152, 231
張錦燦　156
張豁然　35
張藏英　32
張鏡心　68
張耀堂　91, 117, 140
張矗生　92, 149, 178, 202

教化聯合會　142，298，299

教育義會　273

曹洞宗　266

曹清富　140

梁卓如（啓超）　217

淡水女學堂　126

混合主義　260

紳商士庶公會所　57，312

紳章制度　136

莊士哲　13，45，77，152

莊士勳　38，152

莊以菠　157

莊廷燦　141

莊垂勝　152

莊垂裕　152

莊清標　157

莊雲卿　82

莊維藩　171，173

莊樹春　141

莊贊勳　163，264

處女會　276，298

許三全　91

許子文　241，245

許水錦　163

許丙　91，178

許廷光　46，73，176，178，223，274

許受全　200，203

許南英　13，27，48，53，232，253

許凌雲　163

許振乾　203

許梓桑　44，142，188，224

許清江　206

許紹文　18，21

許紹勳　266

許連升　162

許智貴　178，201

許順吉　162

許嘉種　204

許肇清　13，27

許劍漁　33

許獻琛　13

連雅堂　32，217，223，286

連煥明　206

部落集會所　298

郭一清　207

郭主恩　127

郭廷俊　91，177

郭廷獻　216

郭春秧　142

郭博容　142

郭華溪　142

郭華瑞　142

郭華讓　142

郭黃恭　80

郭彝　39

郭雙龍　113，142

郭鏡蓉　31，240，244，245

陳人英　80，159

陳上達　74，155

陳子英　240，241，244，246

陳中和　68，69，121，159，177

陳天送　153

陳天道　205

陳文晃　18

陳文欽　162

陳文遠　44，143

陳木裕　163

陳木藤　158

陳水仙　18

陳丙寅　32

陳北海　142

陳永珍　147

陳光亮　205

陳光燦　188，202

陳向義　18，158

陳宇卿　234

陳安恭　158

陳有光　153

陳汝甘　153

陳汝厚　72，147

陳老英　128

陳自西　159

陳作忠　153

陳作淦　27，30，35，44

陳廷植　35，44

陳廷樞　27

陳廷鏞　91

陳志誠　44，221

陳志謙　163
陳步青　34, 44, 142
陳邦黼　142
陳其春　274
陳其祥　206
陳受益　34, 50
陳和安　147
陳坤　240, 243, 244, 246
陳季同　23
陳宗惠　109, 128
陳宗藩　35, 44
陳岸溪　201
陳忠修　81
陳拔英　264
陳東山　163
陳炎芳　147
陳金波　200
陳金龍　155
陳長江　78
陳信齋　147
陳按察　158
陳拱北　142
陳春　34, 36, 44, 127, 142, 213
陳春光　34, 142, 213
陳春華　36, 44
陳洛　24, 34, 41, 44, 57
陳炳俊　144, 200
陳秋金　201
陳約翰　142
陳茂松　142
陳茂鏗　163

陳英方　204
陳香陣　158
陳修五　39, 46, 223
陳恩培　142
陳振能　91, 205
陳時英　30, 34
陳時夏　30, 32
陳書　237
陳朔方　206
陳神佑　155
陳神俊　155
陳神偕　155
陳神傳　111, 155
陳祚年　27, 32
陳能記　142
陳國治　75
陳國輝　147
陳培甲　68, 73, 153
陳培炳　105
陳崑樹　282
陳捷鰲　153
陳掄元　74
陳授時　44, 142
陳啓峯　159. 202
陳啓山　113, 159
陳啓川　159
陳啓南　159
陳啓貞　68, 159, 177
陳啓清　159, 206
陳啓琛　159
陳啓輝　159
陳望曾　26, 29

陳添丁　68
陳添登　203
陳清波　205
陳紹年　78, 153
陳紹唐　155
陳紹熙　147
陳紹禎　109, 155
陳連金　155
陳復禮　142
陳揚鏡　146
陳斐然　144
陳景南　50
陳景秋　158
陳景唐　34, 142
陳景崍　36, 44
陳朝綱　68, 72
陳棧治　153, 200
陳植棋　27
陳登元　13, 26, 27, 50
陳發　18
陳舜臣　43, 44
陳逸松　203
陳進　35, 44, 163
陳進卿　35, 44
陳進財　163
陳雲如　146
陳雲林　12, 35, 44, 46
陳順和　162
陳瑞星　221
陳義方　144
陳嘉音　109
陳嘉得　97

陳嘉猷　75, 144
陳槐庭　33
陳漢起　203
陳福財　204
陳福照　35, 37, 44
陳維藻　147
陳鳴鏘　13, 16, 17
陳鳳昌　13
陳鳳儀　44, 57
陳慶雲　153
陳蔡喜　91
陳調元　147
陳豬英　18
陳遺福　32
陳謙遜　163
陳鴻鳴　81, 177, 224
陳曜東　142
陳薰南　147
陳虁梅　147, 202
陳麗生　32
陳鷳升　35, 44
陳寶田　31
陳鶯升　31

十二劃

傅元熾　145
傅樹勳　145
彭士藏　129
彭清政　145
彭殿華　76, 145
揚文會　27, 35, 36, 37,

38, 40, 41, 64, 65, 66,
116, 165, 219
敦俗會　255, 272
敦風會　255, 272, 276
曾人楷　156
曾人儔　156, 201
曾君定　68
曾長茹　78, 154
曾席珍　156
曾乾秀　146
曾國琛　154
曾新全　146
曾榮祥　82
曾慶福　160
曾寶琛　160
游世清　75
湯日生　77
湯姆遜（G.M.T. Thom-
son）　43
無力者大會　179
無方針主義　85, 257
辜岳甫　153
辜振甫　153
辜偉甫　153
辜斌甫　153
辜顯榮　43, 44, 45, 68,
140, 153, 176, 178,
179, 213, 216, 230,
273, 274
馮子明　163
馮連二　163
黃介騫　173

黃及時　144
黃文發　147
黃文龍　77
黃文韜　162
黃氏真珠　240, 243, 246
黃玉振　80
黃玉階　44, 143, 217,
218, 221, 222, 230,
232, 239
黃用端　147
黃仲圖　155
黃全發　144
黃全興　144
黃再壽　201
黃有章　80, 158
黃汝舟　153
黃呈聰　88, 91, 120, 282,
287
黃廷禎　206
黃宗鼎　12
黃旺成　203
黃明發　147
黃松官　172
黃欣　175, 285
黃炎生　111, 173, 200
黃則水　143
黃南球　68, 148
黃厚卿　153
黃奕守　143
黃奕成　143
黃奕濱　143
黃建勳　35

黃春帆　69
黃茂林　153
黃恭士　144
黃振繩　147
黃祖壽　75, 143, 221
黃純青　144, 177, 180, 188, 272
黃臭　18
黃張氏聯珠　235, 248
黃得時　144, 254
黃梨　285
黃淡梅　265
黃添光　162
黃添福　82
黃紹謨　158
黃逢時　109, 144
黃逢森　148
黃景謨　138, 162
黃朝琴　112, 113, 127, 288
黃焜發　147
黃登洲　111, 158
黃階侯　158
黃媽典　92, 177
黃毓才　158
黃滄發　147
黃煥發　147
黃獅保　153
黃瑞發　147
黃當時　144
黃經　44
黃運才　148

黃運元　148
黃運和　148
黃運金　206
黃運添　68, 148
黃運煌　148
黃運寶　148
黃靖卿　69
黃鼎三　147
黃榮邦　15, 18
黃演渥　111, 172
黃爾璇　240, 242, 243, 244, 245, 246
黃瑤琨　143
黃福元　32
黃維生　68, 147, 177
黃銀漢　206
黃德隆　143
黃德壽　204
黃褒忠　153
黃曉潭　14
黃興生　147
黃應麟　44, 231, 233, 234
黃謙光　50
黃鍊石　38
黃鴻藻　158
黃耀光　162
黃耀南　153
黃耀發　147
黑旗軍　13
隈本繁吉　228

十三劃

奧利（R.N. Ohly）　43
愛國婦人會　246
新文化運動　8, 209
新民會　170
楊士芳　26, 41, 74
楊天賦　151
楊世英　105
楊亦安　158
楊仲佐　231, 239
楊仲鯨　113, 158
楊吉臣　45, 53, 77, 121, 151, 177, 179, 231, 235, 274
楊式金　80
楊老居　204
楊克彰　32, 125
楊金虎　158, 205
楊金龍　158
楊長鯨　127
楊炳煌　151, 231
楊秋澄　158
楊海盛　203
楊珠浦　151
楊偉修　151
楊基詮　171, 173
楊敦謨　141
楊景山　151
楊漢龍　205
楊緒洲　122
楊緒恭　122

楊肇嘉　121, 122, 151, 288

楊鳴謙　35, 44

楊澄若　68, 151

楊潤波　91

楊錫侯　141

楊錦標　151

楊鴻恩　158

楊鵬博　46, 274

溫士銓　146

溫阿青　91

綏靖政策　69, 115, 136, 312

葉宗祺　69, 159

葉松濤　203

葉芷生　39

葉泉清　144

葉為圭　34, 44, 50, 54, 57, 75, 221, 243

葉書田　159

葉清耀　109, 111

葉連三　144

葉舜圭　159

葉瑞西　68, 73

葉榮鐘　8, 69, 124, 125

葉鍊君　239

葉鴻成　159

葉鴻池　159

葉鴻洲　159

葉鴻猷　206

葉鴻獻　159

葉鴻麟　159

葉藍田　159

葉題雁　12

葛竹軒　16

解纏足會　235, 245, 247, 248, 249, 250

解纏會　209, 234, 235, 245, 246, 250

詩文研究會　283

詹汝彰　79

詹阿瑞　18

詹振　18

詹椿柏　200

資本主義　4, 5, 139, 165, 241, 295

達爾文進化論　241

鄒小奇　223

隔離政策　85, 317, 318

廖水石　265

廖西東　274

廖坤福　173

廖承丕　69, 156

廖重光　156

廖乾三　68, 152

廖進照　152

廖溫仁　109, 156

廖溫正　156

廖溫進　156

廖溫義　113, 127, 156

廖溫魁　113, 127, 156

廖煥章　109, 126, 156

廖裕紛　201

廖運藩　14

廖維峻　156

廖學枝　229, 240, 241, 242, 243, 244, 246

廖錫恩　91

漢文復興運動　280, 281, 282, 285, 286, 287, 289

漢學研究會　283, 286

漢學演講會　283

漱芳會　64

滬尾士商公會　57

福澤諭吉　261

綠林豪　15, 16, 18, 21

臺北天然足會　217, 218, 219, 223, 243

臺北州聯合同風會　276, 278

臺北茶商公會　141, 216

臺北製糖會社　230

臺南士商公會　57

臺南訓盲學校　127

臺語羅馬字化　260

臺韓同志會　114

臺灣公學校規則　262

臺灣文化協會　8, 166, 168, 169, 178, 179, 186, 209, 281, 284, 290, 291

臺灣民主國　12, 13, 22, 43, 46, 311

臺灣民眾黨　8, 166, 187

臺灣白話字運動　281, 289, 294

臺灣同化會　248, 289
臺灣地方自治聯盟　189, 191
臺灣自治協會　114
臺灣協會　105, 121, 122, 127, 214, 220, 221, 225
臺灣社會教化協議會　299
臺灣社會教化要綱　299, 302
臺灣阿片令　212
臺灣教育令　85, 87, 88, 99, 122, 281, 282
臺灣紳章條規　61
臺灣揚文會　27, 36, 37, 40, 41, 65, 66
臺灣揚文會策議　27, 36, 41, 65, 66
臺灣語講習會　259
臺灣總督府州理事官特別任用令　167
臺灣總督府官制　2
臺灣總督府直轄諸學校官制　258
臺灣礦業規則　20
臺灣議會設置請願運動　8, 166, 175, 178, 179, 197
趙文徽　31, 37
趙雅佑　159
趙雅福　159
趙雲石　236, 240, 242, 243, 246
趙鍾麒　159, 274
趙璧　240, 242, 244, 246
閩南臺灣學生聯合會　114

十四劃

劉子安　113, 127
劉子祥　204
劉天祿　203
劉水來　160
劉永福　13, 15, 45, 48
劉玉輝　160
劉安紅　160
劉克明　91, 234, 236, 237
劉廷玉　43, 50
劉廷達　36
劉快治　113, 127
劉明朝　91, 111, 155, 168, 169, 170, 171, 172
劉金安　160
劉阿禎　140
劉青和　113, 127
劉青黎　113, 127
劉茂雲　91, 111, 168, 172
劉展紅　160
劉神嶽　80, 155, 172
劉啓祥　113, 155
劉梅溪　39

劉清井　109, 155, 201
劉清風　113, 127
劉深銅　160
劉軟綢　91
劉焜煌　155
劉傳來　97, 204
劉瑞山　128
劉萬　112, 171
劉維周　44, 140
劉維經　160
劉銘傳　4
劉鳳昌　160
劉鳳崗　160
劉鳳清　160
劉德杓　21
劉聰慧　97, 113, 127

十五劃

廣東臺灣革命青年團　114
廣東臺灣學生聯合會　114
德川幕府　261
樟腦製造取締規則　21
歐清石　111, 204
歐陽光輝　141, 231
歐陽長庚　44, 68, 141
滬尾士商公會　57
潘光松　50
潘光楷　91, 201
潘成元　146

潘成清　13, 34, 50
潘成鑑　146
潘致祥　201, 206
潘財源　205
潘欽龍　146
潘榮春　205
潘澄漢　146
潘踏比里　78
潘錦准　146
蔡子珊　78
蔡及三　161
蔡天培　44, 76
蔡少庭　157
蔡占鰲　47
蔡幼庭　157
蔡先於　111, 206
蔡式榖　91, 111, 203
蔡成金　35
蔡汝璧　74
蔡西安　157
蔡伯汾　152
蔡佩蘭　17
蔡宜甫　32
蔡昆松　146
蔡知　18
蔡金爐　152
蔡長輝　161
蔡星榖　203
蔡時瑤　152
蔡國琳　39, 65, 73, 217, 219
蔡培火　170, 178, 179,

180, 181, 187, 189, 191, 228, 248, 281, 282, 288, 289, 290, 291, 292, 293, 294
蔡培廷　206
蔡得一　129
蔡敏南　152
蔡敏庭　152
蔡淵絜　6, 69, 84
蔡惠如　125, 152, 231, 248
蔡敦波　152
蔡然彬　157
蔡然源　78
蔡然標　157
蔡超　129
蔡愛禮　113, 127
蔡溪　127
蔡達卿　44, 54, 55, 56, 57, 75
蔡夢熊　46, 67, 68, 73
蔡夢蘭　46, 223
蔡槐墀　152
蔡德芳　27, 48
蔡緝光　146
蔡蓮舫　68, 77, 152, 248, 272, 274
蔡獻其　80
鄭大明　146, 203
鄭文流　18
鄭永南　274
鄭吉生　18

鄭如磻　39
鄭如蘭　38, 67, 68, 72, 146, 221
鄭沙棠　158, 177, 180
鄭松筠　91, 111
鄭芳春　158, 177
鄭品　69
鄭拱辰　68, 76, 146, 177, 274
鄭神寶　68, 146, 177, 188
鄭漢　35, 44
鄭漢卿　35, 44
鄭肇基　146
鄭薇郎　146
鄭鴻源　146
鄧旭東　144
鄧岸登　36
鄧逢熙　144
鄧瑞坤　145
鄧謙賢　144
黎景嵩　13, 45
樺山資紀　28, 260

十六劃
橋口文藏　58
盧廷翰　162
盧阿山　201
盧茂川　203
盧溝橋事變　2
盧續祥　162

興風會　276

蕭占其　78

蕭光明　123

蕭汝鍊　152

蕭貞吉　73

蕭恩鄉　162, 177

蕭紹賡　152

蕭逢源　27

蕭敦仁　152, 200

蕭載福　152

蕭贊堯　162, 177

賴子清　157

賴世英　157

賴向榮　77

賴其祿　109, 157

賴尚文　157

賴尚和　109, 157

賴尚遜　157

賴雨若　34, 111, 122, 157

賴國泰　36

賴崇璧　200

賴清標　69, 152

賴福來　18

賴維邦　35

賴繩武　78

頤賢會　64

十七劃

駱榮金　205

戴維遜（J.W.Davidson）

43

矯風會　209, 255, 272

聯合同風會　276, 278, 296

謝五美　32

謝友我　159

謝天德　14

謝石秋　159

謝汝川　159

謝春木　114, 180

謝唐山　205

謝國文　159

謝國治　159

謝國城　159

謝國源　159

謝捷三　206

謝道隆　32

謝鵬翀　13

謝疊山　31

鍾石妹　14

鍾星橋　161

鍾家成　206

鍾晉郎　161

鍾幹郎　161, 177

鍾璧和　161

韓斗華　125

韓石泉　109, 125, 131

齋藤實　293

斷髮不改裝會　228, 230, 232, 236, 239

斷髮會　209, 228, 229, 230, 231, 232, 233, 237, 249, 255

簡大吐　18

簡大獅　18

簡水慶　144

簡成功　15, 17

簡易國語講習所要項　297

簡金鐘　205

簡長春　144

簡阿牛　144, 176, 274

簡朗山　144, 177, 180, 272, 274

簡精華　15, 18

藍廷珍　162

藍步青　79

藍金輝　146

藍家梯　161

藍家貴　161

藍家鼎　161

藍家精　161

藍高川　68, 82, 161, 177

藍高全　69, 161

藍渌淮　162

藍華峯　146

藍新　68

藍溫淇　162

藍蘭（H.J.Lamley）　5, 39, 51, 130, 210

十八劃

顏一瓢　36, 44

顏正春　143

顏春安　113, 127

顏春芳　204

顏春輝　113, 127

顏振聲　129

顏國年　177

顏現樹　143

顏欽賢　200, 205

顏雲年　176, 274

魏炳文　34, 50

魏清德　201, 234, 239

魏開　18

十九劃

瀛社　239, 240

羅秀惠　12

羅金水　155

羅馬白話字研究會　292

羅馬白話字講習會　292

羅萬俥　113, 155

羅樵山　237, 240, 242, 244, 246

關於台灣公立特殊教育設施令

關於官公署國語使用要項　303

關於書房義塾規程　115, 263, 268

二十劃

嚴清華　76

蘇力　17, 18

蘇有志　81, 224

蘇宗魁　142

蘇定邦　81

蘇惟梁　203

蘇清淇　142

蘇雲英　161

蘇雲梯　81

蘇雲龍　161

蘇嘉邦　205

蘇爾民　44, 142

蘇樹森　44, 142

蘇璧聯　163, 264

蘇耀西　163

蘇耀邦　163

蘇耀南　163

蘇顯黎　202

饒維岳　111, 173

二十一劃

蘭臺會　64

二十二劃

饗老典　165

龔天降　162

龔陽　69

二十五劃

灣製人望　196, 199

家圖書館出版品預行編目資料

日治時期臺灣的社會領導階層（修訂版）
　／吳文星著. ――二版. ――臺北市：
　五南圖書出版股份有限公司, 2022.09
　面；　公分
ISBN 978-626-317-914-1（平裝）

1.臺灣社會　2.社會階層　3.日據時期

540.933　　　　　　　　　111008479

1WD9

日治時期臺灣的社會領導階層（修訂版）

作　　者 — 吳文星

發 行 人 — 楊榮川

總 經 理 — 楊士清

總 編 輯 — 楊秀麗

副總編輯 — 黃惠娟

責任編輯 — 羅國蓮

封面設計 — 王麗娟

出 版 者 — 五南圖書出版股份有限公司

地　　址：106台北市大安區和平東路二段339號4樓

電　　話：(02)2705-5066　　傳　　真：(02)2706-6100

網　　址：https://www.wunan.com.tw

電子郵件：wunan@wunan.com.tw

劃撥帳號：01068953

戶　　名：五南圖書出版股份有限公司

法律顧問　林勝安律師事務所　林勝安律師

出版日期　2008年5月初版一刷
　　　　　2022年9月二版一刷

定　　價　新臺幣460元

經典永恆·名著常在

五十週年的獻禮——經典名著文庫

五南,五十年了,半個世紀,人生旅程的一大半,走過來了。

思索著,邁向百年的未來歷程,能為知識界、文化學術界作些什麼?

在速食文化的生態下,有什麼值得讓人雋永品味的?

歷代經典·當今名著,經過時間的洗禮,千錘百鍊,流傳至今,光芒耀人;

不僅使我們能領悟前人的智慧,同時也增深加廣我們思考的深度與視野。

我們決心投入巨資,有計畫的系統梳選,成立「經典名著文庫」,

希望收入古今中外思想性的、充滿睿智與獨見的經典、名著。

這是一項理想性的、永續性的巨大出版工程。

不在意讀者的眾寡,只考慮它的學術價值,力求完整展現先哲思想的軌跡;

為知識界開啟一片智慧之窗,營造一座百花綻放的世界文明公園,

任君遨遊、取菁吸蜜、嘉惠學子!